Corpus Christi College

An Eight-Century Latin-Anglo-Saxon Glossary

preserved in the library of Corpus Christi College, Cambridge

Corpus Christi College

An Eight-Century Latin-Anglo-Saxon Glossary
preserved in the library of Corpus Christi College, Cambridge

ISBN/EAN: 9783337103798

Printed in Europe, USA, Canada, Australia, Japan

Cover: Foto ©ninafisch / pixelio.de

More available books at **www.hansebooks.com**

AN

EIGHTH-CENTURY

LATIN-ANGLO-SAXON GLOSSARY

PRESERVED IN THE LIBRARY OF

CORPUS CHRISTI COLLEGE, CAMBRIDGE,

(MS. Nº. 144)

EDITED BY

J. H. HESSELS.

CAMBRIDGE:
AT THE UNIVERSITY PRESS
1890

Cambridge:
PRINTED BY C. J. CLAY, M.A. & SONS,
AT THE UNIVERSITY PRESS.

DEDICATED TO

JOHN EYTON BICKERSTETH MAYOR

PROFESSOR OF LATIN, AND FELLOW OF ST JOHN'S COLLEGE
IN THE UNIVERSITY OF CAMBRIDGE

INTRODUCTION.

§ 1. In 1884, at the very moment that Mr Bradshaw had called my attention to the present Glossary, preserved in an 8th-century MS. (No. 144) belonging to Corpus Christi College, Cambridge, as one that deserved to be published, Prof. Wülcker issued his edition of Thomas Wright's *Vocabularies*, in which he professed to give all the Latin words interpreted in this Glossary by Anglo-Saxon words, omitting all the Latin and Latinised Greek words which it interprets by other Latin words.

§ 2. As it appeared to me that his edition did insufficient justice to the great importance of the Corpus Glossary for the study of A. S. as well as Latin, I still considered that it would be worth my while to copy and publish the whole of it. But as, shortly afterwards, Prof. Zupitza announced in the Academy of 3 May, 1884 (p. 317), that he had copied the Glossary some years ago, and that from his transcript Wülcker had excerpted the Latin-A. S. glosses, and not from the Corpus MS. itself, I asked Zupitza whether I could have his whole transcript for the sake of publishing the entire Glossary under our joint names, in which case I would collate his copy with the MS., and see the work through the press. As he assented, and Prof. Skeat recommended the publication of the Glossary to Dr Atkinson, the Master of Clare College, and at that time Chairman of the Pitt Press Syndicate, the latter kindly persuaded the Syndics to undertake the publication.

§ 3. Before I say more, it is necessary to point out that the plan of publishing the work under Prof. Zupitza's as well as my own name, has, with his consent, been abandoned. His transcript, prepared many years ago for his own purposes, has, indeed, served throughout as a basis for this edition, but before the text could be printed off, so many important matters had to be done and settled by me who alone was able to consult the MS., and saw the work through the press, that it was resolved that my name alone should appear upon the title-page, and the responsibility for the present edition rest solely and exclusively with me. I have, however, had the great benefit of Prof. Zupitza's revision of the proof-sheets, and on two occasions (p. 76, note 1 and p. 91, note 2) I refer expressly to his transcript, to show the weight which I attached to his readings, in cases where there might be any doubt, but where I thought it necessary to differ from him[1].

§ 4. The Corpus MS. is made up of 33 sheets of vellum, divided into 7 quires or gatherings of 4 sheets or 8 leaves each, and an eighth of 5 sheets or 10 leaves, the first of which has been cancelled[2], so that the whole MS. is composed of 8 quires or 65 leaves in small folio, measuring $9\frac{1}{4}$ inches (=235 millimetres) in breadth, and $12\frac{1}{8}$ inches (=308 millimetres) in height.

The first and last quire bear no signatures; the second to the seventh are marked, on each first page, with the respective signatures II, III, IIII, V, VI and VII. The glossary proper begins on the recto of the second leaf, and is continued without a break till the end of leaf 65. The contents of the first leaf have already been described above (pp. 1 and 2).

After the glossary follows a quire or gathering of two vellum leaves, filled with a Latin treatise (in two columns on each page) on patronymics (Patronomicorum posita), in an Irish handwriting of the beginning of the 12th century, which, though a little larger, otherwise strongly resembles that of the Gospels of Mælbrigte, figured on pl. 212 of the *London Palæographical Society*, and there ascribed to the year 1138. These two leaves are stuck into another blank vellum sheet, the

[1] I must not forget to mention that, when Prof. Zupitza received my proof of p. 91 (where I point out that he had underlined *reorum* in his transcript, and that, consequently, this word appears as A. S. in Wülcker's *Vocabularies*), he informed me that "while copying the Glossary, he had underlined every word which appeared as A. S. in Thomas Wright's text, therefore, also *reorum*." This explained why I had found some other words underlined, which were not A. S., while others which were undoubtedly A. S. were not underlined. But I regarded this condition of affairs as natural and unavoidable in a first transcript which had not been revised by him for press, and in no way do I, by pointing it out once or twice, imply the slightest censure on his transcript, which was as carefully prepared as it could possibly be expected to be. And if, in fairness to myself, I claim credit for having corrected it here and there, I readily admit that I could not have hoped to produce a better transcript myself.

[2] Or perhaps the odd leaf at the end was added by the scribe, when he found that the ordinary quire of eight leaves was not sufficient to finish the book.

first half of which has been cut away, the other left blank. There is nothing to show how these two (three) leaves became connected with this 8th-century glossary, which is bound in a simple binding of last century, if not later.

§ 5. As regards the *age* of the MS., Mr Bradshaw was of opinion that it must have been written in the beginning of the 8th century, and I do not think that we should be justified in placing it later[1]. To enable anyone to judge for himself, a full-size photograph of one of its most characteristic pages, executed by the Cambridge Scientific Instrument Company, accompanies this edition. Here and there the wrinkled and rugged condition of the vellum did not allow photography to render the colour of the ink of the ordinary letters in that evenly black condition[2] which we observe in the MS., while the various colours, red, green, yellow, used for illuminating the capitals and marking[3] the initials, come out black in the plate, as usual. But in all other respects it is a perfect reproduction of the handwriting, which is A. S. *half uncial*, and which, when compared with that of the Lindisfarne Gospels (about A.D. 700), and other MSS. of the 8th century, as the Canterbury Gospels, Passion from the Gospels, Cassiodorus, figured on plates 3, 4, 6, 7, 163, 164 of the *London Palaeographical Society* (first series) may be said to be rather earlier than later. As I have pointed out on page 2, the Corpus MS. belonged, in the 13th century, to the St. Augustine's Library at Canterbury, though we have no evidence that it was written there.

I do not think that the Epinal Glossary should be dated earlier than the Corpus. Its handwriting shows it to be of the first half of the 9th century, and the organic changes and scribal corruptions, observable in the spelling of Latin words, are already more advanced, and in some cases show a greater slovenliness, than in the Corpus Glossary, though occasionally it has preserved more correct forms than the latter. In my opinion the Epinal MS. stands, in point of time, much nearer to the Erfurt Glossary, which is attributed to the end of the 9th century, than to the Corpus. In the edition of the Epinal Glossary, published by the Early English Text Society, the editor expresses the opinion that it "must have been written at least a generation earlier" than the Corpus MS. His opinion is not shared by competent palaeographers,

[1] Mr Thomas Wright also ascribed it to the eighth century.

[2] The ink of the page photographed and of many other pages is evenly black, but there are a good many pages on which the ink has a faded and uneven appearance.

[3] The initials are only marked on this and a few other pages.

and it would, moreover, not be difficult to show, if it were worth while, that the "archaisms" and peculiar letters, on which it is founded, admit of a different construction.

§ 6. *Ruling.* Thirty-three lines for the writing drawn on both sides of the leaf with a hard point, with perpendicular lines to divide the page into two columns, which are doubled on the left margins to mark off the space for the initials. Nearly every line, as well as the holes in the right and left margins made by the instrument used for the ruling, are still clearly visible in the MS., and may likewise be discerned in the accompanying photograph. Here and there an attempt has evidently been made to separate the interpretation from the lemma of the gloss by a well-regulated space, and thereby to subdivide each column into two, so as to make four columns on a page. But the narrow space at the scribe's disposal prevented him from doing this everywhere.

§ 7. The character of the *ornamental* letters may be seen from the two G's and the H which appear in the photographic plate. Wherever a new letter of the alphabet commences, we find a large capital like the H set off with various colours, mostly red, blue or green, and yellow. Wherever a new second letter begins, a smaller capital like the G is placed.

§ 8. *Punctuation* is done by a point, which more than once takes the form of a short comma. Very often it is impossible to decide whether the scribe meant to write a full-stop, or merely made a dot in the act of resting, and withdrawing his pen, as the point is in a great many cases tacked on to the end of the letter which concludes the word.

§ 9. Signs of *reference.* Final words or parts of a word, for which there was no room on the line of the gloss, are written above or underneath that line, and marked off with a slanting waved line, or a symbol in the shape of an acute angle, as may be seen on the accompanying photograph (lines 1 and 4 of the left-hand column). To indicate the place where words, written some distance away from their proper place, should be inserted, a slanting line with a dot on its left or right, or between two dots, was used (see p. 3 note 4, p. 4 n. 2, p. 19 n. 5). Whole glosses omitted are added at the foot or top of the page, marked by the usual h and ꝺ (see p. 28 n. 5, p. 113 n. 3).

§ 10. The contracted words are numerous, but there are no more signs employed in the MS. to indicate *contractions* than the usual ones in MSS. of the eighth century, as: (1) a horizontal stroke, which is very often waved. (2) a symbol like a right angle (¬). Both may be seen in the accompanying photograph, and we find either the one or the other nearly always written over the last letter (mostly *u*, sometimes *a* or *e*) of a word (or syllable), to indicate the omission of a final *m*; sometimes it indicates the omission of *-um* (especially c = cum) or *-ur*. But they also appear over such words as: dns (= dominus), dnm (= dominum), dni (= domini), dne (= domine); do (= deo), di (= dei), dm (= deum), ds (= deus); dr (= dicitur); dt (= dicit); dnt (= dicunt); mi (= mei); n (= non); nn (= nomen; but usually a stroke over each *n*); p, or po, or pt (= post); qnd (= quando); sca (= sancta), scae (= sanctae), scs (= sanctus); sclm (= saeculum); sps (= spiritus); st (= sunt); xps (= Christus).

Besides the above, more or less regular and common, contractions, the two signs are also indiscriminately used to point out such irregular and not always certain contractions, as: a or at (= aut); aduoc (= aduocauit); ambul (= ambulandi); amminic (= amminiculum); arb (= arboris); gen (= genus); incip (= incipit); incumb (= incumbens); intel (= intelligere); libro (= librorum); ped (= pedis and pedum); popul (= populum); qsi (= quasi); rem or reman (= remanens); sec (= secundum; sometimes expressed by *s* with a stroke through it); syl or syll (= syllaba or syllabae); (t = -tis), and a variety of other contractions, the expansion of which can only be decided by the meaning or form which the contracted word must have in the particular gloss to which it belongs. They are also employed to mark contractions in A. S. words (see for instance A 117), but more rarely.

The horizontal stroke with a point above and underneath stands for *est*, which is occasionally combined with pot = potest. A long *i* with a point on its right and left, or on the right only, = *id est*. But sometimes these two words are expressed by the *i* with its two dots, and the sign for *est*. A long *i* with a stroke through it = *inter*.

l, with a waved stroke through it, indicates uel.

syll, with a stroke through the two els, = syllaba.

one *c* turned round usually indicates the prefix *con-*, but on fol. 36[bb] *con-* is indicated by c with the acute angle over it; two *c*ˢ turned round = *contra*.

an open *a* written above certain letters is a contraction for *ua* or *ra*; sometimes it is merely the ordinary form of *a*.

-ur is usually expressed by the stroke of the *t* being more curved upwards than that of other tˢ; though sometimes we find its omission indicated by the ordinary horizontal stroke or acute angle (see above).

the t of *ut* is sometimes written above the *u*.

Besides the above contractions there are the usual ones for (1) aut (namely an h with a stroke through the top; but this word is sometimes expressed by a or at, see above); (2) -que; (3) -bus (also used for -bet); (4) qui; (5) quod; (6) quae; (7) quam; (8) prae-, or pre-; (9) pro; (10) per; (11) eius; (12) et; (13) ra. But not having the requisite types at my disposal to figure them here, I refer the reader to the descriptions accompanying plates 3, 7, 163, 164 of the *London Palaeographical Society*, merely remarking that the sign for *enim* I have not observed, nor that for *-us* (ꝰ). The same descriptions may be consulted with regard to the individual letters of the handwriting, as n, r, g &c.

All contractions have been expanded by italics in print, except in two or three cases where it was difficult or impossible to determine which word the scribe meant; see pp. 4 (n. 7), 7 (n. 3), 17 (n. 1), 21 (n. 7), 32 (gloss 433). The scribe did not always write the proper sign, as in B 192, where *quae* had to be printed, though it refers to "flos". On the other hand, *castel* on p. 5 (gloss 120) stands for *castelli*, but it had to be so printed, as there is no sign of contraction in the MS.

§ 11. There appear to be no more than three *initial directors* in the whole MS.; namely an *a*, written by the side of the initial capital A on foll. 5^{aa}, 5^{ba}, and 8^{ab}. I cannot say whether they were intended to guide the illuminator or the reader.

§ 12. A few combined letters or *ligatures* occur in the MS., as nt, ni, mi (in the latter two cases the *i* is tacked on to the last stroke of the *n* or *m*), mo, tio, tur, rum, us, ss (long), æ, ę. Perhaps I may mention also gm, gn, gr, gi (see photographic plate, line 6 right hand column); but there are a good many such combinations.

§ 13. *Accents* occur occasionally. They have all been printed, and special attention is drawn to them in notes, so as to prevent their being taken for misprints.

§ 14. Letters or words intended to be *erased* are marked by a point underneath. Wherever a wrong letter occurs in the MS., and the correct one has been added above the line, without the former being marked for erasure, the wrong letter has been printed as part of the word, and the correction indicated in a note. Sometimes, where it seemed of any importance, it has been pointed out that a letter or word is written over an erasure, or where a gap is made by an erasure. But these erasures, though rather numerous, have everywhere so skilfully and thoroughly been effected, that no trace of the original letter or word has remained anywhere; it would even seem that here and there the vellum had been scratched before it was written upon. Hence it was deemed needless to draw attention to these erasures wherever they occur.

§ 15. It will be observed that the Corpus Glossary consists of two parts: (1) an interpretation of Hebrew and Greek names, occupying pp. 3—8, the former of which are mostly, if not all, taken from St Jerome's *Liber de nominibus Hebraicis;* some of the Greek nouns are found in the treatise "de Graecis nominibus", ascribed to Eucherius, bishop of Lyons, while some others (p. 3, gloss 35; p. 4, glosses 69—71 &c.) I have been unable to trace to their sources. This part merely brings the words together under their initial letter. I always refer to it in the Introduction, Indices &c. by "Int." (= Interpretation). (2) A collection of glosses compiled from various sources, bringing all the words together whose first two letters are the same. Wherever there is a deviation from this plan, as in A 47, 120, 204, 259 &c. &c., we may regard it as a mistake.

§ 16. The Syndics of the Press, while consenting to the publication of the Glossary, informed me that the edition was to be merely an exact reproduction of the MS., that is to say, with all its scribal mistakes, errors of grammar, erroneous divisions of words, peculiarities of spelling &c. &c., without an elucidation of any, even the most corrupt, glosses, and that my notes should be strictly confined to explanations of the graphical alterations or corrections made by the scribe or his corrector.

§ 17. It will be seen that I have throughout adhered to this plan, which I practically proposed myself, and only deviated from it on very rare occasions. For instance, on p. 3, the twelfth gloss is printed *Afertice*, as in the MS., without a word to explain that it stands for *aphaeretice*. On p. 4, there is no note to gloss 76 to say that *cola* should be *colon*; nor one to gloss 90 to indicate that *uersum* stands for *uersuum*; nor one to gloss 94 to explain that for *diastile* we must read *diastole*. On p. 5, gloss 118, *Eucharitia* is printed as in the MS., without an explanation that *Eucharistia* is the right spelling; and gloss 121 *aparatio* without a note that *apparitio* is the word meant. And so in numerous other cases which will be found more fully explained below in the paragraphs 23—63.

§ 18. On the other hand, the 59th gloss, on p. 4, is explained by references to Jerome and Eucherius, because, having been unable to understand the gloss, and taken the trouble to trace it to its source, I considered it advisable to save similar trouble to others. Other attempts at elucidation, by references to other glosses in this edition, or to other works and glossaries, will be found on pp. 7

(n. 3); 17 (n. 1); 18 (n. 6); 19 (n. 8); 21 (nn. 8 and 9); 22 (n. 5); 28 (n. 2); 30 (n. 1); 38 (n. 3); 44 (n. 4); 45 (n. 2); 50 (n. 3); 53 (n. 6) &c. &c. Again, on p. 9 it is suggested in note 1, that for *discerede* of gloss A 11 we should read *biscerede* as in the Epinal and Erfurt glossaries. This suggestion is made, because it is possible to make *discedere* of the Corpus MS. reading, the *de* being written over the *r*, thus: disce^{de}re. And the word is omitted by Mr Henry Sweet from his *Oldest English Texts* (p. 37), and by Wülcker in his edition of Thomas Wright's *Vocabularies*.

§ 19. Again, on p. 6 it is pointed out that gloss 223 really consists of two glosses, but on p. 15 I print (A 457) as one gloss what the MS. divides into two. In these and some other cases, where I might easily be suspected of having misread or misunderstood the MS., if I had followed it faithfully, I correct where it was easy to do so, as in A 457; but the gloss on p. 6 could not be altered without a violent change, and I 85, 86 on p. 65 had to be left as in the MS., as I did not observe this separation of one gloss till the whole sheet 5 had been indexed, so that a rectification would have interfered with my numbering. But everywhere I call attention to the condition of the MS. in a note, while suggesting the correction, or sometimes without any explanation at all. For instance: on p. 5 the MS. has distinctly *scrarium* in gloss 127, and so it is, of course, printed. But as the *r* and *n* differ but very little in the MS., I felt it necessary to point out in a note that the mistake for *scnarium* is in the MS. Similar notes will be found on pp. 11 (n. 7), 13 (n. 2), 17 (n. 9), 18 (nn. 1 and 7), 19 (nn. 4 and 5), &c. &c.

§ 20. Likewise, in cases where other editors have seriously misunderstood or misread glosses, I call attention to the fact in notes. See for instance gloss 229 on p. 6; gloss 357, p. 92; gloss 227, p. 29 &c.

§ 21. As regards the division of words, the MS. has been followed throughout, even in cases where it divides wrongly; see for instance p. 11 (A 173). It seemed to me unadvisable to alter, or even to suggest an alteration of such words as "amoenibus" in A 907. The lemma is evidently taken from Virg. A. I. 697, and should be *aulæis superbis*, but it is uncertain whether we must divide "a (= in) moenibus," or regard *amoenibus* as a corruption for *amoenis*. *Musiranus* (M 336) is no doubt the classical "mus araneus," but the former seems to have superseded the latter in late Latin, and I did not feel entitled to divide the word, not even in the Index. But there are glosses where I considered it unadvisable to adhere to the MS. reading. For instance, the words *multarum gentium* of gloss 8 on p. 3, are written as one in the MS., and it was so written in our transcript. But the compositor, finding no room for the whole compound in one line, divided it after *multarum*, and placed a hyphen after this word. This looked to me so misleading, that I thought it better to separate the words, but to indicate the state of the MS. in a note. Other deviations from the MS. reading, always for some reason or other, will be found on pp. 7 (n. 4), 9 (n. 2), 10 (n. 3), 12 (n. 7), 15 (nn. 7, 8, 9 and 10), 19 (n. 6), &c. &c.[1]

It is to be observed that no importance is to be attached to the divisions of the MS. In a good many cases the scribe does not seem to have understood the glosses which he was writing, and could, therefore, not be expected to divide the words properly. Quite as often he would hardly have had room to separate the words correctly, even if he had known how to do it. In a few cases only he seems to have aimed at some explanation of the component parts of a word or of a gloss. But wherever there was any doubt as to how the scribe had divided the words, I have given the correct division the benefit of the doubt, and in the Index, moreover, every word is entered in its proper place.

§ 22. Having now described the MS. and its most characteristic features, as well as the method adopted in dealing with the MS. readings, I proceed to give a short review of the peculiarities of the Glossary from a philological and palaeographical point of view, confining myself to the Latin portion of it.

At first sight the glosses appear to be in a very corrupt condition. I shall, however, endeavour to show (1) that the numerous deviations in spelling from what we now know as classical Latin, are mostly due to organic changes, which either were introduced by the scribe of the Corpus MS., or had already been effected in the MS. or MSS. which he followed; (2) that many of the corruptions are due to misreadings of our scribe or his predecessors, which may almost be said to have been natural and unavoidable, on account of the form which the misread letters had in ancient handwriting.

§ 23. That the Corpus Glossary is not an original work, is apparent from a good many glosses, which are now so corrupt and altered from what they originally must have been, that they are almost entirely unintelligible. For instance, the gloss C 373: *Cherochelini inmallones*, for *ceruchi lineae in malo nauis* (see also C 222, 324 and 346), is the

[1] One hyphen (A 203, to-hald) has crept in, which is not in the MS., which has to hald.

work of a copyist transcribing an already corrupt example, not that of an original compiler. But, even in cases of this kind, nearly all the corruptions can be traced to the organic changes or systematic scribal misreadings which are pointed out below (§§ 39—60). The wonder is that glosses such as that just mentioned, should have been passed over by the corrector who corrected so many words. It seems, however, that, in regard to knowledge, he was just in the same position as the scribe, as he wrote, for instance, *enebata* for *eneruata* in gloss E 66.

§ 24. In dealing with the changes or misspellings in the Glossary, we must take them as we find them, without being able to enquire whether our scribe, or the MS. which he followed, is responsible for them. Nor will it be necessary, while recording the various spellings, to refer to them as already occurring in late classical authors. It seems clear, for instance, that such corrupted lemmata as *b*acillat for *v*acillat (B 7), *b*errus for *v*erres (B 70), *b*errucа for *v*errucа (B 71), &c., must have been inserted, in this condition, in the present glossary or its example, straight from the sources whence these glossaries were compiled, as it is hardly probable that, if such words had been originally arranged under the v (u), a scribe, even with the most debased pronunciation, would have deliberately arranged them under the *b*. By "sources" we need not necessarily understand "authors"; for the words of glossaries like that of the Corpus MS., which is already alphabetically arranged according to the first two letters of each word, must have been collected in earlier glossaries according to the first letter of each word. The latter, in their turn, were no doubt compiled from so-called class-glossaries, in which glosses had been copied from various authors or interlinear glosses, in the order in which they followed each other in the texts, or arranged under subjects. So that the glosses, before they were copied into the Corpus MS., must have already passed through at least two or three stages in other MSS.

§ 25. We could not speak of an error where the interpretation does not agree with the lemma of a gloss, either in case, or tense, or person, or number. For instance: E 205, where *enigmata* need not be altered to *enigma*, to agree with the sing. *similitudo*; E 426, where it is, at least, doubtful whether honor*a*t should be altered to -r*e*t, to agree with *extollat*. Such discrepancies occur frequently; see, for instance, F 20, where *Fastis* must not be regarded as a mistake for *Fasti*; F 54, where *Facetias* is not necessarily an error for *Facetia*; F 144, where *tristitia* stands perhaps for *tristia*, though the former is not necessarily wrong. Nor could we call T 277 *tramitum* glossed by *uiae transuersae*, a mistake. M 38, *maiales*, probably *maialis*, though the former, a plural, cannot be said to be wrongly glossed by a word in the singular. So, having regard to the A. S. adjective in gloss F 153, we might feel tempted to alter the lemma into ferrugine*us* for ferrugine. But in all these and similar cases, which might be quoted by dozens, the glossator, I think, simply indicated the sense of the lemma by some more familiar word, without pausing to make the cases, tenses &c. agree, and it would be unadvisable to correct them, as the very form of the lemmata will often enable us to trace them to their sources. For instance, C 979, the gen. *cycladis* (or the plur. for *cyclades*) was, no doubt, taken straight in that form from some author. Glosses like P 722 (*praecipitat*), P 736 (*promunt*), quote the exact form of Virgilian words (Aen. II. 9 and 260). *Praestantis* of P 770 would suggest *praestantes* of Aen. VIII. 548, if not some doubt arose from "excellentes" being corrected into "excellentis". Again it is difficult to say whether exheredet, in E 381, is a subj. quoted in that form from some book, or whether it should be altered to -*d*at, to agree with *alienat*.

§ 26. But when we except such glosses, a good many still remain, the defects of which we could not ascribe to organic changes or systematic misreadings. Here other influences have been at work, as

truncation: A 226 (adipiscit for -scit*ur*); C 103 (caractis for ca*tar*ractes); E 232 (epome for epi*to*me); F 152 (sacer for sacer*dos*), 209 (pictaci for pittaci*a*), 242 (florea for flor*al*ia), 421 (rustici for rustici *haruspices*); H 88 (androgi for andro*gynus*), 166 (hynę for hy*ae*nę); I 241 (interpola for interpola*ta*, see 340); L 27 (fenes for fenes*trae*); 191 (linquid for *de*linquit); M 51 (made for made*ns*), 255 (sextari for sextarii XVI); N 59 (dilatio for dila*ta*tio), 99 (caelesti for caeles*tem*), 159 (nob for nob*ilis*); O 51 (perseuerant for perseueran*ter*), 220 (pandat for pandat*ur*), 253 (or for or*sus*); P 222 (perfungit for -*tur*), 311 (pessul for pessul*us*), 357 (steba for steba*diorum*), 852 (saltus for *locus* altus?); R 96 (concordi medii for concordiae medius); S 292 (necessiam for necess*ar*iam), 305 (sistit for sistit*ur*), 320 (ambagus for amba*gibus*). 446 (spurcia for spurci*tia*); T 253 (omits: ordinibus remorum); U 168 (uitiginem for uiti*li*ginem), &c. &c.

Such truncations are easily understood when we examine the facsimile page accompanying this work, and see how often the copyists were obliged to write the final or last two or three or more letters of a word or of a gloss above or under the line. Sometimes the interpretation was written two or three lines away from the lemma, upwards or downwards.

§ 27. Some of the above truncations are, of course, due to the *contractions* of the original having been overlooked or misunderstood.

as for instance, where final *ur* has been omitted after *t*, as this was simply indicated by the horizontal line through the *t* being more bent upwards than in other t's. In some cases we find *ur* wrongly added, as N 21 (inuenire*tur* for inueniret); P 280 (percurrit*ur* for percurrit), where the scribe perhaps had a *t* before him of which the stroke was too much bent upwards. The same contraction was, no doubt, wrongly expanded in other cases, as L 188 (trutinat*um* for trutinatur). Other contractions were also wrongly expanded, as O 118 (capit*er* for capit*is*); S 34 (*per*fecti for *prae*fecti).

§ 28. *Transposition of letters:* B 45 (*bar*benta for *bra*beuta); C 960 (*pis*carum for *spi*carum); F 90 (fastiga*sti* for fastiga*tis*), 95 (far*rice* for far*cire*), 416 (pulch*arre* for pulch*rare*); G 27 (gari*lum* for ga*lerum*); I 14 (i*cist* for i*stic*), 413 int*ri*nicio for int*er*nicio), 424 (in*hu*stare for ins*ul*tare); L 37 (la*uu*car for la*cu*nar), 274 (lu*cor* for lu*rco*); M 68 (sc*lup*tor for sc*ulp*tor); N 156 (nocti*cula* for nocti*luca*); O 189 (*ciui*bus for *uici*bus); P 23 (*ceu*airistias for *euc*aristias); R 173 (ri*dig*us for ri*gid*us); S 478 (*spic*iones for *scip*iones), 680 (*cu*r*r*ibus for *cru*ribus); T 148 (sc*lu*ptae for sc*ul*ptae), 186 (*tip*sina for *pti*sana), 232 (t*ru*bidus for t*ur*bidus); U 101 (uegros for uegors = uecors).

§ 29. *Misreading of strokes:* C 836 (com*m*ulsa for con*u*ulsa); H 115 (hi*n*cire for h*u*icine); I 525 (iu*m*perum for iu*ni*p-); L 14 (la*m*sta for la*ni*sta), 231 (li*ni*fator for ly*m*phator); M 64 (ma*m*pularis for ma*ni*p-); O 131 (far*m*a for far*in*a); P 66 (pantomi*ni*a for -*ma*), 105 (pal*ni*atus for pal*m*atus), 854 (pube te*mi*s for pube te*nu*s); S 315 (co*mm*us for quo*mi*nus), 346 (si*ni*fonium for sy*m*phonium), 379 (s*m*us for si*n*us); U 252 (u*n*brellas for u*m*b-).

§ 30. *Wrong division of words:* A 628 (anacephaleos in repetitionem, for -leosin); P 794 (productale*m* strumentum for productale *in*strumentum).

§ 31. *Wrong case-ending:* H 17 (uest*um* for uest*em*); M 272 (monarch*us* for monarch*a*, perhaps through confusion with monachus, or the Gr. μονάρχης). *Wrong genitive:* P 17 (lapis for lapi*di*s). *Wrong gender:* L 154 (nauis piratic*us* for ...piratic*a*); C 982 (permult*os* for permult*ae*). *Lines or words out of place:* C 847 (flagrat, with its interpretation conburit, wrongly tacked on to comentarium, the interpretation of which is either lost or added to some other gloss); M 190 (uel corui marini, a repetition, in the wrong place, of part of M 182, or the remainder of a similar gloss as the latter). Compare also C 888 with F 158 and D 219; while *dande* of D 16 seems to be the same as dande, in D 5, &c. &c.

§ 32. *Wrong or imperfectly effected corrections:* F 224 fuxit, with *l* added above the line; but perhaps *faxit* was meant. R 37 *in exili* was forgotten to be marked for erasure.

§ 33. *Wrong additions of letters:* H 25 (*ha*byssum for byssum, perhaps through confusion with abyssum); N 95 (labor*a*re for labore); P 333 (pecu*n*ia for pecua).

§ 34. There are other corruptions which can only be partially arranged under the above operations or the organic changes which are pointed out hereafter, as: C 707 (conplici*is* for conplici*bus*), 761 (conti*nu*atur for conti*ona*tur[1]), 833 (pastiarium for participarium); M 273 (monarcha for monomachia); N 34 (nanat, frangat, perhaps for naufragatur, nauem frangit), 92 (nestorio for nefario?); O 205 (carnes for carmen); P 43 (pareitatem for ?), 125 (parasit*er* for parasit*i*), 354 (peripitegi for peripatetici). See also P 364, 365, 366, 367, 382 (amare domorum for amatores donorum), 796 (oratorum for hortorum), 837, 838, 840; Q 65 (quinos for cynicos), 79 (quurris for curulis); R 25, 32 (accipitur for accipitris), 61 (rexenteseon for exegeseos?), 149 (metallaris for ?), 203; T 2 (tagax for taxat).

§ 35. Such misreadings as a*n*gustior for a*u*gustior (A 640), whereby not only the lemma has come to mean exactly the opposite of the interpretation, but the word inserted in a wrong place in the alphabetical arrangement, will be found classified below. F 333 (frugalis: largus) might, at first sight, seem to be a somewhat similar gloss, and to have arisen from an original *parcus* (= frugalis) having been changed first into par*g*us and then corrected, by someone who did not understand the latter word, into *largus*. But the Leiden glossary has: "Frugali, larga uel lata."

So again, the lemma of I 449 does not agree with the interpretation, as *inepti* is not = *adquisiti*; but the original glossator must have written *indepti*, and the Leiden glossary has actually *indeptum* = *adquisitum*. I 484 and I 488 were probably written together in earlier glossaries. So also I 527 and I 529, P 368 and P 369. Again, G 152 and G 163 seem to go together as *gramina: herba arida*. But there is always some danger in correcting glosses without having them satisfactorily traced to their origin. For instance, at first sight it would seem that P 715 and P 716 go together, but a comparison with what we read on p. 246 in Hildebrand's *Glossarium Latinum* shows that we must pause before attempting such a combination. Likewise in such

[1] Perhaps the second *n* was first misread as *u*, and the word being unintelligible in this form, a would-be corrector made *continuatur* of it.

a case as F 274 where *forda* is explained by *sus* pregnans, perhaps for *bos* pregnans.

§ 36. We now come to certain alterations in the spelling of Latin, which, as they occur more than once and some even frequently and regularly, must clearly be attributed to the pronunciation of the respective vowels and consonants by the scribes, and which, therefore, may be described as organic changes, which, if they had not been arrested by occasional reforms in the writing of Latin, such as those instituted by Charlemagne[1], would have produced, in course of time, a written Latin language, almost as different from the classical Latin, as the spoken Italian, French and other Romance languages.

I observed these peculiar spellings and the frequency and regularity of their occurrence some years ago, while working at a Mediaeval Latin Dictionary, more especially after the appearance of the *Catholicon Anglicum*, published by the Camden Society in 1882. A collation of this work with the Additional MS. 15,562 of the British Museum, which contains the same text as the *Catholicon*, but the various readings of which have only been occasionally indicated by its editor, showed me that these spellings and changes were capable of being systematised and tabulated. The result of a few months' work in this direction was very gratifying, as it gave me a key to almost all the corruptions and different forms of one and the same word in Du Cange and various other Mediaeval Latin glossaries. An examination of the Corpus Glossary brings out the fact that, though there is an interval of eight centuries between it and the *Catholicon Anglicum*, which is dated 1483, both these glossaries, written in England, stand in precisely the same stage with regard to deviations from the classical spelling of Latin caused by pronunciation, and changes caused by misreadings of certain letters.

§ 37. Having these tables of the changes and corruptions in the *Catholicon*, I began to compile similar ones for my own purpose, while seeing the present Glossary through the press. During the course of

[1] I may here point to the various texts of the *Lex Salica*, one of which is known as the Lex *emendata*, because, at Charlemagne's command, its Latinity had been purged from the corruptions and organic changes so prevalent in the earlier texts, as may be seen in the parallel edition of all the texts, published by me, in 1882, together with Prof. Kern, of Leiden, whose study of these corruptions and changes enabled him to interpret most successfully the so-called Malberg glosses, which are found in the earlier texts of the Salic Law.

this work, however, it occurred to me, that, instead of scattering observations or hints as regards peculiar spellings or corruptions in occasional notes, the publication of portions of my tables might be of some use to students of Mediaeval as well as classical Latin, and to future editors of glossaries. In my opinion those who, during the last few years, have advocated or introduced certain modifications in the pronunciation of Latin, have not paid sufficient attention to what has been going on in that direction for eighteen centuries, as is exemplified by nearly every Latin MS. preserved to us, though a great deal of the evidence regarding the pronunciation of Latin is lost to or concealed from us by the alterations which the editors of Latin texts effect in printing them.

§ 38. As it is not my plan at present to write a treatise on these organic changes, but merely to point them out, and reduce them to such a system as may assist us in understanding and correcting Mediaeval Latin, and likewise the corrupted spellings found in the MSS. of classical authors, I bring here together, in an alphabetical arrangement, the most material part of the evidence that I have been able to collect, from the present glossary, concerning each individual letter of the Latin language. In this system I include not only those changes brought about by the *pronunciation* of the scribe or scribes, as *b* for *p*, *t* for *d* &c., but also the omission or insertion of certain letters, and misreadings, as *A* for *B*, and *o* for *s* (C). As I did not begin the drawing up of these tables till after the printing of the first thirty-two pages, the examples from these pages are less numerous than those of the remaining portion of the glossary, though I believe that even from those thirty-two pages I have collected the most material evidence.

Though the tables are entirely the result of my own observations, having hardly read any books on the subject, I am aware that most of the phenomena which I point out are known and have been discussed in various scholarly works. But the tables may, perhaps, derive some advantage from their being drawn up from a genuine and clearly written eighth-century glossary, to which, at the same time, they may serve as a kind of key.

§ 39. *A* (capital) for *B*: A 940 (*A*ubulcus for *B*ubulcus); B 68 (*A*eneficium for *B*eneficium)

a for *o*: A 20 (*a*brizium for *o*br-), 459 (al*a*piciosa for al*o*peciosa), 637 (tedi*a*sus for taedi*o*sus), 763 (an*a*glosa for arn*o*glossa); D 288 (dict*a* for dict*o*); E 284 (Erat*a* for Erat*o*); G 11 (galer*a*s, pille*a*s for galer*o*s, pille*o*s); L 204 (c*a*rtice for c*o*rtice); M 109 (m*a*nachus for m*o*n-), 208 (mim*o*per*a* for myopar*o*); N 3 (n*a*ualis for n*o*ualis), 146 (naualia for noualia); O 175 (onocratallus for onocrotalus); P 117 (palagra for podagra), 171 (patalogia for pathologia), 235 (pericapis for pericope), 638 (promontaria for promontoria), 773 (modula for -lo); S 544 (stramete for stromatis); T 145 (consentia for consensio)

a for *e*: F 424 (cadauera for cadauere); H 49 (habet for hebet), 50 (habitat for hebetat); I 157 (infactus for infectus), 341 (inlauare for illabere), 486 (mediatas for medietas), 487 (irridabant for irridebant); O 74 (obnectare for obnectere); P 23, 81 (panagericum for panegyricum), 77 (panagericis for panegyricis), 188 (partica for pertica), 313 (patra for petra); S 135 (scenopagia for -pegia)

a for *u*: C 698 (emulamenta for emolumenta); L 43 (lapanas for lupanar); P 159 (parasitali for parasituli), 149 (plunas for prunus); T 246 (trax for trux)

ae for *e*: A 92 (aeditus for ed-); B 90 (baelbae for beluae); F 43 (faestum for festum); M 93 (mansuaeuit for mansueuit), 313 (aloae for aloe); Q 7, 8, 13, 29, 33, 35, 36 (quaer- for quer-); (by wrong expansion of contraction): D 108 (depraecatio for deprec-), 109 (deprachendo for depreh-); E 507 (expraesit for expressit); I 63 (interpraes for interpres); (in adverbial ending): A 297 (aequae for aeque); F 9 (fabrae for fabre); Q 22 (diminutiuae for -ue)

au for *a*: A 818 (auras for aras); E 470 (exaurauit for exarauit), 512 (exaudituat for exad-); H 24 (hausae for gazae); P 588 (protuplaustum for protoplastum)

a for *re*: I 4 (iacea for iacere)

a for *i*: Int. 121 (aparatio for apparitio); G 191 (gallus for gilbus); T 55 (tendamus for tendimus); (through *e* = *y*): Int. 192 (lacisca for lycisca); T 13 (tabicon for typicon)

a for *au*: A 901 (aspicium for ausp-); I 83 (infastior for infaustior); L 215 (actionator for auct-), 223 (actioni for auctione); U 83 (uescada for bascauda)

a for *ae* (= *e*): A 400 (agrę for aegre); C 849 (poeta for poetae); L 140 (latitiae for laet-)

a for *oe*: P 384 (phanicem for phoeniceum)

a inserted: S 362 (signaum for signum)

a (initial) dropped: B 85 (bena for auena).

§ 10. *b* for *d*: A 1 (abminiculum for adm-); H 121 (hirobi for hirodi)

b for *p*: A 13 (abtabiles for apt-), 42, 64, 75 (abtauit, abtet for apt-); C 945 (cuba for cupa); E 321 (inobs for inops); O 2, 10 (obtio for optio), 70 (obtatis for opt-); T 13 (tabicon for typicon), 22 (tabetum for tapetum) *b* for *u* (= v): Int. 309 (ine*b*itabile for ine*u*-); A 23 (a*b*eruncat for a*u*err-), 48 (a*b*ena for a*u*-), 551 (*b*ellosus for *u*illosus); B 7 (*b*acillat for *u*ac-), 70 (*b*errus for *u*erres), 71 (*b*erruca for *u*err-), 72, 77 (*b*erna for *u*erna), 85 (*b*ena for a*u*ena), 87 (*b*eredarios for *u*er-), 88 (*b*erbene for *u*erbene), 90 (bael*b*ae for bel*u*ae), 103 (*b*itiligo for *u*it-), 112 (*b*ifarius for *u*iuarium), 135 (*b*itricius for *u*itricus), 139 (*b*ibrantia for *u*ibr-); C 487 (cli*b*osa for cli*u*osa), 489 (cla*b*atum for cla*u*-), 726 (conlu*b*io for conlu*u*io), 795 (bre*b*iter for bre*u*-); D 292 (cur*b*a for cur*u*a); E 66 (ene*b*ata for ener*u*ata), 524 (exu*b*iae for exu*u*iae); F 7 (fa*b*or for fa*u*or), 322 (fri*b*ula for fri*u*ola), 340 (fri*b*olum for fri*u*-). See also F 219, 249, 276, 321, 322, 340, 374; G 29, 99; I 64, 358; L 2, 11, 51, 58, 69, 129, 165, 174, 189; M 121 (ge*b*sias for ge*u*sias), 182, 203; N 23, 76, 127; O 83; P 49, 276; R 20; S 374, 504 &c.

b for *ph*: B 145 (*b*os*b*oris for *ph*os*ph*orus); N 111 (nim*b*a for nym*ph*a)

b for *f*: B 109 (bi*b*arius for bi*f*arius)

b for *l*: E 495 (*b*iberatas for *l*ib-); T 263 (be*bb*i for be*ll*i; see below § 63)

b inserted: F 423 (fune*b*raticius for funerat-); L 216 (li*b*rantes for lirantes)

b omitted: I 140 (inhiebant for inhi*b*ebant); O 146 (olimat for o*b*l-)

§ 41. *C* doubled: A 173 (accolitus for acolytus); C 877 (croccitus for crocitus); F 135 (faecce for faece); H 155 (hunccine for huncine)

c omitted (before *t*): Int. 321 (distintio for distinctio); A 172 (accintu for accinctu); C 549 (conpletitur for conplectitur), 732 (coarta for coarcta); M 230 (cinthium for cinctum)

c inserted (before *t*): C 727 (confictium for conuitium); N 139 (noctet for notet); S 561 (fructices for frutices)

c (initial) omitted: O 142 (olentes for colentes?)

c inserted (after *s* and before *i*): E 106 (elisciuin for elysium)

c inserted (before *x*): C 813 (coniuncxerunt for coniunx-)

c for *sch*: C 359 (cetula for *sch*edula)

c for *l*: P 111 (pacin for pa*l*in), 176 (paruca for paru*l*a?)

c for *q*: P 269 (scualare for s*q*u-)

c for *qu*: A 352, 831 (Aescilia, Ascilium for Es*qu*iliae); S 270 (sexciplum for ses*qu*iplum)

c for *p*: S 679 (siacte for sua*p*te)

c for *f* (= *ph*): S 185 (scienices for scini*f*es)

c for *s*: L 97 (lactescit for lace*s*sit); misreading: C 199 (cartago for *s*artago) *cc* for *x*: B 47 (bacceas for baxeas)

c for *ch*: Int. 90 (disticon for distic*h*on), 217 (monesticon for monostic*h*on); A 116 (aceron for ac*h*eron), 957 (aurocalcum for aurie*h*alcum); C 7 (*C*arubdis for *ch*arybdis), 758 (concis for conc*h*is), 975 (cyrograffum for *ch*irographum); E 222 (enlencus for elenc*h*us), 519 (exenodocium for xenodoc*h*ium); F 70 (colcorum for colc*h*orum); G 98 (gigantomacie for -c*h*ia); H 120 (scema for sc*h*ema); see further I 169; L 271; M 122, 133, 141; N 2; O 237; P 195; R 103; S 74, 120, 201, 482, 545; T 203, 266

c for *r*: I 116 (ca*c*orum for ca*r*orum)

c for *sc*: L 228 (faces for fas*c*es)

ch for Gr. κ and χ: A 107 (ac*h*olothus for acoluthus); C 360 (chroma); M 68 (malac*h*ia for malacia)

ch for *h*: P 78 (parc*h*edris for par*h*edris)

c for *g*: A 632 (ancore for an*g*ore); C 341 (cente for *g*anta), 946 (cummi for *g*ummi); G 170 (*g*rates for crates), 174 (*g*raticium for craticium); S 543 (strica for stri*g*a); T 200 (tocoria for tu*g*uria)

c for *t*: A 886 (incendunt for in*t*-); F 101 (farcum for far*t*um), 209 (pictaci for pi*t*taci); I 492 (iscit for is*t*ic); M 298 (musicanter for musi*t*anter); S 202 (sclactarius for s*t*la*t*tarius); E 536 (suciata for sa*t*iata)

ci for *ti*: G 78 (gescire for ges*t*ire); L 24 (lauticiae for lauti*t*iae)

c for *cc*: F 217 (flacentia for flaccentia); M 89 (sacellum for saccellum); O 115 (ocultantur for occ-), 121 (ocursauis, ocurris for occ-), 122 (ocultant for occ-)

§ 12. *d* omitted: A 109 (aiumenta for a*d*ium-)

d for *t*: A 277 (adauus for a*t*auus); D 348 (*d*omus for *t*omus); E 70 (co*d*itiana for co*t*idiana; I 463 (inqui*d* for inqui*t*); L 241 (linqui*d*, reliqui*d* for liqui*t*, reliqui*t*); O 256 (sor*d*es for sor*t*es); T 9, 31 (tan*d*undem for tan*t*-)

di for *gi*: C 793 (con*d*iarium for con*g*iarium)

d for *dd*: S 47 (quodam for quo*dd*am)

d for *o*: P 236 (peri*d*don for periodon)

d for *r*: S 484 (spi*d*is for spi*r*is)

d for *cl*: N 140 (nomen*d*ator for -*cl*ator)

d for *i*: M 364 (mun*d*a for munia)

d for *n*: A 562 (ande*d*a for ande*n*a)

§ 13. *e* for *o*: Int. 217 (monesticon for monostichon); A 168 (malliol*e*s for malleolos); B 64 (beantes for boantes); C 634 (deleres for dolores); H 153 (hrema for chroma); L 320 (lubrices for lubricos); N 91 (nexius for noxius); P 458 (pliosperus for phosphorus), 662 (prexeos for ptochias), 861 (medicos for modicos); S 95 (neu for nou), 559 (stuperatus for stupor-); T 133 (teruus for toruus)

e for *i*: A 10 (ancella for ancilla), 61 (absedas for absidas), 128 (arcessite for -ti); C 523 (cremine for crim-), 697 (trapizetae for trapezitae), 729 (collegitur for collig-), 748 (conpetum for conpitum), 761 (concedit for concidit), 847 (conburet for conburit), 852 (utiles for utilis), 872 (crebrat for cribrat), 873 (crebrum for cribrum), 932 (curules for -lis); D 9 (dapsele for -ile), 42 (deffitentur for diff-), 44 (degladiandi for digl-), 53 (dedasculum for didascalum), 63 (degladiati for digl-), 67 (decedit for decidit), 94 (degesta for dig-), 98 (deadema for diad-). See further D 107, 149, 154, 158, 165, 172, 183, 194, 197, 203, 212, 213; E 283 (erenis for erinys), 317, 449, 468, 476, 489, 540, 541, 547; F 21, 45, 46, 199, 236, 278, 331; G 25, 27, 29, 123, 139; H 13, 49, 75, 78, 85, 98; I 108 (indegina for indigena), 118, 158, 332, 360, 426, 433, 499, 509; L 72, 121, 122, 254; M 64, 77, 86, 118, 131, 265; N 60, 197; O 61, 93, 124, 159, 163, 260; P 32, 71, 112, 317, 375, 662; S 155, 192, 320, 321, 374

e for *a*: C 341, G 53, 68 (cente, gente for ganta); D 90 (seperare for separare); E 219 (energia for enargia), 276 (operentur for operantur), 370 (iectato for iactato); F 350 (aristes for aristas); G 23 (geneo for ganeo), 160 (greditur for graditur); I 95 (infuseeretur for infuscar-), 142 (merotheee for myrotheca). See further I 459, 497; L 26, 72, 105, 106, 112, 113, 125, 257, 342; M 7, 122; N 55; P 499, 830; R 170; S 247, 257, 508, 544; U 83

e omitted: Int. 12 (afertice for aphaeretice); D 45 (delibrat for deliberat); I 313 (inrequiuit for inrequieuit); G 56 (genthliatici for geneth-); N 5 (nausatio for nauseatio), 191 (nucli for nuclei); O 157 (olastrum for oleastrum)

e for *y* (= i): E 235 (epistelia for epistylia); G 47 (gemmasium for gymnasium), 74 (gemnasia for gymn-); I 142 (merotheee for myrotheca); M 132 (merepsica for myrepsica), 138 (merotetes for myrotheee), 166 (megale for myg-); P 23, 81 (panagericum for panegyricum), 77 (panagericis for panegyricis); S 253 (senodus for synodus)

e for *ae*: Int. 12 (afertice for aphaeretice); B 144 (blessus for blaesus); C 728 (coetanium, coeuum for coaetanium, coaeuum); D 174, 226 (deseptus, diseptus for dissaeptus); E 94 (egre for aegre), 266 (equora for aequora), 267 (equiperat for aequiperat), 275 (erumna for aerumna), 311 (esitat for haesitat); see further E 305, 307, 357, 428, 459; F 2 (teda for taeda), 38 (precinentes for praec-), 52 (sepe for saepe), 143 (feculentus, fece for faec-, faece), 150, 413 (cesus for caesus); G 37 (gesa for gaesa), 48, 97; H 48 (herumna for aerumna); see also

H 113, 144, 145; I 81, 117, 234, 332; M 162, 177, 192, 196, 206, 363; N 53, 54, 69, 80; O 182; P 12, 90, 140, 157, 162, 268, 269; R 229; S 139 &c. &c.

e for *ie*: E 274 (ereon = I 43 *ie*rion Gr. ἱερεῖον)

ę for *ae*: A 157 (acrę for acr*ae*), 177 (adsutę for -*tae*), 290 (adęquat for ad*ae*q-), 317 (aequę for aequ*ae*); E 420 (exedrę for exedr*ae*), 486 (alienę for -*nae*), &c.

ę for *e*: A 400 (agr*e* for aegr*e*)

ę for *i*: L 33 (lęxina for l*i*xinia)

e prefixed: E 519, R 103 (*e*xenodocium for xenodochium)

eu for *e*: E 330, 346 (*eu*dolia for edulia), 351 (*eu*rynis for erinys)

ex for *aes*: E 521 (*ex*timat for *aes*timat)

ex (partly) dropped: O 198 (specto for *ex*specto)

e for *oe*: F 122 (Fenicium for Ph*oe*n-), 198 (cithar*e*dus for cithar*oe*dus); M 134, 179 (melopeus for melop*oe*us); P 252 (penix for phoenix), 388 (Phebe for Phoebe), 502 (petria for poetria). See also *i* for *oe*

e inserted: Int. 317 (ped*e*um for pedum); A 429 (ali*e*tibus for alitibus); I 423 (iuperimente for inprimente); L 285 (lup*e*a for lupa)

e (initial) omitted: P 397 (pistilia for epistylia), 423 (pimelea = ἐπιμέλεια)

e for *eu*: R 51 (rema for re*u*ma)

e for *t*: M 232 (monofealmon for monoph*t*halmon)

e for *u*: O 172 (onestus for on*u*stus), 176 (lectum for l*u*crum)

e for *ei*: Int. 125 (edulion for *ei*dyllion).

§ 14. *f* for *ph*: Int. 12 (a*f*ertice for a*ph*aeretice), 294 (ste*f*anus for ste*ph*anus); D 248 (dia*f*onia for dia*ph*-); E 348 (eu*f*onia for eu*ph*-); F 22 (*f*asianus for *ph*as-), 61 (*f*alangarius for *ph*al-), 70 (*f*asus for *Ph*asis). See further F 73, 113, 114, 122, 130, 155, 156, 177, 189, 209, 211, 216, 255, 296, 298; H 64; M 124, 139, 204, 232; N 100; O 176, 265; P 55 (bis), 79, 299; S 45, 342, 346, 361, 367; T 162

f for *u* (= v): B 18 (de*f*oratio for de*u*-); B 112 (bi*f*arius for ui*u*arium); C 503 (con*f*ulsus for con*u*ulsus), 547 (*f*orax for *u*orax), 727 (con*f*ictium for con*u*itium); D 84 (de*f*otabat for de*u*otabat), 172, 233 (di*f*ortium, de*f*ortia for di*u*-), 238 (di*f*eruerat for di*u*erberat), 267 (de*f*orat for de*u*orat); F 99 (*f*arius for *u*arius), 128 (*f*enus for *V*enus?), 178 (*f*ibrans for *u*ibrans), 300 (*f*ortex for *u*ortex), 410 (fugiti*f*arius for fugiti*u*-); M 62, 114 (Ma*f*ortiam, Ma*f*ortem for Ma*u*ortiam, Ma*u*ortem); P 262 (per*f*icaciter for per*u*-), 263 (*f*elocitas for *u*el-), 617 (pro*f*ecta for pro*u*-), 631 (prae*f*aricator for prae*u*-), 677 (pri*f*iguus for pri*u*-), 766 (pro*f*ectus for pro*u*-)

ff for *ph*: C 635 (co*ff*inus for co*ph*inus), 975 (cyrogra*ff*ium for chirogra*ph*um); E 83 (e*ff*ebus for e*ph*ebus), 91 (e*ff*eui for e*ph*ebi); I 146 (interanagly*ff*a for -gly*ph*a); S 380 (so*ff*a for so*ph*ia), 388 (so*ff*isticis for so*ph*-), 520 (stro*ff*a for stro*ph*a), 540 (stro*ff*ia for stro*ph*ia), 718 (syngra*ff*e for syngra*ph*e)

f for *s*: C 593 (con*f*erata for conserta?); S 710 (syne*f*actas for syneismactas)

f for *i*: D 310 (dis*f*ecit for dis*i*ecit)

f for *b*: D 262 (diatri*f*as for diatri*b*as); E 250 (epi*f*ati for ephi*b*ati); M 326 (Mulci*f*er for -*b*er)

f for *h*: F 58 (*f*ariolus for *h*ariolus)

f for *ff*: F 236 (de*f*usa for di*ff*usus); H 33 (di*f*iculter, di*f*icile for di*ff*-)

f for *n*: S 577 (stur*f*us for stur*n*us, through stur*u*us?)

f for *p*: M 177 (*f*loret for *p*lorat); T 256 (tro*f*on for tro*p*on)

f for *r*: A 376 (A*f*estotiles for A*r*-)

§ 45. *g* inserted: A 104 (aco*g*nitum for aconitum); E 24 (ec*g*ferunt for ecferunt); F 192 (fiti*g*alis for fitialis)

g omitted: A 259 (*a*gerat for a*g*gerat); F 223 (flarantius for fla*g*r-); L 254 (loica for lo*g*ica)

g doubled: E 97 (e*gg*ones for e*g*ones); F 141 (su*gg*it for su*g*it)

g for *c*: E 104 (e*g*logae for eclogae); F 287 (folli*g*antes for follic-); I 510 (iun*g*etum) for iunectum); M 118 (mante*g*a for mantica), 299 (mul*g*atores for mulc-); R 228 (masti*g*at for masticat); S 23, 89 (san*g*it for sancit); U 101 (ne*g*ros for uecors)

g for *u* (= v): E 525 (exu*g*iae for exu*u*iae); F 363 (fri*g*ula for fri*u*ola)

g for *d*: H 75 (heru*g*o for hiru*d*o)

g for *t*: P 195 (peri p*g*ocias for peri p*t*ocias)

§ 46. *h* omitted: A 13 (abiles for *h*ab-), 448 (alitus for *h*al-); C 44, 86 (cantarus for cant*h*arus), 972 (cyatus for cyat*h*us); D 97 (detrait for detra*h*it); E 391 (exaltauit for ex*h*alauit); G 74 (termae for t*h*ermae); M 138 (merotetes for myrot*h*ecee), 287 (monotalmis for monopht*h*almis); R 22, 24 (ramnus for r*h*amnus), 111 (retica for r*h*aetica), 177 (Rinocoruris for R*h*in-), 180 (rithmus for r*h*ythmus), 181 (rinoceres for r*h*inoceros); S 309 (exibeo for ex*h*ibeo), 571 (strutio for strut*h*io); T 175 (timiamate for t*h*ym-), 196 (torax for t*h*orax). E 167 (emisticius for *h*em-), 169 (emisperion for *h*em-), 278 (eruli for *h*eruli), 279 (erus for *h*erus), 290 (erodi for *h*erodius), 302, 311 (esitat for *h*aesitat), 360, 404 (exaustis for ex*h*austis), 449, 489 (exaureant, exaureant for ex*h*auriant), 522 (exameron for *h*exaemeron); G 48 (asta for *h*asta); I 62 (ortator for *h*ortator), 78 (inians for in*h*ians), 94 (inibitum for in*h*ibitum), 292 (inalator for in*h*alator); see further I 480, 481; L 129; N 17, 33, 55, 59; O 126, 128, 151, 158, 159, 227, 230, 257, 262 (oroma for *h*orama), 265; P 8, 171, 183, 386, 473 (astella for *h*astella), 567; R 40, 108, 129; S 449

h inserted: E 240 (ep*h*itomos for epit-), 241 (epit*h*oma for epitoma), 318 (et*h*imologia for etym-); P 745 (pro*h*emium for prooemium); R 85 (ret*h*orridus for retorr-); S 629 (super*h*abundans for superab-); T 136 (t*h*eda for taeda), 144 (t*h*us for tus), 154 (T*h*ersicorem for Terpsichorem), 156 (t*h*essera for tessera)

h for *ch*: B 181 (bra*h*iale for bra*ch*iale); H 16 (*h*alibs for *ch*alybs), 19 (*h*arubdis for *ch*arybdis), 153 (*h*rema for *ch*roma)

h for *g*: H 24 (*h*ausae for *g*azae)

h prefixed: D 42 (*h*ostiarii for ost-); H 18 (*h*erumna for aerumna), 52 (*h*ebenum for ebenum), 120 (*h*ieronia for ironia), 134 (*h*olor for olor), 146 (*h*olido for olido), 147 (*h*oneraria for oner-), 151 (*h*olitor for olitor); L 86 (*h*abunde for ab-), 265 and O 181 (*h*abundans for ab-); M 267 (*h*abundat for ab-); P 239 (*h*ironiam for iron-); S 66 (*h*onera for onera)

h transposed: R 62 (ret*h*orica for r*h*etorica), 131 (ret*h*orem for r*h*etorem)

§ 47. *i* for *y*: A 173 (accol*i*tus for acol*y*tus); D 281 (d*i*scolus for d*y*scolus); E 262, 289 (epend*i*ten, erend*i*ten for epend*y*ten), 318 (eth*i*mologia for et*y*mologia), 351 (euryn*i*s for erin*y*s); F 209 (f*i*lacteria for ph*y*l-), 211 (filarg*i*ria for philarg*y*ria); G 92 (g*i*psus for g*y*psum), 142 (gr*i*pem for gr*y*phem), 143 (gr*i*llus for gr*y*llus); see further H 92, 104, 113; I 5, 9, 480, 481; L 160, 194, 198, 227, 229, 240; M 201, 206, 208, 218, 221; N 63, 100, 109, 111; O 24, 144, 145, 152, 158, 171, 236, 260; P 11, 55, 127, 169, 397, 433, 510; S 168, 190, 199, 316, 318, 328, 333, 342, 367, 377, 466; Q 42 (qu*i*nici for c*y*nici), 65 (qu*i*nos for c*y*nos)

i inserted: A 8, 21 (inu*i*olata for inuolata); C 49 (uacillan*i*s for -lans); D 375 (duell*i*um for duellum); E 301 (er*i*gastulo for ergastulo), 169 (ex*i*tus for extis); H 121 (diuiden*i*s for diuidens), 139 (hol*i*oglapha for holographa); I 76 (angust*i*is for angustis), 171 (studios*i*us for studiosus), 290 (in posteri*o* for in postero); L 212 (li*i*s for lis), 240 (linch*i*ni for lychni), 300 (lu*i*tia for lutea); M 141 (mecanic*i*a for mechanica), 200 (metric*i*us for metricus), 230 (cinth*i*um for cinctum); O 17 (resisten*i*s for -tens); P 25 (con*i*uentio for conuentio), 337 (persolu*i*o for persoluo), 500 (postic*i*a for postica); S 279 (indican*i*s for indicans), 424 (soler*i*s for sollers); U 136 (uertig*i*o for uertigo), 181 (uitric*i*us for uitricus)

i (initial) dropped: C 512 (conisma for *i*conisma); S 551 (stine for *i*stine), 564 (stic for *i*stic) *i* omitted: E 237 (breuiarum for breuiar*i*um), 394 (exito for exit*i*o); F 190 (luscina for luscin*i*a), 272 (formas for form*i*as), 303 (suarum for suar*i*um), 414 (fustarius for fust*i*arius), 427 (fulgine for ful*i*g-); I 145 (triuis, uis for triui*i*s, ui*i*s), 319 (inuolutis for inuol-u*i*tis), 335 (latumis for latumi*i*s); L 33 (lexina for lixiu*i*a), 52 (brachis for brachi*i*s), 57 (lacinosum for lacin*i*osum); M 283 (supplicis for -ciis); N 176 (nudustertius for nud*i*ust-); O 207 (stipendis for -di*i*s); P 265 (perende for perend*i*e), 301, 303 (per for per*i*), 476 (plagarius for plag*i*ar-), 526 (orbs for orb*i*s), 812 (priuilegarius for -g*i*arius); Q 29 (quaeremonis for querimoni*i*s); S 267 (sero for ser*i*o)

i (final) dropped: C 697 (collectar*i*, nummular*i* for collectar*ii*, nummular*ii*); L 220 (ceruari for cernar*ii*), 289 (litterari for litterar*ii*); P 139 (patrici for patric*ii*), 159 (buccelatori for buccellator*ii*), 758 (primari for primar*ii*); S 218 (unguentari for -tar*ii*); U 118 (ueredari for -dar*ii*)

ig for *y*: G 97 (*gig*neceum for *gy*naeceum)

i for *u*: Int. 208 (aest*i*s for aest*u*s); C 721 (bon*i*s for bon*u*s); D 191 (del*i*bra for del*u*bra); H 149 (homul*i*s for homull*u*s); I 266 (int*i*bus for int*u*bus); L 258 (pann*i*s for pann*u*s); M 19 (man*i*tergium for man*u*t-); N 100 (nouell*i*s for -l*u*s), 128 (n*i*mquis for n*u*mquis); O 58 (obst*i*puit for obst*u*p-); P 161 (inc*i*bus for inc*u*bus), 771 (crimi-nos*i*s for -s*u*s), 872 (p*i*gilis for p*u*g-); Q 30, 32 (quaest*i*osus, quaest*i*osius for quaest*u*-); S 197 (scr*i*pulum for scr*u*p-), 679 (s*i*acte for s*u*apte)

i for *e*: A 150 (aconon*i*tus for acoenon*e*tus), 459 (alap*i*ciosa for alop*e*c-); C 556 (coerc*i*t for coerc*e*t), 578 (praeuid*i*mus for praeuid*e*mus), 596 (conqu*i*rentem for conqu*e*rentem), 697 (trap*i*zetae for trap*e*zitae), 728 (coetan*i*um for coaetan*e*um), 870 (crud*i*scente for crud*e*scente), 888 (s*i*riem for s*e*riem), 914 (naus*i*a for naus*e*a); D 51 (def*i*tiget for def*e*tiget), 66 (dec*i*dens for dec*e*dens), 106 (dec*i*t for dec*e*t), 161 (d*i*scendit for d*e*sc-), 216 (d*i*spectare, d*i*spicere for d*e*spectare, d*e*spicere), 237 (d*i*lubra for d*e*lubra), 260 (d*i*riguere for d*e*riguere), 261 (dioc*i*sa for dioec*e*sis), 324 (dissed*i*t for dissid*e*t), 326 (d*i*siduus, d*i*sidiosus for d*e*siduus, d*e*sidiosus); E 136 (el*i*mentis for el*e*mentis), 143 (el*i*gantur for el*e*ganter), 155 (merc*i*s for merc*e*s), 246 (adol*i*scens for adol*e*scens), 429 (ext*i*mplo for ext*e*mplo); F 3 (fac*i*tia for fac*e*tia), 40 (fam*i*licus for fam*e*l-), 82 (fat*i*tur for fat*e*tur), 115 (ferugin*i*us for ferrugin*e*us), 187 (f*i*stum for f*e*stum), 249 (rub*i*us for rub*e*us), 292 (fomis for fom*e*s?), 299 (for*i*nsis for for*e*nsis); G 27 (gar*i*lum for gal*e*rum), 50 (genial*i*s for genial*e*s); H 50 (h*a*bitat for heb*e*tat), 56 (h*i*bitatus for heb*e*tatus), 84 (heb*i*tiores, rusticior*i*s for heb*e*tiores, rusticior*e*s), 110 (hisc*i*re for hisc*e*re), 115 (uiro for u*e*ro); I 59 (d*i*stitutus for d*e*st-), 60 (in*i*tia for in*e*dia); see further I 61, 72, 74, 81, 91 (inl*i*cebra for inl*e*cebra), 108 (indeg*i*na for indig*e*na), 118, 219, 252, 300, 301, 342, 373, 437, 444, 490, 498, 506, 511; L 2, 143, 156, 195, 201, 220, 221, 223, 238, 268, 279, 300; M 14, 52, 63, 86, 155, 177, 181, 190, 225 (m*i*suratio for m*e*ns-), 240, 244, 247, 250, 257, 335, 341, 354, 360; N 39, 51, 60, 125; O 27, 154, 164, 237, 265, 266, 293; P 8, 40, 105, 106, 108, 135, 340, 348, 436, 464; S 306, 318, 321, 349

i for *oe*: F 155 (f*i*nix for ph*oe*nix); L 175 (l*i*doria for l*oe*doria); O 128 (od*i*poricum for hod*oe*p-)

i for *a*: C 765 (consimil*i*s for -l*a*s); D 229 (dic*i*t for dic*a*t); E 555 (uigil*i*bant for uigil*a*bant); F 76 (fan*i*ticus for fan*a*ticus); H 10 (euacu*i*ssent for euacu*a*ssent); I 431 (l*i*nguidus for l*a*nguidus); L 208 (l*i*tescere for l*a*t-), 285 (lup*i*naria for lup*a*n-); P 168 (p*i*pilio for p*a*p-), 183 (panti*g*atum for pant*a*gathum); S 329 (s*i*pius for s*a*pius)

ie for *e*: D 269 (d*ie*mat for d*e*mat)

ie for *i*: H 120 (h*ie*ronia for *i*ronia); S 185 (sci*e*nices for sc*i*nifes)

ie for *y*: H 117 (h*ie*men for h*y*men)

i for *o*: Int. 94 (diast*i*le for diast*o*le); H 118 (h*i*rribil*e* for h*o*rr-); P 515 (p*i*limita for p*o*l-)

i for *ae*: H 123 (s*i*tosus for s*ae*tosus)

it for *s*: I 15 (percussu*it* for percussu*s*)

ie for Gr. ἑ: I 40 (*ie*ortasticai for ἑορτ-)

i for *ei*: P 451 (pl*i*adas for pl*ei*adas)

iu for *e*: P 108 (consolator*iu*m for -tor*e*m), 268 (eruditor*iu*m for -tor*e*m)

i for *s*: A 761 (arcesi*e*ndos for arces*s*endos)

i for *t*: A 768 (ap*i*um for ap*t*um)

i for *l*: C 444 (ci*e*ps for c*l*eps)

§ 48. *l* transposed: C 642 (sc*l*uptae for scu*l*ptae)

l doubled: C 373 (ma*ll*o for ma*l*o), 713 (co*ll*orate for co*l*orate); D 292 (to*ll*erabilis for to*l*er-); F 148 (fe*ll*us for fe*l*us = felis), 190 (filome*ll*a for filome*l*a); G 27 (pe*ll*eum for pi*l*eum); M 87, 92 (ma*ll*o for malo), 90 (ma*ll*im, ue*ll*im for ma*l*im, ue*l*im); O 175 (onocrata*ll*us for onocrota*l*us); P 296 (to*ll*erata for to*l*er-), 323 (to*ll*eramus for to*l*er-)

l for *b*: A 354 (u*l*i for u*b*i); F 405 (lugu*l*re for lugu*b*re)

l omitted: Int. 259 (circumfexus for circumf*l*exus); A 20 (spendor for sp*l*endor), 879 (atomi for *l*atomi); C 496 (causile for c*l*ausile); E 218 (spendescit for sp*l*endescit); P 547 (postrum for p*l*ostrum), 574 (fiius for fi*l*ius); R 131 (spendoris for sp*l*endoris), 219 (spendidum for sp*l*endidum); S 514 (stragua for stragu*l*a) *l* inserted: B 147 (b*l*othonicula for bothon-); S 187 (sca*l*pula for scapula)

l for *r*: F 254 (f*l*agrans for f*r*agrans), 329 (f*l*agrat for f*r*agrat); H 139 (holiog*l*apha for holog*r*apha); O 46 (obscu*l*atio for obscu*r*-); P 55 (pastofo*l*ia for pastophor*i*a), 243 (perf*l*ictio for perf*r*ictio), 449 (p*l*unas for p*r*unus), 456 (p*l*umum for p*r*unum); S 674 (su*l*iunt for su*r*iunt)

L for *N*: L 149 (*L*eptis for *N*eptis)

l for *u*: L 230 (a*l*tionatur for a*u*ct-)

l for *u* (*v* or *b*): G 91, 191 (gil*l*us, gallus for gil*u*us or gil*b*us)

l for *i*: B 43 (basil*l*a for basil*i*a); G 175 (Gra*l*orum for Gra*i*orum); O 49 (ob*l*ectare for ob*i*ectare)

l for *ll*: H 79 (pa*l*idus for pa*ll*idus), 149 (homu*l*is for homu*ll*us); N 155 (noue*l*etum for noucel*l*etum); P 159 (bucce*l*atori for buccel*l*atorii), 442 (deco*l*atur for deco*ll*atur), 699 (anguila for angui*ll*a); S 382 (so*l*entia for so*ll*ertia), 387, 389 (so*l*ers for so*ll*ers)

li for *h*: P 458 (p*li*osperus for p*h*osphorus)

li for *r*: S 21 (sa*li*tum for sa*r*tum)

l for *g*: A 417 (albu*l*o for albu*g*o)

§ 49. *m* for *mm*: C 720 (consu*m*atus for consu*mm*atus), 760 (co*m*entat for co*mm*entat); S 377 (si*m*isti for sy*mm*ystae)

m doubled: C 647 (com*m*itia for co*m*itia)

m for *n*: C 751 (cornice*m* for cornice*n*), 756 (do*m*um for do*n*um); G 47 (gem*m*asium for gym*n*asium); L 153 (le*m*ociniat for le*n*oc-); P 456 (plu*m*um for pru*n*um); S 726 (sy*m*tagm- for sy*n*t-)

m for *ri*: C 756 (contia*m*um for congia*ri*um)

m for *r*: A 586 (me*m*or for mae*r*or); S 251 (separatu*m* for separatu*r*)

m for *s*: O 196 (facultа*m* for faculta*s*)

m inserted: E 204 (e*m*phimerides for ephemerides); M 208 (mi*m*opora for myoparo)

m for *ns*: O 31 (perseuera*m* for perseuera*ns*)

§ 50. *n* for *u*: A 640 (a*n*gustior for a*u*g-); B 45 (barbe*n*ta for brabe*u*ta); C 476 (cla*n*dire for cla*u*dire), 684 (concla*n*ia for concla*u*ia), 976 (cynomi*n*na for cynos*u*ra); E 449 (exa*n*reant for exha*u*riant); P 863 (si*n*e for si*u*e); S 294 (se*n*ente for sae*u*iente?)

n omitted: C 797 (cogitarium for co*n*giarium); E 317 (ethicus for eth*n*icus); F 213 (flutas for fluta*n*s); I 470 (ioluerunt for i*n*ol-), 495 (isignit for i*n*signit); M 59 (masitat for ma*n*sitat), 220 (magifice for mag*n*ifice), 225 (misuratio for me*n*s-), 236 (conpugit for conpu*n*git); P 348 (penticotarchus for penteco*n*tarchus), 467 (plataria for pla*n*taria);

Q 66 (quiquennalis for qui*n*quennalis); S 90 (saxit for sa*n*xit), 682 (i for *in*)

n inserted: Int. 126 (ethia*n*tike for actiatike); D 303 (perora*n*s for perorans), 323 (de*n*ique for deique); E 222 (e*n*lencus for elenchus); I 247 (inquie*n*s for inquies); L 109, 266 (formo*n*sum for formosum), 219 (li*n*gurrit for ligurrit), 240 (li*n*chini for lychni), 241 (li*n*quid for liquit), 321 (falla*n*x for fallax); S 114 (a*n*thletae for athletae)

ni omitted: M 361 (mufex for mu*ni*fex)

n for *p*: E 249 (epile*n*ticus for epile*p*ticus)

n for *g*: S 356 (si*n*num for si*g*num)

n for *m*: A 585 (a*n*fora for a*m*phora), 609 (a*n*fetrite for a*m*phit-); E 476 (exte*n*us for exti*m*us); H 119 (pantomi*n*us for -mi*m*us); I 109 (i*n*nobiliter for i*m*mob-); P 816 (propedie*n* for -die*m*)

n doubled: R 145 (re*nn*uunt for re*n*uunt)

n for *r*: A 299 (aeg*n*e for aeg*r*e); F 428, 433 (mo*n*s for mo*r*s); G 61 (ge*n*usia for ge*r*usia); I 532 (lace*n*osa for lace*r*osa); M 22 (ma*n*tyrium for ma*r*t-); O 174 (o*n*tigometra for o*r*t-); P 50 (pantocrato*n* for -crato*r*); S 144 (obscurio*n*es for -*r*es); S 382 (sole*n*tia for solle*r*tia)

n for *h*: H 161 (*n*unc for *h*unc); U 143 (ue*n*iculum for ue*h*iculum)

n for *l*: F 382 (fu*n*ix for fu*l*ix); L 156 (linio*n*is for linco*l*is)

§ 51. *o* for *s*: A 133 (fortio for forti*s*), 213, 620 (sati*o* for sati*s*), 243 (farao for farri*s*); C 453 (uindicti*o* for uindicti*s*), 802 (comitati*o* for comitati*s*?); E 46 (abdicati*o* for abdicati*s*); F 155 (congregati*o* for congregati*s*)

o for *u*: A 107 (acholothus for acol*u*thus), 258 (adolator for ad*u*l-); B 83 (teotoni for te*u*toni), 149, 164 (boulci, bobulcus for b*u*b-); C 508 (conabulum for c*u*n-), 555 (conlocopletatus for conloc*u*pl-), 640 (cospis for c*u*spis), 671 (coagolescit for coag*u*l-), 775 (coagolum for coag*u*lum), 850 (comolus for c*u*m*u*lus), 889 (guttoris for gutt*u*ris), 932 (curr*o* for curr*u*); D 83 (deglobere for degl*u*bere), 258 (dilotis for dil*u*tis), 366 (motatio for m*u*tatio); E 155 (emolomentum for emol*u*mentum), 330, 346 (edolia for ed*u*lia), 166 (permotatio for perm*u*t-); F 275 (forcifer for f*u*rcifer); G 167 (gratat*o*r, gratulat*o*r for -t*u*r); H 9 (haciolat for hei*u*lat), 61 (luxoriosus for lux*u*r-), 100 (hiatos for hiat*u*s), 224 (bobulinum for b*u*b-); see further I 497; L 129, 312; M 57, 257; N 180; O 160, 161, 165; P 49, 56, 90, 441, 476, 499, 530, 835; R 206, 207; S 97, 158, 308, 368, 413, 429, 530; T 200, 204

o for *oe*: D 261 (diocisa for dio*e*cesis)

o for *a*: A 102 (aconit*o* for -t*a*), 514 (*o*bolitionem for *a*bol-); D 76 (potescit for p*a*tescit), 157 (*o*bsorbens for *a*bs-), 166 (defragore for defra-

gare); E 331 (t*o*lentorum for t*a*l-); F 104 (fau*o* for fab*a*), 130 (Foeton for Phaeton), 269 (f*o*go for f*a*go), 296 (formacopula for ph*a*rmacopola); L 260 (lobe for l*a*be); M 79 (manatio for manant*ia*), 133 (meloncolia for mel*a*ncholia), 208 (mimopora for myop*a*ro); N 181 (nunti*o* for nunti*a*); O 124 (occarium for *a*ciarium), 262 (oroma for hor*a*ma); P 165 (parmocopula for pharm*a*copola), 542 (popauer for p*a*p-), 662 (prexeos for ptochi*a*s), 730 (obruptus for *a*br-); S 311 (situlo for -l*a*), 317 (alioquin for *a*l-), 465 (spargona for sparg*a*na); T 136 (optum for *a*pt-), 140 (colores for c*a*l-), 178 (Titon for Tit*a*n)

o for *e*: A 923 (opotatis for *e*p-); E 125 (el*o*gi for el*e*gi); G 131 (glomoramur for glom*e*r-); L 259 (lotum for l*e*tum); O 22 (oboliscus for ob*e*l-); P 499 (podorem for pod*e*rem), 548 (porgere for p*e*rg-); S 266 (seri*o* for seri*e*), 413 (sodolus for s*e*dulus), 432 (s*o*datus for s*e*datus)

o inserted: H 11 (habiloes for habiles), 119 (hist*o*ricus for histricus); L 21 (la*o*goena for lagoena)

o omitted: O 223 (oplere for ob*o*lere)

o for *i*: I 336 (int*o*mus for int*i*mus); P 317 (appollones for Apollinis)

oe for *e*: L 263, 267 (l*oe*talis, l*oe*tiferum for l*e*t-)

oy for *u*: M 233 (m*oy*sica for m*u*sica)

§ 52. *p* for *ph*: E 184 (emis*p*erium for hemis*ph*aerium), 244 (e*p*imeri for e*ph*emeris), 250 (e*p*ifati for e*ph*ibati); G 142 (gri*p*em for gry*ph*em); N 17, 33 (na*p*ta for na*ph*tha), 55 (ne*p*ta for na*ph*tha), 59 (ne*p*talim for ne*ph*thalim); P 165 (*p*armocopula for *ph*-), 252 (*p*enix for *ph*oenix), 458 (*p*liosperus for *ph*osp*h*erus); S 442 (*s*periae for s*ph*eritae), 458 (s*p*era for s*ph*era)

p omitted: E 478 (exsumtuauit for exsum*p*tuauit); T 154 (Thersicorem for Ter*p*sichoren)

pp for *bb*: G 93 (gi*pp*us for gi*bb*us)

p for *b*: I 102 (incre*p*escit for incre*b*rescit), 418 (pu*p*lico for pu*b*lico); O 223 (o*p*lere for o*b*olere); P 327, 339 (pu*p*licam, pu*p*licum for pu*b*l-), 680 (pro*p*lesma for pro*b*lema), 870 (pu*p*licani, pu*p*licam for pu*b*l-); R 60 (respu*p*lica for respu*b*l-)

p for *f*: P 323 (per*p*erimus for per*f*erimus?), 666 (*p*raxinus for *f*raxinus)

p for *g*: O 58 (obri*p*uit for obri*g*uit)

p for *pp*: Int. 121 (a*p*aratio for a*pp*aritio); O 183 (o*p*eriebamur for o*pp*-), 185 (o*p*ido for o*pp*ido), 186 (o*p*ilauit for o*pp*-), 188 (o*p*erientes for o*pp*-), 198 (o*p*erior, for o*pp*-), 214 (o*p*essulatis for o*pp*-), 220 (o*p*ansum for o*pp*-)

p for *n*: S 102 (*p*appa for *n*appa)

p doubled: M 63 (ma*pp*alia for ma*p*alia); P 317 (a*pp*ollones for Apoll*i*nis)

p for *s*: A 382 (aga*p*o for aga*s*o)

ph for *p*: E 161 (em*ph*eria for em*p*eiria), 230 (e*ph*iphania for e*p*iphania), 238 (e*ph*ithalamium for e*p*it-), 239 (e*ph*yria for em*p*iria), 240 (e*ph*itomos for e*p*itomos); O 144 (olim*ph*um for Olym*p*um); P 386 (*ph*iteeus for *p*itheeus)

ph omitted: M 287 (monotalmis for mono*ph*thalmis)

§ 53. *qu* for *ch*: C 530 (con*qu*ilium for con*ch*ilium)

qu for c: Q 42 (*qu*inici for *c*ynici), 65 (*qu*inos for *c*ynicos)

§ 54. *r* omitted: A 763 (anaglosa for a*r*noglossa); D 123 (desticare for dest*r*icare); E 66 (enebata for ene*r*uata); F 190 (expimuntur for exp*r*imuntur), 318-320 (fratuelis for frat*r*uelis), 337 (frustatur for frust*r*ator), 345 (fons for f*r*ons), 409 (fulgetum for fulget*r*um); G 172 (feire for fe*r*ire); I 19 (propietas for prop*r*ietas), 102 (increpescit for increb*r*escit), 467 (propio for prop*r*io); L 72 (ceditu for caeditu*r*); N 172 (noma for no*r*ma); O 120 (occusare for occu*r*sare); P 120 (pantocranto for -crant*o*r); S 74 (cura for c*r*ura), 558 (stangulat for st*r*-); T 120 (uemis for ue*r*mis); U 138 (uena for ue*r*na), 148 (uemiculus for ue*r*miculus)

r for *t*: D 306 (dic*r*eus for dic*t*eus); N 200 (nu*r*us for nu*t*us); P 662 (p*r*exeos for p*t*ochias)

r for *h*: D 133 (proue*r*at for proue*h*at?); O 283 (c*r*asmauit for *ch*asm-)

r for *p*: E 289 (c*r*enditen for e*p*endyten); O 254 (o*r*pleuit for o*p*pl-)

r for *u*: F 94 (adiu*r*are for adiu*u*are)

rg for *pt*: I 457 (ine*rg*iae for ine*pt*iae)

r transposed: P 715 (p*r*ancatarius for pance*r*at-)

r doubled: O 71 (obse*rr*at for obse*r*at)

r for *n*: (graphical: misreading of original); Int. 127 (se*r*arium for se*n*-); A 44 (disso*r*um for disso*n*um), 575 (u*r*cenos for u*n*cinos), 749 (a*r*chius for a*n*xius), 820 (a*r*cius for a*n*xius); C 431 (ci*r*cinni for ci*n*cinni), 954 (cu*r*ae for cu*n*ae), 968 (cu*r*abula for cu*n*abula), 976 (cynomin*r*a for cynosu*r*a); H 115 (hinci*r*e for huici*n*e); M 260 (mo*r*otonus for mo*n*ot-)

r for *s*: Int. 191 (lacerto*r* for -to*s*); A 28 (ab*r*istit for ab*s*istit), 29 (ab*r*isit for ab*s*istit), 31 (aba*r*o for aba*s*o), 757 (a*r*tum for a*s*tum), 775 (a*r*cesi for a*s*cesi); I 378 (incur*r*us for incur*s*us); O 273 (ostentu*r* for ostentu*s*)

r for *l*: M 257 (mo*r*git for mu*l*get)

r inserted: A 962, 963 (ax*r*edones, ax*r*edo for axed-); C 699 (conubrium for conubium); P 484 (portior for potior), 813 (praestrigiae for praestig-); T 92 (terpore for tepore)

r for *rr*: A 23 (aberuncat for auerruncat); C 932 (curendum for curr-); E 487 (scurilis for scurrilis); F 115 (feruginius for ferrugineus); G 14 (garula for garrula); I 146 (interasile for interrasile); O 230 (oripilatio for horrip-); S 605 (susurio for susurrio)

§ 55. *s* doubled: B 26 (bassia for basia), 144 (blessus for blaesus); C 838 (pussillanimis for pusil-); D 110 (accussat for accusat), 208 (recussauere for recusauere), 326 (dissiduus for desiduus); E 315 (essox for esox); G 139 (Gnossea for Gnosia); I 82 (accussat for accusat); 394 (introrssum for introrsum); O 44 (obessus for obesus); P 223 (perossum for perosum)

s for *ss*: Int. 20 (misus for missus); C 482 (clasis for classis), 490 (fosa for fossa), 493, 497 (clasica for classica), 507, 745 (commisura for commissura), 722 (commisionibus for commissi-), 893 (spisauit for spissauit); D 226 (diseptus for dissaeptus), 240 (disipat for dissipat), 303 (disertans for dissertans); E 442 (disolutus for diss-), 471 (examusim for examussim), 500 (excesus for excessus), 507 (expraesit for expressit); F 64 (fasus for fassus); G 58 (geserat for gesserat); I 446 (amisione for amissione): see further M 152, 205, 216, 285, 309, 351; O 167; P 190, 349, 464, 663; S 321

s inserted before *ci* (= ti): Int. 301 (conscionator for concionator = contion-)

s for *x*: A 284, 285 (ausiliare, ausiliabor for aux-), 635 (ansiferis for anx-), 912 (ausillae for auxillae); E 321 (estera for extera); F 304 (fornis for fornix); O 190 (ausilium for aux-); R 142 (remes for remex)

s for *c*: C 194 (cassusum for cascusum); H 116 (hisscire for hiscere); I 339 (inconsissis for inconcussis)

s for *f*: B 127 (bisarius for bifarius); E 236 (eptasyllon for heptaphyllon = heptafyllon); U 20 (uaser for uafer)

s for *o*: C 21 (interruptis for interruptio), 588 (contentis for contentio). See above: *o* for *s*

s (final) dropped: D 222 (discor for discors); O 126 (odo for hodos); T 111 (praepositu for -tus)

s omitted after *x*: E 382 (exertum for exsertum), 396, 499 (exerta for exserta), 397 (exerti for exserti), 509 (execrare for exs-), 514 (exerit for exserit), 517 (execrat for exse-), 528 (extinctis for exstinctis), 531 (exerere for exserere), 539 (exolutus for exsol-)

s for *t*: E 72 (fasus for fatus)

si for *ti*: P 81 (licensiosum for licenti-); S 279 (sentensiosus for sententi-). See further below, on the pronunciation of *ti s* for *n*: I 172 (discessio for discensio); L 2 (lanioses for laniones)

ss for *di*: E 417 (exossum for exodium)

s omitted: Int. 118 (eucharitia for eucharistia); A 396 (agretis for agrestis); E 484 (extipices for extispices); I 62 (inpulor for inpulsor)

s for *r*: B 129 (bileso for bilero); C 425 (atpostat for adportat); F 85 (fascimen for farcimen); H 159 (humase for humare); L 43 (lapanas for lupanar), 47 (las for lar)

s inserted: F 156 (filoxsenia for philoxenia); I 9 (iaspix for iapyx), 406 (industias for indutias); P 55 (gazofsilacio for gazophylacio), 680, 685 (proplesma, problesma for problema), 780 (problesmata for problemata); T 21 (tapetsa for tapeta)

s for *g*: S 723 (syntasma for syntagma), 724 (syntasmata for syntagmata)

s for *l*: C 77 (concisium for conchylium)

s for *z*: H 21 (hausae for gazae); S 281 (septisonium, sonae for septizonium, zonae)

sc for *cc*: S 621, 652, 665 (suscensere, suscenset for succ.)

s for *ex*: S 122 (sceptor for exceptor)

s for *sc*: R 86 (resiscas for resciscas)

s for *y*: A 270 (adsta for adyta)

s for *ic*: H 76 (helson for helicon)

§ 56. *t* for *d*; Int. 201 (atsumsio for adsumptio); A 768 (at for ad); B 7 (trepitat for trepidat); C 177, 195 (atuocatus, atuocati for adu-), 359 (cetula for cedula = schedula), 626 (coatunat for coadunat), 628 (atinuenta for adin-), 796 (atiungere for adi-), 823 (atflictio for adflictio); F 114 (quot for quod), 176 (ficetula for ficedula), 110 (atsidue for ads-); I 509 (iuglantes for iuglandes); N 114 (nitor for nidor); P 309 (aput for apud)

t for *r*: D 165 (degetit for digerit); O 176 (loctum for lucrum)

t doubled: E 183 (emittogium for hemitogium); S 310 (littoris for litoris)

t inserted: C 932 (stella, stellares for sella, sellares); E 391 (exaltauit for exhalauit); I 147 (intula for inula)

t inserted after *c*: A 145 (actu for acu); F 103 (amictus for amicus); L 97 (lactescit for lacessit)

th for *ph*: E 251 (epitathium for epitaphium)

th for *d*: O 130 (oethippia for oedipodia); P 112 (palenothian for palinodian)

t omitted: F 39 (facitat for factitat); M 370 (mulcra for mulctra); O 236 (ortigomera for ortygometra); S 556 (suppa for stuppa) *t* for *l*: F 389 (*t*ectorum for *l*ectorum)

t for *f*: I 306 (in*t*erius for in*f*erius)

ti for *di*: A 349 (gla*ti*aturae for gla*di*-), 875 (ra*ti*o for ra*di*o); C 604 (conpen*ti*a for conpen*di*a), 756 (con*ti*amum for con*gi*arium; here *ti* arose from *di* for *gi*); D 168 (iracun*ti*a for iracun*di*a); E 70 (codi*ti*ana for coti*di*-); F 36 (facun*ti*a for facun*di*a); I 60 (ini*ti*a for ine*di*a); L 184 (inui*ti*a for inui*di*a); O 256 (au*ti*untur for au*di*untur); S 344 (sinna*ti*cum for synna*di*cum), 612, 677 (subcen*ti*a for succen*di*a); Z 1, 6 (zo*ti*acus, zo*ti*acum for zo*di*-)

t for *c*: B 222 (bu*t*eriae for bucceriae); I 492 (isci*t* for isti*c*); M 138 (meroto*t*es for myrothecc), 186 (medi*t*us for medi*c*us), 369 (mul*t*atur for mul*c*-); T 243 (comi*t*us for comi*c*us)

ti inserted before *ci*: L 9 (membrana*ti*cius for membranacius)

t for *tt*: D 98, 221 (ui*t*a for ui*tt*a); E 491 (sagi*t*a for sagi*tt*a); O 42, 53 (obli*t*erarent, obli*t*eratum for obli*tt*-)

For the pronunciation of *ti* see: Int 201 (atsum*si*o for adsump*ti*o), 301 (con*sci*onator for con*ti*onator or con*ci*on-); A 660 (osten*ti*o for osten*si*o), 679 (defen*ti*o for defen*si*o); B 182 (bra*ti*um for bra*ci*um); E 412 (quae*ss*ionum for quaes*ti*-); P 81 (licen*si*osus for licen*ti*-); S 279 (senten*si*osus for senten*ti*osus), 321 (desen*ti*ones for dissen*si*ones); T 145 (consen*ti*a for consen*si*o)

§ 57. *u* (*v*) for *b*: A 103 (acer*u*e for acer*b*e), 109 (acer*u*us for -*b*us); D 176 (diri*bi*torium for diri*ui*t-), 238 (difer*u*erat for diuer*b*erat); E 91 (effe*u*i for effe*b*i); F 104 (fa*u*o for fa*b*a), 109 (fa*u*is for fa*b*is), 248 (fla*u*ellum for fla*b*ellum); I 341 (inla*u*are for illa*b*ere), 467 (pa*u*one for pa*b*one); L 224 (li*u*ido for li*b*ido); P 450 (ple*u*eius for ple*b*eius), 477 (ple*u*icola for ple*b*icola); U 15 (*u*atilla for *b*atilla), 30, 135 (*u*accanalia, *u*accatur for *b*acch-), 83 (*u*escada for *b*ascauda), 102 (*u*ehemoth for *b*ehemoth)

u for *o*: Int 287 (symb*u*lus for symb*o*lus); A 223 (adstipulat*u*r for -t*o*r); C 698 (em*u*lamenta for em*o*lumenta); C 741 (comm*u*nitorium, m*u*nitionem for comm*o*nitorium, m*o*nitionem), 800 (conpetit*u*r for conpetit*o*r), 876 (cr*u*cus for cr*o*cus), 935 (c*u*piae for c*o*piae), 950 (c*u*pia for c*o*pia); D 9 (c*u*piose for c*o*piose); E 154 (em*u*lumentum for em*o*lumentum); F 296 (formacop*u*la for pharmacop*o*la), 322 (frib*u*la for friu*o*la), 337 (frustat*u*r for frustrat*o*r), 363 (frig*u*la for friu*o*la); I 64 (inpl*u*raberis for inpl*o*raueris), 96 (inprouis*u* for inprouis*o*), 308 (inpl*u*rat for inpl*o*rat); L 230 (altionat*u*r for -t*o*r), 257, 261 (log*u*s for log*o*s); M 221 (mi*u*parones for my*o*p-), 266 (mon*u*polium for mon*o*p-); N 173 (praerogat*u*r for -t*o*r); O 137 (m*u*rsus for m*o*rsus), 213 (op*u*s for op*o*s); P 8 (panti*u*m for panthe*o*n), 88 (parab*u*la for -b*o*la). See further

P 165, 249, 588, 811, 824, 867, 880; R 229, 242; S 98, 316, 367, 373, 721; T 194

u for *y*: B 82 (ber*u*lus for ber*y*llus); C 7 (car*u*bdis for char*y*bdis); D 7 (dact*u*lus for dact*y*lus); G 179 (g*u*mnaside for g*y*mn-); H 19 (har*u*bdis for char*y*bdis); T 168 (tit*u*rus for tit*y*rus)

u for *a*: A 190 (adsoci*u*nt for -*a*nt); D 53 (dedasc*u*lum for didasc*a*lum), 308 (didasc*u*lus for didasc*a*lus); E 536 (s*u*ciata for s*a*tiata); F 93 (farr*u*go for farr*a*go), 240 (fl*u*mmonium, fl*u*minibus for fl*a*monium, fl*a*minibus), 242 (fl*u*men for fl*a*men), 276 (curb*u*tum for curu*a*tum), 369 (f*u*rcit for f*a*rcit), 371 (f*u*rcimen for f*a*rcimen); G 9 (gab*u*lum for gab*a*l-); H 157 (h*u*matum for h*a*matum); L 79 (l*u*tere for l*a*tere); M 96 (r*u*pit for r*a*pit), 360 (m*u*turat for m*a*turat), 138 (p*u*gula for p*a*gula); P 639 (proroga*u*nt for prorog*a*nt); R 98 (rep*u*gula for rep*a*gula)

u for *f*: A 471 (*u*eneratricia for *f*en-), 719 (di*u*initio for de*f*in-); F 322, 363 (*u*ictilia for *f*ictilia); I 365 (infructi*u*eras for -*f*eras); O 80 (ob*u*ibulare for ob*f*-); R 152 (re*u*ocilandi for re*f*-); U 21 (ua*u*er for ua*f*er), 160 (*u*indunt for *f*indunt), 175 (*u*icatum for *f*icatum)

u for *e*: A 427 (poll*u*x for poll*e*x); B 70 (berr*u*s for uerr*e*s); E 115 (r*u*pulsi for r*e*pulsi), 143 (eligant*u*r for eligant*e*r); H 51 (hercul*u*s for hercul*e*s); I 383 (intemperi*u*s for -i*e*s); P 450 (pl*u*beius for pl*e*beius), 538 (poll*u*x for poll*e*x)

u for *i*: A 925 (a*u*s for a*i*s); C 151 (cantar*u*s for canth*a*ris), 532 (contemt*u*m for -t*i*m), 580 (corb*u*s for corb*i*s); E 169 (exit*u*s for ext*i*s); F 294 (foc*u*lentur for foc*i*lentur); L 311 (l*u*tuus for l*i*tuus); M 377 (mut*u*li for mut*i*li); P 297 (pen*u*s for pen*i*s)

u omitted: Int. 90, 125 (uersum for uers*u*um); F 76 (deserit for deser*u*it); M 123 (manduco for man*u*duco), S 10 (sablo for sab*u*lo)

u (*v*) omitted: A 732 (arrius for *u*arius); F 49 (faonius for fa*u*onius); H 79 (helus for hel*u*us); M 326 (ulcanus for *u*ulcanus)

u inserted: Int. 262, 318 (ped*u*um for pedum); F 236 (fl*u*emina for flemina); I 248 (inping*u*it for inpingit), 262 (inpet*u*unt for inpetunt); M 104 (marc*u*et for marcet), 314 (mul*u*ctra for mulctra); O 189 (milit*u*um for militum)

u for *li*: H 78 (he*u*otropeum for he*li*otropium)

u for *l*: C 58 (ca*u*culus for ca*l*culus)

u for *n*: H 155 (hunccei*u*e for huncei*n*e); M 106 (ma*u*ens for ma*n*ens); N 38 (na*u*us for na*n*us)

u for *d*: I 355 (in*u*olem for in*d*olem)

u for *oe*: M 353 (m*u*nia for m*oe*nia)

u for *ph*: P 475 (plastogra*u*is for -gra*ph*is); S 199 (sci*u*i for scy*ph*i) *ui* for *e*: O 41 (ob*ui*x for obex)

§ 58. *x* omitted: E 406 (eorcizo for e*x*orcizo), 418 (epolitum for e*x*politum), 464 (epiabilis for exp-), 538 (coleuit for e*x*oleuit)

x for *cs*: E 402 (e*x*taseos for ecst-)

x for *ch*: P 662 (pre*x*eos for pto*ch*ias)

x for *s*: C 746 (co*x* for co*s*); S 270 (se*x*ciplum for sesquiplum), 280 (se*x*tertius for sestertius)

x for *t*: M 380 (unc*x*io for unc*t*io)

§ 59. *y* for *i*: C 975 (c*y*rograffum for ch*i*rographum), 982 (c*y*nnomomum for c*i*nn-); E 351 (eur*y*nis for er*i*nys); N 113 (n*y*mbus for n*i*mbus); P 28 (paral*y*pemenon for paral*i*pomenon)

y for *oe* (= *e*): C 978 (c*y*miterium for c*oe*meterium)

y for *e*: M 31 (mans*y*r for manser)

§ 60. *z* for *x*: P 382 (philo*z*eni for philo*x*eni)

§ 61. When we place all the above clerical errors, scribal misreadings, organic changes &c., side by side, then *ponebus* (P 485) and *panibus* (P 147) for Phoebus[1], become intelligible. The first scribe wrote, no doubt by mistake, *pocbus*, and added *h* above the line: po^hebus. The next, misreading *h* for *n* (as in some other cases recorded above, § 50), and incorporating the correction with the word, wrote *ponebus*, which some other scribe or scribes altered, by the natural changes pointed out above, into *panibus*. In other places we find genuine Latin words formed regularly from other genuine words, as *habitat* for *hebetat* (H 50)

[1] I think it useful to point out that Prof. Skeat, writing, in the *Academy* of Feb. 9, 1884 (p. 99), on the gloss "panibus, sol", said: "It is not easy to see how *panibus* can be explained by *sol* if *sol* means the sun. If phonetic laws will admit of it, we would suggest that *sol* may be English; and, if so, a variant of Anglo-Saxon *sufl*, Icelandic *sufl*, Danish *suul*, which actually means a kind of food. The Northern-English word is still *sool*, and is duly discussed in the notes to *Piers Plowman* (Early-English Text Society), p. 374."

The Corpus Glossary, however, offers four glosses for comparison, namely,

P 147 panibus : sol } mentioned above
P 485 ponebus : sol }
P 388 phebe : sol
S 439 Sol : phoebi

while the Leiden glossary quotes from the "Liber Rotarum"

Phoebe : sol

So that, I believe, the question is settled in favour of *sol* being the Latin word for *sun*, and *panibus*, *ponebus* &c. corruptions for *Phoebus*. While I write this note, Prof. Skeat informs me that he is now rather of my opinion, and that he at present doubts if A. S. *sufl* is likely to appear as *sol* in the 8th century.

and *initio* for *inedia* (I 60), though they are totally wrong in the particular places where they occur.

§ 62. Though the Corpus Glossary contains many Greek words, several of which are taken from St Jerome's *Liber* (or *Catalogus*) *de viris illustribus*, they are all expressed in Latin characters, except one which begins with A, but is found among the Λ glosses (see Λ 593 ΛΑΩΡΗΤΟΝ), owing, no doubt, to a scribe having mistaken Λ for A[1]. As the glossator explains this word by *ratio populorum*, it would seem that an N has dropped out, and that the original must have had ΛΑΩΝΡΗΤΟΝ. The Corpus gloss seems identical with that in the Epinal Glossary (3 C. 26), which the editor transliterates by *acbodinrotan*. This is correct, except the *i*, which could not possibly be read from the sign which follows the *d*, and looks like *c* turned round. In fact, the so-called *di*, look more like ch, unless, combined with *o*, they are the remains of a corrupt Ω. The Corpus and the Epinal glosses seem identical with that in the Erfurt Glossary (*Neue Jahrbücher für Philologie*, 13er Supplementbd., Leipz., 1847, p. 262, no. 295), which, according to Oehler, reads "Acdoĕroaton, ratio populorum."

A similar, perhaps the identical gloss occurs in a Leiden Glossary (MS. No. 69 of the Leiden University Library), in a chapter or collection of words which is stated to have been taken from St Jerome's *Catalogus* mentioned above. It reads: "Cintiota oni taltaon: ratio populorum." In the transcript which I made of the Leiden Glossary in 1885, I have written a note that the last *a* might be read as *ic*. But even with this change, there is only a faint resemblance between the Leiden word or words, and the three readings given above. Several words, which the Leiden Glossary states to have been taken from the *Catalogus*, I have been unable to trace in that work. But many others we can trace from the prologue down to chapter 118 (Migne's edition). Now, "Cintiota..." is written in the Leiden glossary between the glosses "monou: unius" of ch. 101, and "temoys: libros" of ch. 109, wherefore it seems that "Cintiota..." is to be looked for in the chapters 102—108. But the only words that I can find suggestive of the gloss are κατὰ τῶν Ἐθνῶν, which occur in ch. 107. This agrees more with

[1] In my note to the Corpus gloss (p. 17), I say that the Greek word is written on an erasure, and that the original word evidently commenced with *l* which is still visible. But Mr Jenkinson, the University Librarian, thinks that the traces of a letter which are still visible, are those of a large A, and I now agree with him. So that the Greek word in the Corpus MS. was probably written at first in Roman characters, and resembled that of the Epinal and Erfurt MSS. more than it does now.

the Leiden MS., than with the Corpus, Epinal and Erfurt readings. But if there is a difference, I do not know how to reconcile it. It would almost seem as if one of the readings were St Jerome's own word or words, while the other might have been derived from one of his commentators. Perhaps those versed in Patristic literature will be able to solve the difficulty.

§ 63. Similar observations to those detailed above might be made about the A. S. words; but these I leave to students of that language. They are everywhere marked by an asterisk[1], and I have paid as much attention and care to them as to the Latin portion of the work, and have had, moreover, the valuable help of Profs. Skeat and Zupitza, so that I trust that no Latin words are marked as A. S., and no A. S. words left unstarred. A few deserve to be mentioned here:

Int. 92 decurat, hornnaap. Prof. Zupitza, in the *Academy* of 1884, p. 317, suggested that "*horn* is = *orn* (ran), and *naap* = *náp*, from *nipan* (sank down), and *decurat* a mistake for *decurrit*[2]".

A 459 Alapiciosa: calpa. This is actually so written in the Corpus MS., and there is, as far as I know, nothing against an A. S. "calpa". But I believe that here it is an error of the A. S. scribe for the Lat. *calua*, which is found in the Epinal and Erfurt MSS., while the latter MS. has, moreover, *alapiciosus : caluus* in another place. And as the same gloss occurs in a Latin Glossary (*Corpus Glossariorum Latinorum*, ed. Geo. Goetz, vol. IV. p. 471) in which there are no A. S. words at all, we may safely regard the Corpus "calpa" as an Anglo-Saxonized form of the Latin *calua*.

A 712. Apporcor: onsteuum. Before the sheet, in which this gloss occurs, was printed off, I removed the star from before *onsteuum*, on a hint given to me, which I was not prepared to disregard, that the word could not be A. S. But I still look upon it as an A. S. word,

[1] I have strictly adhered, in the text as well as the index, to the forms employed in the MS. to express *th* (þ, đ and ð) and *w* (ƿ), all the more as we see that Mr Sweet (*Oldest English Texts*, p. 3) builds a theory on the presence and absence of these symbols. I admit that their use causes some difficulty, and that the compositor is apt to confuse þ with ƿ, and the latter with *p*. But in my case the difficulty has never been very great, and I see especially no reason why editors of A. S. texts should abolish ƿ if they retain the þ.

[2] One would almost feel inclined to suggest: decorat, hornat (for ornat); see Goetz, *Corpus Glossariorum Lat.*, IV. 52.

though perhaps corrupt; cf. A 666 and Mr Henry Sweet's *Oldest English Texts*, pp. 558ᵇ, 559ᵃ.

B 89 *Sperta* is marked as A. S., though it may be the Latin *sporta*.

B 136 perna is starred, though it may be the Latin *perna*.

C 250 and C 256 I do not understand, in spite of all my endeavours to make them out. In the Harleian MS. 3376 (10th cent.) I found *Cataerinas* glossed by *hypban*, and *caluiale* without any explanation.

C 882 Cripta : ascussum. I dealt with the latter word, as with *onsteunm* mentioned above. But I now prefer to regard it as A. S., perhaps some form of *a-scunian*. The Erfurt MS. has arcussum.

A 483 (challes); F 342 (lose); G 25 (pea); M 155 (meadrobordan); O 91 (gresta); P 411 (osperi, or *os peri*), P 562, 874 (fahame), 572 (senuin) I do not understand.

I 25 oxstaelde. Prof. Zupitza suggests *on-staelde*.

M 121 malas: *gebsias*. The latter word as pointed out to me by Prof. Zupitza, just before this preface went to press, must be the Latin *geusiae*, quoted by Du Cange (sub voce) from Marcellus, *Liber de medicamentis* (cap. XII, p. 93, in the Basle edition of 1536, or col. 295 in the Stephanus ed. of 1567): "Affectae maxillae ad sedandum dolorem dentium et gingivarum et *geusiarum* adhibentur". The word is not found in any Latin Dictionary, not even in De Vit's edition of Forcellini's *Lexicon*, though he says that he had used the Basle edition of 1536.

P 27 Parabsides: gauutan. We find in the "Glossarium vetus", published in Mai's *Classicorum Auctorum* tom. VI, in which no A. S. words occur, "parapsis, *gabata* uel catinum" (p. 538), and again (p. 539) "pisi, *gavata* vel patina". This Glossary has just been republished in Goetz' *Corpus Glossariorum* who, at the first gloss, says (Vol. IV p. 136) that a second hand has corrected *gabata* into *gauata*. The second gloss he prints "pisi *gauatha* uel patina", adding that two other codices have *gabata*.

The Latin *gabata* (on the etymology of which see Forcellini's *Lexicon* and Isid. *Etym.* 20. 4. 11) has been used by Martial, Ennodius, Anthimus, Venantius. Diez (*Grammatik*, 3rd ed., I 17) refers to Span. *gabata*, newpr. *gaouda*, Fr. *jatte*, Ital. *gavetta*. Graff (*Althochdeutscher Sprachschatz*, IV. 126) quotes *gebita*, *gebida*, *gebitta*, *gebeta*, *gebiza*, *gepiza*, *gerbita*, and in an A. S. glossary, of the 10th or 11th century, published in Wülcker's *Vocabularies*, we find, in col. 280, among words belonging to the table: "parabsides, *gabote*". So that the word seems to have been adopted by various languages.

T 263 Tragoedia: *bebbi* cantio. If any word in the glossary looks like genuine A. S., it is *bebbi*. Thomas Wright inserted it in the second vol. of his *Vocabularies*, p. 122. Prof. Zupitza had marked it as such in his transcript, and it has, consequently, found a place in Prof. Wülcker's *Vocabularies*, and been starred in the present work. But, while indexing the A. S. words, further research brought me, I believe, on the right track, and *bebbi* seems to be nothing but a corrupt Latin word. On leaf 31^{aa} of the Leiden MS. (Voss. 69) the first gloss quoted "de Eusebio" runs: "Tragoedia . bellica cantica . uel fabulatio . uel hircania: Trago Hircus." This is identical with the Epinal gloss 26. E. 18 "tragoedia: belli cantia uel fabulatio" and Erfurt: "Tragoedia belli cantica uel fabulatio."

T 321 tubolo: fala. The Epinal Glossary has (27. A. 11) tabula: fala; the Erfurt Glossary (*Neue Jahrbücher für Philologie*, 13er Supplementbd., 1847, p. 382, no. 90) tabulo: fala. Thomas Wright, excepting the Corpus Glossary, did not insert this gloss in his *Vocabularies*, so that he seems to have thought that *fala* was not A. S. But we find it in the second edition of his work by Prof. Wülcker, and, though I know the Latin *fala* or *phala*, yet I have marked the word as A. S., for various reasons. The gloss is quoted, and *fala* described as A. S., in Diefenbach's *Glossarium* (under the word *tabula*), not only from the Erfurt Glossary, quoted above, but also from articles in *Anzeiger für die Kunde des deutschen Mittelalters*, Vols. VII, p. 132 sqq., VIII, 233 sqq., Mone's Quellen, I 310 sqq., 329 sqq., which I have not here at my disposal.

The word *fala* is also quoted in Leo's *Angelsächsisches Glossar*, 524. 50, from the *Glossae Mettenses* (= *Anzeiger*, VII 132). It there means *tabula*. The gloss appears once more in Diefenbach's *Glossarium*, under the word *anlena*, as: "tubolofola : andedabrondra." But this is a mixture of two glosses, which Diefenbach quotes from Bethmann's article in *Zeitschrift für Deutsches Altertum*, vol. V, p. 197, and which the latter inaccurately copied from the Leiden MS., Voss. 69, where we read "tubolo, fala." In the latter MS., in which the glosses are for the most part still arranged under the authors whence they are derived, this particular gloss appears, unfortunately, in a chapter containing mixed glosses from various authors, so that we cannot follow the word to its source with any certainty But as the Leiden MS. is tolerably accurate in many respects, I believe that *tubolo*, not *tabula*, is the right reading, all the more as the latter, being such a well-known word, would not easily have become corrupted. The identical gloss occurs, no doubt, again in a

MS. of the 10th or 11th century (Brit. Mus., Cotton, Cleop. A III, p. 76 sqq.) published in Wülcker's *Vocabularies*, where on col. 279, the 10th gloss is "tubulo : fealo." This interpretation would mean either *fallow* or *many*.

§ 64. As in the course of my work I have been able to trace a good many of the Latin glosses to their sources, and Profs. Mayor and Skeat have pointed out to me the origin of several others, it would not, with the help of the various glossaries and treatises on glosses published during this century, be difficult to draw up a list of such glosses as we have identified. But the list would be still incomplete, and it would moreover, in my opinion, be better to defer such a work, for which I have already made elaborate preparations, till the glossaries related to the present one, like those of Epinal, Erfurt and Leiden, are accessible to students of this branch of literature in trustworthy editions[1]. Of the Leiden glossary, in which the glosses are, to a great extent, still arranged under their respective sources, and which, therefore makes the identification of a good many glosses comparatively easy, I made a transcript in 1885, but its handwriting is so puzzling in many places, that I could not think of publishing it without making a fresh collation of the MS. There are, moreover, various other glossaries in the Libraries of Cambridge (for instance: MS. O. 5. 4 of the Library of Trinity College), Oxford, and the British Museum, which deserve to be published, not only on account of their great importance for the study of Latin, but of English. Nothing could be more desirable than the publication of some of them on the plan of such great works as that of Steinmeyer and Sievers (*Die althochdeutschen Glossen*), which is a real monument of labour and research, and the *Corpus Glossatorum Latinorum*, now in course of publication at Leipzig by Dr Geo. Goetz. I only express the hope that complete and exhaustive indices, not only to the lemmata, but also to the interpretations, will accompany all works of this kind, as without them the use of glossaries, which are not arranged strictly alphabetically, is extremely laborious, and causes a waste of time, which I had very often reason to deplore greatly.

§ 65. The two indices, which follow after the Glossary, are meant

[1] I also defer till some future work a discussion as to the relation of the Corpus Glossary to those of Epinal, Erfurt, Leiden and others, as such a discussion can only be of use when the whole of the evidence is before us.

to be exhaustive. In the Latin index every word contained in the Glossary is inserted in its proper place in the alphabet, in exactly the same form as it appears in the text; but the wrong division of words has not been adhered to.

In the A. S. index I have attempted to analyse the compounds, though I am well aware that in so doing I may have made errors[1], and appear here and there as deciding questions which philologists are not yet agreed upon. For instance: *athed*, *aðexe* I have ventured to treat as composed of *a*-, and *thed*, *ðexe*, and *ecilma*, *ecilmehti* as composed of *e*- and *cilma*, *cilmehti*, and hence these words will be found again under *thed*, *ðexe*, *cilma*, *cilmehti*. All this may some day be found to be wrong; but, in the meantime, I trust that no inconvenience will arise from my treatment, which I have found to be convenient in other respects.

§ 66. The Corpus Glossary appears now for the first time entire. Three attempts have already been made to publish its Latin-Anglo-Saxon glosses: (1) in 1873, by Thomas Wright, in the second volume of *Vocabularies*, p. 98 sqq.; (2) in 1884, by Prof. Wülcker, in his second edition of Thomas Wright's Vocabularies; (3) in 1885, by Mr Henry Sweet, in his *Oldest English Texts*. But each of these editions either omits here and there A. S. glosses, or inserts glosses which are not A. S. at all, so that one never knows what there is exactly in the MS. In the present work each gloss appears, so to speak, in its context. The two parts of the Glossary together contain 8712 glosses, counting the repetition of glosses A 307—348, and reckoning gloss 223, on page 6, and E 282 as two each, and I 85 and 86 as one. The Index of the Latin words contains 21,033 entries, and that of the Anglo-Saxon words 3292; but in the latter Index most of the words are entered twice, some even three or four times.

I hope that the great care and trouble which I have devoted to the work may have succeeded in making it free from serious blemishes. I took it in hand in 1884, when I was told by members of the Cambridge Board of Mediaeval and Modern Languages that there was a prospect of Mediaeval Latin and Palaeography being included in their scheme. I do not know whether there is still such a prospect. But during the

[1] I had divided *ears-cripel* (gloss A 706), according to Mr Sweet's definition of the word on p. 571a of his *Oldest English Texts*. But Prof. Zupitza explained to me, just in time, that the compound is "*ear-scripel; ear-* for *éar-*, from *éare*, Engl. ear; and *scripel*, a deriv. from *screpan*". Hence this word is the exact counterpart of the Lat. *auriscalpium*, and means an ear-pick. Mr Sweet makes a "paralytic" of it.

years 1885 to 1889, while other work prevented me from devoting the necessary time and attention to the Corpus Glossary, the study and publication of Mediaeval Latin texts and glossaries have proceeded apace in Germany and at Oxford, and I hope that the present work may be of some use to those who take an interest in such studies.

§ 67. I have already said above that Prof. Mayor and Prof. Skeat have pointed out to me the origin of several of the glosses. But in kindly going minutely over all the proof-sheets, they have also noticed many of the scribal errors and organic changes found in the glosses. The plan adopted for the publication of the glossary did not allow me to correct the glosses, or to insert Prof. Mayor's acute emendations of various corrupt glosses. But his corrections were often very useful to me in drawing up the tables of organic changes printed above in §§ 17–60, while Prof. Skeat's interpretations of some of the A.-S. words helped me in making the Anglo-Saxon index. My relations to Prof. Zupitza, with respect to the text, are recorded above in §§ 2 and 3, and I add here my best thanks to him for several very valuable observations on, and corrections of, words in the A. S. index. I also discharge an agreeable duty in thanking the Rev. Dr Atkinson, Master of Clare College, for his kind interest in the work, which induced him to recommend its publication to the Syndics of the Pitt Press; the Rev. S. S. Lewis, the Librarian of Corpus Christi College, for having afforded me at all times the most easy and unrestricted access to the MS.; Dr Henry Jackson, Fellow of Trinity College, for various useful observations, and the Syndics of the Press for their liberality in defraying the expenses of the publication.

Cambridge, 28 April, 1890.

List[1] of works consulted by me, or containing material for the study of Glossaries.

Loewe (Gust.) Prodromus corporis Glossariorum Latinorum. Lipsiae, 1876. 8°.

The Latin Heptateuch, published piecemeal in 1560, 1733 and 1852—88, critically reviewed by John E. B. Mayor. London, 1889. 8°.

N.B. This is not a work on glossaries, but it deals largely, most acutely, and systematically with corruptions in Latin texts, and late Latin, and is therefore indispensable to students of glossaries.

Glossarium Latinum Bibliothecae Parisinae Antiquissimum Saec. ix., edidit G. F. Hildebrand. Goettingae, 1854. 8°.

Anglo-Saxon and Old English Vocabularies, [edited] by Thomas Wright. Second edition..., by R. P. Wülcker. London, 1884. 8°.

Die althochdeutschen Glossen, gesammelt und bearbeitet von El. Steinmeyer und Ed. Sievers, 2 vols. Berlin, 1879—1882. 8°.

Corpus Glossariorum Latinorum a Gustavo Loewe incohatum, auspiciis Societatis Litterarum Regiae Saxonicae composuit, recensuit, edidit Geo. Goetz; Voll. 2 and 4. Lipsiae, 1888, 1889. 8°.

Alphita. A Medico-Botanical Glossary, from the Bodleian MS. Selden B. 35, edited by J. L. G. Mowat. Oxford, Clarendon Press, 1887. 4°.

Sinonoma Bartholomei. A Glossary from a 14th century MS. in the Library of Pembroke College, Oxford, edited by J. L. G. Mowat. Oxford, Clarendon Press, 1882. 4°.

Glossae nominum, edidit Gust. Loewe. Accedunt eiusdem Opuscula Glossographica, collecta a Georgio Goetz. Lipsiae, 1884. 8°.

Glossae nominum, in *Indice lect. Monast.*, ed. Ferd. Deycks, 1854, 5.

Glossae Placidi Grammatici, in Classicorum Auctorum e Vaticanis Codicibus editorum, curante Angelo Maio, tom. III. (Romae, 1831), p. 427 sqq.

Glossarium vetus, *ibidem*, tom. VI, p. 501 sqq.

Placidi Glossae valde auctae et emendatae, *ibidem*, p. 554 sqq. [Reprinted by R. Klotz in the 2nd Supplementbd. (1833) of the *Jahrbücher für Philologie.*]

Excerpta ex Glossario vetere, *ibidem*, p. 576 sqq.

Glossae antiquae, *ibidem*, tom. VII, p. 550 sqq.

Thesaurus novus Latinitatis, *ibidem*, tom. VIII, p. 1 sqq.

[1] This List is, as will be seen, incomplete. It does not, for instance, mention such works as those of Du Cange and Diefenbach, which are generally known. Nor does it refer to the collections of Isidorus (Etymologiae), Papias, Osbern of Gloucester, Ugutio, Joannes de Janua, Brito, Matthaeus Silvaticus, the "Liber glossarum", the "Vocabularii ex quo", &c. &c., as information about them may be found in Loewe's *Prodromus*, and *Glossae nominum*.

Glossarium, in tom. VI (p. 459 sqq.) of Forcellini's Totius Latinitatis Lexicon, ed. De-Vit.

N.B. See also the List of glosses and Glossaries used in the compilation of the Lexicon, in the first volume, p. ccxliv sq.

Caroli Labbæi Glossaria, Graeco-Latina et Latino-Graeca. Londini, 1816—1826. Fol.

Old German Glosses, from a Bodleian MS. (Auct. F. 1. 46), by F. Madan, in *Journal of Philology*, vol. X, p. 92 sqq.

Luctatii Placidi Grammatici Glossae, recensuit et illustravit A. Deuerling. Lipsiae, B. G. Teubner, 1875.

Oehler's edition of Erfurt Glossaries (in Neue Jahrbücher für Philologie, 13er Supplementbd. for 1847).

Onomastica Sacra, Paulus de Lagarde edidit, Gottingae, 1870. 8°.

Isidorus. Liber glossarum, usually ascribed to Isidorus (in Migne's Patrologia Latina, vol. 83, p. 1331 sqq.).

S. Melitonis Clavis, in Spicilegium Solesmense, ed. J. B. Pitra, vol. III.

Collectio Salernitana, ed. Salvatore de Renzi, 3 voll. 8° Napoli, 1852. (A Glossary in the 3rd vol.).

Nettleship (Henry). Contributions to Latin Lexicography. 8°. Oxford, 1889.

Hagen (Herm.), De Placidi glossis. 1879. 4°.

Hagen (Herm.), Gradus ad criticen, Leipzig, 1879. 8°.

Berger (Sam.), De glossariis et compendiis exegeticis. Lipsiae, 1879. 8°.

Goelzer (Henri). Étude Lexicographique et grammaticale de la Latinité de Saint Jérome. Paris, 1884. 8°.

Bonnet (Max). Le Latin de Grégoire de Tours. Paris, 1890. 8°.

Archiv für Lateinische Lexikographie und Grammatik, ed. Ed. Wölfflin, Leipzig, 1884 &c. 8°.

Altromanische Glossare, von Friedr. Diez. Bonn, 1865. 8°. Also translated into French, by Alfred Bauer. Paris, 1870. 8°.

The St Gallen Glossary, ed. by Minton Warren. Cambridge (Massachusetts), 1885. 8°.

Catholicon Anglicum, an English-Latin Wordbook, dated 1483, edited by S. J. H. Herrtage. London, 1881. 8°.

Manipulus Vocabulorum. A Dictionary of English and Latin words, ed. by H. B. Wheatley. [London] 1867. 4°.

Promptorium Parvulorum sive Clericorum, ed. Alb. Way, 3 pts. London, 1843—1865. 4°.

See also various glosses published in articles in *Zeitschrift für Deutsches Alterthum.*

in nomine

Agius. Mons fortitudinis
Bartholomeus. filius suspendentis
*haligast
aquas Sanctus spiritus
concrepare

Agius agnus *sanctus* inmaculatus.
Spina. *latine* *id est* uia lata *hræde
Achanthos. *grece* Armi losa
id est *þistel *nomen* serpentis
Cardela Dipsa
Iþi

Distinctio XI gradus I. *retrorsus*[1].
elucidacio *quarundam* *parcium* *cum* a.
liber *sancti* *augustini* *Cantuariensis*
......
S 3 144

The above is all that is written on the recto of the first leaf of the MS. But it has not all been written at one and the same time, or by one scribe. (1) The line at the top; the words in the left-hand column from Agius to aquas, and the first line in the right-hand column, are in the handwriting of the 8th century A. S. scribe, who has written the whole Glossary that follows hereafter. This portion is perhaps a trace of a first attempt to arrange scattered glosses in a more or less alphabetical order, and which seems to have been abandoned for the better one commenced on leaf 2. (2) A first addition to the original writing was made in the right-hand column by an A. S. scribe of the 9th or 10th century, who, imitating the original writing of the MS., has added the line containing the words Achanthos to losa (of which latter word the *s* has been partly erased). (3) The remaining words in this column have been added, in small Caroline minuscules, by an A. S. scribe of the 10th or 11th century. Iþi is probably nothing but some scribbling of this scribe. (4) A further addition has been made, in the left-hand column,

[1] The reading of the MS. is *retus*; but I do not know the meaning of such a word. Prof. Skeat suggests *retrorsus*, id est: behind, at the back of the shelf.

after aquas, but in the same line, by an A. S. hand of the 11th or 12th century, who has written *Sanctus spiritus*, and haligast over these two words. (5) The word concrepare, in the left-hand column, has been added by an A. S. scribe of the 12th century, in Caroline minuscules. (6) Lower down, in the centre of the leaf, is written, in a hand of the 13th century, the pressmark of the St. Augustine's Library, with the title of the MS.: Distinctio &c. (7) Underneath this pressmark follow some letters or words (here represented by dots), probably written in the 13th century, but now for the most part erased, though, on the left hand side, we may still discern abcdefgh. (8) Further down we find the old pressmark (S. 3), by which the MS. is designated in 1722 in Will. Stanley's Catalogue of the books bequeathed by Archbishop Parker to the Library of Corpus Christi College, Cambridge, p. 55; and still earlier in 1705 in Humphr. Wanleii *Librorum Vett. Septentr. qui in Angliæ Bibliothecis extant, ... Catalogus* (Antiquæ Literaturæ Septentr. Liber alter, p. 115 b.) Fol. Oxon. And by this pressmark it was very likely indicated in the List of Books bequeathed by the Archbishop to Còrpus Christi College. But this List, which is mentioned in the Deed of the bequest (still preserved in Corpus College), cannot now be found. (9) By the side of the old pressmark is written the new one (144), by which the MS. is designated in 1777 in Nasmith's Catalogue of the same collection, and which it still bears.

Fol. 1b. Here an A. S. hand of the 12th century has scribbled:

i hppdunf p p s i s d dumb
queconfidunt in dno s

(Fol. 2aa)

Interp*rae*tatio nominum ebraicorum et grecoru*m*.

Adonai . adoneus . *dominus*.
Angelus . nuntius.
Archangelus . summus nuntius.
Adam . omusium . terrenus.
Abel . luctus miserabilis.
Amorreum . amarum.
Abram . pater excelsus.
Abraham . pater multarum[1] gentium[1].
Augustus . sollemnis.
Aegyptus . tribulatio.
Agius . *sanctus*.
Afertice ablatiuus.
Aaron . mons fortitudinis.
Abdias . seruus *domini*.
Ambacuc . amplexans.
Aggeus . sollemnis[2].
Andreas . uirilis.
Agius . petit.
Alleluia . laudate *dominum*.
Apostolus . misus.
Apocalipsin . reuelatio.
Amen . uere.
Arsis . eleuatio.
Abdo . seruus eius.
Achialon . uiuens deo.
Agar . aduena.
Aser . beatus.
Asa . tollens.
Amalech . populus lambens.
Athoniel . responsio dei.
Aoth . gloriosus.
Abisalon . pater pacis.
Abba . pater
Adsida . *flood.
(2ab) Abia . pater *dominus*.
Amasias . populum tollens.
Azarias . auxilium dei.
Achaz . adherens[3]
Ammon . fidelis.
Achab . frater patris.

Bartholomeus . filius[4] . suspendentis aquas.
Bruchus . locusta.
Belfegor . simulacra.
Bethlem . domus panis.
Beniamin . filius dexterae.
Bare . fulgurans[5].
Baasa . pinguido.
Bariona . filius columbae.
Baria . breuis.
Bucolicon . pastorale carmen.

[1] MS. joins the two words.
[2] After this word is scribbled a b d f g i, by the same scribe who has scribbled the letters on Fol. 1b.
[3] MS. adhendens, and *r* written above the line, between the *n* and *d*.
[4] Inserted above the line with marks of reference ·/
[5] MS. fulgurans, and *e* written above the second *u*.

Brachicatalecticus . ubi duę minus s*unt*.
Bresith . genesis.
Babylon . confusio.

Cherubin . multitudo scientię.
55 Cain . possessio.
Caldei . quasi dęmonia
Caluarię locus . *caualmstou.
Cham . callidus.
Cas . leo[1].
60 Canon . regula
Clericus . sors d*e*i.
Catacuminus . instructus.
Cephas . petrus.
(2[ba]) Cedar . tenebrae.
65 Cananeus . possidens.
Capoth . doxa gloria
Cataclismum . diluuium[2].
Codex . liber.
Coliferte . *geþofta.
70 Clauis . *helma.
Crepidinem*m* . *neoþoúard[3].
Cletice . uocatiuus.
Chronus . tempus.
Catalecticus . ubi in pede uersus . una syll*aba* deest[4].
75 Catalectus . ubi uersus legitimo fine concluditur.
Cola membrum.
Comma incisum.
Commata ipsae incisiones pedu*m*.

Dauid . desiderabilis d*e*i.
80 Danihil . iudicium d*e*i.
Diabulus . criminator.
Diaconus . minister
Deuteronomium . secunda lex.
Dan . iudicium.
85 Deborra[5] . loquax.
Dalila . paupercula.
Diapsalma . sermonu*m* rupta continuatio.
Dolens . *byden.
Dasile . *boor
90 Disticon . duorum uersum.
Dotice . datiuus.
Decurat *hornnaap.
Dasia . hispidum
Diastile . separatio
95 Digammos . duplex littera
Dimetron . duorum pedum

(2[bb]) Eufrates . frugifer
Eua calamitas.
Enoch . dedicatio.
100 Enaeum . ferru*m* pessimum.
Ebrei . translatores.
Edom . rufus terrenus.
Eliezer . auxiliu*m* d*e*i.
Esau . rufeus.
105 Eli . de*us* meus.
Eliachim . resurrectio *dom*ini.
Elia . *dom*ini dei
Eliseus . *dom*ini mei salus.
Esaias . salus *dom*ini.
110 Ephoth . uestimento[6] sacerdo[7].
Episcopus . superspector.

[1] The interpretation is wanting here. Hieronymus (*Liber de nominibus Hebraicis*, de Zacharia) has: Chaseleu, spes ejus; Eucherius (*Hebraeorum nominum interpretatio*) has: Caslen, in Zacharia propheta, Nouember, qui est nonus.

[2] Written after gloss 69, with marks of reference ·/. to, and by the side of, cataclismum.

[3] MS. has accent over the *u*.

[4] MS. de est, so written on account of a hole in the vellum made by the erasure of a word for which deest was substituted; of the original word no trace has remained; only two dots and a mark sometimes found elsewhere by the side of other words are still visible.

[5] MS. Debora, and second *r* above the line.

[6] MS. uestimenta, with point below *a* and *o* above it.

[7] MS. sacerdo, with horizontal stroke above *o*, for *sacerdotis*, or *sacerdotali*.

Elizabeth . dei mei saturitas.
Ecclesia . euocatio.
Effraim . frugifer.
115 Exodus . exitus.
Ezechihel . fortitudo dei.
Euangelium . bona adnuntiatio
Eucharitia . gratia.
Eliut . de*us* meus iste.
120 Emaus . nomen castel.
Ephiphania . aparatio.
Elam . saeculi.
Ephitbonte . epistola.
Euillan . usum ignis.
125 Edulion . paucorum uersum.
Ethiantike . accussatiuos.
Exametron . serarium[1].
Eptimemeren . syll*aba* remanen*s* pos*t* III. pedes.
Eucharitia . sacrificium.

130 (3^{aa}) Farao dissipator.
Fanuhel facies dei.
Facias aperiens.
Feta aperi.
Farizaei . diuisi.
135 Ferula *hreod.
Fundus *bodan.
Foratoriu*m* . *buiris.

Gabrihel fortitudo dei.
Gotholia . tempus do*mi*ni.
140 Gedeon . temtatio.
Galilaei . uolubilis.
Gemellus . *getuin.
Genice . genitiuus.
Gat temtatio.
145 Gehenna ualles gratuita . quidam aestimant apellatam hanc uallem gehennon quae *est* iuxta murum hierusalem.
Gacila *suithstreo.
Glebulum *hrider.

Hierusalem . uisio pacis.
Hieremeas excelsus do*mi*ni.
150 Holocaustu*m* sacrificium.
Heroicometron uirorum carmen.
Hel theus de*us*. .

(3^{ab}) Iafeth . latitudo.
Iair inluminans.
155 Ipochrita . simulator
Imnum . carmen do*mi*ni.
Isaac . risus.
Iacob . supplantator
Iuda . glorificans.
160 Isachar mercis *est*.
Ioseph . saluator
Iob . dolens.
Ismahel[2] . auditio dei.
Israhel . uir uidens de*um*.
165 Iesue . saluator
Iohannes . gratia dei.
Iesus . saluator
Iepte . aperiens.
Isai . insulae.
170 Iudith . laudans.
Ionatha . columbae donum[3]
Iosaphath . do*mi*ni iudicium.
Ioram . qui[4] *est* excelsus.
Ioas . sperans.
175 Iatha . robustus.
Iosias . do*mi*ni salus.
Ioachas . robustus.
Ioachim . cuius est *prae*paratio.
Iechonias . *prae*paratio dei.
180 Ieroboam . deiudicans popul*um*.
Iambri psalmus.
Ieu ipse *uel* est.
Ioel incipiente deo.
Iona columba.
185 Iungula . *geocboga.

[1] So in MS. for senarium. [2] MS. Ismael, and *h* above the line, between *a* and *e*.
[3] MS. douom, with *n* above the second *o*.
[4] MS. has dni, with stroke over *n*, after qui; but the three letters are marked for erasure.

(3^{ba}) Kyrieleison . *domine* miserere nobis.

Loth . declinans.
Laban . candidus.
Lucas . ipse consurgens.
190 Lazarus . adiutus.
Lacertor brachia.
Lacisca . catula ex lupa et cane . nascit.
Lia . laboriosa.
Leui appositus.
195 Leuita diaconus.
Ledo * nepflod.
Lancola * cellae.
Libitorium * saa.
Liguarium * uuidubinde.

200 Michael qui sicut d*eus*.
Moses atsumsio.
Matusalem mortuus.
Malachias angelus meus.
Maria inluminatrix.
205 Matheus donatus.
Marcus excelsus.
Mandragora pomum.
Margor aestis.
Melchizedech . rex iustus.
210 Manasse . oblitus.
Manasses obliuiosus.
Manachem . consulans.
Micha quis *est* iste.
(3^{bb}) Mesias . Chr*istus*.
215 Mantega * taeg.
Malina * fylled flood.
Monesticon . unius uersus.
Monometron uersus unius ped*is*.
Mee media distinctio.
220 Mappa * eneoribt.
Maculosus * specfaag.
Menta * minte.
Matheus . donatus idem . apellatus *est* leui . libbeus[1]. coreuculus . i*d est* a corde i*d est* taddeus . ipse *est* . et iudas . iacobi.

Noe . requies.
225 Natzareus . *sanctus*.
Neptalim conuersantis.
Noue latratus.
Natissa beth anima.
Nauum[2] germen[2]. .
230 Nablium[3]. psalterium.

Oreb longitudo.
Osanna . saluifica.
Ochazias . adpr*ae*hendens *dominum*
Ozias . fortitudo d*omi*ni.
235 Ombri . crispans meus.
Ose . saluator.
Oxia . acuta.
Onomastice . genitiuus.

Petrus . agnoscens.
240 Paulus . mirabilis.
Philippus[4]. ós[5] lampadis.
(4^{aa}) Pontius . declinans . *consilium*.
Pilatus . ós[5] malleatoris.
Pascha d*omi*ni . transitus.
245 Phasa . pascha.
Pentecostes . quinquagesimus.
Parasceuen . *prae*paratio cibi.
Papa . admirabilis.
Platus . latitudo.
250 Praesbyter sacerdos.
Pontifex episcopus.
Pithonissa . sp*iritu*s inferni
Pentimemeren . syll*aba* rema*nens* post . II . pedes.

[1] libbeus—iacobi, is a separate gloss.

[2] This gloss is not *narum* and A. S. *gerinen* as read and explained by Mr Henry Sweet (*Oldest English Texts*, pp. 35 and 505). It is found in S. Jerome's *Liber de nominibus Hebraicis*.

[3] MS. namblium, with point below first *m*.

[4] MS. phippus, and *li* written above *i*.

[5] MS. has an accent over *o*.

Peta . uates.
255 Poeticus . liber.
Poema . unius libri opus.
Poessis . opus multorum librorum.
Prosodia . accentus[1].
Pistomine . circumfexus.
260 Psili . purum.
Pos . pes.
Pentametron . u . peduum.
Periodos . clausula . *uel* tota sententia est.

Raphael . medicina dei.
265 Roboam . latitudo populi.
Raguel . pastor dei.
Rabbi . magister
Rebecca . patientia.
Rahel . ouis dei.
270 Ruben . uidens filius.
Rucha . spiritus.
Racha inanis.
(4ab) Rastrum . *raece.
Rithmus . numerus.
275 Romani sublimis.
Roma . uirtus.

Seraphin . ardens.
Sarrai . princeps mea.
Sacello . in domo idoli.
280 Sarra . princeps.
Samuel . nomen eius deus.
Sabaoth . omnipotens.
Salomon . pacificus.
Saulus . temtatio.
285 Satanan . aduersarius[2].
Scynifes . colum siue acult'[3].
Symbulus . conlatio.
Sinodus . congregatio.
Symeon . exauditio.
290 Sem . nominatus
Samson . sol eorum
Simon . pone merorem.
Soffonias . abscondens eam
Stefanus . coronatus.
295 Sedecias . iustus *domini*. .
Sella . petitio.
Saducei . iustificati.
Sicini . *ac dus[4].
Siluę . apostolus.
300 Sinagoga ecclesia.
Salamon ecclesiastes . conscionator et idida omnia unum *sunt* et est dilectus *domini*
(4ba) Semigar nomen aduenians
Sion . specula
Sinai . mensura
305 Samaritani . custodes
Scarioth . uicus memoria mortis.
Scisca *eoforþrote.
Sublatorium . *bloestbaelg
Sillogismo inebitabile.

310 Thronus . sedes[5].
Thomas . abissus.
Thola . uermiculus.
Tyrus . angustia.
Thesis . positura.
315 Tonus[6] . accentus.
Trissisma . crassitudo.
Trimetron . trium pedum.
Tetrametron . . IIII . peduum.
Tritus[7] trocheus . *syllaba post* . uii . *pedes remanens.*
320 Terte bocolicon . *syllaba post* u . *pedes remanens.*
Telia . distintio.
Trilex . *drili.
Thorat . lex.
Triplum . testimonium.
325 Tantalus . *aelbitu.

[1] MS. accentes, with point below second *e* and *u* above it.

[2] MS. aducisarius, but first *i* altered to *r*.

[3] MS. acult with horizontal stroke over *t*. Eucherius has: Ciniphes, culicum genus est aculeis permolestum.

[4] MS. joins these two words.

[5] MS. sedes, with *i* above the second *e*.

[6] Onus on an erasure.

[7] One letter erased between *i* and *t*.

Uel gemitus.
Ua . *cupa.
Uertelium[1] . *uerna
Uomer *scaer.
330 Urihel ignis dei.

Ydra . aqua
Ypudiastole . subseparatio
(4[vb]) Ypercatalecticus . ubi sub legitimos . pedes syllaba crescit.
Yposticen subdistinctio[2].

335 Zabahoth exercituum.
Zabulon habitaculum fortis.
Zebedeus . dotatus.
Zacharia . memor domini.
Zacheus . iustificatus.
340 Zezania lolium.
Zezabel fluens . sanguinem.

[1] MS. uertelum, with *i* above, between *l* and *u*.
[2] MS. subdistintio, with *c* above, between *n* and *t*.

(Fol. 5aa) **Incip*it* . glosa sec*undum* ordine*m* . elimentor*um* alphabeti .**

Abminiculum . adiutorium
Abelena . *haeselhnutu.
Abiecit . *proiecit*.
Absida . sacrarium.
5 Abies . *etspe.
Ab ineunte aetate infantia
Abimelech . patris mei regnum.
Abegelata inuiolata.
Absinthium . *permod.
10 Abra ancella
Abdicauit . negauit *uel* *discerede[1]
Abortus . *misbyrd.
Abiles . abtabiles.
Abolenda delenda
15 Ablata . *binumine.
Abdensis . abscondens.
Abstemus abstinens
Abaso . infima domus.
Abrepticius . furiosus.
20 Abrizium . spendor auri
Abacta . inuiolata.
Abegato . uenenato.
Aberuncat abstirpat.
Abnepus . qui natus *est* de pronepote.
25 Abauus . i*d est* aui . auus . nam gradus ipsi sic s*unt* . pater . auus . pro . auus . abauus . atauus . triauus . quasi tertius auus.
Abrogata deleta.
Abigit minat.
Abristit longe.
Abrisit . longe *est* et sit.
30 Abactus . ab actu remotus.
Abaro . intima domus.
Abdicit inclusit
Abigelus qui tollit seruum a*ut* pecus alienu*m*.
Abcesit uocat.
35 Abstenus sobrius.
Abolere . neglegenter agere *uel* obliuisci.
Abdicare repellere *uel* refutare
Absoluta . libera.
Abunde . *genycthlice.
40 (5ab) Abacta inuolata *uel* exclusa.
Abspernit contemnit.
Abtauit . conparauit
Absistere discedere
Absordium dissimilem . dissoru*m*.
45 Abiget *pereth.
Ab euro *eastansudan.
Ad euronothu*m* *eastsuth.
Abena aruudo agrestis.
Abitote abite.
50 Abusitatus . minus instructus in scientia.
Abdicat . refutat i[2] exheredat *uel* abiecit *uel* alienat.
Abduxit negauit.
Abrasa ablata[3]
Abdit abscondit
55 Abdecet . non decet
Absonus homo sine sono.
Abiudices negas.
Abtemus adiungemus
Abstans distans.
60 Abigiata inuolata.

[1] The final *de* are added above the line. For *biscerede*, as in the Epinal and Erfurt glossaries? [2] MS. refutati, but the i probably means *id est*, as elsewhere.
[3] Added above the line by corrector.

Absedas aedificii latiores conaculas.
Abicies turba..
Abrogat derogat.
Abtet uos impleat uos.
65 Abolita sopita.
Ab latere *est* longe.
Absistit desistit
Abdus ab haerore.
Abiurat negat.
70 Ab adipe. quae fortes fuert immolate.
Abiece apelle.
Abnuit abnegat non consentit[1].
Abditum reconditum. absconditum
Abstrusum remotum latens absconsum.
75 Abtauit conparauit adquisiuit
Absurdus rusticus indignus.
Abiuratio negatio.
Absit. longe sit *uel* distat
Abstrusa abscondita.
80 Abegit expulit remouit.
Abegunt a se expellunt
Abest absens erat.
Aboleta distructa
Abolitio. gestoru*m* dilectio.
85 Abolet tollet. a memoria aufert.
(5^{ba}) Abutitur recussat.
Abditis. *gehyddu*m*.
Abdedit inclusit occultauit.
Ab affrico. *sudanpestan.
90 Aboleri. deleri *uel* tollere.
Aboleri adduceri. *uel* a memoria moueri.
Ab borea. *eastannorþan.
Abiles. apertum
Aborsus. ab eo quod *est* ordior
95 Absordunm. indignum.

Actionator[2] qui de pretio contendit.
Acerra. area[3] turis[3].
Accitus. euocatus.
Achaz uirtus.
100 Acer. uehemens.
Acie turba.
Aconito. *þungas.
Acerue. moleste.
Acognitum genus herbę uenenatae.
105 Acti fatis. fatorum lege inpulsi.
Aciem gladii. uim gladii.
Acholothus. sectator.
Aceruus *muha.
Aceruus. malus *uel* inmaturus.
110 Achimenia. aut lex caldeorum. uocabatur. quam nullus poterat inmutare.
A censoribus. a iudicibus.
Accipe. cognosce audi.
A circio. *norðanpestan.
Actionaris *folcgeroebum.
115 Aciseulum *piic.
Aceron. fluuius aput inferos.
Acies. et ordo militum. et oculorum uisus. et acumen ferri. *ecg. *uel* *scearp*nis*[4].
Acinaces gladii.
(5^{bb}) Accape audi.
120 Acrabulus *mapuldur
Achalantis. *uel* luscinia *uel* roscinia *nehtęgalo.
Achus. grecus. rex.
Acrifolus. *holegn.
Acidus. ab acrore.
125 Acega. *holthona.
Accitor aduocator
Accearium. *steli.
Acciti. euocati. arcessite
Acitula *hromsa.
130 Acitelum *hromsan crop.
Accitulium *gęces sure.
Acinum *hindberiae.
Aeris fortio *uel* *from
Actionabatur *seirde.

[1] MS. consetit, with *n* above *e*.

[2] An initial director (a) is written by the side of this word, in the margin, for the guidance of the illuminator. [3] MS. joins the two words.

[4] MS. sceap, with stroke over *p*, and *r* above *a*, for scearpnis.

135 Actuarius . *praec.
Acetum *gefeotodne
Accidiosus . mente inquietus.
Acegia *sníte[1].
Aceodo . exortatoriae.
140 Acephalon . sine capite.
Accedeatur stomachatur.
Accensi irati uel concitati.
Acroceria ligatura articulorum.
Accio . acciui . accersiui.
145 Aculeus . ab actu . dimiuntiuum.
Acumina[2] . ingenia.
Aceruus cumulus . lapidum
Accire euocare.
Acta ripa nemorosa *uel* continentes.
150 Acnonitus . qui nulli communicat.
Accentus . uox alta siue producta
Acclinis . resupinus . et incumbens.
Accire . maris fluctus.
Aclides tela arma gladia.
155 Accumbere interesse.
Aceuon . oratio.
Acrę mentis ualidae mentis.
Aceti cotilla uas *id est* *bolle
(6ᵃᵃ) Acies . extenta militum inpugnatio.
160 Acus . *netl *uel* *gronuisc.
Accessio . significat frigorem.
Acerbatur uertebatur.
Acceptator auctor
Aceruitas . dolor crudelitas
165 Accidia . tedium . *uel* auxietas *id est* * sorg.
Acremonia . acumen . *uel* sęuitia.
Actotum[3] . sine mora.
Acisculum . quod habent instructores quasi . mallioles . ad cedendos lapides.
Acatasticus adstans *uel* uersus.
170 Actuariis . acta qui facit.
Accola . uicinus . possessor *uel* alienus cultor
Accintu *denetle.
Accolitus cero ferarius.

Adstipulatio . adfirmatio.
175 Adstipula . adiunctus.
Adductus . arcessitus.
Adsutę * gesiuride.
Ad *praes*tolandum . ad obseruandum.
Adminiculante . adiuuante.
180 Adnexus . adiunctus.
Adludit . coaptauit
Adfector . interfector
Adacto . coacto.
Adilicem . genus rubi.
185 Adigebant . cogebant
Aditum . ab adeundo dictum.
Adsaecula cliens.
Adtaminat usurpat.
(6ᵃᵇ) Adstipulatus . adiunctus.
190 Adsciscunt . adsociunt.
Adulti . inmaturi.
Adultus . maturus.
Addictus . *forscrifen.
Adolerent sacrificarent.
195 Adolet . incendit.
Adfectans . concupiscens[4].
Adeptus . adsecutus.
Adridente . * tyctende.
Aduncis . * gebegdum.
200 Ad penses[5] . * tó[6] nyttum.
Adsensore . * fultemendum.
Adfectat temtat.
Adclinis . * to-hald . *uel* incumbens.
At queue . *end suelce.
205 Adtenuatus . subtilis.
Ademto *gebinuumini[7].

[1] MS. has accent over *n*. [2] *i* written below the last stroke of *m*.
[3] MS. Actotum, with *u* over *o*, but in different ink.
[4] MS. concipiscens, with point below first *i*, and *u* above it.
[5] MS. penses, with *a* above second *e*. [6] MS. has accent over *o*.
[7] So in MS. for *binumini*. The scribe should have marked *ge* for erasure.

Adfinis . proximus.
Adfectaret . desideraret.
Adsaeclu*m*[1].*þegn. minist*er*[2] turpitudinis[2].
210 Adcingunt *prae*parant.
Adorsus . adgressus[3].
Addicit . abdicat amonet.
Adfatim . habundanter mox *uel* stati*m* satio . ualde.
Addic . ualde dic.
215 Adoptat . adfiliat.
Adbiguus anceps dultius
Adgrediuntur * geeodun.
Adlido . * tonpinto.
Adfatim . optime loquens.
220 Adnitentib*us* . * tilgendum.
Adsciuit . coniunxit.
(6ba) Adolescere . maturescere . crescere.
Adstipulatur idonius[4] testis
Adprobatur . adfirmatur
225 Adimere . subtrahere
Adipiscit . adquirit.
Ad libidines . * praene.
Adtonitus . * hlysnende
Ad fasces . * to peordmyndu*m*.
230 Addiceret . iudicaret.
Adfectatoris . adpetitoris . uel amatoris.
Adfligit * gehuaeh.
Adsertor . firmator.
Adsertores . confirmator
235 Adrogantissime . * plonlice[5].
Adyta . templa
Adfectio . uoluptas.
Adorea . libamina
Adnouit . consentit.
240 Adniue . adiunge.
Adsectator . imitator
Adoleo . glutto
Ador . genus farao frumenti
Adamans . ualde amans.
245 Adamans . genus lapidis fer*ro* durior
Adelibatum . oblicum.
Adoritur nascitur adgreditur
Adrumauit . rumore*m* . obtulit.
Adimit tollit.
250 Adsaeculi . pedisequi *uel* lenones.
Adeo . in tantum.
Adio ingredior
Admodum ualde.
(6bb) Adlobrius gallis ciuis de gallia.
255 Adfabilis . dilectabilis.
Adire perferre . *uel* adgredire.
Adornat . plus quam ornat
Adsentator adolator blanditor
Agerat adicit.
260 Ad extollendum . ad laudandum
Adciuisse . aduocare.
Adid . interpellat.
Ad mancipandum ad liberandum
Adsciscere adsumere.
265 Adimitio ademptio.
Adfectat . uult desiderat
Adplaudat[6] . * onhliorrounit[7]
Adiumentis . auxiliis.
Adluo adluit profluit.
270 Adsta interiora templi.
Adluerit infunderet.
Admisum . peccatum *uel* receptum
Adnauimus . adnotauimus.
Adstipatus . adiunctus.
275 Adnuit promittit . spondit.
Adtonitos . stupore defixos.
Adauus . patris . auus.
Ad confutandum . ad conuincendam
Adiciens . prohibens.
280 Adcommodaturus . * uuoende.
Aduentio . * sarpo.
Adscite adiuncti.
Aduocatus . * þingere.

[1] MS. Adsaeculu*m*, but first *u* erased.
[2] Added by corrector.
[3] MS. Adgressus . adorsus, but marked for transposition.
[4] MS. idonitus, with point under *t*.
[5] MS. ploneli, with sign of abbreviation over *i*.
[6] MS. pladat, with *u* above, between *a* and *d*.
[7] The A. S. words written as one in MS.

Adesto . ausiliare.
285 Adero ausiliabor
Adfectat temtat adpetit *uel* amat *uel* cupit.
(7^{aa}) Adhibuit . . * geladade . *uel* aduoc*auit*
Adplicuit . * geþiudde.
Adliciens . inuitans.

290 Aequiperat . adequat *id est* equa . *et* paria facit.
Aedib*us* . domib*us*.
Aeditus . natus.
Aemulus[1] . imitator
Aeneum . aereum
295 Aequatis . * efuum.
Aequidiales . aequinoctiales . *id est* isymerinos grece.
Aequae . similiter
Aerii . uirgae ferreae.
Aegne[2] . indigne.
300 Aegyptus . caligo.
Aeditio . aliud interp*rae*tatio.
Aeneatores . tubicines.
Aeuus . tempus.
Aesculus . * boece.
305 Aedicula . domus modica.
Aegilippon . grece saxu*m* eminens . quo nec capellę ualent ascend*ere*.
Aequeus eiusde*m* aeatis [aetatis] conęuus [couæuus][3].
Aegeator hortator
Aedificia [ędificia] templa urbana
310 ędes [Aedes] domus.
Aerarium . ubi aerari [aerarii] inclusi *sunt* [sunt].
Aestuca . calor.
Aerumna . miseria
Aequor pelagus . *uel* campus.
315 Aequora . campi . *uel* maria
Aegit . * praec.
Aequę . [Aequae] mons . magnitudo.
Aequigenae . gemini.
(7^{ab}) Aestuaria . * fleotas.
320 Aequiperabatur similabator [similabatur]
Aere alieno . * geabuli.
Aegro animo . tristi [triste] animo.
Aethica . moralis.
Aestus . procella
325 Aeditui . hostiarii.
Aestibale . tempus.
Aes . aeris.
Aegesta . * gors.
Aetatula . aetas modica.
330 Aestuaria . [Aetuaria] . ubi duo maria conueniunt.
Aeneade . coniurati . aenea.
Aeques . et equester[4] unum sunt [s*unt*].
Aequitatus . et peditatus numerus equitum et peditum.
Aerectatio . tuba.
335 Aeleuenus . habundans.
Aeuitas . aetas aeternitas [ęternitas].
Aerumnus . infortunus.
Aes alienum [Aes e alienum] . pecunia debitum.
Aeterna . partes . caeli superiores.
340 Aether polum axis caelum.
Aeuum . *saeculum*.
Aesolus . genus arb*oris*.
Aequitat[5] . atsimulat
Aeglea . patria uentorum . *uel* rex . uentorum.
345 Aequaeuus . conęuus . [Aequeuus . conaeuus]

[1] MS. Aemulus, and *ator* added above the *s*. by corrector.

[2] So in MS., *not* Aegre.

[3] The Glosses 307—348 are repeated in the MS. on Fol. 7^{ba} line 1 to 7^{bb}, line 14. The few differences between the two texts are printed in square brackets.

[4] MS. quester, with *e* above *q*.

[5] MS. Aquitat, with *e* above *q*.

Aerarium . locus in quo pecunia redigitur.

Liticines tubicines[1].

Aemula . inimica et inimicatrix.

Aequimanus . species glatiaturae [gladiaturae] quae utraquae [utraque] manu depugnat.

349* [Fol. 7^{ba} line 1 to 7^{bb} line 14 (first half) contains, as has been said, a repetition of glosses 307—348. On the second half of line 14 is written, once more, Liticines tubicines (see 347) after which the MS. continues]

350 (7^{bb} line 15) Aeneatores . cornicinis.

Aequore totum per totum mare.

Aequipensum . *ebnpege.

Aescilia . mons in urbe roma.

Aerarium . thesaurum uli puplice . pecunia mittitur.

355 Aera . rota caeli.

Aeri . iacintini.

Afiniculum *ellende[2] a finibus procul.

Affore . adesse.

Afflarat . *ansuaep.

360 A fafonio . *suþanpestan

Affatim . habunde.

Affecta *uel* arefacta[2] ornata *uel* attenuata.

Affluunt habundant.

Affricus *pestsudpind.

365 Afflatus locutus.

Affaturus absens futurus erit[3].

Affatibus habundanter.

(8^{aa}) Afestotiles . *nomen* auctoris.

Affectans . desiderat.

370 Afficit . amauit honorat.

Affectui . *megsibbe . *uel* dilectione.

Aggeres terrae congeries . cumulus.

Agon . certamen.

Agonitheta princeps illius artis

375 Agonista . qui discit illam artem.

Agmen . quadratum miles in itenere . quaterna . acie incedens.

Agitur . regitur

Agasson . minister . officialis.

Agnatus . cognatus.

380 Agustę . *sanctae*.

Agiographae . *sancta* scriptura

Agrestes . fera.

Agapo . qui negotia aliena anteambulant

Ageator . hortator.

385 Agricola . rusticos.

Agonantes . explicantes.

Agoñia . hostia.

Agga . circa .

Aggreditur . acceditur.

390 Agitor . regens.

Agrarius . *utlines.

Agrippa . qui in pedes nascitur.

Agundis . rebus.

Agens . persequens.

395 Agreste . ferum.

Agretis . *pildę.

Agastrum *ægmang.

Agmine . itenere *uel* impetu *uel* ordine.

Agitatio *unstilnis.

400 (8^{ab}) Agrę . indigne.

Agitate . *onettad.

Aggressus . inuestus . *uel*[4] inrvit[4]

Agmine . fulmine.

[1] This gloss is written in the MS. after redigitur (in the repetition on Fol. 7^{bb}, line 10) and is repeated 4 lines lower down.

[2] Added above the line, by corrector.

[3] *erit* added above *futurus*, by corrector.

[4] Added above the line by corrector between agg- and inu- .

Age . uelociter.
405 Agapem . *suoesendo.
Agitante . faciente.
Agmen *peorod.
Agger monticulosus.

Aiumenta auxilia.
410 Aiocten . iugem[1] diuersum.
Ain . uerbum interiectionis.
Ain. tandem . Ain uero.

Allegoria[2]. figuralis dictio . aliud . dicere et aliud intelligere
Alea . *tebl.
415 Altilis . ut pasta ab alendo.
Aleator . *teblere.
Albulo . *flio.
Altilis aues *dicitur* a uolando
Alium . *gaarleec.
420 Alogia . conuiuium.
Alba spina . *heagodorn[3].
Alcion . *isern.
Algor . frigos[4].
Alluuies[5] . locus cenosus.
425 Alliciat . alligat.
Alienigena[6]. qui in aliena terra nascitur
Allux . pollux . in pede.
Alnus . *aler.
Alietibus . auibus.
430 (8[bis]) Alneum . *fulaetreo.
Ales . aues.
Alietum . *spaerhabuc.
Alneta . *alerholt.
Alga . *paar.
435 Altrinsecus . *on ba halfe[7].
Albipedius . *huitfoot.
Aluuium . *meeli.
Aligeri pinnate.
Aluiolum . *aldaht
440 Alga. *scaldhyflas *uel* *sondhyllas.
Alnus . ratis nauis.
Alabastrum . uas[1] de[1] gemma,[1] propri nomen . lapidis et uas nominat . de illo lapide factum.
Aluiola . peluis . rotundus.
Alternantium . *staefnendra
445 Alaeris . *snel.
Alacer . *suift
Alucus . *streamraad.
Alitus . *aethm.
Algidus . humor frigidus.
450 Alumnae . *fostorbearn.
Alternatur . latin*um* nom*en* est . sed alterna . p*ost* alter*um* facit.
Alerius . nutritor
Altercator . litigat.
Alibre . alimentum
455 Aluus . uenter.
Alligorrit degustat
Allegare . uerba imperatoris ad[8] iudicem . ciuitatis mittere[8].
(8[bis]) Alsiosus . frigoriosus.
Alapiciosa . *calpa.
460 Alucaria . *hyfi.
Alioquin . quid si non.
Aliquantesper[9] aliquandio.
Alter ambob*us*[10] unus aut ambo
Alterius agunt *non* simul agunt
465 Alea . prodigus.
Aleator lusor cupiditatis
Altilia . *foedils.
Altores . cultores.

[1] Added above the line by corrector.
[2] An initial director (a) is written by the side of this word, in the margin.
[3] MS. headorn, with *go* added above the line, between *a* and *đ*.
[4] MS. frigos, with *v* above *o*.
[5] MS. alluuies, and *tes* written above *es*.
[6] MS. alienagena, with *i* below first *n*, and point below second *a*.
[7] MS. joins onbahalfe.
[8] ad—mittere, written as a separate entry in the MS.
[9] *per* joined with aliquandio in MS., not with aliquantes.
[10] MS. rather alteram bob*us*.

Alacrimonia . laetitia.
470 Alectat . spectat.
Alienum aes . pecunia ueneratricia.
Alaris . cabba alarius.
Allegat insinuat mittit.
Alsit . friguit.
475 Algit infrigidat
Alter et uter alter *et* ambo
Alternis . subauditur uicibus ut modo . qui modo illud.
Alcido . *meau.
Altum . mare *uel* caelum.
480 Alliciunt . prouocant
Allisus . adfectus.
Alcanus . *þoden.
Alites . *challes.
Albet . splendet
485 Alatis halas habentibus
Alitus . aura uentus.
Almas . ager secundus.
Ala . aequus.
Alipedes . ueloces ut equi.
490 (9[aa]) Alueum . *edúaelle[1]
Alitudo . *fothur
Alligeo . *reeceo.
Altor . *fostorfaeder
Allox . *tahae
495 Albo . penna
Altrix . nutrix
Allauda . *lauricae
Alma . *sancta* pulchra *prae*clara
Albus . praetoris ubi conscripti . qui recitandi sunt . tabula *est* et habet albeis litteris indices et senatores
500 Alphei . de loco *dicitur*.

Amineae[2] . sine rubore.
Amites . *laergae[3].
Amsancti . undi*que* sancti.
Amisionem . *forlor
505 Amfridis . uersiculis.
Amorręi . amari.
Amalehc . populus lambiens[4].
Ambariam . *pro* ambob*us* partib*us*.
Amfrite . mare.
510 Amphi . utrim*que*
Ammini*culum* . adiutoriu*m*.
Amminiculan*t*[5] . adiuuan*t*[5].
Amita . soror patris.
Amnestiam . obolitionem.
515 Amera . genus salicis
Amphitetron . circu*m*spectacum.
Ammentum . *sceptog.
Amata . catenata ab eo q*uod* s*unt* amici.
(9[ab]) Ambrones . *gredge.
520 Annuere . refugere.
Amoenum[6] . fertile iocundum.
Ambages . *ymbsuaepe.
Ambagiosus . circulosus.
Ambrosea . *suoetnis.
525 Amello . prop*rium* . no*men* . loci.
Amburimur incendimur
Amatores . qui amant una*m* . quasi de uno riuo.
Amulire . abducere.
Amphitrite . mare
530 Amulas . uasa aenea in modum ollae
Amigdalinas . quida*m* arbor
Amens . *emod.
Amites . *fugultreo . *uel* *reftras
Amtes . *oemsetinne piingeardes.
535 Ambulas . *þiustra.
Amilarius . *mearh.
Amictit . uestit texit.
Amictorium . uestimentum
Ambusta . conbusta.
540 Amurca . fex olei.

[1] MS. has accent over the *u*.
[2] MS. has here some sign like p in the margin.
[3] MS. largae, with *e* added above the line between *a* and *r*.
[4] MS. lumbiens, with point below *u*, and *a* above it.
[5] Both final *n* with horizontal stroke over it.
[6] MS. amonum, with *e* above the line.

Amandat . commendat
Ambulacrum . spatium ambulandi
Amittere . relinquere . perdere.
Amphitare . genus uestimenti . utrimque uillosum.
545 Ambila . *laec.
Amiculo . *hręgli.
Ammodum . ualde.
Amentis . *sceptloum.
Ambiit . circumiit.
550 Ambit . cupit.
(9[1a]) Amphibalus . hircus bellosus.
Amanet . extra manet.
Ambages . nauticum.
Ambages . circuli *uel* sermonum
555 Ambitus . poten[1] *uel* circuitis[2] *uel* circuitus

Antiquarius . qui grandes litteras scribit
Anubis . deus . egiptiorum.
Antestis . pontifex.
Ansa . fibula.
560 Antra . obscura loca.
Antifrasin . contraria[3] locutio.
Andeda . *brandrod[4].
Annuit . promittit.
Annues . permittes.
565 Anomalum . inlegale.
Anologia . ratio uerborum.
Anthlia[5] . rota auritoria
Anudus . quartana die quarta
Aneta . *enid
570 Anes . ualles.
Anetum . *dili.
Antiae . *loccas.
Anathomen . apertionem.
Anciliatur . adolatur.
575 Anconos . urceuos
Anguens . *breer.
Anniculus . unius anni.
Anticipatio . praeocupatio.
Antefata . *forepyrde.
580 Anastasis . *dilignissum
Ancilia scuta arma caelestia.
(9[bb]) Anticipauit[6] . praeueniat
Anathema . abhominabilis[7] deiectus.
Annitur . plus conatur
585 Anfora . ·IIII· modios[8] tenet
Angor . tristitia *uel* memor[9]
Antemne . *paede.
Antemna . *seglgęrd
Andapila retia ursorum
590 Anguis . serpens aquarum
Anarchias . sine principatu . *uel* ubi nullius . potestas monarchia . ubi unius . polarchia ubi multorum[10].
Annales . annuos.
ΑΑΩΡΗΤΟΝ[11] . *id est* ratio . populorum.
Anfractus . circuitus.
595 Animi . uoluntatis
Anchoresis . remotio *uel* recessio
Anquirit . ualde quirit.
Ancipitis . gladiolum quae . in medio . habet manubrium.
Ansportat . abducit auehit
600 Ancilus . poplites.
Antagonista . recertator
Antedo q'[12] . *pyrtdrenc.
Ansatae . *aetgaere.

[1] The Erfurt MS. has potentia, and the sign after poten in the Corpus MS. differs somewhat from the usual *l* for uel. It perhaps represents the ligature for *tia* of the original.

[2] MS. circuitus, but point below second *u*, and *i* above it.

[3] MS. contrria, with *a* above the line, between *rr*.

[4] MS. branrod, with *d* above the line, between *n* and *r*.

[5] MS. anthia, with *l* above the line, between *h* and *i*.

[6] MS. aticipauit, with *n* above first *t*.

[7] Added above the line by corrector.

[8] MS. modius, with point below *u*, and *o* above it.

[9] So in MS. for maeror.

[10] MS. mulorum, with *t* above *o*.

[11] Written on an erasure; the original word evidently commenced with *l*, which is still visible.

[12] MS. q with sign of contraction above it.

Anapsi . nigri coloris _uel_[1] dura[1]
605 Anolarb_us_ flaba barba _uel_ dura
Annates . proximi
Annuus . anniuersarius.
Anus . anellus.
Anfetrite . mare.
610 Antena . *boga.
Animaequius . ipse homo.
(10^{aa}) Anepos . extranepos[2].
Ancile . _aut_[3] ancilia scuta.
Anudus . manifeste.
615 Angiportus . angustus locus.
Anulum . fidei libertatem fidei.
Anxius . *sorgendi.
Annua . *gerlice.
Annue . faue.
620 Annixi . satio conantes.
Angeportus refrigerium nauium.
Anaglifa . sepupta[4] species.
Anomala . dissimilia.
Andracas . temporalis _uel_ principatus.
625 Anate . *clader sticca.
Antes . extremi ordines uiniaru_m_.
Anser . *goos.
Anacephaleos . in repetitionem _uel_ recapitulatio.
Angulinis . prop_rium_ nomen.
630 Antebiblium . pignus codicis.
Antefatus . testatus.
Ancore . merore . tristitia.
Anim . atuertit uidit _uel_ intellegit
Anagogen . superior . sensus.
635 Andres . uirtus.
Ansiferis . mestificis.
Anediosus . tediasus[5].
Anget . sollicitat _uel_ stimulat.
Angit . consignat.
640 Angustior[6] . amplior.
Ancil uirga aurea.
Ancipis . inritas.
Antedo . antecaelo.
Antecedere . antecedere.
645 (10^{ab}) Antecellit . _prae_cedit.
Anus . *alduuif.
Antictores . _contra_positi.
Angit . fucat offucat
Actigeni[7] . priorgeni.
650 An . aut.
Anguila . *el.
Anastasin . resurrectionem.
Anim . atuersio . sententia . in reum dicta.
Anaturale . sapientia.
655 Audeo . bibo.
Anceps . *tuigendi.
Anfractum . iter tortuosum _uel_ difficile.
Anathem . abhominati_o_.
Antulus . *caecbora.

660 Apodixen . fantasia _uel_ ostentio.
Apocatasticus . adstans.
Apotheca . _uel_ horreum[8] . repositio.
Aptat . copulat.
Apparitorium . adiutori_um_.
665 Apparasin . negatio.
Aporians[9] . *anseungendi.
Aplustra . *geroedro
Apodixes . exemplum . probatio.
Apolitarium . ubi ponuntur . res labentium
670 Aper . *eobor.
Aporiamur . *biad þreade.
Apiastrum *biopyrt
Apio *merice.
(10^{ba}) Aprica . Aestiua calens.
675 Apricam . calor sine uento.
Apotasia . *fraet gengian
A portis . caspis nom_e_n loci.

[1] Dittography from the next line.
[2] MS. -nepos, with r above _o_.
[3] MS. h with sign of contraction above it.
[4] spupta, with _e_ above the line, between _s_ and _p_, but no point below first _p_.
[5] So in MS., but an attempt to alter _a_ into _o_ seems to have been made.
[6] See A 949.
[7] So in MS. for antegeni.
[8] MS. orreum, with _h_ added above the line.
[9] MS. aporiens, with point below _e_, and _a_ above it.

Apricum . locus temperatus.
Apologia . defentio.
680 Aplestia . crapula.
Aptata . perfecta[1].
Apporia . defluens.
Appetitus . *gidsung.
Apparitione . *getiunge.
685 Apex . dignitas[2]. summa pars capitis . *uel* littera caeli.
Apoplexa[3] . genus morbi.
Apotheca . domus uini.
Apocalypseos . reuelationem
Apocrifa . occulta.
690 Apocrisis . depulso absconsis.
Apologiticum . excussabilem
Apostata . discessus a fide.
Apologias . excusationes.
Apothisen . superpositio.
695 Apostas . sceleratas negle Negle gentes quae[4].
Aparatu . *uel*[5] ministratio[5] *aexfaru.
Apototyas excusationes.
Apte tuos[6] . impleat uos.
Apparator ministrator[2] auxiliator.
700 Aptauit . conparauit.
Apiscitur . utilitate *con*sequitur
Appellens . adplicens.
Appulissit . applicauit.
Apparatorium . ubi res[7] . quaecumque parentur.
705 (10[bb]) Aperticius . asperens.
Applare . *eorscripel
Apricitas . color *hio.
Aparitio . *gethingio.
Apparatum . *geþrec.
710 Appotheca . *ƿinfaet.
Apostemam . commune.
Apporeor . onsteuum[8] . quibus eius uiscera interno foetore . *coin*quenentur et inde loquendo exalauit odorem foetorem.
Aparcias . uii . trio*num* uentus.

Aquilium . fuscum . *uel* subnigrum.
715 Aquilium . *onga.
Aquemale . *lebel.
Aquilae . *segnas.
Aquilici . scrutatores aquaru*m*.

Arthimetica . diuinitio . *uel* numeralis.
720 Armonia . *suinsung.
Ariolatus . *frihtrung.
Armellae . brachialia.
Areoli . aromatum orti.
Archia . initium.
725 Archioritas . conflictus.
Areoli . *sceabas.
Archipirata . princeps pirator*um*.
Arba . terra q*ue* arat*ur* *uel* spatium
Ardia . *hragra[9] . et dic . perdulu*m*
730 Argella . *laam.
Argutiae . *thrauuo.
Arrius . *faag.
(11[aa]) Arcebat . repellebat.
Armentarium . locus ubi arma conduntur.
735 Arbutus . *aespe.
Argutiae . *gleaunisse.
Argute . acute.
Armenias . pilas . nom*en* loci.

[1] MS. perfata, altered into perfecta.
[2] Added above the line by corrector.
[3] MS. apoplexa, with *i* added between *x* and *a*, but by another hand and in different ink.
[4] So in MS. and the first negle underlined.
[5] Added by corrector above the line with mark of reference /. after apototyas (see next gloss). But the words apparently belong to this gloss.
[6] So divided in MS. for aptet uos.
[7] MS. has accent above res.
[8] This word is apparently corrupt; cf. Epinal Gloss. 5 A, after 21. It does not seem to be A. S.
[9] MS. hrara, with *g* added above the line, between *a* and *r*.

Ardentes . festinantes.
740 Arx . *faestin.
Armentum , et armentariu*m* di-*citur* locus ubi instructio . armorum . reponuntur.
Archturus . septem.
Archtoes . *paegnepixl.
Artura . *tot.
745 Archontes . principes.
Arcontys[1] . princeps.
Arduum . dificile.
Argilla . *thoae.
Archius . grauatus.
750 Aripagita . archisynagogus.
Arula . *fyrponne[2].
Artemta . gen*us* nasis.
Artemon . *obersegl *uel* malus . nauis.
Artoa . excelsa *uel* alta
755 Armilausia . *serce.
Arpago . *apel *uel* *clauuo
Artum . dolum.
Arcistis . sagitarius.
Arpa . *earngeot.
760 Araxis . fluuius . orientis
Arcesiendos . exhibendus.
Archia principatus.
(11[ab]) Anaglosa[3] . *pegbrade.
Arpia . *ceber[4].
765 Armus . *boog.
Arida . terra.
Arcet[5] . uetat depulit pr*o*hibet[6].
Arula . uas apium at focum.
Arbatę . *sibæd.
770 Arbina . adeps . axungia.
Argenteus . albus.
Ars plumaria . *uuyndecreft.
Archiatros . *healecas[7].
Ariopagus . no*me*n curiae.
775 Arcesi . intellectui.
Arcem . summitatem *uel* uertigo.
Arestis . stipulis.
Areolus . crepticius.
Archioretis . libros duo.
780 Arbitriu*m* . collegio. (781) Arbitriorum . multorum[8]
782 Armellu . uas uinarium.
Armentum . pecunia.
Arrepit . eripit
785 Arridit . fauit.
Arguere . ampliare.
Ariopagita . locus martis.
Arualis . rusticus agrestis
Artuus . erectus.
790 Artauit . atflixit conligauit.
Arcebat . uertebatur.
Arcę . eminentia.
Artis . scribtis . strictis.
Artussum . sidus in caelo.
795 Arepticium . demoniosum.
Aruina . *risel.
(11[ba]) Arcitriclinium . domus maior
Armiger . armi portator
Arguit . ostendit.
800 Ariolus . diuinus.
Ardebat . *scaan.
Artat . angustat
Argolicam . grecam.
Arci . summa pars.
805 Arectas . *hlysnendi.
Argumentum . ostensio.
Arcessitus . *feotod.

[1] MS. arcontes, with point below *e*, and r above it.

[2] The *o* has been altered into *a*, but by a later hand and in different ink.

[3] MS. anaglosa, with *r* added above the line, between *a* and *n*, by a hand of the 11th or 12th century.

[4] MS. ceber, with first *c* altered into *ç*, and a stroke added between the topstroke and the bow of the *b*; but by a later hand.

[5] MS. arcet, with *re* added above the *t*, by corrector.

[6] MS. prohibet, with *re* added above the *t*, by corrector.

[7] MS. healecas, with *h* added above the line in different ink, probably by the same hand that corrected A 763.

[8] A 780 is written as two glosses in MS., and had also been numbered as A 780 and A 781 in our transcript; hence there is practically no A 781.

Arbitus . *faestinnum
Arrabonem arram
810 Arcister . *strelbora.
Arxhotanian . antiquitatem uel principatum[1].
Arcoretos . conflictus.
Artaba . modi ·iii·
Arcarius . dispensator
815 Arx . arcis.
Arbusta . loca ubi arbores nascuntur.
Articulatus . articulis conpactus
Aruspex[2] . qui ad auras sacrificat.
Arcit . submouit.
820 Arcius . lassus *uel* grabatus.
Aruspices . qui intendunt signa corporis . *uel* obuiantes hominum *uel* obseruant signa auium id est cantos.
Arma . unius hominis.
Arioli . qui in ara coniecturam . faciunt
Armatura . totius . militis.
825 Argutus . urbanus *uel* astutus.
(11bb) Articos . aquilonis.

Astronomia . lex astrorum.
Astrologia . ratio . siderum.
Asellum . spolium.
830 Asta . framea.
Ascilium . mons in urbe Roma.
Asilo . *briosa.
Aspernit . contemnit.
Ascemor . inhonestum.
835 Astum . astutum.
Asses . scorteas . *liþrine trymsas.
Ascella . *ocusta
Ascios . exumbres.
Aspaltum . *spaldur[3]
840 Astrum . caelum.
Ascalonium . *ynnelaec.
Ast . uerum *uel* statim.
Astaroth . deus sidoniorum
Astu . *facni . *uel* *fraefeli.
845 Astatus . de asta pugnans.
Asilum[4] templum refugii
Astismos . quidquid . simplicitate rusticana caret.
Ascetron . intellectum.
Asteriscus . stellis.
850 Astri . riui *uel* uenti.
Ascesi[5] . ingeni.
Ascopa[6] . *kylle.
Asotus . luxoriosus.
As assis . genus nummi.
855 Astus . calliditas.
Astarium . ubi uendent bona *pro*scriptoribus.
(12aa) Aspernatur . dispicitur.
Astatus . de asta *dicitur* acitum
Aspera . *unsmoþi
860 Asiani . greci.
Asinius oppri[7].
Asapa . *carngeat
Ascesui[8] . intellectui.
Astur . *haesualƿe.

865 Atomas . insecabilia . ac solida corpora.
Attigerit . inurit[9].
Attaminat . inquinat
Attlarat . *onsuecop.
Attrectare . malę . tangere.
870 Atellanus . mimus . *uel* histrio[10].
Atriensis . ianitor.
Attubernalis . uicinus . proximae . taberna . habens.
Atticus . *dora.

1 The *n* is written below the first *i*.
2 The *r* has been added above the line.
3 Is merely A. S. spelling of asphalte.
4 MS. has circumflex over *i*.
5 See below A 863.
6 MS. aspa, with *co* added above the line between *s* and *p*.
7 MS. oppri, with stroke over *i*; for nomen proprium?
8 See above A 851.
9 See B 31.
10 MS. histro, with *i* above the line, between *r* and *o*.

Atrocitas . uehementia.
875 Atomi . tenuissimi . pulueris . in ratio apparent solis.
Attoniti . * hlysnende . * afyrhte.
Atrox . inmaturus . crudelis[1].
Atrux . malus . seuus.
Atomi . lapidum . pr*ae*cissorum
880 Atrum . obscurum . nigrum[2].
Atqueue . * onsuilce.
Atque lixarum . atq*ue* seruientiu*m*.

Aurifodina . metallum
Auctam . ampliatam
885 Augurans . ominans.
Augures,qui augurium incendunt.
(12[ab]) Auspex . qui auiu*m* augoria intendit.
Aupex qui aucupia exercet.
Auriculum . * dorsos.
890 Autumabam . existimabam
Auriculum . * earpiega.
Auus . * aeldrafaeder.
Auriola . * stigu.
Auspicantes . initiantes.
895 Auellanus . * haesl[3].
Autumant . atfirmant.
Auspicia . cantationes auium.
Aucupatione . * setunge.
Auerteret . expugnaret
900 Ausus . * gedyrstig.
Augurium . aspicium . et uotu*m*.
Auexerat . exportauerat
Aurit . implet.
Authenceicum . principale.
905 Augurium . signauium[4] uolam[4]
Augur . qui aues . colit
Auleis . superius . pulchris amoenibus.
Auchit . * onpeg aferide.
Auserunt . * nomun * hlodun.
910 Autenticum . auctorale.
Auspiciu*m* . initium actionis.
Auleum . curtina . ab aula.
Auctio . puplica uenditio
Augetio . sabbastio.
915 Authentica . uetusta.
Auiaria . secreta . nemora . q*ue* aues freq*uentant*.
Auena . * atę.
Auctius . amplius.
(12[ba]) Auserit . penetrauit.
920 Auernus . infernus.
Auleis . uestibus regiis
Aux . illac . ali minoris[5].
Austis . opotatis.
Auulsa . erepta.
925 Aus . dicis.
Autio . crementum.
Audierat . cognouerat.
Austeritus[6] . seueritas.
Aurum . obscuru*m* . nigru*m*
930 Aut . immo.
Auitiis . antiquis.
Aulea . * streagl[7].
Auet . cupit . gaudet.
Aueuicat . eradicat.
935 Auum . * meli.
Ausim . audaciter *uel* audeo.
Autumat . dicit.
Audist[8] . ausus est.
Aucupium . et aucusatio unu*m* *est*.
940 Aubulcus . pastor bouum.
Auctoramentu*m* . q*uod* *est* indicium.
Ausillae . alę minores.
Auultis . regalibus.
Aufugit . euanuit.

[1] MS. crulis, with *de* added above the *u*.
[2] MS. nigum, and *r* added above the line.
[3] MS. hael, and *s* added above the line.
[4] So in MS. for signa auium uolantium.
[5] Repeated: A 912.
[6] MS. austeritus, with *a* above the second *u*, but the latter is not marked for erasion.
[7] MS. streal, and *g* added above the *a*.
[8] MS. audit, and *s* added above the line, between *i* and *t*, perhaps for ausit.

945 Auricularium . consiliarium
Auctionabatur . puplice uendebat.
Aueruncat . auertit . alienat.
Auspicantur . *baelsadon.
Augustum . serenum *uel* amplificu*m*.
950 Auro primo . auro optimo quod est . obrizum.
(12bb) Auster[1] . *suduuind.
Ausonia . italia.
Augur . *haelsere.
Ausurae . *brucendc.
955 Auunculus . *frat*er matris.
Augustissimo . famosissimo.
Aurocalcum . *groeni aar[2].
Auceps . eo q*uo*d aues capi*t*.
Aucturatio . uenditio.
960 Auditorium . locus . legendi

Axungia . *rysel.
Axredones . *lynisas.
Axredo . *lynis.
964 Axis . *aex.

Basileon . liber regum.
Bafer . grossus.
Bacidones . *raedinne.
Bagula . *bridels.
5 Bachum liberum patrem.
Balsis . *teter.
Bacillat . trepitat.
Ballista . *staeflidre.
Basterna . *beer.
10 Bachans . ludens.
Balba . mutus.
Bachatur . furit.
Barca . nauis.
Babilonia . confusio.
15 Basileon . rex.
Balbus . qui dulcem . linguam hab[et][3].
Batuitum . *gebeaten.
(13aa) Baal . deforatio *uel* superior
Baccinia[4] . *beger.
20 Balantes . oues.
Ballena . *horn.
Bachum . latex uinum
Barritus . *genung.
Battat . *geonath
25 Basterna . *scrid.
Bassia . oscula.
Baucalem . gyllonem
Barrus . elefans.
Barbarica . auro ornata.
30 Babigera . stulta.
Basiliscus . serpens . quae . flatu suo uniuersa quae attigerit inurit.
Basiliscus . et regulus unum s*unt* . et a mustelis[5] . uincitur.
Batutus . percussus.
Barrit . elefans . cu*m* uoce*m* emittit
35 Balbus . *uulisp.
Bachi . antiqui.
Balteum . lorum.
Balus . *isernfeotor.
Baratrum . sepulcrum
40 Bassandes . baccae.
Baubant . latrant[6]
Bardus . stultus.
Basilla . regina.
Baccanalia . bachatio.
45 Barbenta . qui palmas dat.
Barsus . rufus niger.
Baxem . quas bacceas d*icunt*.
(13ab) Bachantes . *uuoedende.
Baratrum . *dael.
50 Basis . *syl.
Ballationes . *cnop.
Balbutus . *stom . plisp.
Ban . *segn.
Bapis . *treuteru.
55 Baruina . *barriggae.

[1] MS. auter, with *s* added above the line between *u* and *t*.
[2] MS. ar, with second *a* added above the line, between *a* and *r*.
[3] MS. has merely hab. [4] MS. bacinia, with second *c* added above the line.
[5] One letter (perhaps *l*) erased between *e* and *l*.
[6] MS. latrnt, with *a* added above the line, between *r* and *n*.

Balneum . *stofa
Balatus . *bletid.
Bariulus . *reagufinc.
Barbarismus . dictio . uitiosa.

60 **B**ellicus . subauditur aliquid . *id est* sonum . aut tremor.
Beacita . *stearn.
Bellicosus . pugnandi cupidus.
Beel . pater saturni.
Beantes . clamantes.
65 Bellum . quod in campis agitur.
Beta . *bere arbor *dicitur*.
Bellum . marsiculum marsi populi s*unt*.
Aeneficium . *freomo[1].
Ber . puteus meus.
70 Berrus . *baar.
Berruca . *uearte.
Berna . seruus.
Bellum . cibricum . gallicum cibri enim galli sunt.
Belliger[2] et[2] . bellator unum s*unt*.
75 Bellicum . *slag.
Bellum . italicum bellum romanoru*m*
(13ba) Berna . *higrae.
Belial . pestilentes.
Bellum . intestinum bellum ciuile.
80 Bellum . punicum . affric*anum*
Beabes . beatum facis.
Berulus . geminae[3] . gen*us*.
Bellum . teutonicum . galiicum teotoni . enim galli sunt.
Bestiarius . uenator bestiarum
85 Bena . *atę.
Behemoth . animal
Beredarios . ueloces nuntios.
Berbene . genera florum.
Bebella . *sperta.
90 Baelbae . bestiae maris
Beeta . *stert[4].

Bellum . domesticum intra domo
Bettonica . *aturlade.
Bellum . maritimum quod in mare fit.
95 Beta . herba.

Bicoca . *haebreblete.
Birillus . ut aqua splendet.
Bidellium . arbor.
Bilustrum . ·x annis.
100 Bitumen . *liim.
Bibliotheca . librorum reposio.
Biremis . ordo super alium
Bitiligo . *blaecthrust . fel.
Biceps . duo capita habens.
105 Bilices . duplices.
Bigimen . e duobus . generibu conceptum.
(13bb) Biceps . q*ui* duos dentes habet.
Bile . *atr.
Bilinguis . bibarius.
110 Birrica . uestis . ex lana capraru*m* . ualde delicata.
Bitulus . *bere.
Bifarius . piscina.
Byssum[5] . siricum retortum
Bianor . animo et corpore fortis
115 Bigae . ubi . duo . equi curru iungunt*ur*[6]
Biuium . iter duplex.
Biuium . ibi duae uiae *con*ueniunt
Biothanatas . *seolfbonan[7]
Bimatur . duplicator
120 Biblio . pola . qui biblos uendit
Bibulus . bibatur[8].
Bibliothicatrix . q*ui* codices . secat
Biti . p*ro*ficisci.
Bielinium . q*ua*si bicellium.
125 Bipedalis . duorum pedum
Bifaria . duplici ratione.
Bisarius . bipertitus.

[1] MS. fremo and *o* above the line, between *e* and *m*.
[2] MS. joins the two words.
[3] So in MS.; *in* for *m*.
[4] Mr Henry Sweet (*Oldest English Texts*, p. 45) prints wrongly *stęnt*.
[5] MS. bssum, with *y* added above the line, between *b* and *s*.
[6] First *u* added above the line, over the first *n*.
[7] Mr Henry Sweet (*Oldest English Texts*, 45, 466) prints wrongly *scolfbonan*.
[8] MS. bibatur, and *o* above the *u*.

Bipertitum . in duobus . pertitum
Bileso . passus amaritudinem
130 Bisulcum . utrumque sulcatum
Bisaltim . gens barbara.
Bipennem . securem bis acuatem
Bilem . amarum.
Bidentes . oues . balantes
135 Bitricius . *steopfaeder
Birbicariolus . *perna.
Bitorius . *erdling.
Bipertitum *herbid.
(14aa) Bibrantia . iacula fulgentia.
140 Bilance . *tuihcolore.
Bibulta . *billeru.

Blitum . *clate.
Blattis *bitulum
Blessus . *stom.

145 Bosboris . lux lucis.
Bothonia[1] . *embrin.
Blohonicula[2] . *stoppa
Bofellum . *falud.
Boaulci . bouum pastores.
150 Bona . *scact.
Bombicini . uermes qui texunt.
Boreus . *east nordpind
Boare . clamare.
Boaptis . ea quae.
155 Bombus . sonus tumidus.
Boa . nomen serpentis.
Boetes . septemtrio.
Bobinatores . inconstantes.
Botitium . fotum fit.
160 Bolia . stabula bouum
Bolimides . qui ante cibum torquetur egrotus . et post cibum cui sint dolores . indesinentes.
Bolitat . uolitat.
Bouon . aues . in palustris.
Bobulcus . *hridhiorde.
165 Bouestra . *radre.
Bacarius . *meresuin.

Bofor . *lendis lieg.
(14ab) Boare . resonare[3].
Bollas . ornamenta cinguli.
170 Bobulum . bouinum.
Bombosa . *hlaegulendi.
Boantes . clamantes.
Borruna . rubum.
Bogias . catenas.
175 Bonus . faustus.
Botrum . *clystri.
Bona . caduca facultates . quae non habent firmitatem
Bolides . *sundgerd in scipe uel *metrap.

Briensis . *honduyrm.
180 Bruma . breuitas.
Brahiale . *gyrdels.
Bratium . *malt.
Bradigabo . *felduop.
Brachus . breuis.
185 Broel . *edisc . *deortuun.
Broellarius . *ediscueard.
Bruchus . *cefer.
Bruncus . *prot.
Braciae . *cian.
190 Bruchus . genus . locustae quod uolat.
Brumalia . rosina pluuia.
Brittanica . floris quae in siluis . nascitur.
Brattanea . lamina[4].
Bromosus . annus . rosinosus.
195 Brittia . *cressa.
Braugina . *barice.

(14ba) Bulla . *sigl.
Bux . *box.
Butio . *cyta.
200 Buccis . oris.
Busticeta . locus . ubi conburant corpora.
Burrum . rufum.

[1] MS. *m* altered into *ni*.
[2] MS. blohonica, and *ul* added above the line, between *c* and *a*.
[3] *on* added above the line.
[4] *i* written below the *m*.

Busta . incisa . arbor ramis.
Busticeta . sepulchra in agro.
205 Bullae . ornamenta . regaliu*m* camellor*um*.
Bubo . *uuf.
Butum . inbutum.
Buculus . *roudbaeg.
Bulimus . uermis . similis . lacertae . in stomacho hominis[1] . habitans.
210 Buris . curbamentum . aratri.
Burrum . *bruun.
Burrus . niger.
Bubalis[2] . *peosend.
Bumaste . uua in similitudine*m* mammae.
215 Bustantes . sepelientes.
Bullit . scatet . feruet.
Bucerum . pecus . bubalis.
Bucula . uacca.
Buceones . stulte[3] rustici.
220 Burgos . castra.
Bullantes . aquae cu*m* exundant[4].
Buteriae . armenta
Buccula . *buuc.
Bustum . conbustum.
225 Bumbus . sonus . impetus.
Bucitum . *scotu.
Butio *frysca.
Bunia . *byden.
Bubla . *flood.

230 (14[bb]) Byssum . *tuin.
Bythalasma ubi duo maria conueniunt.
Byrseus . *lederuyrhta
Byssum . tortum . siricum.
234 Byrsa . corium.

Caeleste . animo . dei sensu
Castimonia . pudicitia.
Calcis . finis.
Calcem . finem.
5 Calculus . *calc.
Caccabum . *cetil.
Carubdis . mare uertic*osum*
Cauea . domus . in theatro.
Cados . *ambras.
10 Cartellus . *pindil.
Canicula . a cane.
Calculus . ratio . *uel* sententia *uel* numerus . *uel* *teblstan.
Carauma . scripta linea.
Cartilago . *naesgristle.
15 Carbunculus . *spryng.
Cautere . *aam.
Calpes . galeae militum
Candes . uasa . fictilia.
Casinur . senex.
20 Caupo qui uinum cu*m* aqua miscet.
Casma . inmensa *uel* ruptis.
Caulem uimen.
Catapulta . *flaan.
Calculator . computator.
25 Catafrigia . gen*us* hereticoru*m* in frigia[5].
(15[aa]) Cabillatio . *glio.
Camellea . *pulfes camb.
Canes . lingua[6] *ribbe.
Caenum . lutum.
30 Calentes . *hatende.
Caulem . *steola.
Cauliculi . parua folia.
Carecta . loca . caricis[7] . plena.
Camaenae . acantu.
35 Cacihinnatio . risus . altus.

[1] Second *i* written below the *n*.
[2] MS. bubalis, with *u* above *a*.
[3] MS. stulte, and *i* above *e*.
[4] MS. exudat, and *n* added above the line, between *u* and *d*.
[5] After this entry (the last in col. 14[bb]) a hand of the 11th or 12th cent. has added: Calceantu*m* ide*m* et uitrolu*m*.
[6] *u* above the line.
[7] MS. caritas, with points below *ta*, and *ci* above *s*.

Chacinnant[1] iuridunt.
Caperata . rugosa.
Capessit . libenter accipit.
Caudix . robor radix.
40 Candet . nitescit
Capacitates[2] domus.
Cabillatur cum conuicio locatur.
Caelicola . qui colit caelum
Cantarus . ubi aqua mittitur
45 Carptim . sparsim.
Carptus . discerptus.
Capulus . *helt.
Carpsit . decerpsit.
Cassabundus . uacillanis.
50 Castum . uacuum.
Catasta . genus supplici.
Cacula . ligna arida.
Catus . doctus.
Caedit . homicidium facit
55 Caseum . uetus . canticum.
Camera . fornax.
Cano . dico.
Cauculus . dolor renium.
(15ab) Caumeuniae . *eordreste.
60 Casses . aranearum tela.
Catinus . discus . modicus.
Catacesion . doctrinarum.
Catafrigas . secundum frigas.
Catacizati . instructi.
65 Catacizo . doceo.
Cardinarius . primarius.
Cadonea . uniuersalis.
Caracter . stilus . uel figura
Catastrofon . conuersationem
70 Cataron[3] . mundorum.
Caeporicon . itararium uel uiarum.
Canonum . regularum.
Catecominus . deforis audiens.
Catecuminus . instructus.
75 Catholicus . rectus.
Cataceseis . doctrinae.
Calcido . ut ignis[4] . lucet . haec est prasinum.
Catholica . uniuersalis.
Caelibatus . sine uxore uir.
80 Capissendas . capiendas.
Catamasion . secundum matheum.
Caton perenmatoria libri sex experientia dei.
Casu euentu.
Caotostrifon . uterem.
85 Casus . aduersa.
Cantarus . genus uasis.
Cana . antiqua
Cataplasma . medicamentum
Catabatus . *romei.
90 Caementum . caesura lapidis.
Cautum . scriptum.
(15ba) Canti . ferrum circa rotas.
Calcar . *spora.
Canticiscent . taceant.
95 Cauterium . *merciseren.
Carpentum . uehiculum
Conticuit . tacuit.
Catasta[5] . *geloed.
Capillatur *faexnis.
100 Capsis . *cest.
Carcura . *ernet.
Carcesia . summitas mali.
Caractis . *uuęterþruh.
Calla[6] . semita . strata pecorum.
105 Categorias . accussationes.
Cariscus . *cuicbeam *uuice.
Capitium . *hood.
Cappa . capsula . cocula.
Camisa . *haam[7].
110 Carix . *secg.
Canalibus . *paeterdruum[8].
Cappa . *scieging.

[1] *h* added above the line, between the first *c* and the *a*.
[2] MS. capacitatem, with point below *m* and *s* above it.
[3] *on* written on an erasure.
[4] MS. utnis, with *ig* added above the line.
[5] MS. catsta, with *a* added above the line, between *t* and *s*.
[6] *lla* on an erasure.
[7] Second *a* written above the line.
[8] Second *u* added above the line, between *u* and *m*.

Caudix . cortix.
Carmelus . molis . cognitio.
115 Castanea . *cistenbeam.
Calta . *readeclafre *uel* genus . floris.
Capistrum . *caebestr[1].
Calcesta . *huiteclafre.
Cauanni . *ulae[2].
120 Cancer *haebru.
Calciculium . *iecessurae.
Cardella . *þisteltuige.
Cacomicanus . *logdor[3].
Calomachus . *haet.
125 Cardus . *þistel.
Castorius *beber.
Calculum infirmitas d*icitur* n*on* pot*est* migare . quasi lapis obturat . uirilia[4].
(15[bb]) Caenum . *pase.
Carectum *hreod.
130 Carpella . *sadulboga.
Caulas . domunculas.
Canistrum . uirgis . palmarum . texit
Capsellum . uas . rotundum . et longu*m*.
Carina . *bythne.
135 Canti *faelge.
Cassidele . *pung.
Cappa . *snod[5].
Carpasini . *græsgroeni.
Causa . irarum . origo
140 Calmetum . *merse[6].
Caliga . *scoh.
Calx . calcis.
Carbo . *gloed.
Cato . p*roprium* nom*en*.
145 Calips . ferrum.
Catas . prophon co*n*prehensio *uel* pena
Carduelis . *linetuige.
Caradrion . *lauriei[7].
Casnomia . musca uenenosa[8]
150 Cariscus . musca modica
Cantarus . *pibil.
Cariel . leno
Cada . uas . uinaria.
Cases . retia minuta
155 Cabo . caballus.
Caper . *heber
Cadax . a coxa claudus.
Carinantes . inludentes.
Cata montem . caeli . aspectum.
160 Casse . inane . uacuum.
Callos . *peorras . *uel* *ill.
Capax . continens.
Cacumen . summitas montis.
Caristia . dies festus . *uel* cognatos.
165 Caltulum . ubi mortui . feruntur
Cathalon . totum.
Captio detentio.
Caduceum . uirga mercuri.
(16[aa]) Caelibies . caelestis.
170 Caesarium . capillum.
Capite . census . taxatio possessionum . *uel* qui gerit corona*m* in capite.
Capaciter . moderate.
Caules . cancelli tribunales.
Caudices . radices arborum.
175 Cauponula . tabernacula
Cauponiam . taberna.
Causidicus . atuocatus[9]
Carula . *craune.
Careeter . imago effigies.
180 Captio . dolus . insidiae.

[1] One letter (e?) erased after *r*.
[2] See Gust. Loewe, *Prodromus*, p. 416.
[3] MS. lodor, with *g* over first *o*.
[4] First *i* below *u*.
[5] MS. snod. ·/. Cappa, with ꝫ before snod, and ħ before Cappa; therefore, the signs which are used elsewhere to mark the omission, here indicate the transposition, of words.
[6] *s* added above the line, between *r* and *e*.
[7] MS, lauriei, with *e* above second *i*.
[8] uenenos on an erasure.
[9] *d* above first *t*, but by a later hand.

Captura . locus . piscosus . et ubi . sedit capturarius[1] . qui balneaticum . exigit.
Carpentum . carrum.
Capido . spatium.
Camellum . funem . nauticum.
185 Caupo . caupuncula . tabernarius . in taberna . *id est* qui uiscunt.
Cartilago . *grundsopa[2].
Calamizare . laeta cantare.
Cartem[3] . sparsim.
Capria . *raha.
190 Calones . gabar militum.
Calestra[4] . gen*us* . mitrae.
Carecta . densa loca spinarum.
Cascum . antiquum.
Cassusum . uetustum.
195 Caulę . ubi s*unt* atuocati.
Cauda . *steort.
Caldaria . *cetil.
Cater . *suearth.
Cartago . *braadponne.
200 (16[ab]) Caesios . uarios . oculos.
Causatur . quaeritur
Caercalis . arma pistoria.
Caeraitae . bestiae . cornutae.
Cautus . doctus.
205 Capessit . tenet.
Capax . qui multum capit
Caulosus . inlisus.
Catalogus . enumeratio.
Candius . uestis regia.
210 Capillatis . capillis . porrectis.
Capitolinus . capitolio deseruiens.
Caduceus . demoniacus.
Cataplus . aduentus uauiu*m*.
Cancri . cancelli.
215 Caelibem duo.
Capite absoluto.capitis[5].periculo. liberatus[6] . et obsolutus.
Capite. censum solum caput suum . deducit ad censum . honorem . *uel* ad diuitias.
Cateruarius[7] qui in caterua populi *est*.
Cauponia . maeraria.
220 Causator . causus . qui d*icit*.
Caeles . caeliculae.
Caeruchi . liniae . in arbore nauis.
Caragios[8] . *lyblaecan.
Casla . *heden.
225 Canda *boga.
Caracteres . similitudinis.
Campus . *brogdetende *uel* *cleppetende[9].
Caraxatis . scriptis[10].
Carbasus . *seglbosm.
230 Cautionem . *geprit.
Capitolium . summum . caput
Calles . uiae . in siluis.
(16[ba]) Cęruleus . uiridis . *uel* glaucus.
Cautes . saxa ingentia.
235 Capitas . amplitudo
Capulum . *helt.
Caumati *suole
Cassibus . calamitatibus.
Cassus . scelus malum.
240 Cauerniculis . *holum
Capistrinum . *geflit.
Cassidis . *helmes.
Casus *fer.
Casis . *ned.
245 Casso *idle.
Cassium . *helm.
Cardo *heor.

[1] *s* above, and an erasure after, second *u*.
[2] The *d* added above the line.
[3] cartem, with *i* above *e*.
[4] *s* added above the line.
[5] *ti* added above the line.
[6] MS. liberratus, with point below first *r*.
[7] MS. cateruarias, with point below the last *a* and *u* above it.
[8] MS. caragius, with point below u and o above it.
[9] MS. has distinctly *cleppetende*, not *deppetende*, as Mr Henry Sweet reads (*Oldest English Texts*, 49), and explains (*ibid.* 584). For *cleppettan*, to palpitate, see Bosworth-Toller, s. v. *cleppettan*.
[10] First *i* under *r*.

Cabillatur . mandrat[1]
Caelatum . *agraben[2].
250 Catagrinas . *bleremina mees.
Caelatura . pictura.
Canthera . *trog.
Cadex radex.
Casses . cassedis.
255 Callus *paar
Caluiale . *cosobricases.
Caluarium . *caluuerelim.
Cardiolus . *uudusnite
Callis . *paat.
260 Capistro *caefli.
Calleo . *fraefeleo.
Cauliculus . *steola.
Carpebat . *sclat.
Cauernus[3] . *holu.
265 Cartamo *lybcorn[4].
Carcesia . *bunan.
Caseum . dictum . eo quod sero caret.

Cellis . apotheeis.
Cepit . prendit occupauit
270 Censor . dignitas . iudicalis.
Celebritas . conuentus.
Cene . *grece* nouum.
Celer uelox.
(16[bb]) Cetra . scutum lorium quo utuntur affri . et hispani.
275 Cenadoxio[5] . uana gloria
Ceu quasi.
Cessere . *on picum.
Censura . decus . *uel* pulchritudo
Cerebrum . narium . altitudo.
280 Centrum . punctum . medietas.
Cercilus . *aesc.
Cerus . triticum.
Censores . *geroefan.
Censeo *doema
285 Censit . decernit deliberat
Cernit uidit . prospicit
Cespex . frutex.
Certat pugnat
Celebritas . solemnitas
290 Cesuram . *gegandende.
Cetra . scutum . breue.
Censat . aestimat.
Celox *ceol.
Censeo . decerneo . suadeo iudico
295 Cereacas . recessus.
Cerealia . sacra . cereris.
Ceremonias . ritus . sacrificiorum.
Cereacas . tubicines.
Ceremoniae . relegiones . sacrorum
300 Cearon . excelsa.
Cerus . *elh.
Census . iustus.
Cerula *heapi
Cetretron . quisitiones . de morte[6].
305 Cererem . satis . segitem . messem.
Cerox . *uel* index testis.
Cercilus . nauicula.
Celes . qui dicunt celicolae
Cerasius *ciserbeam.
310 Ceruical . et capitale . unum sunt.
Cerefolium . *cunelle.
Celes . feloces.
Celebre cognitum.
(17[aa]) Cefalus . *heard hara.
315 Celidrus . serpens.
Celeber . frequens.
Cepa . *ynnilaec . cipe.
Cenaculum . refectorium.
Cert . quod . certo . fit . loco.
320 Cementum . *liim . lapidum
Census . aestimatio.
Cernuus . in caput ruenis.
Ceseos . uarios . oculos.
Cerucae . liniae in arbore nauis.
325 Cerastae . serpentes cornutae
Celebra . uoluptas.
Celebrat . frequentat

[1] For mandatur ?; see G. F. Hildebrand's *Glossarium Latinum*, p. 40, n. 5.
[2] One letter erased between *a* and *b*.
[3] MS. cauernus, with *a* over second *u*.
[4] MS. lybcor, with *n* above, and one letter erased after, *r*.
[5] MS. has *o* above *a*.
[6] MS. demerte, with point below second *e* and *o* above it.

Cethelis . cithara.
Census . diuitiae.
330 Ceneto . indico.
Censae . dicuntur quorum . patrimonia . puplice . notata sunt et ascripta.
Cementum . medacium cogitatum.
Cerulus . niger *cum* splendore.
Cellas . fabrorum . foramina.
335 Celebatus . uiduatus.
Censebat . aestimabat
Celebs . sine uxore uir.
Cenubium . congregatio.
Censura . seueritas . maior.
340 Censor . iudex qui minores . populi . secreta . requirit
Cente . *pilde[1] goos[1].
Ceruli nigri.
Cedes . homicidia.
Cedit . concessit
345 (17[ab]) Cecutiat . caligat.
Ceruci . funes nauium
Ceruleus . et calor *est* et canes marini
Certatim . paulatim.
Censimus . decernimus.
350 Celatum . *abrectat
Cespites . *tyrb.
Cessit . *geeode
Cereacus . *hornblauuere.
Cetesior . longior.
355 Cepit . occupauit.
Censurunt[2] . iunxerunt
Cernua . *hald.
Cerefolium . *cerfelle.
Cetula . cartula.

360 Chroma . umores.
Chaus . *duolma prima *con*fusio omnium . rerum.
Chorus . coeuoru*m* . cantus . et saltatio.
Chiatos . xii . faciunt . sextariu*m* unum
Chorus . xxx . modios hab*et*.
365 Chorea . saltatio . cum cantilena
Cherubin . scientie . mult*itudo*.
Chaos . inmensae . tenebrae.
Chaumos . *suol.
Chalibem . ferrum.
370 Charybdis . forago[3] in mare.
Chartamo . *lybcorn.
Chimedę *sunt* . quos apos*tolus* molles nocitauit.
Cherochelini . inmallones.
Chorela . uentris . solutio.
375 Chorus . *eostnorðpind.
Christallus[4] . gen*us* saxi candidi.
(17[ba]) Chiliarchus . tribunus . *uel* millenam[5]
Chelis . cithara.

Cistula . sporta.
380 Citra . ultra
Circiter . circa numeru*m*.
Citropodes . *chroa . *croha.
Cinthia . luna.
Ciebo reuocabo.
385 Circum . undique.
Cittes . pellis . tenuis . i*nter* grana.
Circuit . grauit
Circulus . girus.
Cinsores . iudices . stimatoru*m*.
390 Circiter . prope . ferme.
Cicuta . *hymlice.
Ciet . mouet . nocet . concitet.
Cient . commouent.
Ciebo . reuocabo.
395 Ciebo concutio.
Circum . celliones . q*ui* circuib*unt* ciuitat*em*.
Cicuta . *podepistle.
Cirsum . carpentiu*m*.
Ciemus . clamamus.
400 Cista . corbes . grandes.
Cicur . placidum *uel* mansuetu*m*.
Cicurare . mansuete . facere.
Ciburium . tumba.

[1] MS. joins the two words.
[2] *e* written over second *u*, but by a later hand.
[3] *v* over *f*, by a later hand.
[4] MS. Christallas, with point below, and *u* above, second *a*.
[5] So in MS. for millenarius.

Cicad . *seggesecre . *uel* *haman[1].
405 Ciconia . *store.
Cicer *bean.
Cilo . homo longum caput habens.
Ciseulus . *heard heau.
Cirris . crinibus[2].
410 Ciere . bellum . iniere.
Cinoglosa . *ribbe.
(17bb) Circum . scribere . decipere . *uel* circum . uenire.
Cicatrices . plagae . scisurae . et in uestimento . et in corpore.
Ciclops . gigans[3].
415 Citerius . *uel* ex ulterius.
Circinno . *gabulrond.
Circutus . girus.
Citro . huc ad nos ultra an*obis* ad ali*am*.
Circius . *pestnordpind.
420 Citatem . aeris . mobilitatem ęris.
Circus . girus.
Cilindrus . semicolumneum.
Circum . scripta . deleta.
Ciuitat . ciuem . facit.
425 Circulator q*u*i farinam atpostat . per circulum.
Cibatum . commestum.
Citate . cursim[4].
Cis . *biheonan.
Cibaria . a cibo . dicuntur
430 Ciuita . ut frequentia.
Citus . festinus.
Cilex pirata.
Cimiterium . pontiani . *licburg . a nomine . pon pr qui construx*it*
Circinni[5] . *pindeloccas
435 Crines . alii . minores.
Circinatio . *oefsung.
Cinnamomum . *cymin[6] resina
Cicuanus . *higrae.
Citonium . *goodaeppel.

440 Clericus . hereditas . sors.
Clauis . polix.
(18aa) Cluamentia . stultitia
Clibosum . *clibecti.
Cleps[7] fur.
445 Clibosa . inclibata.
Clanculat celat abscondit
Clanculum . mare[8].
Clanculum . clam . occultum.
Clauia . *borda.
450 Claua *steng.
Clinus . lectulus.
Cumma . ascensio.
Cladibus . uindictio.
Cluat . nobilitat
455 Cluit . pollit.
Clangor uox tubae . sonitus.
Clasibus . agminibus.
Clibum . discensum . mollem.
Clibanus . fornax.
460 Clasma . pax *uel* turba.
Clemax . scema.
Clam . occul*to* subito.
Clacindex . cocta.
Clientes . suscepti
465 Clibum . ascensus . uiae singul*aris*
Clustella . *clustorloc.
Cladica . *pell *uel* *opef.
Classica . sonus tubae.
Cliens . amicus . minor
470 Climax . gradatio.
Clinici *faertyhted.
Classica . celeuma nauis.
Classic[9] . mare.
Cliutis . ascensus.
475 Clientella . obseruatio . domestica
Clandire . clandicare[10]
Clepsedra . per q*uo*d horę . colliguntur.
(18ab) Clammum . clariss*imum*

[1] Second *a* added below the line, between *m* and *n*.
[2] First *i* added above the line.
[3] First *g* on an erasure.
[4] One letter erased between *s* and *i*.
[5] So in MS. for cincinni. This and the next entry make one gloss, though written separately in the MS.
[6] Added above the line by corrector.
[7] So distinctly in MS. for cleps.
[8] The Erfurt MS. has mane.
[9] The *l* added above the line.
[10] *re* added over second *a*, and mark of reference ·/. after it; see below C 483.

Cliutis . asceusus.
480 Clauus . caligaris . *scohnegl.
Cluis . pollex.
Clasis . *flota
Claudire [1]. claudicare.
Clinmata [2] . plagae.
485 Clauum . manubrium . gubernaculi.
Claumentia . claua.
Clibosa . inclinata.
Clatrum . *pearuc.
Clabatum . *gebyrded.
490 Cloaca [3]. fosa balnearis.
Clunis . coxae.
Clus *teltreo
Clasica . tuba.
Clima *half
495 Cloacas . concauus locus in urbibus in quo omnis . inmunditia . congregatur et homines . iterum mundantur.
Causile . et clausibile unum *est*.
Clasica quae sonant in tubis . et nauibus.
Clauicularius . *caeghiorde.

Conicita . arbitratur.
500 Commodius . facilius.
Conflictum . certamen.
Coalescit . concrescit.
Confulsus . erutus.
Coniecit . consimulat.
505 Cognata *con*iuncta.
Conicio . existimo.
Commisura . *flycticlað.
Conabulum . *cildu trog.
Conserimus . conprobamus.
510 (18^ba) Commodat . praestat.
Concunctatus . condubitatus.
Conisma . picta . imago.
Colonus . *gebuur.
Colobium *ho*m*.
515 Contactus . inquinatus.
Contribulius . *meig . *uel* sanguinis
Constellatio [4] . notatio . sider*um*.
Contagio . inquinatio.
Coniuentio.consentio *uel* [5] macula [5].
520 Coccum . bistinctum . *piolocread.
Conperendinat . differt in aliu*m* die*m*.
Cotizat . *tebleth.
Conplex . uno cremine alteri . atiunctus.
Contropazio [6] . controuersio.
525 Conuexu [7] . *hualf.
Conuexa . curbata.
Consternantem . indomitam.
Consternatus . uictus [8] confusus.
Coacernantes . congregantes.
530 Conquilium . *piloc . scel
Conopeum . rete muscarum.
Contemtum . *heuuendlice.
Conlato . *oembecht.
Commeatos . *sondę.
535 Contubernalis . *geþofta.
Coniectura . *resung
Coniectura . ingenium.
Continuauit . coniunxit
Continuat . coniungitur
540 Condidit [9] . *gesette [10]
Contraxit . congregauit
Conserunt conpunxerunt.
(18^bb) Conuincens . *oberstaeclende.

[1] MS. claudire, with *n* over *u* ; *dire* is written over an erasure ; cp. above C 476.
[2] *i* added below the *l*.
[3] *o* added above the line.
[4] MS. consctellatio, with point below second *c*.
[5] These two words evidently belong to the preceding gloss.
[6] One letter erased between *o* and *p*.
[7] Last *u* on an erasure.
[8] Added above the line.
[9] First *i* added below the line.
[10] Second *e* added below the line.

Conlatis . datis.
545 Codices *onheapas.
Congeries . congregatio.
Comedo . forax edax.
Concreta . commixta.
Conpletitur[1] . continet.
550 Consiti . constipati . condensi
Confutatus . conuictus.
Consequens . rectissimum.
Collectum . congestum.
Conplectitur constringitur
555 Conlocopletatus . ditatus.
Coercit . corrigit.
Consutum *gesioped.
Conludium . contagium.
Comminisci . recordari.
560 Corimbos . *bergan.
Conicit . *con*uocat
Concentus . multorum . cantus.
Contra fedus . contra pactum
Commercium *ceapstou . *gestrion.
565 Contumacia . grauis . superbia.
Conmentus . est . cogitauit.
Commentatus *est* . mentitus *est*.
Conserit . interponit.
Contra fas . *contra* ius diuinum.
570 Contra . nefas *contra* scelus.
Coaucta . *con*iecta . *uel* adunata.
Coacti . pr*o*uocati.
Corben . *mand.
Coniciunt . iactant.
575 Constipatus . repletus.
Constipatio . conuentio . hominu*m*.
Conpactis . *gegaedradon.
Consulimus . praeuidimus.
Conserere . conferre.
580 (19^aa) Corbus . *cauuel
*Con*sulo . *frigno.
Corbem . fiscina coffinum.
Consulens . pr*ae*uidens.
Consulte . probate.
585 Conuicta . *oberstaelod.
Concidit . *to slog.
Conspicantur . intendunt.
Contronersia . contentis.
Conciderunt . ruerunt.
590 Conparantem . *gegaerpendne
Coaluissent . *suornadun.
Concedam . *lytesna.
Conferata . consociata.
Coniurati . *gemode.
595 Conpetis . terminis.
Conquirentem . causantem
Contumax . *anmood.
Conuellere . minuere.
Confusione . *gemengiunge.
600 Confunde . commisce.
Concesserim . *arecte.
Conlidit . elidit.
Conpar . *gehaeplice.
Conpentia[2] . solacia . lucra.
605 Constipuisse . *gesuedrade.
Conrasis . congregatis
Conspicor suspicor
Conuenio . *ic groetu.
Contis . *spreotum.
610 Contos . *speoru.
Condicione . *raedenne.
Condicio . status . qualitas.
Conlatione . conparatione.
(19^ab) Confertas . repletas.
615 Conpertus . inuentus.
Consobrinus . *gesuigran.
Consocierunt . coniunxerunt
Conciti . acciti.
Colera . umores.
620 Conpediatim . angustiatim.
Corban . custodia . diuitiarum[3].
Commaticum . articulatum.
Coclea . ascensus . q*ui*a circuit
Comiter . benigne.
625 Colligerunt . intellexerunt
Conglobat . coatunat
Comitiare . loqui.
Congessit collegit.
Conicem unum . sextarii · IIII ·
630 Cocleae . *lytle . sneglas.
Coloni . incolae.
*Con*pilat . spoliat.

[1] The *e* added above the line.
[2] MS. has *d* over *t*, but in a later hand.
[3] *ti* added above the line.

Confecit . interficit.
Coli deleres . uentris.
635 Cottinus . * mand.
Conmentabor commemorabo
Commentariensis . *gerocfa.
Commenta . atinuenta.
Commenti . commentari
640 Cospis . * palstr.
Comat . frondet.
Columnas . uiteas . id *est* uitearum . similitudines . scluptae[1] . erant.
Colludium . turpis . ludus.
Condita . conposita.
645 Concinnis . subtilis.
Concinnat . subtiliter *con*ponit
Commitia . honores.
Color . *aac.
Confectus . finitus.
650 (19^{ba}) Concrederis . commiteris.
Corylus . *haesl.
Cornacula . * crauue.
Cornix . * crape.
Core . caluaria.
655 Conglutinata . * gelimed.
Corimbos . * leactrogas.
Conpellat . alloquitur
Colostrum . * beost.
Coniectus . in uinculis . misus.
660 Cocleas . * uuiolocas.
Corimbus . nauibus . *uel* cacumen.
Constipuit . defecit
Comminus . iuxta.
Conducuit[2] . conueniunt
665 Conpos . * faegen.
*Con*tentus . * geneorð.
Commentis . * scorpum.
Concinna . coniuncta
Conixi . conantes.
670 Cors . numerus . militum . * tuun.
Coagolescit . conglutinat
Corona . sacra . deorum . s*unt*.
Cornices . aues . lasciuae.
Confici . * gemęngan.
675 Cognitor curiosus[3] exq*u*isitor . delator.
Conpetentes . portiunculus . i*d est* * gelimplice daelc.
Conpagum . iterum . nascendi
Conpagines *co*niuncturae . membroru*m*.
Conpaginauit . *co*niunxit.
680 Cosam . diuinans.
Conpegisti . conpaginasti
Commenticius . liber.
Conclauis . locus[3] *con*clusus[3] cubiculu*m* . intra cubicul*um*.
(19^{bb}) Conclania[4] . cubicula.
685 Coarcuatio . concameratio *uel* coniunctio arcuum.
Conpagem . * gegederung.
Commesatio . *con*uiuio . meretricum
Conplodere . concutere.
Commessatur . turpiter bibatur
690 Coniecerentur conuocarentur[5].
Coituras . * gegangendo.
Coit[6] . ambulauit
Coit . conuenit
Coniectus . inpulsus.
695 Commanipularius . * gescota . *uel* conscius . socius . collega
Collectum . conlatum . *uel* congestum.
Collectari . nummulari trapizetae grece dic*untur*
Commoda . emulamenta
Conubrium . matrimonium
700 Conubium . coniunctio
Colos . color.
Concidit . cecidit
Contamini . interrogamini.

[1] *l* added above the line between *e* and *u*.
[2] *cu* added above the line, between u and *i*.
[3] Added above the line by the corrector.
[4] So in MS for conclauia.
[5] *oc* added above the line.
[6] MS. has an accent over *i*.

Consipet . saporem . habq̄[1].
705 Conpotrix conbibola . uel coebriosa.
Conhibenda . uetanda.
Conpliciis . consciis.
Conlingunt . porrigunt.
Coniuentibus . fauentibus
710 Continuatus . contestatus.
Compotem . similem.
Conscidere . ruere[2].
Collorate . feruentissime.
Coturnum . superbum
715 Corpulentas[3] pinguis.
Coniectura . arbitratio.
(20aa) Consobrinus . *sucor.
Conlinnuunt porrigunt
Consumat conplet
720 Consumatus . finitus.
Comis . bonis . conpositus.
Conflictationibus[4] . commisionibus
Conflixerunt . certati sunt.
Confligere . committere.
725 Confligit . conluctatur.
Conlubio . sordidatio[5] contagio.
Confictium[6] . coniurgium.
Coetanium . coeuum.
Confertur . collegitur
730 Coartata . coniuncta
Coheres . coniunctus.
Coarta est conmota est
Conatus . uoluptas.
Commenta . astutia.
735 Corax . *hraefn.
Coria . quibus . porta est indutae[7].
Coalescunt . pascunt
Coniciebant . cogitabant
Commolita . molata.
740 Consuluit . ammonuit
Communitorium . munitionem.
Conplosi . iubilati.
Conpluta plumis . repleta.
Colaphus . pugnus.
745 Commisura[8] . *cimbing.
Cox . *huetestan[9].
Coxa . *thegh.
Conpetum . *tuun . *þrop.
Colicus . *coburthrote.
750 (20ab) Conuena . aliunde . ueniens.
Cornicem . qui cum cornu . canit.
Colus *pulfmod.
Coluber serpens . qui habet in cauda caput.
Concentum . qui hinc et inde canitur.
755 Compos . particeps.
Contiamum . domum stipendi.
Comis . subtilis.
Concis . *scellum.
Comicum . subtilem.
760 Comminiscitur commentum . uel comentat
Continuatur . iudicat[5] conclamat
Conmulcat . conculcat
Conmulcauit . conlisit
Concedit ex utraque parte cadit
765 Conicis . consimilis.
Consentaneus . aptum . uel consentiendo
Corrogauit . congregauit
Comis . ornatus . uel hilarus.
Coitio . genitura.
770 Conca . *mundleu.
Conficina . macellum.
Continuare . congeminare.
Conuentio . conspiratio.
Conuocat multos . in unum colligit.
775 Congolum . *ceselyb.
Commolitio . *forgrindet

[1] So in MS. for habet.
[2] One letter erased between e and r.
[3] u added above a.
[4] l added above the line.
[5] Added above the line by the corrector.
[6] u written over the f.
[7] Cf. P 495.
[8] MS. has accent over the i.
[9] Second e added above the line.

Concisium . *scelle.
Confundit . *menget
Commentum . *aþoht.
780 Conderetur . *geparht.
Conpedium . *gescroepnis.
Coleandrum . *cellendre.
Colomata *haet colae.
(20[ba]) Conpetorem . suum amicum.
785 Confossus . uulneratus.
Confectus . aetate . senior.
Conditur . collocatur
Conexere . circumdare.
Confertissimum . plenissimu*m*
790 Comebat . conponebat
Conierat . coniurat.
Conditus . sepultus
Condiarium . donu*m* . stipendi
Comtus . ornatus.
795 Conpendio . brebiter[1]
Conclassare . atiungere . classe*m*.
Cogitarium . donatio . imperatori*s*
Conlibum . crematu*m*.
Concha *beme[2]
800 Conpetitur . amicus.
Corripuit . conpr*ae*hendit.
Comitatio . bonitas . innocentia
Comicus . q*ui* comedia . scribi*t*.
Conciliabulum . locus . in quo multi[3]. homines. sui . iuris sunt.
805 Conibuli . cor cordes[4] . co*n*iuncti.
Conforaneus . unius . fori.
Columen . culmen.
Conspirantur . intendunt.
Conualuit . *geuaerpte.
810 Consors . *orsorg.
Conprimat . uicit obu*m*brat.
Comitauere . *togelestunne.
Consciuerunt . coniunexerunt.
Contracta . congregata.
815 Conclamatus commotus[2] *loma.
Concursus . turbatus.
(20[bb]) Comma . breuis . dictio
Commatice . breuiter
Coluisse . amasse.
820 Concessit . *geuuatu
Contiguus co*n*iunctus[2] prope.
Conum . summa pars galeae.
Contusio . plagarum . atflictio.
Commendabat . *trymide.
825 Commentator . expositor.
Condebitores . *gescolan
Cognitor . curiosus.
Concussionibus . *raednisse.
Confoti . *afoedde.
830 Conticuerunt . tacuerunt.
Conuenientes . *seruuende.
Conlisio . *slaege.
Commonicarium . pastiarium.
Colera . colerantes . simulantes.
835 Consertas . conpositas
Commulsa . eradicata
Constabat . manifestum *est*.
Compos . magna . nimis . pussillanimis
Colonum . armiger
840 Coturno . *podhae.
Contio . *gemoot . conuocatio . populi.
Correptus . arreptus.
Conspicuus . altus . eminus.
Coturnus . est quodam genus . calciamenti q*uod* poeta habent
845 Costa . *rib.
Contio . ecclesia.
Comentarium . flagrat co*n*buret.
Contionarius . q*ui* ad populum loquitu*r*.
Conlatum . datum *uel* simul conportatum.
850 (21[aa]) Comolus . plenitudo . *uel* aceruus.
Concors . unius . consentionis cor
Commodus . utiles . incommo*dus* inutilis.
Conuellimur disiungimur
Contionatur . *madalade declamat . *uel* iudicat . *uel* contestatur
855 Contestare . adiurare . p*er* caelum . *et* terra*m* *et* d*eum*.
Communipulares . conmilitones.

[1] u over second *b*, by a later hand.
[2] Added above the line by the corrector.
[3] Added above the line.
[4] So in MS. for concordes.

Consobrinus . filius . patruelis . *uel* *moderge[1].
Confutat . *oberstaelid.
Conpilat . *stilith.
860 Cornu . *ceste.
Conectit *teldat.
Concretum . *gerunnen.
Conca . *musclan . scel.
Comminus . prope.
865 Coccum . *pioloc.
Cocilus . *ampre.

Cronicorum . breuium . ut temporalium.
Cronica . temporum . series.
Creatrix . genetrix.
870 Crudiscente . inualescente.
Creuit uidit.
Crebrat *siftiđ
Crebrum . *sibi.
Chroma . color.
875 Croma . humores.
Crucus *gelo.
Croccitus . clamor . corui.
Creagras . tridentes.
Crepacula . *cleadur . id *est* tabula . quae . a segetibus . territan*tur* aues
880 Cragenter . graciles.
Cripta . spelunca peruia.
Cripta . ascussum[2].
Cronografium . temporal*is* scriptura..
(21ab) Crineto se . scindat te angelus.
885 Cronicon . temporale
Crisolitus . auricolorem *et* stellas . habet.
Crepundia . *maenoe.
Cristonografon siriem . fiscus[3] . fraus . regalis.
Crepundium . monile guttoris[4].
890 Crionason . breuis . dictio . in magna.
Cratem . flecta[5] . *uel* *hyrþil.
Crebruit . intonuit
Crebruit . spisauit
Cruenta . uexatio.
895 Cruentus . sanguilentus
Cronografias . breuis . scriptura[6].
Crustu ornatu.
Crepido . *rimo[7].
Crispaus . concutiens.
900 Crocco . rubicundo.
Crus . *scia.
Crabro . *paefs . *uel* *hurnitu.
Crustula . similis . *haalstaan.
Creperus . anceps . *uel* dubius . inter lucem . et tenebras.
905 Crepere . in corpore . dubitare.
Cretus . creatus . natus.
Crepusculum . mane.
Creporem . sonus . catenae.
Crepidus . saxa . constructa[8].
910 Crebro . pugillo.
Crama . *flete.
Cronicula . quem accipiunt qui uicem . bello . seruant.
Crealia . arma pistoria.
Crapula . nausia post potum.
915 Crateras . uasa . uinaria.

[1] Cf. above C 616.

[2] This word appears as A. S. in Wülcker's *Vocabularies*, I. 16, 5. Hildebrand (*Gloss. Lat.*, p. 86) would read *arcuatum*.

[3] Cf. Gloss. F 158, and D 219.

[4] First *t* added above the line.

[5] Mr Henry Sweet (*Oldest English Texts*, pp. 55, 536) takes this to be A. S.; and likewise *wag-flecta* in this same Glossary: see G 174 graticium: wag-flecta. But *flecta* exists in Latin, from *flectere*, like *plecta* from *plectere*; see two or three examples in Du Cange, and in the *Anglo-Saxon and Old English Vocabularies*, by Thomas Wright (ed. R. P. Wülcker), I. 240 (No. 18), the Latin *flecta* is actually glossed by the A. S. *hyrdel*. Therefore, here and at G 174, the word *flecta* is treated as Latin.

[6] *i* added below the line.

[7] Second stroke of *r* and *i* on an erasure.

[8] *s* added above the line.

Cragentes . graciles.
(21[ba]) Crinitior . crine . prolixior
Cristatus . galeatus.
Crater calix.
920 Crates . *hegas.
Cragacus . *styria.

Cuniculum . foramen . *uel* canalis.
Cutit . concutit
Cudit . fabricat
925 Curia . domus . consilii
Culleum . uas . pice oblitum
Cuniculos . *smyglas.
Cupressus . genus . ligni.
Curiositas . *feorpit geornis.
930 Culina . coquina
Curiosus . anexius.
Curules . stella . a curro *quia* equi . de curru . curules *dicuntur* uelocissimi . uero . ad curendu*m* . stellares . dicuntur.
Cunctabundus . dubius. .
Cumulus . magnitudo.
935 Cupiae . diuitiae.
Curę . cogitationes.
Cura . sollicitudo.
Culcites . *bed.
Culmen . *quia* culmis . tegitur.
940 Cuspis . summa pars . hastae.
Cucumis . *popæg.
Culmus . *ƿyrð.
Curculio . *emil.
Cupa . *byden.
945 Cuba . *tunne.
Cummi . *teoru.
Culix . *mygg . longas tibias . habet.
Cuculus . *gaec.
Cumba . nauicula.
950 Cupia fandi . facultas . loquendi.
Cucuzata . *lepeuuince.
Curae . praepositurae.
(21[bb]) Culinia . *cocas.

Curae . statum . infantum.
955 Curuces . naues.
Culleum . folle . bubulum.
Cuse . silentium.
Cubile . a cubando . dictus.
Curimbata nauicula . fluuioru*m*.
960 Culmen . stramen . piscarum.
Cunctantibus . tardantibus.
Curriculum . certum . tempus . cursu*m*.
Cucuma . *fyrcruce.
Cucumerarium . hortu*s* in quo cucumeris . crescit bona herba . ad manducandu*m* . siue ad medicina*m*.
965 Cuspis . *palstr
Cunae . *cildclaðas.
Curtina . *ƿagryft.
Curabula[1] . initia . infantium.
Culter . *saex.
970 Cuneus . *ƿaecg.
Cuppa . accipiendo . *id est* *beodbollę.

Cyatus . calix.
Cumba . nauis.
Cyprinus . *forneted eli.
975 Cyrograffum . manus . scriptio.
Cynominna . septem . trio.
Cyprassus . uiridem . habet colorem . aureum . hoc *est* et stellas.
Cymiterium . locus . ubi requiescunt corpora.
Cycladis . uestis . unde cingitur homo.
980 Cynomia . omne genus . muscarum.
Cymba . nauis.
982 Cynnomomum . arborem boni saporis cuius . corticem . ducunt permultos gentes.

(22[aa]) Dapsilis . profusus.
Dalila . paupercula.

[1] So in MS. for cunabula.

Damasculum . sanguinem[1] . bibens[1] . osculum . sanguinis[2].
Dagon . idolum.
5 Dande . date.
Dauid . manufortis . *uel* desiderabilis.
Dactulus . digitus.
Dauai . greci.
Dapsele . cupiose.
10 Dalmatica . tunica . latas . manicas . habens.
Damus . fenerator.
Damma . bestia *id est* *eola.
Damma . caprioli similis . capra agrestis.
Datuenum . uendit.
15 Daticius . latiuum . non . est . sed dediticius . si barbarus . tradat . se romanis . dediticius *dicitur*.
Dande . dapis[3] cibus.
Dapes . cibi latiores.

Declamanda . ad laudem pertinet.
Defrutum . *coerin.
20 Detulerat *brohte.
Despicatus . disruptus.
Delicatus . *prast.
Deportatus . quem . sua bona . in exilium . non secuntur
Destituit . *obgibeht.
25 Deuotaturus . *pergendi.
Desis . *suuçr.
Defert negat.
Decussit . *per*cussit . proiecit.
Desolutus . *onsaelid.
30 Destituunt . *to puorpon.
Destitutae . *to porpne.
Desudare . laborare.
(22ab) Decipula . *bisuicfalle
Deiurat . *per dominum* iurat.
35 Dedita . opera . ualde . data.
Detestatus . abhominatus.
Deuerticulum . de altera . uia . in alteram flexio.
Delibutus . perunctus infusus.
Delibuit . unxit.
40 Derectu*m* . rectius . ordinatum.
Despondet . ualde promittit
Deflitentur . negant
Densum . spissum.
Degladiandi . occidendi.
45 Delibrat . cogitauit
Decrepita . *dobgendi.
Delimatum . conplexum[4] . conclusum.
Desidebat . *unsibbade.
Deuteros . innouitate*m*[5].
50 De dictemao . exitus[4] de exductione.
Defitiget . fatiget.
Defatiget . *sueneeth.
Dedasculum . magistrorum.
Decaueis . dedomibus . in theatro.
55 Desertinis . parientinis.
Delumentum . *dhuehl.
Deponile . *pefta.
Dedichotomatibus . decoctanis.
Defixiezodo . de exitu . animae.
60 Deconfugione . statione . *hyðae.
Demum . post*modum . *uel* iterum.
Deliberatio . *ymbðriodung.
Degladiati . sunt . persecuti . *sunt*.
Delicatis . et querulis . *prastum . end seobgendum.
65 (22ba) Defectura . *aspringendi.
Decidens . *gepitendi.
Decedit . ruit.
Desciuit recidit.
Debita pensio . *gedaebeni geabuli.
70 Deditio traditio[6] *handgand spontane[7].

[1] Added above Damasculum by corrector.
[2] Second *i* added below the line.
[3] *da* on an erasure.
[4] Added above the line by corrector.
[5] This gloss is distinctly so divided in MS.
[6] Written above deditio by corrector.
[7] Written above handgand by corrector.

Detractauit . * forsooc.
Deuia callus . * horpeg stig.
Detractasset . recussasset.
Defferuntur . *meldadun *uel* * procgdun.
75 Dehiscat . * tocinit.
Dehiscit . potescit . subsidit
Desicit . * tetridit
Detriturigine . * agnidine.
Defecatum . uinum . purificatum.
80 Dentalia . * sules . reost.
Deuinxit . * geband.
Decerni . * scriben.
Deglobere *id est* * flean.
Defotabat * forsuor
85 Desiduus . desidiosus.
Desonuit descntit.
Desiit cessauit.
Demere . tollere.
Desidans . elaborans.
90 Deuaricare . seperare
Dedecus . macula.
Defert nuntiat
Degener . ignobilis.
Degesta . disposita.
95 Deliquium . defectio.
Deiurare . iurare.
Derogat . detrait.
Deadema . uita . regalis . capitis.
Depeculatus . depraedatus.
100 Depositum . commendatum.
Delatus . proditus.
Dentes . a demendo.
(22^{bb}) Defraudat . fraudem . facit
Delatur . defertur.
105 Desitescere . contemnere.
Dedecet non decit.
Deses . desides . qui aduersatur
Depraecatio . frequens . oratio.
Deprachendo . * anfindo.
110 Defert . accussat
Detestabilis . qui extra testimoni . boni est.
Defunxit . deportauit
Deciduum . quod cito . cadit.
Degesto . sereno . *uel* praeclaro.
115 Desciuit . * piðstylde . pedem . retraxit
Desidescere . neglegenter agere.
Deduunt . tradunt.
Deuenerauit . ditauit . donauit.
Deamentro . *quod* per modum . fit
120 Dediscere . nescire.
Dedala . ingeniosa
Defert * procgde.
Desticare . consummare.
Deuaricare . separare.
125 Deplere . deducere.
Delectum . * cyri . *uel* electio.
Declibius . inclinatus.
Deflat . inludit.
Degluit . decoriauit
130 Deuenustat . deformat.
Defungitur . moritur.
Detrudunt . inpellunt
Depromat . prouerat
Delabitur . lubricat.
135 Desipiscit . sensum . amisit
Dispensat . gubernat
Defectum . aportatum.
(23^{aa}) Delitere . latere.
Depressus . humiliatus.
140 Deuexu . declibium . descensum.
Deplorat . deposcit.
Deferentes . desimiles et deportantes.
Detrectus . depuplicatus.
Detrectauit . contemsit.
145 Detrectet . ualde . detractat
Decretum . institutum . *uel* placitum.
Dementes . amentes.
Detestare . * onseacan.
Dedragmae . duae mensurae.
150 Dependere . persoluere . reddere
Depensurus . daturus.
Dependere . satis facere.
Desertus . dimisus.
Deseminat . dispargit.
155 Deuteronomium[1] . iteratio . legis
Desciscimus . recidimus.
Dehiscens . obsorbens.

[1] Two or three letters erased between the o and *n*.

Defusioris . largioris[1].
Degit . agit . uiuit.
160 Demensus . mensurauit.
Defluxit . discendit.
Dependeat . sustentatur
Deseruit separauit.
Deuterogamiae . secundę . nuptię.
165 Degetit . conscribit.
Defragore . deuulgare.
Decens . pulchritudo.
Descuit . ab iracuntia lenitur
Detrudit excludit.
170 (23ab) Decurio . numerus . x . hominu*m*.
Delicius . puer in deliciis . amatus a *domino*.
Difortium . deflexio . a de . uertendo inde . inter uiros . et feminas . defortia . d*icuntur* qu*ando* . deuertuntur.
Desueuit . in consuetudine*m* . exit.
Deseptus . diuisus.
175 Deferberat[2] disiungit[3]
Diriuitorium . locus . contuberni.
Detrimentum . *ponung.
Dextralia . brachialia.
Degenerauerat . *misthagch.
180 Deuotaturi . maledicturi.
Deuotio . obsequio.
Delituit . oblituit latuit.
Deutinum . diuturnum.
Desisse . *tiorade.
185 Deiectum . decollatum.
Degesto . *geraedit.
Decreta . *gedoht.
Denuntiauit . praedixit.
Deuota *cystig.
190 Deriuat . detrahit . deducit.
Delibra . sacrifica.
Desiste . cessa.
Demit . tulit.
Debescit patescit.
195 Decernit . statuit.
Delitescere . moram . facere.
Defisus . desperauit.
Delegerunt . elegerunt[4].
Deuitat . spernit.
200 Degrauidem . caelatura.
(23ba) Delubra . templa idolorum.
Degeneret non dissimulęt parentes.
Destenta . extenta.
Delibatis . prolatis.
205 Deuinctus ligatus.
Determinat . definit
Defenditur distenditur
Detractauere . recussauere.
Decretu*m* placitu*m*.

210 Diaconus . minister.
Disceptator . examinator[5] inquisitor
Distuli . desimulaui.
Disentere . deserere.
Deuellunt discerpunt.
215 Digessit disputauit.
Dispectare . dispicere.
Diruit . deiecit.
Dicio . potestas[6]
Discos[7] . fraus.
220 Diluere . purgare.
Diadema . uita . regalis.
Discor . dissimilis.
Discrimen . separatio.
Dirimat separat.
225 Diminuit . confregit.
Diseptus . diuisus.
Discrimen . et periculum . sig*nat* . et discrepationem.
Dicatio . consecratio.
Dicit . consecrat.

[1] MS. lang-.
[2] *f* on an erasure.
[3] Second *i* on an erasure.
[4] *ge* added above the line.
[5] Added above the line by corrector.
[6] Final *s* written above the *a*.
[7] See C 888 and F 158.

230 Dirutus . et erutus . poetę . dixerunt[1] propter metrum.
Difficulter[2] . tarde.
(23[bb]) Discidium . separatio
Difortium .*peggedal[3] repudium[4].
Dispendium . damnum.
235 Differt . dispergit.
Discrepat . non conuenit
Dilubra . statuae.
Diferuerat . *interuenit* . separat.
Dicione . imperio.
240 Disipat . deturbat
Diutinum . longinquum.
Disparile . dispar.
Diuulsum . separatum.
Disipit . disinit.
245 Diuo . deo.
Distendunt . replent.
Dilapidat proiecit.
Diafonia . dissonantia.
Diem . obiit . *asualt.
250 Dioctes . operis . inpulsor.
Dialecticus . ipse . qui disputat
Diploa . duplicatio.
Dialogus . liber . disputationis.
Diathece . testamentu*m*.
255 Diametro . duplici . mensura.
Dictatorem . *aldur
Dictator princeps . *uel praeceptor* u . annis . tenet . potentiam.
Dilotis . *todaeldum
Dialectica . dualis . dictio.
260 Diriguere . pallescere.
Diocisa . gubernatio.
Diatrifas . conflictus.
Dies . munerum . punitio . reoru*m*.
Delibutus . *gesmirpid.
265 (24[aa]) Dilatio . *aelding.
Ditor . *gefyrðro.
Discerpit . deforat
Dissidebat . discordabat
Diemat . demserit.
270 Dispendium . *pom.
Disceptant . *flitat.
Dissimulat . *midið.
Disparuit . *ungesene pearð[5].
Distraxit . uendidit
275 Distabuerunt . *asundun.
Dicatur . consecratur
Diditur . deuulgatur
Diuale . diuino.
Discretum . diuisu*m*.
280 Disdonat . pro diuersa . donat.
Discolus . difficilis.
Dictator imperator
Discensor . *ungedyre.
Diribere . denumerare.
285 Denique . postremo.
Distinguitur . designatur
Disciuit uoluit.
Dicta parens . praecepto obediens.
Dissice . disperge.
290 Dilectum . *meniu[6] exercitu*m*.
Difficile . *pearnpislice.
Dipsas . genus . serpentis *est* intollerabilis . q*uando* percusserit hominem . siti moritur ipse homo . unde . ipsa . serpens . dipsas . id *est* sitio . dicitur . habet longas . pedes . et semes . grossitu*m* . sicut . duae palmae . ambiunt . (24[ab]) et de cauda percutit quia uenenata . et curba est.
Dispalatum . diffugatum.
Digitalium . musculorum *fingir doccana.
295 Dialexis . disputationis.
Diffitentur negant
Dispuncta . dispensata.
Disceptauero . sciro[7].
Diffiteor nego.

[1] *t* written above the *n*.
[2] One letter erased between *i* and *c*.
[3] Added above the line by corrector.
[4] The *e* is written on an erasure.
[5] MS. pea, with sign of contraction over *a*.
[6] Added above the line by corrector.
[7] Mr Henry Sweet (*Oldest English Texts*, pp. 57, 624) makes A. S. of this word, but may it not be the complex future of Latin *scio*? See above 211, and below 341.

300 Diurnu*m* . unius dici[1].
Discriminalia . capitis . orna*mentum*.
Diuturnum . multi . temporis.
Disertans . perornans.
Dilargus . multum . donans.
305 Diuus . imperator q*ui* post mor*tem* . q*uasi* d*eus* factus est.
Dicreus . cretensis.
Dissinus . persona . parasitor*um*.
Didasculus . doctor
Deficitur negat
310 Disfecit . disru*m*pit.
Dicator . qui uerbis bene . iocatur.
Dispungit donat unde . et spunatores . d*icuntur* q*ui* militi*bus* dona erogant
Discerniculum . ornamentum . capitis . uirginalis . ex auro.
Dicto . audiens . cito . audiens.
315 Dispecit . secernit.
Demolitur . exterminatur.
Differt dispergit.
Dicam * quedol.
Dicas . * quedole.
320 Digladiati . occisi.
Diuis opum . habundans . opum.
Dictitat frequenter d*icere*
Diique . deniq*ue*
Dissedit . discordat.
325 (24[1a]) Dictatura . honor *est* supra *con*sulatio.
Dissiduus . ignauus[2] disidiosus.
Difinis . *suiðe micel.
Dispensatio . *scir.
Dimisis . * asclaecadun.
330 Dicimenta * taene.
Dispectus . * fraecuð
Disipiscat . delerat.
Dignitosa . * meodo*m*licc.
Dicabo . donabo.
335 Disclusum . diuisu*m* . u*el* patens.
Disoluerat . *ascaeltte.
Diuinos . * uuitgan.
Diriuitorium . locus . *con*tuberni.
Distitutum . * ofgefen.
340 Distentus . * aðegen.
Disceptari . manifestari

Dolatum . * gesniden[3].
Dodrans . * egur
Donec . quam . diu.
345 Dogma . a putando . dicta.
Dolatura . * braadlastçeus.
Dos . * pituma . *uel* * uuetma.
Domus . libros.
Dogmata . iteratio . doctrinae.
350 Domatibus . solaris.
Dolones . tela[2] arma . absconsa.
Domatis . * huses.
Dolens . indignans.
Docilis . ingeniosus.
355 Dolabra . ascia lapidaria.
Dolones . * hunsporan.
Dorcades . genus . quadri*pedum*.
(24[bb]) Dogmatica . consolatiua.
Domatio . quae moenia . lati*ni* d*icunt*.
360 Documentum . exemplum.

Dromidus . * afyred . olbenda.
Dromidarius . * se corodmon.
Drama . capititantium.
Dracontia . * gimro . d*icitur*[4]
365 Draconitas . gemma . ex cerebro . serpentes.
Dramatis . motatio . personarum . *uel* introductio.
Draconto . pede . homo cauda*m* . habens . draconis.
Dracontia . herba . in modum . herbae . serp*entis*.

Dulcissapa . * caerin.
370 Dumtaxat . *tantu*mmodo.
Ducenarius . praeses

[1] *ci* on an erasure.
[2] Added above the line by corrector.
[3] *ni* on an erasure.
[4] See Wülcker's *Vocabularies*, 385. 40 and 491. 16, where *gimrodor* is given.

Ductat ducit[1] frequenter
Dumus. *þyrne.
Dumis. spinis.
375 Duellium. bellum. *dixerunt*. qui ex utraq*ue* parte geritur.
Duunt. dant. tribuant
Duit. det tribuit.
Duorum. rationis. est.
Duum. eufoniae.
380 Du*m* donec q*uam*diu.
Dumosa. loca. siluestria.
Dudum. paulo ante.

383 Dyde hac sententias ni. dī.

Ea et ω̇[2]. confessio.
Eatenus. * oððaet.

(25ᵃᵃ) Ebor. *elpendbaan.
Ebitauerit. offocauerit.
5 Ebilantur. mutilantur.
Ebibati. laici.
Ebitat. fatuit.
Ebenum. arbor. *quod* decrescit. cesa in lapidem.
Ebrum. fluuius.
10 Ebredio. * hrisle.
Ebulum. * palhpyrt.

Echo. * pudumer.
Ecque*m* alique*m*
Eclipsis. defectio. solis *aut* lumi*nis*[3]
15 Echinus. piscis. *uel* *scel.
Ecitum. periculum.
Ectasi. excessum. expello.
Ectasis. productio. sylla*bae*.
Economia. dispensatio.
20 Ecquis. aliquis.
Ecquid. aliquid.
Eccui. alicui.
Ectasis. excessus. mentis.
Ecgferunt[4] laudando. extollunt.

25 Editiones. duplicationes.
Edera. * nudupinde.
Edituus. custus. templi.
Edidit. protulit.
Edat. p*ro*ferat.
30 Ederentur p*ro*ferentur
Edicit narrat. exponit
Edentem. manducantem.
Eder. *ifegn.
Edax commedens.
35 Edilitatem. * hám[5] scire.
Edissere. * asaecgan.
Edocit. benedocit.
Edito alto.
Editiori. altiore.
40 Editum. altu*m*.
(25ᵃᵇ) Edicius. iudex. q*ui*. una pars. elegit
Editui. hostiarii
Edulia alimenta.
Edicit. foris. d*ic*it unde. edicta. *dicuntur* quasi fo ras dicta.
45 Edentat. dentes. excutit.
Edentatus. dentibus. abdicatio.
Edepul. ius iurandum.
Eduducit. nutrit.
Educat nutriat
50 Edurum. satis. durum.
Edulia. apta ad manduca*ndum*.

Efferat. exportat.
Effecit. perfecit.
Effigies. imago.
55 Effigiat. pulchre. format.

[1] Added above the line by corrector.

[2] So in MS.; cf. below E 463 and 505. The Erfurt MS. has: Eattos: confessio; see Oehler, in *Neue Jahrbücher für Philologie*, 13ᵉʳ Supplementbd. (1847), p. 326 (No. 7).

[3] MS. alum, with stroke above a.

[4] MS. ecgferunt, with *a* above *u*.

[5] MS. has accent over *a*.

Effeminatus . exinanitus.
Efficacia . perfectio.
Effatus . locutus.
Effrenatus . abruptus[1] . inmoderatus.
60 Effere . extollere.
Effeta . perfecta.
Efflabant . mortui . *sunt*.
Effeminati . molles.
Effeminat euirat.
65 Effosis . *ahlocadum.
Effeta . enebata[2] *asuond[3] languida.
Efferunt laudant extoll*unt*.
Effetum . ab ortu *dicitur*
Effeta mulier . frequen*ti* partu . fatigata.
70 Effimeri . coditiana . res[4].
Effati . uaniloquium . sine effectu.
Efario . egyptum.
(25^{ba}) Effetu*m*[5] *ontudri.
Effontire . uenenose loqui.
75 Effeminatorium . nulla uiriliter.
Effodit . uane loquitur.
Effrem . fructificatio.
Effothbat . effod lineum.
Effundere . interficere.
80 Effera . ferox.
Effeta stulta.
Efficaces . expedientes o*m*nia.
Effebus . in berbes.
Eftafoliu*m* . * sinfulle.
85 Eftafylon . *gelodpyrt.
Efflagitat . petit.
Effligit . alligit.
Efficaciter uelociter[6] * fromlice.
Efficax expeditus[1] . * from.
90 Effectu*m* . *deid.
Effeui . adolescentes.

Egerit . degerit cuomit
Egestio degestio.
Egre . *earfedlice.
95 Egerere . *ascrepan
Egestas . paupertas.
Eggones . sacerdotes . rust*ici*.
Egesta . *ascrepen.
Egerat abstulit.
100 Egerimus . tollimus.
Egra . * slaece.
Egone . ego ergo.
Egregius . summus . magnus.
Eglogae . cantationes . in theatris.

105 Eligans . speciosus.
(25^{bb}) Eliscium greciae.
Eliminauerat[7] excluserat
Elicit . prouocat
Elogio . * geddi.
110 Eluitur purgatur
Eluderet * auuaegde..
Elucubratu*m* . euigilatum.
Elogium . testimonium.
Eluis . liquor quo . aliquid eluetur
115 Elisi . rupulsi.
Electrum . *elotr
Eliceretur extorqueretur
Electrum . aurum . et argen*tum* mixt*um*
Elix . sulcus . maior
120 Eleborus * þung[1] * poedeberge.
Elinguis . mutus.
Eli dei.
Elingenus . mutę.
Elicuit exclusit
125 Elogi . genus . uersuum[8].

[1] Added above the line by corrector.
[2] Written over effeta by corrector.
[3] Written over languida by corrector.
[4] MS. has accent over *e*.
[5] MS. effetrum, with point below *r*.
[6] Added above the line by corrector; one letter has been erased between *o* and *c*.
[7] MS. eliminananerat, with points below first *na*.
[8] Third *u* added above the line.

Elactare . a lacte tollere.
Elogium . famam bonam.
Elicuerit promouerit
Elogium . testamentum . *dicitur*
130 Eloges . gen*us* pisciu*m*.
Elubio . diluuium.
Elementa . caelum . et te*rra*.
Elicit *p*rou*i*dit
Elicui . merui.
135 Elicere . *prae*uidere.
Elementarius . q*ui* de elimentis . tracta*t*.
Elifaz d*ei* contemtus.
Elogiis . uerbis.
Elogia *laac.
140 Eliquata . purgata.
Elegans . loquax[1] *smicre.
Eliminat . * aðytið.
Eligantur pulchre[1] . urbane.
Elimat *gesuirbet
145 (26[aa]) Elegoos . castigatio.

Emarcuit[2] . elanguet.
Emergere . exire.
Emisarii . ministri.
Empta . *geboht.
150 Emax emptor
Empticius . *ceapcneht
Emersit . exsurgit
Eminiscit*ur* . recordatus . est.
Emulumentum[3] *lean[1] *fultum
155 Emolomentum . lucrum[1] . mercis . labor*is*.
Emissarius . percussor.
Emiat uision . doctrinae.
Emula . imitatrix.
Emax . macer tenuis.
160 Emblema . *fothr[4].
Empheria . experientia multo*rum*
Emporiu*m* . locus . super mare . ubi . negotiant homin*es*.
Emulus . contrarius.
Eminus . *p*r*o*pe.
165 Em . admiratio[5].
Emunctoria . *candeltuist
Emisticius . medius . uersis.
Embolismus . superagumentu*m*.
Emisperion . semis . circulus.
170 Emaones . *scinneras.
Eminulis . modice . eminentib*us*.
Emax qui amat emere . aliquid
Emenso . *oberfoerde.
Emanat . erumpat[1] exiit.
175 Emicat . exilit . lucet.
Emerita . q*ui* militare desinit
Emancipat . manu*m* mittit
Ementum . excogitatio.
Ementitur ualde . mentitur[6].
180 (26[ab]) Eminet . altu*m* . est.
Emphraxem . ut pulmones . coangustare . cepere *spiritus* . non sufficiant q*uasi* concitus . emittat.
Emacitas . emendabitas.
Emittogium . demedia . toga
Emisperiu*m* . aer.
185 Emergunt . exsurgant
Emblema . obscuritas.
Emulo . similem.
Emulo . sine ullo.
Emulatio . dissensio.
190 Emax . empto.
Emaces . emptores.

Eneruat *asuond.
Enum . *cetil
Enum quando.
195 Enigma[7] obscura

[1] Added above the line by corrector.
[2] MS. emarcuit, with *e* above *i*.
[3] MS. emulumentum, with *o* above first *u*.
[4] The *r* added above the *h*.
[5] Second *a* added above the line.
[6] *ti* added above the line.
[7] *ma* on an erasure.

Enodis . sine nodo.
Enitor conor
Enielia . adultera
Encratitae . continentes.
200 Enisus . elocutus.
Enneacaide.ceterida . decennouenalem[1].
Enormis . ingens.
Endecas . syllabas . uersus XII. syllabarum
Emphimerides . duplex . res.
205 Enigmata . similitudo.
Enumerat increpat.
Enernum . emortuum.
Enixius . leuius[2] manifestius[3] . largius.
Enocilis . piscis . stagneus . qui latine . anguila dicitur
210 Eneruis . sine uirtute.
Enixe . omnibus . uirtutibus nitit.
(26ba) Enucleata . *geondsmead.
Encenia . initia . ut dedicationes[4].
Enixa . *beorende.
215 Enitendo . conando.
Enixa est genuit agnam id est *ceolbor lomb.
Enixus . creatus.
Enitescit . spendescit.
Energia . tempus . pro tempore
220 En . fatieus.
Enodabile . quod solui . non potest.
Enleneus . breue . uel capitulum.

Eortatice . solemnes.
Eous . oriens.
225 Eoo . oriente.
Eortasitasi . epistularum.
Eortasticai . solemnes.
Eoferant . laudando . extollunt[5].
Eois . orientalibus.

230 Ephiphania . splendor
Epistola[6] . misa.
Epoune . memoria.
Ephod . uestis . linea . latas . manicas . habens.
Epilogi . narratio.
235 Epistelia . capitella.
Eptasyllon . *gelodpyrt
Epitomem . memoria . uel breuiarum[7].
Ephithalamium . carmen nubenter
Ephyria . experientia.
240 Ephitomos . breuiata.
Epithoma . adbreuiatio.
(26bb) Epigramma . titulum.
Epigramma . abreuiata scriptura
Epimeri . adbreuiatio . rerum.
245 Ephemeris . quam habent . mathematici . unde ligant . dies . singulos
Ephebus adoliscens . qui non habet barbam
Epipendite . scapulare.
Epitheton . superpositio.
Epilenticus . *poda
250 Epifati . laici.
Epitathium . carmen quod dicitur sepulto . corpore.
Epicedion . carmen . quod dicitur non adhuc . sepulto . corpore
Eptafolium . *sinfulle.
Episcopus . speculator
255 Epicurei . genus philosophorum.
Epistolaris . exponis.
Epulaticius . qui epulis . dat operam.

[1] See below E 413.
[2] Added above the line by corrector.
[3] Written above *largius* by corrector.
[4] MS. didi- altered to dedi-.
[5] Final *t* added above *n*.
[6] *ol* added above the line.
[7] MS. breuiarum.

Epilogium . nouissima . pars . contra . uersiae.
Epimenia . *nest
260 Epidaurus . insula.
Epemeris . hiis breuiatio . rerum.
Ependiten . *cóp[1].
Epicoeni . promiscui . sexus . masculini et femini.
Epitoma[2].

265 Equidem . ego quidem.
Equora . maria.
Equiperat . aequat
Equidem . ille . quidem.
Eques . homo . equo . portatus.

270 Erepsissent inruissent
Erimio . *hindberge.
(27[aa]) Ergata . uicinis.
Erga . iuxta.
Ereon . sacerdotale.
275 Erumna . calamitas.
Ergastulum . locus . ubi . damnati . aut[3] marmora . secant . aut aliquid . operentur.
Erebum . profundum . infernum.
Eruli . domini.
Erus . dominus.
280 Erotema . interrogatio.
Eruditus . quasi a rure . sublatus.
Er[4] uigilans . eregione[4] . retro.
Erenis . *haegtis[5] . furia.
Erata . musa.
285 Ergastulum . metallum.
Ergata . operata.
Eruncare . eruere . radicitus.
Erugat . planum . facit
Erenditen . *cop[6]
290 Erodi . animal.
Eructat . a corde . emittit.
Ersa . lignum.
Erpica . *egðe.
Erpicarius . *egðere.
295 Errans . gens . hereticus . diuisus.
Eridanus . padus . fluuius italiae.
Erugo . *rust.
Er . sol . ignis.
Ergasterium . monasterium.
300 Errabilis[7] . *huerbende.
Erigastulo . depraesi.
Erciscundae . diuidendae.
Ericius . *iil
Ermagoriae . superbiae.

305 Estus . fluctus[8] unda.
Esitabant . comedebant
Esculus . *boece.
(27[ab]) Esebon . cogitatio . merorum.
Esto . puto.
310 Esto . et si putauero.
Esitat . admiratur.
Essedum . uehiculum.
Estu . perturbatione.
Ethicia . proprietas.
315 Essox . *laex.
Ethica . moralis.
Ethicus . gentiles.
Ethimologia . proprietas.
Ethincon . proprium.
320 Eto deporicon . uiaticum[5] iterarium.
Estera . in obs.

Euangelizat . adnuntiat
Euersio . a cadendo . a discedendo.

[1] MS. has accent over o; see also below E 289.
[2] o on an erasure.
[3] t written above u.
[4] Two glosses; but distinctly written as one in the MS.
[5] Added above the line by corrector.
[6] See above E 262.
[7] MS. errabilis, with e above second i.
[8] The c added above the line.

Euirat . uires . tollit.
325 Euangelicae . deo doraneos . consensiones . euangelioru*m*.
Euocatus . eductus.
Euge . gaude . bene.
Euiscerata . *athed.
Euestigio[1] . *onlande[2] *on laste.
330 Eudolia . uictualia.
Euboicorum . gens[3]. maior*um* . tolentor*um*[3]
Euidens . *seotol.
Eugenes . nobiles.
Euellit . repulit.
335 Eurus . *nomen* uenti flat ab oriente.
Eudoxia claritas.
Euiscerat . excomedit.
Eulogium . responsum . aliquod . ubi . ratio . redditur
Eneutus . incursus.
340 Euertit . expuguat
Eucharistias . gratiar*um* actiones.
(27ba) Euanggelicos . parasceues . euangelieae . praeparationes
Eugenia nobilitas.
Euehit . portat.
345 Euestigio . statim
Eudolia . bonu*m* . seruitium.
Euterpe . *nomen* . musae.
Eufonia . consuetudo.
Euitauerit . offocauerit
350 Euiratus . eneruis.
Eurynis . *palcyrge.
Euerrit . trahit.
Eumenides . furie . iii.
Eumenides . *haehtisse.
355 Euitatus . perterritus.
Euergit . reinclinat.
Euum . longeuitas . *uel* uita.
Euaggelicos . apodixeos . euangelicae . ostensiones.

Exorcismu*m* . sermo . correptionis.
360 Exapla . sexies.
Exercita miserabit[4] sollicita.
Exolantes . mandantes.
Explosi . extincti.
Expeditus . *abunden.
365 Exilem tenuem.
Exedra . sella
Exilis . gracilis
Eximet *alieset
Exponerent . occiderent.
370 Exposito . iectato.
Extrinsecus . separatu*m*.
Exegestus . *gebero.
Expendisse . *araefnde[5].
Exundauit . *auueol
375 (27bb) Experimentum . *andpisnis.
Expergescens . euigilans.
Expertus . probatus.
Excidium . discidium.
Excidium . expugnatio.
380 Exornatus . ualde . ornatus.
Exheredet . alienat . *uel* abiecit.
Exertum . sollicitu*m*.
Exstat . superat . eminet.
Explorat . absecultat.
385 Excudunt . fabricant.
Excudit . malleo *quodcumque* componit.
Exercitiis . *bigangum.
Exortus . natus.
Exorti . *adręsti.
390 Exposito . *geborone.
Exaltauit . *stone.
Expedisset *ðropode.
Expedierant . *araeddun.
Exito perditio[2] . *endistaeb.
395 Exoleuerunt . *gesueðradun.
Exerta . aperta
Exerti . nudi.
Ex phalange . *of ðreote *offoeðan.
Exauctorauit . *geheende.

[1] *s* above *e* and both on an erasure.
[2] Added above the line by corrector.
[3] The Erfurt MS. has: genus maiorum talentorum.
[4] Added above the line by corrector, but wrongly for miserabiliter; see below No. 552.
[5] MS. araefde, with *n* added above *f*.

400 Expilatam *aþryid. *arytrid.
Expeditio. *faerd.
Extaseos. celsa.
Extare. adhuc. esse.
Exaustis. defectis.
405 Exhaustas. euacuatas.
Eorcizo[1]. ad iuro.
Exeras. consu*m*ta.
Excepta. sagitta.
Ex latere. regni. de adulterio. reginę
410 Excesserit. culpauerit
Exintera *ansceat.
(28aa) Exentesion expositio[2] quaesionu*m*.
Exacaide. ceterida. sedecennale*m*[3]
Explodit. excludit *atynið.
415 Exedra. locus. subselliorum *uel* locus. saltatorius.
Exagiu*m*. *and mitta.
Exossum. canticum. in teatris.
Epolitu*m*. ornatum.
Extale. *snaedilþear*m*
420 Exedrę scabelli. ad cibos.
Exilia. *gestinecum[4].
Exorcista. adiurans.
Exsequias. mortuis. officia.
Externus. extraneus.
425 Expeditis. *gearuum.
Extollat. honorat
Ex inprouiso. ex insperato[5].
Explanat. exequat.
Extimplo. statim.
430 Excedo. egredior
Exstirpat. exterminat
Excors. sine corde.
Experimentum. experire
Experientia. cura. cu*m* diligentia
435 Excubat. obseruat
Exulcerat exasperat
Examinat. accidit.
Extabescit. languescens[2]. defluit.
Exta *iesen.
440 Exiguus. humilis.
Expedio. exsoluo[6].
Exsolutus. disolutus.
Exolitus. minuatus
Exeuit. producit.
445 Extendit defecata
Exciderant amino[7]. de animo. recedebant.
Explosa. elisa.
(28ab) Exagerat. explorat.
Exanreant. consumant.
450 Explodens. extinctus.
Exenium. *laac.
Excitatur euocatur.
Exactor. *scultheta.
Exuberat. habundat.
455 Exorsus initiatus[2] locutus.
Exinanire. euacuare.
Exploderem. excludere*m*
Explodita. exclusa.
Exestuat. fluctuat
460 Existere. recede.
Excolat. *siid.
Expiat. expurgat. abluit. mundat.
Exomologesin. confessio.
Epiabilis. inmundus.
465 Exta *praecordia*. *baecþearm.
Exallage. permotatio.
Exoliuerunt. eruperunt.
Expiebat. exegebat.
Exitus. intestinis. hostiaru*m*.
470 Exaurauit. con*prae*hendit.
Examusim. *georliice.[2] absolute. certe. *uel* exquisite.
Experrectus. euigilauit.
Expertia. aliena.
Exfretat. nauigat.
475 Exorbitans. *asuab.

[1] So in MS.
[2] Added above the line by corrector.
[3] See above E 201.
[4] One *c* added above the line.
[5] The *s* and *e* added above the *p*.
[6] *l* added above the line.
[7] So in MS. for animo.

Extenus . extremus.
Exalaparetur . *suungen.
Exsuuntuauit . pauperauit.
Exparia . partibus . uacuans.
480 Exparta . parte . uacua.
(28ba) Extempus . extremus[1].
Expuncta . expleta.
Ex habet . extremus.
Extipices . *haelsent.
485 Exostra . unguenta.
Expilatores . alienę . hereditatis . subreptores.
Exodium . cantatio . in theatris . ludicra . et scurilis.
Expensa . *daeguuini.
Exaureant . consumant.
490 Examen . exemplum[2] expositio.
Exepta . sagita.
Exime . educ.
Excelare . cum uxore . *esse*.
Expulsa . excelsa.
495 Exutas . biberatas.
Exul . qui extra . solu*m* suu*m* uoluntate . peregrinatur.
Expiatu*m* . exinanitum.
Exuberat . exundat . sup*er*fluit.
Exerta . lingua . *naecad[3] tun*ge*.
500 Excesus . *egylt.
Extulit . erexit.
Excanduit . inirracundia*m* exiliuit.
Exigebant . *araefndun.
Expeditionibus . *ferdun.
505 Exomologesin . preces . *uel* confesio*nem*.
Examen . *suearm[4].
Expraesit . explanauit.
Exacernauit . adflixit.
Execrare . maledicere.
510 Exmum . periculum.
Ex interuallo . *id est* diuiso . temp*ore*.
Exauditnat . excludit . ab abdit*is*.
(28bb) Expleuit . corruptus est.
Expromit . exerit.
515 Extorres . *praeccan.
Exsortem . alienum.
Excreat . proiecit.
Exactio . *geabules monung.
Exenodociu*m* . susceptio . *pere*grinor*um*.
520 Exesum . suptile . comsu*m*tum.
Extimat . suspicatur.
Exameron . iiii . dierum . computatio.
Expedia*m* . *arecio.
Exubiae . uestes . mortuor*um*
525 Exugiae . spolia.
Excidiu*m* . euersio[2] emonnis . *uel* discessio[5].
Excubias . *peardseld.
Extinctis . suscitans.
Eximia . magnifica . excelsa.
530 Eximius . nobilis . sublimis.
Exerere . exercere.
Eximietas . sublimitas.
Exercere . producere.
Exesus . comestus[6].
535 Exemtum . explicitu*m*[2] . exclusum.
Exemta . suciata.
Exciti . excitati . euocati.
Eoleuit . uetustate obscuratus *est*.
Exolutus . dissolutus.
540 Exolitus[7] superbis.
Exosus . odio habetus.
Expendere . *to aseodenne.
Exugia . *gescincio.
Excudit . tundendo . extorsit
545 Exules peregrini.
(29aa) Exhalat . anhella*m* . emittit.

[1] MS. extrems, and *u* added above the line.
[2] Added above the line by the corrector.
[3] MS. naced, with *a* added above the line between *e* and *d*.
[4] MS. suerm, and *a* added above the line between *e* and *r*.
[5] MS. dissio, and *ces* added above the line.
[6] MS. comesus, with *t* added above the line.
[7] MS. exolitis, but second *i* altered to *u*.

Exolescit . defecit.
Expilatam . *arydid.
Expers . scius . euigilans.
550 Expręsserunt . *arehtun.
Exerceri . *ƿesandraegtre.
Exercitat . miserabiliter soll*icitat*
Exercitatae . *ðaregetyhtan.
Expeditio . *hergiung.
555 Excubabant . uigilibant.
Exitium . mors . periculu*m*.
Exstant . s*unt*.
Expeditio . *prae*paratio.
Exactum . *baedde.
560 Exundans . fluens.
Expeditus *suel[1] . uelox . fortis.
Exedra . exterior . sedes . ubi sedet . plebs.
563 Edra d*icitur* . interior . sedis . ubi papa . sedet . cum . communione*m* . dat ad pop*ulum*.

F auor . *herenis.
Facula . fax . teda.
Facitia[2] . *glio.
Fascinatio . inuidia.
5 Fator . dictor.
Faustus . iocundus[3].
Fabor . clamor . adlocutio.
Fatidicus . mathematicus . diuinus[4].
Fabrae . ingeniose . docte.
10 Falc . *ƿalhhabuc.
Fasces . libri[1] *goduueb.
Fauces . angustiae.
Fasces . dignitas.
Fagus . *boece.
15 Fabrum . perfectu*m*.
Fastus . superbia.
Factitare[5] . facere.
Fari . loqui.
(29[ab]) Fastidiu*m* . odium[1] *cymnis.
20 Fastis . libri s*unt* in quib*us* sunt . nomina . *con*sulu*m*.
Fatescunt . aperiunt.
Fasianus . *ƿor hona.
Fascias . *peðel.
Faria . eloq*u*ia.
25 Famfaluca . *faam[1] *leasung.
Fasciarum . *suaeðila.
Fas erat . imperat.
Fastigiu*m* . altitudo.
Falcatis . currib*us* armatis.
30 Fagolidori . manducantes.
Farciretur . ligaretur.
Falcis . *ƿudubil . *siðe . *riftras.
Facultas . possibilitas.
Fanogoria . defano.
35 Facetus . elegans.
Facuntia . eloquentia.
Famfaluca . *papul.
Fanatici . futura . precinentes.
Facitat . frequenter . facit.
40 Familicus . indigus.
Fatur . loq*u*itur.
Faueat . adsentiat.
Faustum . faestum.
Falsi . loquax . mendax . fictu*m*.
45 Fatescunt . dissipant.
Fatescit . resoluitur.
Factiosus . fallax . deceptor.
Falcastrum . *pudubil.
Faonius . *pest suð ƿind.
50 Factio . *con*iuratio.
Falcones[6].
Factiosus . sepe . faciens.
Faxo . facio . faxat.
Facetius . iocus.
55 Festinatio[7] . *malscrung.

[1] Added above the line by corrector.
[2] MS. facitia, with *e* above the first *i*.
[3] MS. iocunds, with *u* added above the line between *d* and *s*.
[4] MS. diunus, and *i* added above the first *u*.
[5] MS. fatitare, with *c* added above the line.
[6] The interpretation is wanting here; see Epinal Gloss. 10. A. 1; Oehler, in *Neue Jahrbücher für Philologie*, 13er Supplementbd. (1847), p. 331, No. 14, p. 332, No. 7; and G. F. Hildebrand's *Glossarium Latinum*, p. 138.
[7] MS. festinatio, with *a* above *e*.

Facinus . scelus.
Farcet . implet.
Fariolus . uates.
(29^ba) Fastus . *con*te*m*tus.
60 Fauisor fautor.
Falangarius . ut gladius.
Facetior . gratiosior . hilarior.
Facetus . affabilis.
Fasus . *con*fessus.
65 Facetiae . suauitas . uerboru*m*.
Falarica . theca . gladii.
Falarica . *ægtęro.
Fasus . *con*fessus.
Falaria . pars . macedoniae.
70 Fasus . colceoru*m* . fluuius.
Fas . licentia.
Fasus . locutus.
Fasellum . genus . nauis . holeris.
Fanum . templu*m*.
75 Farcit . densat.
Faniticus . q*u*i templu*m* . diu . deserit.
Famidicus . qui . certa . d*icit*.
Fanaticus . qui[1] inte*m*plo . arguitur[1] te*m*pli ministe*r*.
Falcarius . falcem . ferens.
80 Facendat . resoluit.
Fanda . dicenda.
Fatitur . qui consentit.
Fatetum . faragem[2].
Fascinus . aspectus . onerosus.
85 Fascimen[3] . ipsa species.
Farra . triticum.
Far . gen*us* . frumenti.
Falere . ornamenta[4] . equoru*m* . *uel* militum . arma.
Fantasia . multitudo.
90 Fastigasti . altis.
Fa lanx[5] . *foeða.
Faustum . bene . auguriae.
Farrugo . genus . frugi.
Fauere . adiurare.
95 Farrice . fulcire.
Factione . facti . uuculus.
Fautores . adsensores.
Facessit . duo . *sunt* . *id est* facere . cessat . et frequenter . facit.
Farius . *faag.
100 (29^bb) Facessit . *sueðrað.
Farcum . impletum.
Farsa . *acrummen.
Familiaris . amictus.
Fauo . *bean.
105 Familiaritas . amicitia.
Familiaris . amicus q*u*asi . unius . familię.
Fasces . *cynedomas.
Fastu . *uulencu.
Fabari . afauis.
110 Fabrile . *smiðlice.
Farelas . *hryste.
Facessit . desinat.
Falerata . *gehyrsti
Farus . cenaculu*m* . altum . iuxta mare utilis nauigantibus . per quot . diriguntur . errantes . naues.

115 Feruginius . *greig.
Fessat . desonat.
Ferox . *roeðe . ferae similis.
Ferculum . *disc . uasculum.
Fere . admodum.
120 Ferinu*m* . *hold.
Feriae . cessationes . ab opere.
Feniciuм . cocumum.
Ferme . plus minus.
Feretrum . lectu*m* . mortuoru*m* . q*u*ia fert . et non refert.
125 Feriatus . *gerested.
Feriatus . *sanctus* requies.

[1] qui—arguitvr added above the line by corrector.

[2] The Erfurt MS. has: Fate . foragem; and Fatetum . faregem, with *a* above and *i* below the second *e* of the latter word; see *Neue Jahrbücher für Philologie*, 13er Supplementbd. (1847), pp. 332 and 331.

[3] MS. fascimen, with *r* added above the line between the *s* and *c*.

[4] MS. ornamenenta, with first *en* marked for erasure.

[5] One letter erased between *a* and *l*.

Fefellit . fraude[1] decepit.
Fenus . *spearua[2].
Foenus *borg.
130 Foeton . solis . et Climenæ . filius .
Festus . felix.
Feruidus . iracundus.
Fenus . usura . debitum.
Foederatus . *getriopad.
135 Faecce . *maere.
Fespa . *paefs.
(30^{aa}) Fefellit . *uuegið.
Ferula . *aescðrote
Ferrugo . purpura . nigra.
140 Femina . femora.
Fellitat . suggit[3].
Feretrius . fertilis.
Feculentus . feceplenus.
Feralia . tristitia[4] . lu gub*ria*[5].
145 Ferali . mortifero
Femella . dimin*utiuum* . femina.
Fecundus . copiosus . fructu*osus*.
Fellus . *catte.
Felicitas . fortuna.
150 Feuum . *graes.
Fero . dico.
Fetialis . pacis . sacer.
Ferrugine . *iseru . grei.
Ferrugineum . obscuritate*m* ferri . i*d est* *omei[6].
155 Finix . auis . semetipsum . reuocat . de fauillis . congregatio.

Filoxsenia . philosophi.
Fiber . *bebr.
Fiscos . fraus.
Filoxenia . hospitalitas.
160 Filologos . rationes . *uel* uerbi amatores.
Fisco . puplico.
Fiscilla . *taenil.
Fida . *stearn.
Fibra . *þearm.
165 Filix . *fearn[7].
Fiscillus . *stic tenel.
Fisica . naturalis.
Fiscium . rerum . puplicaru*m*[8].
Fibrae . *libr . laeppan.
170 Fibula . *hringe . *sigl.
Fiscillis . *sprinclum.
Filum . *ðred.
Finicia . *beosu.
Figmenta . plasmatio . hominu*m*.
175 (30^{ab}) Fibras . uenas.
Ficetula . *sugga.
Fioli . similitudo . calicis.
Fibrans . *risende.
Firator . ianus.
180 Fidicen qui cum cithara . canit . a fidibus . dictum.
Fidiculae . genera . tormentoru*m*
Figura . aconfirmatione.
Fisco puplico . domini . caesar*is*
Fidiculae . cordae . citharae.
185 Filii . iemini . filius dexterae.
Finiculus . *finulae.
Fistum iocundu*m*
Fictum . fucatu*m* . coloratum.
Filtra . maleficia.
190 Filomella . luscina.
Fiscella . ubi forma . casei . expimunt*ur*[9].
Fitigalis . corona . sacerdotalis.
Fisus . p*rae*sens.

[1] MS. frade, and *u* added above the line.
[2] MS. sperua, and *a* added above the line.
[3] Mr Henry Sweet (*Oldest English Texts*, pp. 63, 637) makes A. S. of this word. But it is the Lat. *sugere*, as is plain from the fact that the gloss *fellitare*, *sugit* occurs in the Glossary known under the name of Isidore. See also Loewe, *Prodromus*, p. 106.
[4] MS. trititia, and *s* added above the line.
[5] One letter erased between *u* and *g*.
[6] See Hildebrand's *Glossar. Latin.* p. 142, and *ôm*, in Bosworth-Toller's *A. S. Dictionary*.
[7] MS. fean, with *r* added above the line.
[8] MS. puplicaru*m*, with *u* above *i*.
[9] MS. expimunt*ur* and *u* added above the line, for exprimuntur.

Fidus . amicus.
195 Fidiculae . catenae.
Figulina . *non* figlina
Fidibus . filis . citharae.
Fidicula . citharedus.
Fiduccarius . possessor.
200 Finitimos . proximos.
Fiscalis . reda . gebellicu*m* . *paegnfearu[1].
Fimum . *goor.
Fictis . *facnum.
Fiscellum . diminutiue.
205 Fiscinum . cophinum.
Fistulis . *þeotum.
Fiscinu*m* . corbis.
Figite . *suiðigað.
Filacteria . pictaci . scripta.
210 Filiaster . *steopsunu.
Filargiria . auaritia.

(30ba) Flustra . unda.
Flutas . fluens.
Flauum . fuluum . *read.
215 Flaccidum . contractu*m*.
Flegmata . *horh.
Flaccentia . contracta.
Flabanus . *suan.
Flabu*m* . *geolu.
220 Flagratione . petitione.
Flaminibus . sacerdotibus.
Flagris . *suiopum.
Flarantius . copiosius.
Fluxit[2] . faciat.
225 Fluit . soluitur.
Flagrantes . festinantes . ardentes.
Fluxum . dubium.
Flamma . *blęd.
Flagitata . postulata.
230 Fluxerunt . ceciderunt.
Flabra . flatus . uentoru*m*.
Flexuosus . inconstans.
Flagitiu*m* . factu*m* . malum.
Fluctuans . aestuans.
235 Floccus . *loca.
Fluemina . sanguis . in neruis . defusa.
Flammica . uirginitas.
Fluctuat . anxiatur.
Flammicus locus . in urbe.
240 Flammoniu*m* . honor . quae datur . fluminibus.
Flat . spirat.
Flumen di . alis . sacerdos . iouis.
Floralis[3] . a floribus.
Florea . tempora . floru*m*.
245 Flammigena . de flammis . nat*us*
Flagius . taureus.
Flagris[4] . alaphis.
Flauellum . muscarium.
(30bb) Flabus . rubius.
250 Fluctuat . dubitat.
Floris . hilaris.
Flauescit . *glitinat . albescit.
Flabris . uentis[5] . tempestas.
Flagrans[6] . *stincendi.
255 Flebotoma . *blodsaex.

Fortuna . *pyrd.
Fouet . diligit.
Fortuitum . subitus . casus.
Forsan . forsitan.
260 Fornices . saxa . *con*structa[7].
Fotus . recreatus.
Fomes . incendium.
Forfices . *scerero.
Fouet . *feormat . *broedeth.
265 Fortuitum . fortunu*m*.
Foedus . pactum . iuratio.

[1] MS. has the *g* above the *æ*.
[2] MS. fuxit, with *l* added above the line, but probably faxit was meant.
[3] MS. floralis and *e* written above *i*.
[4] MS. flaris, with *g* added above the line.
[5] MS. uentris, but *r* marked for erasure.
[6] MS. flarans, and *g* added above the line.
[7] MS. *con*stucta, with *r* added above the line.

Fouet . iuuat . nutrit.
Forum . appi . quod condidit . appius . senator.
Fogo . manduco.
270 Follescit . tumescit.
Foederatas . *getreuuade.
Formas . nom*en* loci.
Fornice*m* . *bogan.
Fordas . suspregnans.
275 Forcifer . permalus.
Foliatum . curbutum.
Formido . *anoða.
Focilat . refecit.
Forfex . *isern . sceruru.
280 Focularibus . ignibus.
Foret . fuisset.
Forsitan . utiq*ue*.
Fore . esse.
Fomenta . medicina.
285 Fors . *pyrd.
Forceps . *tong.
Folligantes . uestis . grossior.
(31aa) Fortunatus . felix.
Fornacula . *cyline . *heorðe.
290 Foederatus . placatus.
Foedere . certo . certa . lege.
Fomis . origo.
Foras . *bolcan.
Foculentur . nutrientur.
295 Fomes . astula . minuta.
Forma . copula . medicamenti . uenditor.
Forbos . anastasis.
Fosforus . stella . matutina
Forinsis . aforo.
300 Fortex . *edpelle.
Foricalatrina . secessus . latrinas.
Forire ueutrem . purgam.
Forum . suarum . ubi sues . uendebantur.
Fornis . *bogo . supercolumnis.
305 Follis . *blaes . baelg.
Fornaculu*m* . *here.
Formaticus . *cese . aforma.

Fretus . instructus.
Frigat . ardet.
310 Fretus . peritus.
Frasi . sensu.
Frinolus . mendax . fictus.
Friget . refrigerat.
Fronulus . *linetuigle.
315 Frugalitatem . temperantia*m*.
Frequentia . multitudo.
Frugalis . parcus.
Fratuelis . *geaduling.
Fratuelis . *suhterga.
320 Fratuelis . *broðorsunu.
Fribolum fragile[1].
(31ab) Fribula . uasa . uictilia . atq*ue* inutilia.
Frasin . eloquentia.
Frugus . *uncystig . *heamul.
325 Frixum . *afigaen.
Fraga . *obet.
Fraxinus . *aesc.
Frenat . contemnit.
Flagrat . odorem . dat.
330 Freniticus . insanus . ex dolore . capitis.
Fringella . *finc.
Frendet . dentib*us* stridet.
Frugalis . largus.
Frendat[2] . *con*pescit.
335 Frasis . interp*rae*tatio.
Fretum . mare . angustum.
Frustatur . inlusor . deceptor.
Frusta . incisura . de qualibet . re.
Frutectum . arboru*m* . contextu*m*.
340 Fribolum . nullu*m* . sensum.
Frendat . conpescit.
Frutectum . *lose . locus . ubi . ponunt[3].
Frixi ciceris . fauae . siccatę . in sole.
Framea . *æt gaeru.
345 Fons *hleor.
Friabat . fregit.

[1] The *il* are written on an erasure.
[2] The *at* are added above the line.
[3] MS. ponnt, and *u* added above the line.

Fretus . *bald.
Fragor . *suoeg . *cirm,
Frunis cantur . fruuntur.
350 Frumenta . omnia . *quae* amittunt . ex se . aristes.
Frumentu*m* . afrumine.
Frutice . ramus.
Fructurus . fruiturus.
Frugi . modestia.
355 Frigore . timore
Fraudulenter . *facenlice.
Fratria . uxor . fratris.
(31[ba]) Frontuosus[1] . *bald.
Framea . *quod* contos . uocant.
360 Friuola . ignominiosa . res . *uel* nullius . momenti.
Frixoria . ardor . incendium.
Fractior . deficilior.
Frigula . uasa . uictilia.
Frustratus . elusit . fefellit.
365 Frutina . *fultemend.
Frunitę[2] . ineffrenatę.

Fugitiuus . interdum.
Funeratus . sepultus.
Furcit . densat.
370 Fuscinula[3] . *apel.
Furcimen . *paergrood.
Furca . gen*us* ligni . bicipitis.
Furcifer . cruci dignus.
Furbum . *bruun.
375 Fundi[4] . *grundus.
Fundus . ager . paret.
Funalia . **con*del.
Fusum . *spinel.
Fucus . faex . *taelg.
380 Functus . liberatus.
Fusarius . *pananbeam.
Funix . *gonot *uel* *doppa . enid.
Furuncus . *mearð
Fungus . *suom.
385 Funda . *liðre
Furfures . *sifiðan.
Funestauere . *smiton.
Funestissima . *ðadeadlicustan.
Fulcra . ornamenta . tectoru*m*.
390 Fundat . aedificat.
Fudit . peperit.
Fultus . adiutus.
Functio . possessio.
(31[bb]) Funebre . luctuosum.
395 Funestus . funere . pollutus.
Furtiuę fortuna.
Fulice . gen*us* auis . marinae.
Fultum . substratum.
Fungor . perago . exsequor.
400 Fulcimenta . suppositoria.
Functio . exsolutio . tributoru*m*.
Functus . gerens . agens.
Futile . leues . inanes[5].
Futile . uanum . mendax.
405 Funestare . triste . lugulre[6].
Fudit . prostrauit.
Fusa . *pro*tracta.
Fuas . facias.
Fulgetum . fulgor.
410 Fugitifarius . atsidue . fugiens.
Fundus . possessiones . *prae*dia.
Funiculum . territorium
Fustatus . fustibus . cesus.
Fustarius[7] . qui cedit.
415 Functoria . transitoria.
Fultare . pulcharre.
Fuma . terra.
Futat . arguit.
Funalia . cerei . *paexcondel.
420 Fucinus . flumen . italiae.
Fulgatores . rustici.
Funda . retia . linea.
Funebraticius . locus.
Funus . imaginarium . tumulus . sine cadauera.
425 Fucata . depicta

[1] The *r* added above the line.
[2] The *i* added above the line.
[3] MS. fiscinula, with dot under first *i*, and *u* above it.
[4] See Wülcker's *Vocabularies*, I. 401 (No. 25).
[5] MS. inanis, but second *i* altered into *e*.
[6] Distinctly so in MS. for lugubre.
[7] MS. fustaribus, but the *b* is marked for erasure.

Funalia . lucernarum . stuppę.
Fulgine . *sooth.
Funus . mons.
Furibundus . ualde[1] iratus[1].
430 (32aa) Fusum . solidatu*m*.
Furentibus . austris . seuientib*us* uentis
Fungitur . paret . deseruit.
Funus . mons.
Furia . *hachtis.
435 Fuluum . rubeum
Flauum . pallidum . glaucu*m*.
Funera . luctuosa.
Funesta . scelesta.
Fundo . ima pars . nauis.
440 Fusus . prostratus . occisus.

Gaeometrica . terrae . mensuratio.
Ganniret . cu*m* ira q*u*asi ridet.
Gargarizet . *gagul suille.
Garrit . *gionat.
5 Ganea . taberna[2].
Gannatura . *gliu.
Galla . *galluc[3].
Ganeo . tabernarius.
Gabulum . patibulum.
10 Garro . garrulus.
Galeras . pilleas . mitras.
Galaad . aceruus . testis.
Garrit . blanditur.
Garula . *cranue[4].
15 Garbas . *sceabas.
Gaza . diuitiae.
Gabarnas . arcas.
Galmaria . *caluuer.
Galea . cassis.
20 Galmum . *moling.
Galmulum . *molegustycci.
Galmilla . *liim caluuer.
Geneo[5] . gulosus.
Gane . sordidus[6]
25 Garret[7] . iocatur.
Gamus . nuptię
Garilu*m* . pelleu*m* . pastorale*m* . q*uod* uneo . factu*m* est.
(32ab) Gastrimargia . gula.
Gabea . *meau[8].
30 Gauli . gen*us* naui.
Garrulitas . lętitia.
Garus . liquamen.
Gabalacru*m* . *calper.
Garrulus . blandus . laetus.

35 Genealogia . generatio.
Gestamen . quicquid . porta*tur*.
Gesa . hastae . gallorum.
Genium . quasi . uim . habeat . omnium . rerum . gignendaru*m*.
Geometra . qui docet . mensuras . terrę
40 Geometricus . ut pes.
Gestus . *gebero.
Generosus . *aeðile.
Gestatio . ipsa . res.
Gestatus . portatus.
45 Gestum . habitum.
Gerula . quae . infantes . portat.
Gemmasium . ubi iuuenis . exerceretur[9].
Gesum . asta . *u*el iaculum.
Germen . initium . floris.
50 Genialis[10] . lecti . qui sternuntur puellis . nubentibus.

[1] MS. joins these two words.
[2] MS. teberna, with dot under the first *e*, and *a* above it.
[3] MS. guc, and *all* added above the line.
[4] MS. craue, and *u* added above the line.
[5] MS. geneo, and *a* added above the first *e* by the corrector.
[6] MS. sordids, and *u* added above the line.
[7] MS. garret, and *i* added above the *e*.
[8] MS. meu, and *a* added above the line.
[9] MS. exercertur, and *e* added above the line between *r* and *t*.
[10] MS. genialis, and *e* above first *i*.

Geth . torcular . *praesura*.
Genista . *brom.
Gente . *pildegoos.
Gestus . motus . corporis.
55 Genisculus . muscellas.
Genthliatici . gentiles.
Gelidum . frigidum.
Geserat . egerat.
Genitalis . d*eus* qui omnia . facit.
60 Genitor . et generator i*dem est*
Genitiuus . ut colores . omnes di*cuntur* et genitiua
Genuino . *tusc . naturale.
Genas . *heagaspen.
(32ba) Genusia[1] senatus.
65 Gestit . cupit.
Gestitis . gauisi . estis.
Genu . agenua.
Gente . *pildegoos.
Gelum . *forst.
70 Gesiae . diuitiae.
Gemitus . q*u*asi geminatus . luctus[2].
Genesis . constellatio.
Gerulus . suasor . negoti*i*.
Gemnasia . termae . d*icuntur*[3].
75 Gennomae . creatura.
Genuinum . intimum.
Geniminae . creaturae.
Gescire . gaudere.
Genesis . fatu*m* . decretu*m*.
80 Genialis . homo . gratus . homo.
Generositas . nobilitas.
Genimina . generatio.
Gere . age.
Geritur . agitur.
85 Gestat . portat.
Gener . *ada*m*.
Genmatrix . *geac.
Giluus . *geolu.
Git . olus.
90 Gigans . terrigena.
Gillus . *grei.
Gipsus . *spaeren.
Gippus . *hofr.
Giluus . *falu.
95 Gignitur . nascitur.
Gibra . mare.
Gigneceum . grecum . *est*.
Gigantomacie . gigantum . pugna.
Gilbus . *gyrno.
100 Gingria . *spon.

Glandes . ab eo . quod *est* glans . quae[4] sunt . nuces . rustici.
Glutinum . coniunctio.
Gleba . cespes dura.
Glis . *egle.
105 Globus . uolumen . circulus . luna . et rota.
Globus . *leoma.
Globat . aceruat . rotundat.
(32bb) Glaucoma . nebula.
Glaber . caluus.
110 Globus . pila . rotunditas.
Glarea . *cisil . stan.
Glumula . *scala.
Gladiolum . *saecg.
Glitilia . *clife.
115 Glomer . *clouue.
Glus . *freenis.
Glaucum . *heauui . *grei.
Glandula . *cirnel.
Glebo . *uupis.
120 Gladiatores . *cempan.
Glosema . i*nter*pretatio . sermonu*m*.
Glebra . arator.
Glescit . crescit.
Gliscit . ascendit.
125 Glauco . pea.
Globosus . exsolido . rotundus.
Glomerat . *con*uoluit.
Glosa . lingua.
Glos . quaedam . necessitudo.
130 Gladonamur . atiungimur.
Glomoramur . atiungimur.

[1] Distinctly so written in the MS.
[2] The *s* added above the line.
[3] MS. dut, on an erasure.
[4] The *a* is subpuncted.

Globus . collectio . multoru*m*.
Gluten . *teoru.
Glosa . lingua.

135 Gnomen . orolei . genus.
Gnatus filius.
Gnarus . peritus . doctus.
Gnauus . fortis . agilis.
Gnossea . nom*en* . ciuitat*is*.
140 Gomer . consummata . perfecta.
Goridus . rigidus.

Gripem . *gig.
Grillus . *hama.
Grammatica . litteralis.
145 Grandisnatu . parens . senex.
Gratuitu*m* . gratis . habitum.
Gratificatur . gratiam . pręstat.
(33ra) Gregarium . ducem militu*m*.
Gremen . *faethm.
150 Grex . multitudo.
Gramen . *quice.
Gramina . herba.
Grassator . *forhergend[1].
Grallus . *hrooc.
155 Gracilis . *smęl.
Gressus . ambulatio.
Gregariorum . *unaeðilsa.
Gregatim . *pearnmelu*m*.
Gregalis . mediocris.
160 Greditur . ambulat.
Gros . orbis.
Grus . gruis . *cornoch.
Gramina . arida.
Grauis . *cornuc.
165 Gratis . sinecausa.
Gremius . sinus.
Gratator . gratulator.
Gratat . gratulat.
Graffiu*m* . *gręf.
170 Grates[2] . cellae . apium.
Gressit . incessit.
Grassare . feire.
Grunnire . *grunnettan.
Graticium . *pag[3] flecta[3].
175 Gralorum . grecorum.

Gurgustium . taberna . humilis[4].
Gurgustium . domus . paup*erum*.
Gurges . altus . locus . flumin*is*.
Gumnaside . lauacrum . balneu*m*.
180 Gurgulio . *ðrotbolla.
Gurgustium *ceosol.
Gurgustiore . *cetan.
Gurgustium . domus . piscatoria.
Gurgulio . *emil.
185 Gunna . *heden.
Guttit . paulatim . pluit.
(33rb) Gurgustia . tabernarum . loca . tenebrosa . ubi co*n*uicia . turpia . fiunt[5].

Gymnasis . balneis.
Gymnos[6] nudos.
190 Gymnasia . ędificia . balnearum.
Gallus . color . ferrugineus.
Gymnicus . agon locus . ubi . leguntur . diuersae . artes.
193 Gymnasia . exercitia . palestrę.

Harundo . calamus.
Haec . egloga . et haec eglogae . cantationes . in carminib*us* sunt.
Haut . procul . non longe.
Haut . sanus . nonsanus.
5 Haec fomes . nutrimentum . ignis . a mouendo.
Habia . apta.

[1] The *d* added above the line.
[2] MS. gratis, but the *i* struck through and *e* written above it.
[3] The MS. joins these two words, and Mr Henry Sweet (*Oldest English Texts*, pp. 67, 536) makes one A. S. word of them. But *flecta* is more probably to be taken as Latin, meaning the same as *wag*, i.e. a partition, hurdle; see above, note 4 on p. 38.
[4] First *i* written below the line.
[5] The *u* added above the line.
[6] The *s* written above the *o*.

Haec . nemus . quasi . culta . silua.
Hastilia . telorum . *sceaptloan.
Haciolat . plorat . lamentatur.
10 Hausissent . enacuissent.
Habiloes . aptos.
Haue salutatio.
Hareolus . diuinus . ab aris.
Habitudines . *geberu.
15 Hareolus . iucundus.
Halibs . ferrum.
Habitu*m* . uestu*m*.
Harinulces . repertores . aquaru*m*.
Harubdis . norago . profundit.
20 Harundo . canna . *hreod
Habitudo . fortitudo.
Harenae . pauimentu*m* . theatri.
Hause . sinecircuitu.
Hausae . diuitiae.
25 (33ba) Habyssum . genus . lanę.
Hamatum . uncis[1] . circu*m*datu*m*.
Halat . holet . oscitatur.
Halantes . redolentes.
Haec . lampas . facula.
30 Hausta . epotata.
Haustu*m* . *dryne.
Haurio . uideo.
Haut . dificulter . non dificile.
Haut . secus . non aliter.
35 Haustum . sic loquitur.
Hauserit . percusserit.
Habenis . *gepaldleðru*m*
Habile . *lioðupac.
Haurit . implet . uidet.
40 Harena . sablo.
Haruspex . q*u*i cantus . auiu*m* . intellegit.

Herus . uir . fortis.
Hesperias . occiduae . partes
Heries . morio.
45 Hereum . inferi.
Hercule . fere.
Heluo . uorax.
Herumna . labor.
Habet . tremet.
50 Habitat . defecit.
Heus . *geherestlu.
Hebenum . genus . ligni.
Hermafrodus . castratus.
Herculus . fortis.
55 Hebescebat . stultus . factus
Hebitatus . *astyntid.
Hebesceret . *asuand.
Hebitabit . *asclacade.
Hera . terra.
60 Hebetos[2] . uacuos.
Helluo . luxoriosus.
(33bb) Herrę . saxa.
Herbum . holus.
Herma . froditus . q*u*i natura . conpositus *est* . ut uir . sit . et femina i*d est* monstrum.
65 Hermon . anathema.
Heliacus . solis . occasus.
Heribefonticon . deuita . theorica.
Heronalacah . brute . diuersarum.
Heresis . praua . secta.
70 Hereditas . ab hero.
Hereon . infere.
Helluo . gulosus.
Heia . *pelga[3]
Hemorres . genus . serpent*is*.
75 Herugo . sanguis . suga.
Helson . mons . musaru*m*.
Helice . nomen . stellae.
Heuotropeum . n*o*m*e*n . gemmae.
Helus . palidus . nausia.
80 Heredium . praediu*m*.
Herculaneus . eunuchus.
Herma . castratio.
Herodius . *palch habuc.
Hebitiores . rusticioris.

[1] The *ci* are written on an erasure.

[2] MS. habtos, of which *a* is written on an erasure, and marked for erasure, with *e* written above it, and a second *e* added above the line between *b* and *t*.

[3] *ga* added above the line.

85 Hersutum . drustum[1].
Helleborus . *poidiberge.
Herinis . *palcrigge.
Herma . froditus . androgi.
Hebetat . *styntid.

90 Hispida . senticosa.
Hispidus . hirsutus.
Hipocrisin . simulatio.
(34[aa]) Hibernus . ut mensis.
Hiberna . uttempora . et castra militum . ubi . hiemant.
95 Histriones . saltatores . *uel* scenici
Hiulca . *cinendi.
Hic stipes . ligna.
Hiameo . margareta . p*rae*tiosa.
Hiscitur . diuiditur.
100 Hiatos . pate factio.
Hibiscum . *biscopuuyrt.
Hiscit . incidit.
Hirsi . hirsuti.
Hiadas . atauri . similit*udine*.
105 Hiulcas . leouis . faucis[2].
Hirundo . *sualuue.
Hictrames . iter.
Histrix . *iil.
Himosus . odio . habitus.
110 Hiscire . loqui . desinere.
Hic frutex . uirgultu*m* arbor . minor.
Hiantes . ampliantes.
Himeneos . nuptiae.
Helidres . serpentes . aq*u*atici.
115 Hincire . hinc uiro.
Hisscire . loqui.
Hiemen . nuptię.
Hirribile . infinitum
Historicus . panto . minus . historias . scribit.
120 Hieronia . scema . cauillatio.
Hirobi . ungulas . *non* diuidenis.
Hiantes . ós aperientes.
Hirtus . sitosus.
Hister . fluuius.
125 Hiulcu*m* . patens . apertum.
Hinnitus . *hnaeggiung.
Hicine . putas . iste . est.
(34[ab]) Hostis . picis . aruspices.
Hilicus . arbor . est . folia . modica . fructus . sicut . glandi . modici.
130 Hyna . *naectgenge.

Horomatis . auditis.
Hoc planetum . aplano.
Hosce . osis.
Holor . *suan.
135 Hoscine . hos uero.
Hora . *sueg.
Horno . *þysgere.
Holocaustum . q*uod* totum . crema*tur*.
Holio . glapha . tota . scriptura.
140 Hostia . de q*u*ibus . sacerdotes . partem . habent.
Hoctatus . *gelaechtrad.
Horno . *þysgere.
Hostia . q*uod* de*u*m . placat.
Hostire . equare.
145 Hostimentu*m* . lapis . quo . pondus . equatur.
Holido . *fule.
Honeraria . *hlaest scip.
Hostiae . pacificae . de quib*us* plebs . manducat.
Homuncio et homulis . unu*m* . s*unt*.
150 Horus . laus . gloriae . dictus.
Holitor . hortulanus.
Hoc . sagma . sagmari . uero . burdones . ipsi . dicuntur . q*u*i portant.

Hrema . color.
Huscide . *tolice.
155 Hunccine . hunc uero.

[1] This word is entered as A. S. in Wülcker's *Anglo-Saxon... Vocabularies*, 25. 25. But see Gust. Loewe, *Prodromus*, p. 398, and Forcellini's *Lexicon*, ed. De-Vit, Vol. VI. 581, in voce *Drusus*.

[2] MS. faucis, and *e* added above the *i*.

Humatus sepultus.
Humatum . uncis . circum . datum.
(34^{ba}) Huiuscemodi . talibus.
Humasc . *bimyldan.
160 Humum . terram.
Huncine . usque . nunc.

Hyadas . *raedgasram.
Hyalinum . uitreum . uiridi . coloris.
Hymeneos . *hęmedo.
165 Hymnus . laus . carminum.
166 Hynę nocturnum . monstrum . similis . cani.

Iasitrosin . siriam.
Iam dudum . pridem.
Iaspis . nomen gemmae.
Iacea . iactare.
5 Iapix . felox.
Iacturas . damnis.
Iacit . mittit[1].
Iaculum . telum.
Iaspix . uentus.
10 Iaram . diaconus.
Iactus . iactatus . casus.

Ibices . *firgengaet.
Iconisma . imago.
Icist . hic.
15 Ictus . percussuit.

Idinomen . heretici.
Idem . hoc.
Id metuens . hoc timens.
Idioma . propietas . linguae.
20 Idicon . proprium.
Idiota . ignarus.
Idem . ipse . iste.
Iditun . transilitor.
Idumea[2] . terrena.
25 Idoneus . *oxstaelde.
Iden tidem[3] . iterum . atque . iterum.

(34^{bb}) Igni sacrum . *oman
Igitur . itaque.
Ignita . ignea.
30 Ignouit . ueniam dedit.
Ignauus . piger . tardus.
Ignosce . parce.
Ignarus . inscius[4].
Igrius . orbis . circulus.
35 Ignarium . *aalgepere.
Ignauus . inefficax.
Ignobilis . sine dignitate[5].
Ignitior . ardentior.
Iir . semis . palma.

40 Ieortasticai . perite.
Iecit . expulit.
Iezrahel . nomen dei.
Ierion . sacerdotale.

Ilia . *midhridir . *nioðan peard . hype.
45 Ilium . uiscera.
Ilicet . scilicet.
Ilia . troia.
Ilibus . uisceribus.
Ilicet . quasi relicet.
50 Illic . *þanan.
Iliacis . campis . troianis . campis
Illinc . inde . deinceps . ex inde.
Iliacus . troianus.
Imus . altus . notissimus . nouissimum.
55 Immunis . mundus.

[1] The first i is written above the line.
[2] MS. idumia, but the second i altered to e.
[3] There is an erasure between the n and t.
[4] The u added above the line.
[5] ni added above the line.

Iminant[1] . facient.
Imbricibus . *þaectigilum.

Insolescere[2] . crescere.
Inermis . distitutus.
60 Initia . egestas.
Ingerit . inferit.
Inpulor . ortator.
Internuntius . *interpraes* . medius.
(35aa) Inpluraberis . inuocaberis.
65 Incursatione . in impetu.
Inpertit . inpendit.
Inlicis . indiciis.
Interclusit . inpediuit.
Incursantibus . festinantibus.
70 Incentores . stimulatores.
Incentiua . stimulatrix.
Inormes . ingentes.
Inspuri . incerti.
Inergumenos . *podan.
75 Incestus . coitus . sanguinis.
In canalibus . in angustiis . locis.
Indruticans . *praestende[3].
Inians . *gredig.
Inpetigo . *teter.
80 Inextricabilis . *untosliten.
Inceniae . nouę . aedificationes . tabernaculorum.
Insimulat . accussat.
Infastior . infelicior.
Insolentia . inquietudo.
85 In[4] eculeis . inferreis . ligno.
Infixis . et curbis . interra positis.
In metallo . in carcere.
Inluuies . secundarum . *hama . in quo fit . paruulus.
Incommodum . *unbryce.
90 Intercalares . dies . interpositio.
Indigeries . per habundantiam . frugum . indigesta . inlicebra.
Insolens . superbus.
Inminere . instare.
Inibitum . prohibitum.
95 Infusceretur . priuaretur.
(35ab) Inprouisu . *feringa.
Infestatio . *unlioþupaenis.
Infula . *uueorðmynd.
Inremotis . insecretis.
100 Infestissimo . nocentissimo.
Inminente . *aet peosendre.
Increpescit . flamma . concrescit .
Intestinum . intimum . *uel* domesticum[5].
Inexpertum . probatum
105 Incursat . infestat.
Infestus . *gemenged.
Insidias . furta belli.
Indegina . indegenitus.
Insegniter . innobiliter.
110 Ingesta . *ondoen.
Inola . *eolene.
Insolescentibus . superbientib*us*.
Intestinum . *þearm.
Infestauit . uastauit.
115 Interamen . *innifli.
Increpuit . insonuit.
Infula . uitta . quaedam . dignitatis . quo . utuntur . manichei.
Indeginus . qui in eodem loco ubi nascitur . habitauit.
Instites . *sueðelas.
120 Index . testis.
Insectari . insequi.
Infima . *niol.
Intexunt . *pundun.
Inlex . *tyctendi.
125 Indicit . *con*iungit.
Interim . *þrage.
Increpitans . *hleoþrendi.
Interdiu . tempus . interdiem . et . noctem.
Infestus . *flach.
130 Indit . inserit.
(35ba) Interceptum . *arasad.
Interceptio . *raepsung.
Indeptus . adsecutus.
Infandum . *mánful.
135 Inlecebris . *tychtingu*m*.
Ingratus . *lad.

[1] *in* on an erasure.
[2] *es* on an erasure.
[3] MS. adds an *i* above the line, between *d* and *e*.
[4] No. 85 and 86 make one gloss, but they are written separately in the MS.
[5] The *ti* added above the line.

Incuda *onfilti.
Incola cultor. in terra aliena
Inritatus. *gegremid.
140 Inhiebant. prohibebant.
Incitamenta. *tyhtinne.
In merothece . in domo . ungentor*um*.
In prostibulo . in domo . fornicaria.
Insultans . ridendo[1] . contradicens.
145 Intriuis . in tribus . uis.
Interasile . interrasa . glyffa.
Intula . *uualhpyrt.
Inprobus . *gemah.
Ingruerit . *onhrioseð.
150 Inruens . *þerende[2].
Intractabilis[3] . *unlioþupac.
Inmunes . *orceas.
Indidit . inposuit.
In coniectura . in indicio.
155 Ineptias . res uanas.
Increbruit . diffamatus.
Infactus[4] . non factus[4].
Incubat . insedit.
Interiora . penetralia.
160 Interdicit . interminat.
Inultus . non uindicatus.
Inlectus . fallaciis . circ*um* uentus
Inditu*m* . institutu*m*.
Intempestiuu*m* . non oportunum tempus.
165 Inluuies . squalor . sordis.
(35^{bb}) Intemperantia . leuitas . audacia.
Inprocinctu[5] *inðegnunge.
Insuper . ualde . super.
Iniit . incoat.
170 Iners . piger.
Industrius . studiosius.
Incestare . maculare.
Intercepit . *ręfsde.
Intercepit . *fornoom
175 Insignis . clarus.
Ineluctabile . *contra* quod nemo luctare . potest.
Inrogat . inferit.
Intercessum interdictum
Intemperies . aurarum . mutatio.
180 Iniurium . iniuriosum.
Inspicare . faces . diuidere.
Indemnis . sinedamno.
Indagat[6] . inuestigat.
Incaluit . ualdeferuit.
185 Interlitus . interlinitus.
Interceptum . est . *raefsit . paes.
Insimulatione . *feringe.
Inpendebatur . *geben paes.
Infitiandi . negandi.
190 Interpellare . *raefsit.
Industria . *geornis.
Intempesta . nocte . media nocte.
Intempestiua . intemperata oportuna.
Inpendebat . *salde.
195 In dies crudesceret . *aforht[7].
Intransmigrationem . *infoernisse.
Iners *esuind . *asolcen.
In quis . in[8] qu*ibus*.
Interuentu . *þingunge.
200 Inpuberes . inberbes.
Inlectus . *getyhtid.
Inpubes . puer . inberbes.
(36^{aa}) Intercessisse . interire.
Interlitam . *bismiride.
205 Inpactae . *onligenre.
Indigestae . *unobercumenre.
Innitentes . *piðerhlingende
Indolem . iuuentutem.

[1] MS. ridendendo, with second *den* marked for erasure.
[2] Distinctly so written in the MS.
[3] *li* added above the line.
[4] The *c* added above the line.
[5] Second *c* added above the line.
[6] The first *a* added above the line.
[7] The *h* on an erasure.
[8] *n* added above the line.

Insolesceret. *oberuuenide.
210 Inpulsore. *baedendre[1].
Infractus. *ungeuuemmid.
Inopimum. *unasaedde.
Inditus. *dagesettan.
Infici. *gemengde.
215 Inuiolatu_m_. inpraesumptum.
Index. *taenendi. *torctendi.
Inposterem. *bisuuicend.
Interprimores. *bitu_n_ aeldrum.
Intercapido. *first. maere.
220 Inopinato. insperato.
Insolens. *foruuened.
Infando. nefando.
Incuria. *inmaeðle.
In culleu_m_. in follem. bobulinu_m_. et. aliter. machina. _con_texta. et. bitumine lita.
225 Incuba. *maere.
Ineditissima. altissima.
Inabstrusa. insecreta.
In mimo. *in gliope.
Inuisus. *lath.
230 Increpitans. insonans.
Inuident. scideut.
Inluuies[2]. sordes.
Institutor. negotiator.
In estiuo. cenaculi. *yppe. ubi per. estatem. frigus. captant.
235 Innolucus. *uulluc.
(36^ab) Inuoluco. *uudubinde
Infaustus. inperitus.
Ingruentia. inminentia.
Insilitus. nobilis. clarus.
240 Intercalat. intermittit.
Interpola. reprobata.
Ingruerit. inpetu.
Inculcat. insinuat.
Inq_u_ilini. coloni.
245 Inq_u_ilinis. *genaeot.
In occasum. in finem.
Inquiens. inpatiens.
Inlidit. inpinguit.
Inlecebrum[3]. indesertu_m_
250 Incubet. manet.
Inpendere. soluere.
In capissendo. in accipiendo.
Instinctu. inaccessu.
Inuisere. uisitare.
255 In abductionem. in oppressione_m_.
Intentio. tenor. status.
Insolentione. intemperantia[4].
Inpensu_m_. inpertitum.
Intentant. minantur.
260 Indolis. *byhtful _uel_ *ðiendi.
Interpolat. diuidit.
Inpetuunt. pugnant.
Infrunitas[5]. indigestas.
Internodia. artus.
265 Inferiae. sacra. mortuorum.
Intibus. genu_s_. holeris.
Inedia. famis.
Infridat. *kaelið.
Iniuu_m_ iniuriam.
270 Inedia. stupore[6]. dentiu_m_[6].
Intestabilis. sine fide. testiu_m_.
(36^ba) Indolis. spés[7] uirtutis bonae
Incestum. crimen impie commissum cum sorore aut filia uel cognata.
Inponit. intentat
275 Inuectus. ambulat
Inbreuia. inaccessabilia.
Incumbere. superruere.
Inficise. inflase.
Incute inmitte.
280 Inmoderatus. inpatiens.
Inlustrat. glorificat.
Inflase. minor se.
Inprobat. obicit.
Infitior. nego.
285 Intemperantia. leuitas. audacia.
Induperator. imperator.
Intercalcat. intermittit.

[1] The second _d_ added above the line.
[2] Second _u_ added above the line.
[3] _l_ added above the line.
[4] The first _n_ added above the line.
[5] MS. infrunitus, but second _u_ subpuncted and _a_ added above it.
[6] So in MS. for stupor edentium.
[7] MS. has accent over the _e_.

Interpolauit . interrupit.
Inconsuetare . insolenter inuadere.
290 Inposterio . postea.
Intermina . interiecta.
Inalator . inspirator.
Inpertit . luni[1] . *uel* multis.
Inuectussu*m* . inueni.
295 Incessu*m* . ingressu*m*.
Indere . inserere.
Inq*u*itis . dicitis.
Inpantensium . potestate . elatus.
Inruit . *raesde.
300 Inripere . serpere.
Inergumenis . demonibus.
Incilat . uitare . exprobrat.
Inbit . miluus . cum uocem . emittit.
Inflictu . inpactu.
305 Inferiae . placatio . inferoru*m*.
Intimus . interius.
(36[bb]) Infidens . infisor.
Inplurat . inuocat.
Incunabulum . insignis . infantię.
310 Intempestum . intemperatu*m*.
Inlibare . infundere.
Incursati turbati.
Inrequiuit . prouocauit.
Innitimur . inplicamur.
315 Inolescit . iungit.
Indens . inserens.
Inpendit . super . eminet.
Insuescit . extra . co*n*sueuit[2].
Innectitis . inuolutis.
320 Inferiae . quae mortuis . mittuntur.
Inolescere . crescere.
Innixus . incumbens.
Indipiscitur . adipiscitur.
Inadfectione . inuoluntate
325 Infesus . infestus.
Inscitia . rusticitas.
Insitum . inseminatum.
Indigetes[3] . dii patres . romanoru*m*.
Inous . incibus.
330 Incuria . neglegentia.
Inter rex . designatus . rex.
Inauspicatus . sine questione . auspicale.
Infitia . mendaciu*m*.
Inmunit . ualde munit.
335 In latumis . in carceribus.
Intomus . interius.
Infestissimo . nocentissimo.
Iuat . aperit.
Inconsissis . firmis.
340 Interpolata . reprobata.
Inlauare . infruere.
Inorma . plus . aforma.
(37[aa]) Inuestis . sine barba.
Indidem exindedat.
345 Intercusus . hydropicus.
Intercus . hydrops.
Instrumentu*m* . nouum et uetus . testa mentum.
Inueterare . callide . malitiose.
Indere . scribere . taxare.
350 Inobliuit . innotuit.
Intresio . insinuo.
Inpingit . *smat . *gemaereode.
Incaulas . incancellatas.
Indicibilis . inenarrabilis.
355 Inuolem . originem.
Ingenua . libera.
Inserta . inseminata.
Indubiae . indumenta.
Indoluit . multu*m* doluit.
360 Insauciabilis . qui uulnerare . *non* pot*est*
Inpopulabile . inlesum.
Inlibat . *non* cediat[4].
Incentor . *tyhtend[5].
Infessisti . intulisti.
365 Inferaces . infructuosas.
Internallu*m* . inter murum *et* fossatu*m*.
Incantata . *gegaelen.

[1] So in MS. for uel uni.
[2] Insuescit, extra consuetudine effacit, *Glossar. Lat.*, ed. G. F. Hildebrand, p. 181.
[3] MS. indigetis, but the last *i* altered into *e*.
[4] See *Glossarium Latinum*, ed. G. F. Hildebrand, p. 177.
[5] The *d* is written above the *n*.

Incantatores . *galdriggan.
Infestationes . *tionan.
370 Indecorum . foedum . inhonestu*m*.
Intestinum . domesticu*m* . *uel* ciuile . bellum.
Inundat . plenum *est*.
Intercapidine . *ginnisse.
Instar . magnitudo . simili*s*
375 Inpetendu*m* . persequendu*m*.
Inundatio . *gyte.
Inque . etiam.
(37ab) Incurrus . *ongong.
Incusa . req*u*ire.
380 Instrumentum . *quod* instruat.
Inflexuosus . *quod* penitus[1] . *non* flectitur.
Infitetur . *non* fatetur.
Intemperius . inmederatio[2] . sine tempora mento[3].
Inlecebra . ab inliciendo . ac seducendo.
385 Ingluuies . gula.
Indicium . documentu*m*.
Incentiuu*m* . inritamentu*m*.
Innuba . quae nulli . nubit.
Incompti . inconpositi.
390 Inops . pauper . sine ope.
Inconditus . inconpositus.
Inexorabilis . qui nullis . precib*us* flectitur.
Infandum . *non* loquend*um*.
Introrssum[4] . introuersum.
395 Infanticulus . latinu*m* est.
Insontem . innocentem.
Internuntia . mediatrix.
Inpendium . erogatio.
Inepte . inutile.
400 Infestus . molestus.
Inbuit . *onreod.
Infitiae . negationes.
Inpetrat . accipit.
Indultu*m* . donatu*m*.
405 Indutiae . interuallu*m*.
Industias . spatia.
Indutium . spatiu*m*
Infastum . *sliden.
Inruptio . *ongong.
410 Innixus . *strimendi.
Incanduit . *auueoll.
Ineptus . *gemedid
Intrinicio . *forsliet.
Insirtim . *insondgepearp.
415 Inprouisus . ante non uisus.
Innitor . *onhlingo[5].
Inficio . *blondu.
(37ba) In propatulo . in puplico.
Ineptia . stultitia.
420 Infula . *uyrðo.
Innoratur *punat.
Infectum . *geblonden.
Inperimente . inponente.
Inlustare . saliendo . inludere.
425 Infulae . uittae . sacerdotu*m*.
Inexpiabile . *quod non* pot . est . expiare.
Indomitus . *pilde.
Inulte . indefensus.
Inpensum inmensum.
430 Iniit consilium . coepit . consiliu*m*.
Inbecillis . linguidus.
Inpensus . inportunus.
Indefferens . paratus . sine . dilatione.
Insignit . decorat.
435 Infamis . sine honore.
Inclitum . *sanctum* . praeclarum.
Intercapido . interiectio . te*m*poris.
Inertis . inutilis.
Inderet . insereret.
440 In remotis . in secretis.
Iniere . retinere . conpescere.
Instincta . *onsuapen.
Inperitat . iudicat . *uel* frequenter . imperat.
Inormia . maxima.
445 Incursantes . incurrentes.

[1] The *ni* are added above the line.
[2] Distinctly so written in the MS.
[3] Distinctly so written and divided in the MS.
[4] The second *r* added above the line.
[5] *u* added above the line between *y* and *o*.

In orbitate . in amisione . cacorum.
Inlectus . prouocatus.
Incessit . incurrit.
Inepti . adq*u*isiti.
450 Inenodabile . quae solui . n*on* potest.
Integerrimus . de integritate.
Incessere . inpugnare.
Incentiua . cupiditas.
(37^{bb}) In uestibulo . in ingressu.
455 Inhibentibus . pr*o*hibentibus.
Intransmeabili . *unoferfoere.
Inergiae . uanitates.
In edito . in alto.
Inclamitans[1] . sepe[2] clamo[2].
460 Inbelle*m* . *orpige.
Internicium*m* . bellu*m* . dic*itu*r . quo nullus . remanet . *utcual*m*.
Incidere . inpetere.
Infit . inquid.
Inulus . *hindcaelf.
465 Incatamo . *inbęce.
Initiatum . *gestoepid.
In pauone . in faretro[3] . eius . propio.
In uaticano . propri*um* nom*en* loci.
Intimandum . *to cyðenne.

Iolucrunt . manserunt.
470 Ioatham . d*omi*ni . consummatio.
Iordanis . discessio . coru*m*.
Iob . dolens.
Iota . *sochtha.
475 Ioram . diaconus.
Iolia . specula.
Iocista . qui uerbis . iocatur.
Ioram . os . aperiente.
Iouem . *þuner.

480 Iperbolicus . superbus.
Iperbolicus[4] nimius.
Iris . arcus.
Ironia[5] . mendax . iocus.
Ira . repentina[5].
485 Iris . arcus . caelestis.
Ir . mediat*o*s . palmię
Irridabant . *tyhton.
Iracundia . diuturna.
Irritum . *forhogd . inanem.

490 Isic . *laex.
Isca . *tyndrin.
Iscit . hic.
Istic . *uueðer.
Istinc . de isto . loco.
495 Isignit . ornat.
Istuc . *hider.

Itore . montane.
Itane . ita uiro.
Itenerariu*m* . iter.
500 Itane . putas . sic.

(38^{aa}) Iugum . seruitus . captiv*itas*.
Iuga . summae . latorum . montiu*m* . portę.
Iubilum . nubilat.
Iure . iuste.
505 Iuuencus . taurus.
Iuuat . dilectat.
Iuris . consultus . iuris . peritus.
Iuniperum . similis . taxo.
Iuglantes . quasi . iouis . glandes.
510 Iungetu*m* . *riscðyfel.
Iuuauit . dilectauit.

[1] Second *n* added above the line.

[2] MS. joins the two words.

[3] MS. feretro, but first *e* subpuncted, and *a* written above it.

[4] The *u* is added above the line.

[5] The glosses 483 and 484 are added at the foot of the page, with the usual ð (by the side of gloss 485) and ħ (by the side of the glosses to be inserted), as marks of reference.

Iurisperiti . *redboran.
Iusiurandum . iuratio.
Iugulat . mactat . occidit.
515 Iugis . montibus.
Iurgat . litigat.
Iugia . *continua*.
Iurgium . rixa.
Iugarat . coniunxerat.
520 Iubilum . sibilum . laudis.
Iubar . *earendel.
Iugum . *cnol.
Iunctura . *foeging.
Iugabouum . ·u·x . boues.
525 Iumperum[1] . genu*s* . ligni.
Iuuentus . *midferh.
Iuuentus . multitudo . iuuen*um*.
Iuuenalia . et iuuenilia . unu*m est*.
Iuuentus . ipsa . aetas.
530 Iuncus . *risc.
531 Iubar . *leoma.

Lacenosa[1] . uulnerata.
Lanioses . *qui* berbices . incidunt.
Lanugo . prima . capilla . tio . barbae . quasi . asimilitudine . lanae.
Labrum . *segn.
5 Lar . domus . honesta.
Lautumiae . carceres.
(38ab) Laquearia . tabulae . sub trabibus.
Laturus . daturus.
Laterculus . codex . membra . naticius . illic . sunt . nomina . promotorum.
10 Lautum . mundu*m*.
Larbula . *egisgrima.
Lasciuae . feruidae.
Lances . uasa . quibu*s* sacrificat*ur*.
Lamsta[1] . magister . gladiatoru*m*.
15 Lacerna . *haecilc . *uel* *loða.
Laxhe[2] . *holor.
Lanio . qui lacerat.
Lanistae . gladiatores.
Lacessit . *gremið.
20 Latericia . ex latere . facta.
Laogoena . *crog.
Laniuas . laniat.
Lanterna . uas . lucernae.
Lauticiae . munditiae.
25 Lautumiae . uerbera.
Latomi . lapidu*m* . cessores.
Laquearia . fenes . lucernae . id catenae . aureae.
Lacunaria . aurata . camera.
Lamia . dea . siluae . *dicitur* habens . pedes . similes . caballi . caput manus . et totum . corpus . pulchru*m* . simili . mulieris.
30 Latrina . *genge . *groepe . atque ductus . cloacas.
Laudae . *laurice.
Lacessitus . *gegremid.
Lęxiua . *laeg.
Lacesso . *suto.
35 Laq*ue*ar . *first . hrof.
Lanx . *heolor.
Lanucar . *flode.
Labos . labor.
(38ba) Lactuca . *þuðistel.
40 Lacunar . *hebenhus.
Laguncula . uasa . fictilia.
Lancis . mensuratio.
Lapanas . taberna.
Lapatium . *lelodrae.
45 Lacerta . *aðexe.
Laser . holus.
Las domus.
Laris . ignis.
Latus . minor.
50 Larus . *meau.
Labrusca . arida . uba.
Lacerti . murices . in brachis.
Lampades . faces.
Lappa . *clibe.
55 Latus . nauis.
Latex . *burne.
Lacinosum . panhosu*m*.
Lancinat . bellicat.
Laris . terra . profunda.
60 Lares . dii . domesticii.
Larem . ignem.

[1] Distinctly so written in MS.
[2] Seems a corruption for *lanx*. The Epinal Glossary has: laxhe, olor; the Erfurt Glossary: laxe, clor. See below L 36; Leo, *Angelsächs. Glossar*, col. 421 (51, 55); Bosworth-Toller's *Dictionary*, voce *heolra*.

Labes . macula.
Lanternum . fanum.
Lanugine . lana . supra . poma.
65 Lauerna . ferramenta . latronum.
Lata . data.
Lasciuia . uoluntas . carnis.
Lauescit . fortunam . perdidit.
Larba . umbra . exercans.
70 Lauerna . dea . furum.
Lacertum . brachium.
Lapicedina . locus . ubi . ceditu . lapis.
Laticis . liquoris.
Latibulum . defensaculum.
75 Lanistarum . carnificum.
Latur . *ðatur[1].
Latescere . latere.
Labitur . lubricat[2].
(38rb) Latericia . ex lutere[3]. facta.
80 Lacna . *rift.
Labat . *ƿeagat.
Latebra . locus . occulta.
Labo . titubo . nuto.
Lana . *uul.
85 Latrina . secessum.
Lautissime . habunde.
Laquearia . *firste.
Latex . aqua . quae latet . in uenis.
Laciniosum . laceratum.
90 Latratus . *bercae[4].
Laudariulus . *freemasc.
Lautuminia . custodia.
Ladascapiae . briensis . *id est* *hendpyrm.*
Latona . apollonis . et dianæ mater
95 Lanterna . *leht fact.
Lacessere . *gremman.
Lactescit . exasperat . prouocat *uel* frequenter lacerat . detrahit[5]. maledicit.

Lenones . uenenosi . suasores.
Lepidus . urbanus.
100 Lepor . *ƿooð.
Lebes . *huer.
Lebetas . ollas.
Lenones . conciliatores . meretricum.
Lerna . palus.
105 Lena . sagum.
Lesus . offensus.
Lenta . tarda.
Lenocinantes . conciliantes.
Leuem . formonsum.
110 Lenta . *toh.
Lepus . iucundus . pulcher.
Lecebra . seductio . occulta.
Leuum . contrarium.
Lexis . pausatio.
115 Leuiathan . serpens.
Lex pausans.
Lenocinium . *tyhten.
(39ra) Legit . collegit . *lisit.
Legerat . coniunxerat.
120 Letamen . uirus.
Lembum . *listan.
Legula . *gyrdils . hringe.
Lembus . breuis . nauicula.
Lenticulum . *dicitur* . uasculum . aereum . olei . modicum . quadrangulum . in latere . apertum . aliniendo . dictum.
125 Lenam . pallam.
Lepidum . uoluntarium.
Lendina . *hnitu[6].
Lentis . legumen.
Lembum . purporeum . uestimentum . in imo . abet . clabatum.
130 Lenir . *tacur.
Legio . ui · milia.
Leuigatis . natantibus[7].

[1] This word is distinctly so written in the MS. But is it A.S.?

[2] After this gloss, a hand of the end of 9th or beginning of 10th cent. has written at the foot of the column: Lithos. Lapis.

[3] Distinctly so written in the MS.

[4] MS. bacrcae, but first *a* subpuncted.

[5] The *h* has been added above the line.

[6] MS. hutu, and *ni* added above the line, probably for *hnitu*, not *hniuta*.

[7] Some letter has been erased between *t* and *n*, and the second *a* is added above the line.

Lectidiclatum . *geþuorneflete.
Lens lentis . gen*us* . leguminis.
135 Lepus . lep*oris* . *hara.
Lesia . paradis*us*.
Lectus . ab electis . et mollibus . herbis.
Lentu*m* uimen . *tohgerd.
Lenotoga . duplex . uestis . regia.
140 Lemurium[1] . dies . festus . latitiae.
Leno . qui puellas . conparat . in prostibulo.
Leuis . inberbis.
Lenocinium . habitatio . meritri*cum*.
Legat . testamento . donat.
145 Legat . mittit.
Lego . congrego.
Lenticula . *piose.
Lexos[2] . dictiones.
Leptis . filia . f*ra*tris.
150 Lesta . *borda.
Lectica . qua . consules . portant*ur*.
Lermentum . species . quaelenit . ut lima.
Lemociniat . conciliat.
Le*m*bus . nauis . piraticus.
155 Lenirent . *afroebirdun.

(39[ab]) Linionis . filis.
Libae . africanus.
Linebat . non liniebat . dicendum . quia . lino . liniuit.
Limbum . girum . circuitum.
160 Limpha . aqua.
Ligones . *meott*u*cas[3].
Libare . degustare . tenere.
Libramentu*m* . libratio.
Liburnices . *gerec.
165 Libor . *uuam.
Lixiones . aquarum . portitores.
Lictores . ministri . consulum.
Litotes . duo . negatiua . unu*m* adfirmant.
Ligustru*m* . *hunig . suge.
170 Liuida . toxica . *ða ponnan . aetrinan.
Liquentes . *hlutre.
Lien . *milte.
Liberalitas . humanitas[4].
Liminium . diuinum . seruitium.
175 Lidoria . uituperatio.
Litura . alinieudo.
Libertabus . *frioletan.
Liciatorium . *hebelgerd.
Liticen . qui cum . lituo canit.
180 Limax . *snegl.
Licet*ur* de pr*e*tio . con*tenditur.
Liq*u*idum . splendidu*m*[5].
Lituus . tuba.
Libor . inuitia.
185 Liberalis . largus.
Liberdialeptis . lib*er* . disputationis.
Liquoris . res . liquidæ.
Librat . examinat . trutinatum.
Libor . macula . corporis.
190 Litare . sacrificare.
Linquid . peccauit
Libat . fundit.
Liquitur . labitur.
Lidiae . et . ruria tuscia.
195 (39[ba]) Liniamentum . species . quaelinit . ut fila
Liniamenta . figurae.
Limus . humus.
Limphaticus . *poedendi.
Licentem . lititer.
200 Lituus . *eryc.
Limis . finis . terminus.
Liberales . litteras . qui liberi tantum . legunt.
Liquitur . fluit.
Liber[6] a[6] . cartice . d*icitur* . q*uia* ueteres in cortice . scripserunt.

[1] MS. lemuriam, but the *a* marked for erasure, and *u* written above it.
[2] A later hand has added *i* above the line, between the *x* and *o*.
[3] MS. meotteas, with stroke over second *t*, which is usually a contraction for *ur*.
[4] MS. hmauitas, with *u* added above the line.
[5] MS. spendidum, and *l* added above the line.
[6] MS. joins the two words.

205 Libertini . filii . seruorum . liber*atorum*.
Libauit . sacrifica*uit*.
Libauit . consumsit.
Litescere . latere.
Liticines[1] . cornicines.
210 Licidus . *huict.
Lixa . seruus.
Liis . litis . alite.
Litat . placat
Libertis . libertab*us* feminino . genere.
215 Licitator . actionator.
Librantes . arantes.
Lixae . qui . exercitu*m* . secuntur . quaestus . causa.
Litui . tormentu*m*.
Lingurrit . lingit.
220 Lincis . lupi . ceruari.
Limurnae . laruae.
Lixa . galearia.
Lice . auctor . actioni . uenditur.
Liuido . amor . desiderium.
225 Licitatio . ubi licet uendere . puplice.
Libitina . feretrum.
Linx . leopardus.
Lictores . qui faces . ante iudices . ferunt.
Limpha . aqua.
230 Licitator . altionatur[2].
(39bb) Liuifator[2] . furiosus.
Licetur . paciscitur.
Libertus . *frioleta.
Lituos . signatur.
235 Linter . *baat.
Lignorum . aggeribus.
Lingula . *gyrdils . hringe.
Limis . finis.
Limus . *laam.
240 Linchini . lucernae.
Linquid . reliquid.
Liquet . liquidepatet.
Limbus . *ðres . *liste.
Liberalitas . *roopnis.
245 Libertatem . fiduciam.
Librarios . uidi[3] . q*ui* libros . scribunt.
Lihargum . *slaegu.
Linea . *paehtaeg.
Liciu*m* . *hebeld.
250 Licia . *hebeld . ðred.
Lima . *fiil.
Liburna . nauis.
Lintris . nauicula.

Loica . rationales.
255 Loliu*m* . *ate.
Lotium . *hlond.
Logus . *grece* ratio.
Logion . pannis . exiguus.
Lotum[4] mors.
260 Lobe . sorde.
Lodix . *loða.
Locusta . *lopust.
Loetalis . mortiferis.
Logus . uerbum . siue . sermonis.
265 Locuples . habundans.
Leuem[5] . formonsum.
Loetiferum . mortiferum.
Longa *inter*capidine . longo . interuallo.
Longo . interuallo . ex longo te*m*pore . (40aa) sed alocis . tractu*m* *est* inter muru*m* . et fossatu*m* . locus . in medio . interuallu*m* . d*icitur* . hoc iam . translatu*m* . est . ad tempus.

270 Luculum . uas . ligneum.
Ludus . litterarum . scola legentiu*m*.
Luscus . *an ege.
Luridus . pallidus.
Lucor . *frecco.
275 Lurcones . *siras.

[1] MS. liticinis, but the last *i* altered to *e*. With this gloss cf. A 347 and 349*.
[2] Distinctly so written in the MS.
[3] So in MS. for uiri.
[4] So in MS., but *e* written over *o* by the corrector.
[5] So in MS., but o written over the first *e*.

Lusit . repellit.
Lunulus . *mene . scillingas.
Lusus . lusitatatio[1].
Luxus . dilicie . cum lasciuia.
280 Lucifuga . qui tenebras . diligit.
Lustro . circum . spicio.
Languens . ualde senex.
Lupanar . ubi meretrices . habitant.
Luculentum . *torhtnis.
285 Lupea . meretrix . *uel* lupinaria.
Lucubrantes . uigilantes.
Lumbare . *gyrdils *brooc[2]
Ludiscenici . partes . theatri
Ludilitterari . *staefplagan.
290 Lustrato . stipite . circuito . ligno.
Lutraos . *otr.
Lucius . *haecid.
Lupatis . *bridelsu*m*.
Lucanica . *mærh.
295 Lucan . templu*m*.
Lurdus . *lemphalt.
Lupus . *brers[3].
Ludarius . *steor.
Lucumones . reges.
300 Luitia . rosea.
Luridam . luto . pollutam.
Lustrum[4] . inluminatio.
Lucar . negotiatio.
Lumbricus . *regnpyrm.
305 (40[ab]) Luteu*m* . crocei coloris.
Lucar . uectigal . puplicum.
Lussus fr*ate*r mariti.
Lucus . populares[5].
Lutus . genus . ligni.
310 Lustru*m* . .u. annos.
Lutuus . tuba.
Luxoria . luxus.
Lustrat . peragrat.
Lustra . cubilia . ferarum.
315 Luteu*m* . *crohha.
Luit . dat.
Luperci . sacerdotes . lupercales.
Luebant . luere . persoluebant.
Ludibrium . dedecus[6].
320 Lubrices . labiles.
Lubricus . fallanx
Lustrum . circuitum.
Lustrat . circuit.
Lucus . locus . nemorosus.
325 Lupercal . *haerg.
Luxurio . uerbu*m*.
Lues . morbus.
Lumbus . *side.
Luxerat . fleuerat.
330 Luscinia . *naectegale.
Luscinius . *forsc[7].
Lupus . *pulf.
Lupa . *pylf.
Lupinare . *uulfholu.
335 Lumbulos . *lendebrede.
Lupercalia . ipsa . sacra.

Lymphatico . *poedendi.
Lycisca . canis . ex lupa . et cane[8] natus[8].
Lymbo . *ðresi.
340 Lyeus . uinum . bachum.
Lyneus . anguis.
342 Lymbus . clauus . in ueste . regia.

(40[ba]) Manipulatim . *þreatmelum.
Malleolus . genus . fomenti . aput . persas.
Malis . ora.
Mancipauit . subdidit.
5 Malleolus . sarmenta.
Manticulare . fraudare.

[1] MS. lusitatio, and another *ta* added above the line.
[2] MS. broc, and *o* added above the line between *r* and *c*.
[3] MS. bres, and *r* added above the line between *e* and *s*.
[4] MS. lustram, but the *a* marked for erasion, and *u* written above it.
[5] MS. popularis, but the *i* altered into *e*.
[6] The second *e* on an erasure.
[7] The *s* has been added above the line.
[8] MS. joins these two words.

Marasmon . corium . adherens . ossibus.
Mancus . *anhendi.
Maforte . *scylla.
10 Manes . deae[1].
Maceria . lapis . *tantum*.
Machinatur . malum . cogiter.
Machinatio . dolor . excogitatio.
Maturat . urguit . acce lerat[2].
15 Manna . quid *est* hoc.
Manica . *glof.
Manile . *lebil.
Mandragora . fructus . similis . pomi.
Manitergium . *lin.
20 Margo . *obr.
Malagma . *salf.
Mantyrium . modicum . oratoriu*m*.
Manubiae . res . manu . captae.
Malus . *apuldur.
25 Martyr . testis.
Mandras . *couuistras.
Maceratus . *þreatende.
Manasses . obliuio.
Mastigium . *suiopan.
30 Manubium . *paelreaf.
Mansyr . filius . meretricis.
Manticum . *hondfulbeopes.
Masca . *grima.
Mascus . *grima.
35 Marsopicus . *fina.
Marsuppia . *ceodas.
Marruca . *snegl.
(40bis) Maiales . *bearug.
Mango . *mengio[3].
40 Maulistis . *scyend.
Mastice . *huit cudu.
Malua . *hocc . *cottuc . *uel* *gearpan leaf.
Marubium[4] . *biopyrt . *uel* *hune.
Matrix . *quiða.
45 Massa . *clyne.
Mapalia . *byre.
Magistratus . senatus.
Mango . negotiator.
Mars . martis . *tiig.
50 Mas . maris . amaritudo . dictu*m*.
Made . aspersus . unguento.
Madit . humidum est.
Marcidus . granatus . lassat*us*.
Manubla . iteratio . doctrinae.
55 Manua . manipula.
Mantica . bis . acuta.
Mannolus . caballus . buricus.
Matella . genus . uasorum . ubi . antiqui . mingebant.
Masitat . manet.
60 Mala . poma.
Mandauisit . mandarit.
Mafortiam . res . quae ad ma. fortem . pertinet.
Mappalia . tentoria papilionis.
Mampularis[5] . dux . qui reget exercitum.
65 Mastruca . cocula . depellibus . siue . depilibus.
Manuale . uorarium
Marsus . incantator . serpentiu*m*.
Malachia . mollities.
Matalis[6] . pecus . pingues.
70 (41aa) Manet alta . manet . intra sensum penitus . *con*loca*tus*.
Maris*id est* . masculus.
Malle . uelle.
Matertera . soror matris.
Manubium . hostium . spolia
75 Mandibula . apta . ad manduca*n*-*dum*.
Mandit manducat.
Mandet commasticat.
Machinante*m* . struentem.
Manatio . fluentia.

[1] Prof. Zupitza read *dede*, and hence this gloss appears as A.S. in Wülcker's *Vocabularies*, 31. 25. It is possible to read the 3rd letter as *d*, but the more obvious reading is *a*; hence *deae*. See Hildebrand's *Glossar. Lat.*, p. 205.

[2] There is an erasure between acce and lerat.

[3] The *o* has been added above the *i*.

[4] MS. Mubium, and *ar* added above the line.

[5] So in MS. for manip-.

[6] So in MS. for maialis.

80 Maturius . cito . ueloci*ter*.
Magalia . *byre.
Mas . masculus.
Maculosum . notis . plurimis . uarium.
Madere . humida loca sangui*ne*.
85 Macilentus . *gefaested.
Mantilia . mappae . uellosae.
Mallo . magis . uolo
Manipulus . directus.
Marsupiu*m* . sacellu*m*.
90 Mallim . uellim.
Manere . *bidan.
Mallo . magis . uolo
Mansuaeuit . mansuetus . factus . *est*.
Madidum . *obðaenit.
95 Maritabatur . dominabatur.
Magnetis . lapis . qui ferrum . rupit.
Materia . massa.
Madefacta . *geuueted.
Malachim . regum.
100 Malefida . periculosa.
Martyrium . testimonium.
Manipulus . numerus . militu*m* . breuis.
Marcor . languor.
Marcuet . languet.
105 Magnificus . magna . faciens.
(41[ab]) Macies . exilitas . corporis.
Mauens[1] . durans.
Manes . inferni.
Manachus . singulariter.
110 Mansitare . manere.
Mauult . magis uult.
Machinamenta . *orðonc.
Maturauimus . festinauimus.
Mafortia*m* . urbem . romam.
115 Mancipare . deseruire.
Mancipatus . uinctus.
Macte . gaude.
Mantega . *taeg.
Magnanimitas . bonitas.
120 Mala punica . genus *est*. pomoru*m*.
Malas . *gebsias.
Macera . gladius.
Manduco . manum . duco.

Meta . frasin . inter pr*ae*tatio.
125 Mendacio . conposito . *gereg-nade.
Metas . terminos.
Meta . finis.
Metrum . modium.
Melotis . pellis . simplex . *ex* uno . latere . deperdens[2].
130 Melinus . color . nigrus.
Medemnum . modios . ui.
Merepsica . unguentaria.
Meloncolia . umor fellis.
Melopeus . carminis . factor.
135 Medio . tollonium . medio . terraneum
Menstrum . defectio . lunae.
Metas . rerum . fines . tempo*rum*.
Merotetes . domus . ungentoru*m*.
(41[ba]) Metafora . translatio . reru*m*.
140 Meatim . meo more.
Mecanicia . peritia . *uel* fabrica reru*m*.
Melarium . *mirc . *apuldur.
Meatus . uenae . modicae.
Merum . sincerum.
145 Mecenus . regiones . sunt.
Meticulosus . metuendus.
Medetur curat.
Menstrua . a mense . dicta
Menstruum . tempus . unius . mensis.
150 Melodiu*m* . *suinsung.
Metit . secat.
Mesores . ametendo.
Mercimonia . negotiationes.
Medius . fidius . iuramenta paganorum.
155 Melito . meditor . *meadrobordan[3].
Meantes . ambulantes.
Melos . cantatio . carminis.

[1] So in MS.

[2] MS. distinctly deperdens, for dependens.

[3] Is this word A.S.? It is not in the Epinal, nor in the Erfurt, MS., and is, perhaps, a corruption of some other gloss.

Meliuscula . feminum . regit genus diminutiue.
Meliuscule . aduerbiu*m* . *est* diminutiue . sicut . bene . *uel* male.
160 Mergulus . *scalfur.
Merx . *mertze.
Mereo . *groeto.
Meio . minxi . amingente . dictu*m*.
Merx . mercis . amercando . *non* merces . mercedis.
165 Merula . *oslę.
Megale . *hearma.
Mergiteculmi . manipulos . spicaru*m*.
Mentor . sculptor[1].
Metonomia . trans . nominatio.
170 Meta . dict*io* . translata . apropria . significatione.
(41bb) Metra . genus . unguenti.
Mesopicatum . mediu*m* . peccatu*m*.
Melops . dulcis . sonus.
Melopeum . dulce . compositu*m*.
175 Messalia[2] . messor.
Medius . fidius . *deus sanctus* . malaa . uertens.
Merit . floret.
Meat . manat.
Melopeus . quasi . carminis . factor.
180 Meapte . mea uoluntate.
Mercedarius . qui mercidem . dat pro labore . sibi . inpenso.
Merg*ae* . fustes . q*uibus* . messes . colliguntur . *uel* corbi marini.
Melfoben . musa . mane . mea . eg*reco*.
Metitur . mensurat.
185 Mensum . mensuratu*m*.
Meditus . medicator.
Mergisso . callidus . murmuratu*m*[3].
Mero . animo . simplici . fide . sinceritas.
Memet me ipsu*m*.
190 Melodiam mulcido . *uel* corui mariui . *uel* conuiuium.
Meditulliu*m* . medio . loco.
Merit . tristatur.
Medella . cura.
Medentes . medici.
195 Medulla . *merg.
Mestificu*m* . meror . tristitia
Mercurium . *poden.
Mentagra . *bituihn.
Merga *scraeb.
200 Metricius . *mederpyrhta.

Miluus . *glioda.
Miliu*m* *miil.
(42aa) Minerba . pallas . *id est*. dea artium.
Mirifillo . *gearpe.
205 Misitat . frequenter . misit.
Mistice . sacrae . diuine.
Mirum . in modum . supra modu*m* . mirum.
Mimopora . *ðeofscip.
Milium . genus . leguminis.
210 Mine . luna.
Minet . eminet.
Mimographus. histrionum . scriptor.
Minax . iratus.
Misellus . diminuti*uum* . miser.
215 Millum . collarem . canis.
Misicus . qui militia*m* . exhibet
Minitatur . adsidue minat*ur*
Misterium . sacrum.
Minicus . ericius.
220 Mire . magifice
Miuparones . ge*nus* . caraboru*m*.
Miserandu*m*. horribile nefandum.
Minaci . *hlibendri.
Mitigat . sedat . temperat.
225 Misuratio . mensura.
Minitante . minante.
Mitra . *haet.
Milite . exercitu.

[1] MS. scuptor, and *l* above the line between the *c* and *u*.
[2] MS. mesalia, with *s* added above the *e*.
[3] The Erfurt MS. reads: Mergisco, callidus murmurator.

Migma . conmixtum.
230 Mitra . cinthium.
Mimus . qui agit.

Monofealmon . unu*m* . oculu*m*.
Moysica . modulabilis.
Moenia . murus.
235 Molitur *concitat*.
Mordet . conpugit.
Moles . uastitas[1] . magnitudo.
Monumentum . memoria.
(42ab) Monimentu*m* . amoris . indiciu*m*.
240 Molares . dentes . extrimi.
Monimenta . testimonia.
Momentum . ictum . temporu*m*.
Moderatus . rectus.
Modulatio . dulcido.
245 Molles . uani.
Molitur . disponit.
Modulatio . mulcido.
Monasterium . unitas.
Monumentu*m* . donum.
250 Monogamia . singularis . nuptiae.
Mordicos . *bibitne.
Molestissimum . *earbetlicust.
Monarchia . *anuualda.
Morosus . fastidiosus . sup*er*bus.
255 Modius . sextari.
Modioli . *habae.
Morgit . * milcit.
Mosiclu*m* . *ragu.
Momentum . *scytel.
260 Morotonus . rigidus.
Moenia[2] . superior . domus.
Molibus . *ormetum.
Modernos . nouos.
Mordacius . *clouae.
265 Monopolarius . qui[3] ibe[3] *est*[3].
Monupoliu*m* . pigmentarium.
Morbidosus . qui morbis . habundat.
Modulant . librant.
Monstru*m* . deformitas . membroru*m*.
270 Mouebor . *styrið.
Mora . celsa . agreste.
Monarchus . singularis . rex.
Monarcha . pugna . singulari*s*
(42ba) Modulum . tropum.
275 Morigeri . moribus . obedientes.
Molire . aedificare.
Molestus . iniuriosus.
Monarchus . inperator.
Modulamen . cantatio[4].
280 Modulator . cantat.
Modus . modus . breuis.
Molitionibus . dispositionibus.
Monumentis . supplicis . sempiter*nis*.
Moles . *falthing.
285 Molosus . *roðhund.
Molimen[5] . dispositio.
Monotalmis . luscis.
Morenula . *eil.
Mosicum . *ragu.
290 Moderari . regere.
Monotonus . rigidus.
Mora . *heorotberge.

Multimoda . multiplex
Municeps . *burgliod.
295 Munifica . *cystigan.
Murica *gespon.
Muste . frangat.
Musicanter . leniter.
Mulgatores . peremtores.
300 Mulcauit . uiuxit.
Mutilum . pecus . diminutiuum . amuto.
Murenula . *bool.

[1] The first *s* has been added above the line.
[2] MS. menia, and *o* added above the line between *m* and *e*.
[3] The Erfurt MS. has pigmentarium.
[4] MS. cantio, with *ta* added above the line.
[5] MS. milimen, but point below the first *i* and *o* above it.

Municipatum . principatu*m*.
Murcus . curtus.
305 Mutilanda . commouenda.
Murice . indomatus.
(42^bb) Mulcare . calcare.
Mulcatur . abono . separat.
Musitat . pro timore . dubitat.
310 Mucro . caput . gladii.
Multatio . condemnatio.
Muscus . gen*us* herbae.
Murra . et aloae . herbae . *sunt*.
Mulnctra . *ceoldre.
315 Munila . *baeg.
Mulcet . p*ro*ducit.
Munitus . circum datus.
Multaui . magna . uirtute.
Municeps . ciuis . municipii.
320 Mulcat . grauiter . uexat
Municeps . et . municipalis . unum *est* . i*d est* ciuis.
Municipatus . ius.
Munitoria . *prae*cinctoria.
Muscipula . *muusfalle.
325 Mutilat . contaminat.
Mulcifer . ignis . q*uia* omnia . mulcet . et d*icitu*r . ulcanus.
Mucro . *mece.
Municipium . ciuitas . modica.
Murex . regalis . purpura.
330 Multata . percussa.
Munerum . dies . remunerationes . militu*m*.
Mugil . *haeced.
Munificentia . largitas.
Mulsum . cum . melle . mixtum.
335 Mustacia . *granae.
Musiranus . *screauua.
Mustel a[1] . *uuesule.
Mulio . *horsðegn.
Mugil . *heard . hara.
340 Muria . faex olei.
Mulgit . *milcit.
(43^aa) Murex . murice . alapide.
Mus . muris . *muus.
Multabitur . *uuitnath.
345 Munifex . qui munus . facit.
Mutilat . murmurat.
Munificus . honorificus.
Munia . officia . militiae.
Muginatur . causatur.
350 Mulcet . lenit . friat.
Murrat . murmurat . musat.
Murice . ostro . purpura.
Munia . aedificia.
Mulcit . linit.
355 Murilium . *byrgen.
Mutilat . retundit.
Multifarius . multi . loquax.
Musca . *egesgrima.
Multifariam . multiplicem.
360 Muturat . urguit[2].
Mufex . munerarius.
Munificentia . puplicu*m* . opus.
Multat . damnat . *con*taminat cedit.
Munda . officia.
365 Multatus . con demnatus.
Mutilare . mutare.
Multauit . condemnauit.
Musica . *myrgnis.
Multatur . occiditur.
370 Mulcra . mulgarium . lact*is*.
Munifice . magnifice.
Mulcere . mitigare.
Mulcendis . reficiendis.
Murratu*m* . amarum.
375 Murice . *purman.
Musca . *flege.
(43^ab) Mutuli . minimi.
Murus . *braer.

Myrmicaleon . formicaleo . *uel* formicaru*m* . leo.
380 Myro . unexio . chrismalis.
381 Myrtus . *uuir.

Nauiter . studiose.
Nauarcus . princeps . nauis.
Naualis . campi . culturae . dediti.
Nanctus . inuentus.

[1] One letter erased between *l* and *a*.
[2] MS. urgit, with *u* added above the *i*.

5 Nausatio[1]. *uulatunc.
Nanctus sum. inueni.
Nauus. strenuus.
Nauigabilis. ut pontus.
Nauiter. *horsclice.
10 Naumachium. locus. naualis. exercitationis.
Naumachia. naus. templum. machia. pugna.
Naama. decor.
Nando. natando.
Nasturcium[2]. *tuunc. ressa.
15 Naetcos. murus.
Nario. subsaunanis.
Napta. *blaec teoru.
Nat. natat.
Nardus. arbor.
20 Naides. fortium[3]. nymphae.
Nanccisceretur. inueniretur.
Nauale. proelium. pugna. maritima.
Nabat. cogit.
Nauus. obsequens[4]. impiger.
25 Nauus. celer. industrius. fortis.
Natium. natura. legentium.
Nantes. natantes.
(43ba) Nardus. genus. odoris. optimi.
Nanciscitur. fruitur.
30 Nauare. extremi. aliquid. facere
Nauaretis. nomen nauigantibus.
Nauat. *continuat*.
Napta. *tynder.
Nauat. frangat.
35 Naualis. res. ad naues. pertinens.
Natrix. serpens aquaticus.
Nardum. spicatum. species. nardi. in modum. spicae. infusa. conficitur.
Nauus. pumilio. *duerg.
Nasciosus. qui plus. uespere. sapit. *uel* uidit.
40 Napis. *naep.
Nauita. nauigator.
Natiuum. genitiuum.
Nauare. strenue. officium.
Naumachium. pugna. naualis.
45 Natalicius. munus. *praemia*. natalis.
Nazarei. *loccas.
Nabulum. *feresceat.
Nauiter. *suið fromlice.
Nardum. pisticum. ex xuiiii. herbis. conficitur.
50 Naumachiae. lacus.

Nectarius. odorifer.
Nequid. aliquid.
Neomeniae. kalende.
Nenias. carmen. funebre. mulierum.
55 Neptam. *tyndre.
Nefastus. et nefarium. *id est* sceleratus.
Nec ratum. nec. iustum.
(43bb) Nectar. mel. *uel* uinum. *uel* *carere.
Neptalim. dilatio. mea.
60 Netila. *hearma.
Nepa. *haebern.
Nefanda. non dicenda.
Neophitus. nuper. baptizatus.
Negotia. *unemetta[5].
65 Nebulonis. *scinlaecan.
Nebris. corium. ceruis.
Ne qui quam. *holunga.
Nemorosum. frondosum.
Neuis. maculis.
70 Neuque neque.
Necessitudo. amicalis. affectio.
Necessarius. amicus.
Nex. necis.
Netum. *gesinpid.

[1] MS. naustio, with *a* added above the line between *s* and *t*.

[2] MS. nastarcium, with second *a* marked for erasure and *u* written above it.

[3] So in MS. for *fontium*.

[4] ens on an erasure.

[5] MS. unetta, with *me* added above the line, over the *ett*.

75 Nectar . potus . deorum.
Neu . neue . adberbia . *sunt* . *pro*hibendi.
Nec opinum . nec . expectatum.
Nequam . nequus.
Negotium . opus.
80 Nenior . uana . loquor.
Nex . mors . supplicium.
Nentes . fila torquentes[1].
Nec romantia . mortuorum . diuinatio.
Nefandi . iniqui.
85 Nequirem . nollem.
Nexui . nudui.
Nectit . alligat.
Nexa . ligata.
Nectit . canis . *cum* acute garrit.
90 Nexus . ligatura.
Nexius . nocens.
Nestorio . scelerato.
Nexu . ligatum.
Nebulo . indutor . fallax.
95 Negotio . laborare.
Nequis . nealiquis.
Neruus . *sionu.
Necopinantur . necsuspicabantur.
(44[aa]) Nectar . potum . caelesti.
100 Neofitus . rudis . nouellis.
Necabantur . *aquaddun.
Nefas . *quod*libet inlicitum.

Nimbi . nubes.
Nisus . conatus.
105 Nitet . splendet . lucet.
Nixus . incumbens.
Niueum . niue.
Nitorium . *spinil.
Nimpha . dea aque.
110 Nil hominus . nilminus.
Nimba . uirgo . caelestis.
Nisu . uirtute.
Nymbus *storm.
Nitor . foetor . *uel* odor.
115 Nisi fallor . nisi erro.
Nicolaum . idem . *quod* dactum[2].
Ninguit . *sniupið[3].
Nineue . speciosa.
Nigra . spina . *slaghðorn.
120 Nicto . latro.
Nigelli . nigri.
Nihili . nomen . nihil . aduerbium *est*
Niuata . aqua . ex niue . facta.
Nitelli . nitores . diminutiuum.
125 Ninnarius . cuius . uxor . moechatur scit et tacit.
Nititur conatur.
Nibarius . splendidus.
Nimquis . non aliquis.
Ni fallor . sine dubio.
130 Nimirum . ualdemirum.
Nixu . *perðeode.

Non nulli . multi . iniusti.
Non adit . non contingit.
(44[ab]) Non infectus . non inuenit.
135 Nobilis . nota.
Noxa . culpa.
Nobilis . genereclaro.
Noctua . ulula . *ule.
Noctet . signet.
140 Nomendator . genus . officii[4].
Non inmerito . non mirum.
Norma . regula.
Nonne . putas . non.
Nomisma . *mynit.
145 Noctua . *naeht hraefn.
Naualia . *faelging.
Non subsciuum . *un faeeni.
Non modo . *non* solum.
Noscit . discit.
150 Notam . maculam.

[1] MS. divides; filator quentes.

[2] The Erfurt MS. has: Nicolaum, idem quod tactilus (*Neue Jahrbücher für Philologie*, 13er Supplementbd., 1847, p. 353). And again: Nicolatis, dactulis (*ibid.* p. 355); cf. Plin. 13, 4, 9 § 45.

[3] MS. supið, with *ni* added above the line.

[4] See below 161.

Notatam . maculatam.
Nodus . *prasan . ost.
Noxius . nocens.
Non putatiuum . non *est* dubium.
155 Nouelctum . ubi *sunt* uites . nouellae . quo modo . finctum.
Nocticula . luna.
Nostrone . *nos*trorum . more.
Nostrates . nostrorum.
Nob familiae . bona . genere.
160 Notae . *speccan.
Nomenclator . genus offici[1].
Non findunt . non diuidunt.
Notatus . *oncunnen.
Non secus . non dissimile.
165 Nomine . honore.
Nonnullus . aliquis.
Nouerca *steopmoder.
Non profuit . *pro* nihilo . fuit.
(44^{ba}) Norunt . sciunt.
170 Nobilis . nota.
Nobilis . genere claro . *uel* opere.
Noma . *rihtebred.

Numularius . nummoru*m* . praerogatur . *miyniteri.
Nundinis . mercatis.
175 Nummismum solidum.
Nudustertius . die tertia.
Nutibus . gestibus . potesta.
Nundinatio . quasi . posit*io*[2].
Nubila . uelamina.
180 Nuit . notum dedit.
Nuntio allata.
Nurus . *snoro.
Nundinae . negotiationes
Nux . *hnutbeam.
185 Nutu . gestu.
Nuit . permisit.
Nugacitas . *unnytnis.
Nuntio . aportatu.
Nundinat . mercatur.
190 Nugas . nequam.
Nucli . *cirnlas[3].
Nummisma . nu*m*mi . percussura.
Nutu . arbitrio.
Numq*uam* tempus . unsq*uam* lo*cum* . designat.
195 Numine . potestate.
Numquam . abero . nu*m*q*uam* recedo.
Nutat . uacellat.
Nullo . negotio . *naenge . earbeðe.
Numquid . *nehuruis.
200 Nurus . potestas . deifica.
Nutaret . trepidaret.
202 Nugando . inutiliter . loquendo[4].

(44^{bb}) Obolitio . *eðung.
Obtio . electio.
Oborti . subito nati.
Obiurgat . obpugnat.
5 Obliquat . trans . uersus . uadit
Obstrependum . obloquendum.
Obices . qui ob ponuntur.
Obturare . obstruere.
Obeunda . exsequenda
10 Obtio . electio.
Obicit . obponit.
Obstinacissimus . inrationabilis . qui ratione . n*on* placatur
Obuallatu*m* . circum . datum.
Obsecundat . temperat.
15 Obscenus . sordidus.
Obsignat . simul . cum aliis . signat.
Obtrectans . resistenis.
Obtentu . intuitu.
Obsecundat . seruit.
20 Obortus . exortus.
Obtentat . obtenuit.
Obolisc*us* . lapis . quadratus.
Obsides . *gislas.
Obrizum . *smaetegold.
25 Obuncans . obiurgans.

[1] See above 140.
[2] The Erfurt MS. has prositio.
[3] MS. cirlas, and *n* written above the *r*.
[4] MS. loquedo, with *n* added above the line between *e* and *d*.

Obturans . claudens.
Obsolitus . deletus.
Obriguit . *gefreos.
Obliquum . *scytehald.
30 Obnixus . *strimendi.
Obstinatus . perseuerans.
Obreptione . *criopunge[1].
Obelis . uirgis.
Obestrum . *beost.
35 Optimates . *gesiðas.
(45[aa]) Obuncans . *genyclede.
Obtenuit . *forcuom *bigaet.
Obnixe . *geornlice.
Obunca . *crump.
40 Obligata . oblita.
Obuix . *piðer stal.
Obliterarent . delerent.
Obligamentum . *lyb . *lybsn.
Obessus . pinguis.
45 Obeuntia . gignentia.
Obsculatio . uulneratio.
Obpanso . obiecto.
Oblatrat . murmurat.
Oblectare . increpare.
50 Obruit . sepelit.
Obnixe . perseuerant.
Obsitus . circum datus.
Obliteratum . obliuione . obscuratum
Obiit . moritur.
55 Obuiet . renitet . reluctat . resistit.
Obsit . inclusit.
Obseptus . circum . datus.
Obripuit . obstipuit.
Obstinata . mens . opposita.
60 Ob circum . propter . contra.
Obnexus . oppositus.
Obtendere . anteponere.
Obruerat . obtexerat.
Obstruit . *fordytte.
65 Obolus . minutus . nummus.
Obnixus . contradix*it*.
Oblituit latuit.
Obses . sequester.
Obpilat . cludit.
70 (45[ab]) Obtatis . desiderat*is*.
Obserrat . claudit.
Obsessa . occupata.
Obstaculum . inpedimentu*m*.
Obnectare . colligare.
75 Obtestatur . obiurat.
Obticuit . tacuit.
Ob est . contrarium . est.
Obtinere . uincere.
Obstinat . opponit.
80 Obnibulare . *con*cludere . *uel* circu*m* dare.
Obstipum . oblicum.
Oblitterans . delens.
Obscines . corbi . auspicia . dantes
Oblimat . limpidat.
85 Obstinatus . desperatus.
Obstentat . indicat.
Obrepenter . direptice.
Obscuratio . matricis . uulneratio.
Oberatus . sub arratus . quasi . circum . fusus . pecunia.
90 Obtriit . peremit.
Ob esca . grestu[2].
Obrute . inuise.
Obtegit . euenit.
Obsillagis . marsus.
95 Obiecte . *ongeusette.
Obiectus . *unit setnis.
Obruere . *oberuurecan[3].
Obstrusa . occulta.
Obsedatus . *gislhada.
100 Obturat . *folclaemid.
Obtutus . facies.
Oblicum . deangulo . in angulu*m* . ductio.
Obtinuit . *ofercuom.
(45[ba]) Obstes . contra stes.
105 Obiectionibus . *gestalum.
Obnoxius . *scyldig.
Obex . *ogengel.
Obicula . *geoc stecca.

Occupauit . *onette.
110 Ocreis *baangeberg.
Occa *faelging.

[1] MS. cropunge, and *i* written above the line between *r* and *o*.
[2] Is this an A.S. word?
[3] MS. oberurecan, and a second *u* added above the line by the corrector.

Occubuit . *gecrong.
Occiput . *hrecca.
Ocius . citius.
115 Occuluntur . ocultantur.
Oculus . quasi . ocior lux.
Occipit . incipit.
Occipitium . pars . posterior capiter.
Occipiunt . incipiunt
120 Occusare . occurrere.
Ocursauis . ocurris.
Occulunt . ocultant.
Occabat . *egide.
Occarium . *staeli.
125 Oceanu*m* . mare . q*u*i circu*m*dat . omne*m* terra*m*.

Odo . uia.
Odiosus . qui oditur.
Odiporicum . iter.
Odas . chordae.

130 Oethippia . coitum . matris.
Oephi polentae . farma[1] . de pisas.
Oephi . et batus . aequalia.

Offendit . *moette.
Offecit . inpedit.
135 Offirmans . *claemende.
(45^{bb}) Officit . *perdit.
Offa . mursus.
Officio . opus actio.

Ogastrum . *aeggimong[2].

140 Olfactoriola . uasa . insimilae.
Olor . *suon.
Olentes adorantes.
Ollita . ueterana.
Olimphum . caelum.
145 Olimpus . mons . in macedonia.
Olimat . limpidat.
Oligia . *nettae.
Olustri . olera.
Olgastrum . *aeggimong
150 Olfactum . umbraculum.
Olocausto.mata[3] . sacrificia.
Olor cicnus . *aelbitu.
Oleaster . genus . ligni.
Oliri . deleri.
155 Olim . *singale.
Olores . uolucres.
Olastrum . *staeb.

Omonima[4] . quae uno . nomine plures . res . signifi*cant*.
Omelias . locutiones.
160 Omen . augorium.
Omina . augoria.
Omnimodo . *oeghpelceðinga.
Omena . signa.
Omitto . p*rae*terio.
165 Omenstrum . augoria . modica.
Omentum . *maffa.
Omisa . p*rae*termisa.
Omitta . aduoluta.
(46^{aa}) Omasum . genus . carnis.
170 Omer[5] *hael.

Onix . gemma.
Onestus . grauatus.
Ontax . genus . marmo*ris*.
Ontigometra . coturnix.
175 Onocratallus . *feolufer.
Onesiforus . lectum . ferens.
Onocentaurus . asino . p*er*mixtu*m*.

Opifex . artifex.
Operi . occasi.

[1] So in MS. for farina.
[2] The first *g* is written on an erasure.
[3] The third o is an alteration from *a*.
[4] *mo* written on an erasure.
[5] The MS. has clearly omer (for omen).

180 Ope eius . suo . auxilio.
Opulentus . habundans.
Operepretium . necessar*ium*.
Operiebamur . expectaba*mus*.
Opima . optima.
185 Opido . ualde.
Opilauit . *forclaemde.
Operiunt . inueniunt.
Operientes . expectantes.
Optionarius . qui militu*um*[1] . ciui-
b*us* prae . est.
190 Ope*m* . ausilium.
Oppida . municipia.
Opacum . nemorosum.
Opitulatio . adiutorium.
Opimus . opibus . plenum.
195 Operiens . expectans.
Opes . diuitiae . facultam.
Ope . studio.
Operior . specto.
Opulentam . perpingue*m*.
200 Operis . *pre*tium . laboru*m* . *pre*-
tiu*m*.
Opimis . pinguibus.
Oppidu*m* . castellum.
Opinio . fama.
Ops . terra
205 (46ab) Opus . museum . carnes[2] .
musarum[2]
Oppilauit . clausit . *gegiscte.
Optio . dispensator . in militu*m* .
stipendis.
Opinare . *resigan.
Opacum . aestiuum.
210 Oportunitatem . *gehydnis.
Opturantes . claudentes.
Opereplumario . *bisiudiperci.
Opus . balsami . sucus . balsami.
Opessulati*s* . clausis.
215 Opium . uenenum.
Opificiu*m* . ergasterium.
Opinatores . existimat*ores*.
Opinax . manifestus . omnibus.
Opima . spolia . quae dux . de-
trahit[3].
220 Opansu*m* . uelu*m* . in scena . q*uod*
undiq*ue* pandat.
Oppilatae . *bis parrade.
Operosa . ingentia . certamina.
Oplere . obliuisci . ad plenu*m*.

Origanu*m* . *purmille.
225 Oridanu*m* . *eolone.
Oraria . linteamina.
Ortodoxi . gloriosi.
Orcus . *orc.
Oresta . *ðres.
230 Oripilatio . *celipearte.
Orcus . *ðyrs . *heldiobul.
Ordinatissimam . *þagesettan.
Orbita . *hueolrád[4].
Ortus . natus.
235 Ordiar . incipia*m*.
Ortigomera . *edischen.
Orcistra . scena.
Orge . occide.
(46ba) Orchi . testiculi.
240 Oratores . *spelbodan.
Oraculu*m* . responsu*m* . diuinit*us*.
Orbantur . orbanae . er*an*t.
Ora . regione . fines.
Orsa . inchoata.
245 Orsus . locutus.
Ora . frons.
Ordo . equester . equitum . ordo.
Ornus . genus . ligni.
Orbatus . a fetib*us* destitutus
250 Origenaria . uernacula[5].
Orator . facundus.
Ordinatus . *gehaeplice.
Or . *onginnendi.
Orpleuit . conpleuit.
255 Orion . *eburðring.
Oraculum . ubi sordes . autiuntur.
Orbus . qui filios . n*on* abet.

[1] MS. militu*m*, and another *u* added above the line by the corrector.
[2] The Erfurt MS. has: carmen musorum.
[3] MS. detrait, and *h* added above the line.
[4] The MS. has accent over the *a*.
[5] MS. uernacla. and *u* added above the line, between *c* and *l*.

Origenari . uernaculi.
Orcae . frenae.
260 Orgea . misteria . bachi.
Ordo . equester . prosenatum.
Oroma . uisus . romane.
Orbia . sifan . utunda[1].
Orbita . strata.
265 Orto.grafia . discriptio . litterarum.
Ordinarius . milis . qui integro . ordine . militat.
Orbitae . *last.

Oscillae . *totridan.
Ostrum . purpura.
270 Oscines . auspicia.
(46[bb]) Osci oś[2] . aperi . hoc est.
Oscitantes . *geongendi.
Ostentur . ostentio.
Ostium . ab obstando . dictum.
275 Osee . saluator.
Os ma . *suice.
Osanna . o domine saluifica populum . tuum.
Ostinat . desperat.
Ostriger . *bruunbeosu.
280 Ossan . nomen montis.
Otium . quies.
Ostia.exitus . flumiuum . in mare.
Oscitauit . crasmauit.
Ostentum . monstrum.
285 Osurus . oditurus.
Ostentat . multo . ostendit.
Ostentare . demonstrare.
Osanna . genus . ligni.

Othus . semen mundi.
290 Otium . quies . securitas . uacuatus.
Otiosus . quietus.

Ouantes . gaudentes.

Ozasanga militum . calciamenta.
294 Ozias . fortitudo . domini.

Patriarcha . princeps . patrum.
Patrimonium . *gestrion.
Parma . scutum.
Partim . *sumedaeli.
5 Palpitans . *brogdetende
Particulatim . *styccimelum.
Paludamentum . genus . uestimenti bellici . *haecile.
(47[aa]) Pantium . pantemplum[3].
Patrauit . perficit.
10 Patrocinium . *mundbyrd.
Paranimphus . *dryhtguma.
Palestra . *plaega.
Pastinare . *settan.
Palatina . *raecedlic.
15 Panice . ruseam.
Parcę . *pyrde.
Parius . genus lapis . marmor.
Pangere . ordinare.
Parasceuen[4] . cena prima.
20 Pabulatores . nutritores.
Parcas . *burgrune.
Pappus . lanugo cardui.
Pana . gericum . ceuairistias . laudabilem . eruditionem.
Parochia . loca . adiacentia . ecclesia.
25 Pactio . conuentio
Palantus . amo interfectus.
Parabsides . *gauutan.

[1] This gloss occurs in another glossary as *Orbia, siffarunda* (Mai *Class. Auctt.* VII. 572, who prints wrongly: *fiff-*). Cf. Loewe in *Acta Societ. Phil. Lips.*, ed. Ritschl, VI. 363, who refers to the gloss in Placidus: "Orbia: genus quoddam escarum, quod quidam Saturni orbiam vocant." He does not know, however, how to explain "siffa rotunda." The Epinal Glossary has (17. e. 3): Orbia: sifauutunda. The Erfurt Glossary (*Neue Jahrb. für Philologie*, 1817, p. 357): obia (for orbia): sifauutunda.

[2] MS. has an accent over the *s*.

[3] See below P 48; the Erfurt MS. has: Pantium, templum pau.

[4] MS. paresceuen, but first *e* marked for erasure, and *a* written above it.

Paralypemenon . reliquu*m* . *quod* restat.
Paulatim . particulati*m*
30 Pater . patruus . sacerdos . *uel* p*rae*positus . i*d est* pater . foederu*m* . conficiendoru*m*.
Pandit . inquinat.
Palpare . blandere.
Paganicus . ut cultus.
Pacatus . pacem . tenens.
35 Pacificus . pacatus . fac*tus*.
Palearibus . *deadraegelu*m*.
Patibulum . crux.
Pandit . aperit.
Pactu*m* . *con*uentu*m*.
40 Parui pendens . dispiciens.
(47[ab]) Parco . cupidus.
Palas . *scoble.
Paludamentum . parcitate*m*.
Pactiones . condiciones.
45 Paradoxan[1] . ammirabilis.
Paradoxa . ammirabilia[2].
Paradoxa . miracula . planos.
Pantheum . templum[3]
Pandum . flexum . corbum.
50 Pantocraton . omnipotens.
Parilis . aequalis[4].
Pareus . obsequens.
Pansis . extensis.
Palathi . massa . dereceentib*us* uui.
55 Pastofolia . cellas . in gazofsila*cio*.
Parasiti . adolatores.
Pangit . coniungit.
Palathas . caricas.
Panis . colyre . panis quadrangulus.
60 Parta . adquisita.
Palteum . murum.
Parera . rapina.
Palantes . gaudentes.
Papilio . *tiffalde.
65 Parazoniu*m* . cingulum.
Pantominia . omnium . artiu*m* . inlusor.
Papula . *pearte.
Palantes . errantes.
Pampinus . *crous.
70 Papiliuus . *piolucscel.
Palingenesean . *edscaeft.
Paliu . iteratum.
Paneta . *holoponne.
Paneta . *disc.
75 Palatu*m* . apertu*m*.
Paupilius . *scaldhulas.
(47[ba]) Panagericis . laudabilibus.
Parchedris . ministris.
Pastoforia . modica . domus.
80 Paradoxon . admirabile.
Panagericum . licensiosum . et lasciuiosum . genus . dicendi.
Papula . *spryng.
Panto . laus.
Patratum . finitum.
85 Pandis . *geapum.
Paciscitur . pactum . pacis . facit.
Palladium . simulacrum.
Parabula . similitudo.
Palladis . minerua.
90 Participat . multis . commo*nicat*.
Palestra . luctatoria.
Parumper . paulisper.
Patrate . perfecte.
Patruus . *faedra.
95 Patruelis . *faedran . sunu.
Parumper . satis modice.
Patulum . patentem[5].
Participat[6] . inpertit.
Pars *est con*stat.
100 Paulus . req*u*ies.
Pansum . apertum.
Pascha . passio.
Palumba . colu*m*ba
Patruelis . *geaduling.
105 Paluiatus . coronatus . lauriat*us*.

[1] MS. parodoxan, but first o altered into *a*.
[2] Added above the line by corrector.
[3] See above P 8.
[4] The *e* added above the line.
[5] MS. potentem, but *o* altered into *a*.
[6] There is an erasure between the second *p* and second *a*.

Patera . pocula . calicis.
Paxillum . palum . *naegl.
Paraclitum[1] . consolatorium.
Parasceue . praeparatio.
110 Panpila . *pibl.
Pacin . iterata.
Paleuothiau . iteratum . carmen.
Panuculum . *uuefl.
(47bb) Parsimonia . frugalitas.
115 Parsimonia . penuria.
Paludamentum . uestimentum . belli . ut toga.
Palagra . *ecilma.
Pascsos . *geroscade.
Pagus *est* possessio . ampla.
120 Panto . cranto . omnium.
Paturia . theo . depotentia . dei.
Pastinaca . *palhmore.
Papirum[2] . *corisc.
Pangebant . *faedun.
125 Parasiter . socii.
Palla . *rift.
Paralisin . dissolutio . omnium . membrorum.
Parula . *mase.
Papilio . *buter . flege.
130 Paliurus . *sinfulle.
Pauo . *pauua.
Par similis.
Pauit . tundit.
Passus . *faeðm . *uel* *tuegen . stridi.
135 Palmis . pars . uitis unde . uua . nascitur.
Palumbes . *cuscote.
Pastellus . *hunig aeppel.
Pugula . frena.
Patrici . senato res.
140 Palismate . locus . lucte.
Pathos . morbus.
Panculus . paucissimus.
Pactus[3] . modicestrabus.
Patrissat . patri . similis . sit.
145 Pausa . *scaffoot[4].
Panther . genus quadrupedum.
Panibus[5] . sol.
Parcra . rapina.
Paluster . locus . ubi sunt . paludes.
150 (48aa) Paranymphus . *dryhtguma.
Palendiciou . iteratum . iudicium.
Parumper . *huonhlotum.
Pangit . coronat . carminat . iungit
Pare . facta.
155 Panthera . rete . aucupale.
Parazonium . genus . teli macedonici.
Palestra . agmina.
Paruata . cupidus.
Parasitali . bucelatori.
160 Patera . fiola[6].
Pan . incibus
Pagimemoriem . sine idolis.
Pares . conscripti . senatores.
Pagus . conlegium . curiae.
165 Parmo . copula medicamenti[7] . uenditor.
Papauer . *popei.
Parentalia . dies festi . paganorum.
Pipilio . animal . quo modo . apes tenues . quas . dicunt . anim . tua.
Paranimpha . pronuba.
170 Partitudines . partu.
Patalogia . ratio . passionis.
Papillae . manimae[8].
Paxillum . nomen . mensurae.

[1] The *i* is an alteration from some other letter, which seems to have been *c*.
[2] MS. ppirum, and *a* added above the line.
[3] So in MS. for paetus; cf. below P 291.
[4] MS. scaffot, and a second o added above the line.
[5] It is possible to read paribus.
[6] This word appears as A. S. in Wülcker's *Vocabularies*, I., col. 37, No. 40. But it is Latin, see Hildebrand, *Glossarium* p. 233 (No. 67).
[7] The first *e* has been added above the line, by the corrector.
[8] So distinctly in MS. for mammae.

Papirio . auis *quae* . numquam . creuit.
175 Pariter . *gelice.
Paruca . *hicae.
Palpantum . *olectendra.
Palmula . *steorroðor.
Parricidio . *megcualm.
180 Paciscitur . *geðingadon.
(48^{ab}) Paruisse . obedisse.
Palagdrigus . *ecilmehti.
Pantigatum . *uuduhona.
Palina . *bran.
185 Paleae . *aegnan.
Pabulatores . *horshiordas[1].
Passim . *styccimelum.
Partica . *reodnaesc.

Perstrenue . *fromlice.
190 Pedisequa . *ðignen.
Perpessu*m* . est . *aðrotenis.
Pellax . fallax.
Perculsus . permotus.
Perculsa . percussa.
195 Peripgocias . depaupertate.
Perteszoes . teoricas . de hac uita . contemplatiua.
Periodoias . contextus . circutus
Pertes cratorias . toyty . de potentia . dei
Peridoyn . actus . pauli.
200 Peridoy cratorosas . porias . de experientia dei.
Pestiferum . putridum.
Perfidia . *treuleasnis.
Percommoda . matutinos . *suacenlic . *morgenlic.
Perendebuit . *merepearð
205 Perduellium . *þorh gefeht.
Pellexerat . deciperat.
Perseudoterum . *ðorhludgæt.
Percitus . *hraed.
Pelices . *cebise.
210 Penduloso . *haldi.
Permixtu*m* . *gemengetlic.
(48^{ba}) Pertinaciter . *anuuillice.
Pessum . *spilth.
Percita . *con*cita.
215 Petisse . *sohte.
Pernix . uelox.
Peranticipationem . *ðorh obst.
Perduelliu*m* . bellum . *dicitur*.
Petulci . petulantes.
220 Pessum . pessimum.
Pellace . fallace.
Perfungit . plus utitur.
Perossum . odiosum.
Peplu*m* . stola.
225 Pericope . uisione.
Petulans . lasciuus.
Perniciter . uelociter.
Penates . dii domestici.
Peruis . pellones[2] . *ðorhbyrgeras
230 Peniculo . spongio.
Perosus . qui odit.
Perpendiculum . *colðred.
Percensit . considerat.
Perifgetosias . actus . quidam.
235 Pericapis . lectio.
Periddon . contextum.
Peritesyon . de hac uita.
Perperam . uitiose.
Perhironiam . *ðorh hosp.
240 Petalu*m* . lamina . aurea . in fronte . in qua . scriptu*m* nomen dei . tetragrammaton.
Perizomata . minores . bragas.
Perepero cenes . de adiectione.
Per flictio . corpus . afrigore . perfunctu*m*.
Petigo . *teter.
245 Peculatus . furatus.
(48^{bb}) Penula . lacerna . in modu*m* . cucullæ.
Per crepidinem . perascensum.
Pensiculatores . libratores.
Peribulus[3] . in circuitu . domus.
250 Perna . *flicci.
Per agrat . circuit.
Penix . genus . aquilae.

[1] MS. horshirdas, and second o added above the line between *i* and *r*.
[2] The word is so divided in the MS.
[3] MS. peribus, and *lu* added above the line.

Pedo . *uel* paturum . * feotur.
Perplexus . inuolutus.
255 Petilius . quis prae.
Perinde . itaq*ue* deinde.
Pectit . percinit.
Perspectans . intuens
Pessulum . seram . uectis ferrei.
260 Pedum . baculu*m* . in curruum . que*m* pastores . gestant.
Pensio . *pretium* . persolutio.
Perficaciter . coutumaciter.
Pernicitas . felocitas.
Perpendiculum . * pundur.
265 Perende[1] . post . cras
Perspicuum . clarum . lucidu*m* . manifestu*m*.
Perplexa . perligata.
Pedagogum . eruditoriu*m* . puerorum.
Pedore . scualore.
270 Perfunctis . trans . actis.
Pellexit . in fraudem . induxit.
Peruium . q*uod* pertransitur.
Per nox . peruigilans.
Pellax . dolosus.
275 Pedor . reoru*m*[2].
Pelltaria . pellis quae . amento . bobis . pendent.
Perpera . erratica.
Perfunditu*r* inrigatur.
Perniciosum . exitiabilem.
280 Perlustrat . percurritur.
(49[aa]) Per horam . nonem . per[3] nouem[3].
Persequere . percurre.
Persudum . perserenu*m*.
Perculit . pugit.
285 Peuuria . * peðl.
Pertinacius . uiolentius.
Percellitur . * bið slaegen.
Perduellis . hostis.
Pensum . lanae . opus.
290 Per exiguum . ualdeparuum.
Petus . modice . strabus.
Peruicax . intentiosus.
Perduit . luit . soluit.
Pensationes . tributa.
295 Peruicacia . contumacia.
Perlata[4] . tollerata.
Penus . res[5] pudenda[5].
Perendie . super duas . noctes
Perifrasticus . circumlocut*io*.
300 Perhiodas . sententias.
Perstromata . pertegmina.
Perorans[6] . adloquens.
Perscelides . armillas . inpedib*us*
Percensuit . numerauit.
305 Peruicax . * ðroehtig[7].
Pero . * himming.
Pessum . * clifhlep.
Pendens . sollicitus.
Peculium . patrimonium . aput . ueteres.
310 Penitus . longe.
Pessul . * haeca[8].
Pedula . * luus.
Patrafocaria[9] . * flint.
Pendulus . * ridusende.

[1] So in MS., but a later hand has added *i* between *d* and *e* in different ink.

[2] reorum is underlined in Prof. Zupitza's transcript, and appears, consequently, as A. S. in Prof. Wülcker's *Vocabularies* (p. 38, n. 37), where it is, moreover, suggested that *reorum* = *reorung*, and means *mussitatio*. But this is very unlikely, as pedor, = paedor, means nastiness, filth, stench, and would, therefore, not have been explained by a word meaning a suppression of the voice, silence. The gloss probably answers to that in the Erfurt MS.: pedora, aurium sordes; see *Neue Jahrbücher für Philologie*, 13ter Supplementbd. (1847) p. 366, No. 71; and below P 353.

[3] MS. joins these two words.

[4] MS. pelata, and *r* added above the line, between the *e* and *l*.

[5] Both *e*'s are accented in the MS., but apparently by a later hand and in different ink.

[6] The *o* has been added above the line.

[7] MS. ȝrohtig, and *e* added above the *o*.

[8] MS. haca, and *e* added above the first *a*.

[9] A later hand has marked the first *a* for erasure, added *e* above it, and written "*id est* silex" after the word.

315 Pella . *salulfelge.
(49^{ab}) Penum . cellarium.
Pean . laus . appollones.
Permulserit . placuerit
Pecten . *camb.
320 Percellit . ferit.
Pecu . pecus . apecude.
Perperam . praue.
Perperimus . tolleramus.
Perfectum perlatum.
325 Pepigere . pactum facere.
Petulans . temerarius.
Peculator . qui pecuniam . puplicam . rapit.
Perpera malum.
Percellitur . *slaegen.
330 Periscelidus . crurum . ornatus.
Pestiunntium . qui pestem nuntiat.
Pegnius . lucus . lusorius.
Pecunia . armenta.
Pes . *fot.
335 Perfunctoriae . imaginarie.
Perstant . *tioludun.
Persoluio . *ic ðrouuio.
Penetralia . secreta.
Peculatus . furtum . puplicum.
340 Peditemtim . paulatim.
Petulans . *praene.
Pelagicus . piscis.
Peticius . qui amat . petere . aliquid.
Pergenuat[1] . genibus . pergit.
345 Persolla . persona . minor.
Pecuarius . armentarius.
Pedatum . carcer.
Penticotarchus . quinquagenarius.
Pesuma . confracta.
350 Percatapsat . ualde . decidit.
(49^{ba}) Penis . natura . pudenda . uirilia.
Pedor . odor[2] grauis.
Pedor . aurium . sordes.
Peripi . tegi . genus . philosophiae.
355 Pelex . riualis . succuba.
Perpendit . *aehtað.
Perstromata . ornamenta . steba[3].
Pendulus . *ohældi.
Peplum . mafortem.
360 Pelenum . uehiculum.
Penates . domicilia . sacra.
Pelept . sine filiis.
Penetissima . interiora.
Pegaso . roma . iacularis[4].
365 Pentomen . circusio.
Pere . prope.
Persictius . qui frequenter aliquid . patitur.
Perfidus . qui semel . plangit fidem.
Perfidiosus . qui semper
370 Pessum . praeceps.
Pellis . *fel.

[1] MS. pergeuat, with *n* added above the line.

[2] Written over an erasure.

[3] This word appears as A. S. in Wülcker's *Vocabularies*, I. 39, No. 14; likewise in Mr Henry Sweet's *Oldest English Texts*, p. 87, No. 1571. The latter, moreover, inserts from the Epinal and Erfurt Glossaries the following two glosses (*ibid.* p. 90, No. 837): "Perstromata, ornamenta : *stefad brun—staefad brum*," and, taking *steba*, *stefad brun* and *staefad brum* as A. S. words, he explains them on p. 463: "Stafod, adj. (part.), striped"; and on p. 636: "brūn, subst. neut., cloth." So that, according to Mr Henry Sweet, perstromata would here be explained as "ornaments, A. S. striped cloth." But *steba* in the Corpus MS. is a remnant, and *stefad brum* (not brun as Mr Sweet gives) in the Epinal, and *staefad brum* in the Erfurt MS., are corruptions, of *stebadiorum* (*stefadiorum*), the gen. plur. of *stibadium*, a bed or couch. Hence the gloss means *peristromata, ornamenta stibadiorum*. See Loewe, *Prodromus*, p. 347.

[4] The Erfurt MS. has: pesago, homo iacularis; see *Neue Jahrbücher für Philologie*, 13ter Supplementbd., 1847, p. 365 (28).

Pelice*m*. co*n*cubinam.
Pernitidis. ualdenitidis.
Perpes. * hraed.
375 Petuita. * sped.
Pectica. * slahae.
Perdix. auis. quaedam.
Perpetem. perpetuum.

Phalanx. par. exercitus. ita utlegio
380 Philosophus. * uðuuta.
Philologus. rationis. amatores.
Philozeni. amare. domoru*m*.
Phisillos. * leceas.
Phanicem. roseum.
385 (49[bb]) Philactaria. carmina. *uel* x. præcepta. legis.
Phitecus. * apa.
Philippeos. solidos.
Phebe. sol.
Philocompos. amator. iactantiae.
390 Pharizæi. generatio.

Piraticam. * picinc sceaðan.
Pilaris. qui cu*m* hasta. pug*nat*.
Pindere. pilo. tundere.
Pittaciu*m*. modicu*m*. membranu*m*
395 Pinso. tundo.
Pinnaculu*m*. quicquid. *prae*eminet.
Pistilia. capitella.
Pituita. * gebrec.
Piget. pudet.
400 Picesaeuo. *un amaelte. smeoruue.
Piaculare. criminare.
Pistrix. belua. marina.
Piaculum. rei piae. uiolatio.
Pieris musa.
405 Pisticu*m*. nardu*m*.
Piare. placare.
Pingit. * faehit.
Pistrimum. * cofa.
Pisema. specular.
410 Pila. * thothr.
Pittacium. *osperi[1]. *clut. *cleot.
Pila. arma cu*m* quo tunditur.
Pinax. dignitas.
Pisum. * piosan.
415 Pistrilla. *cotincel.
Pila. hasta. romana.
Pillentes. * bere.
Pirus. * pirge.
Pinna. propugnacula.
420 Pinus. * furhpudu.
Pictus. acu. * mið nethle. asiopid.
Pipant. resonant.
Pimelea. cura.
Picus. * higre. * fina.
425 (50[aa]) Pix picis. * pic.
Piaculum. culpa quae. intemplis. *uel* sepulchr*is* co*m*mittitur.
Pithi. poetici.
Pithon. co*n*sulere.
Pisici. animositas.
430 Pinam. acuta*m*.
Pithi. petigi.
Picridae. quasi. laptucae.
Pithagoreus[2] no*me*n auris.
Piratus. sceleratus.
435 Pinna. extrimitas. cuius.libet. rei.
Pililia. ala.
Pilus. * her.
Piceca. * neb.
Piscis. * fisc.
440 Pistillus. * gnidil.

Plectere. ponire.
Plectitur. decolat*ur*.
Plaudit. fauet.
Plausus. fauor.
445 Plausibilis. res fauores.
Plaustra. carra.
Placidus. qui hominibus. plac*et*.
Plebs urbana. populus. romanus.
Plunas. * plumtreu.
450 Plaucius. sine dignitate. homo.
Pliadas. * sibunsterri.

[1] Is this an A. S. word? The MS. seems to divide: os peri.
[2] MS. pithagoreos, but second *o* marked for erasure and *u* written above it.

Pludit . plaudit.
Plomonion . rationem.
Plectator . uindicator.
455 Plexus . percussus.
Plumum . *plumae.
Placentas . dulciamina.
Pliosperus . lux . lucis.
Plastes . compositor.
460 Plagella . plagas . dominu_m_.
Plastica . creatura.
(50ab) Plantago . *uuegbrade.
Plumario . in similitudinem . plumae.
Platisa . *flooc.
465 Plectra . *auunden.
Platonisideas . species.
Plataria . *setin.
Pluscul_um_ . plusquam . oportet.
Pluris . fortioribus.
470 Plautis . auribus . magnis.
Plautus . gracili . corpore.
Plausus . risus . stultorum.
Plectru_m_ . astella . citharae.
Plus minus . *ymbðæt.
475 Plastrograuis . falsis . scriptis.
Plagarius . mancipioru_m_ . _u_el pecodu_m_ . alienoru_m_ . distractor.
Pleuicola . amausciues.
Plebs . scitat . plebs . inrogat.
Plaudet . manibus . sonu_m_ . facit.
480 Plebescat . plebem . adloquitur.
Plaustru_m_ . in similitudine . arcæ . rotas . habens . intus . et ipsae . dentes . hab_ent_ . qui rostra . di_cuntur_ . in quibus . frangent . spicas.

Portitorum . arma . lixaru_m_.
Portitores . aquae.
Portior . fruor.
485 Ponebus . sol.
Posthabetam . post . possessa_m_.
Pollimus . utimur.
Poema . carmen . quod . poetae scrib_unt_
Poena . cartago.
490 Portendit . futura . signific_at_.
(50ba) Posteritas . propagati_o_ filioru_m_ . nepotu_m_.
Portenderent . signific_arent_.
Posthabeto . neglecto.
Politica . demonstratur.
495 Portaru_m_ . indumenta . corie . quibus . portae . s_unt_ . indutae.
Pomerium . spatiu_m_ . circa . muros.
Polenta . *smeodoma.
Porfyrionis . pellicanus.
Podorem . tonicam . talere_m_.
500 Posticia . modica . ianua.
Poalauentium . folles . fabroru_m_.
Petria . poeta . femina.
Positisculo . malleo.
Postena *boga.
505 Poliendos . lapides . mundandos.
Portio . *hlyte.
Populus . *birce.
Popa . tabernarius.
Poema . co_n_positio . uersu_um_.
510 Polionima . multi nomina . unam . rem . significantia[1].
Po litis[2] . *smoeðum.
Pollinctor . sepeliens.
Portentu_m_ . *scin.
Pocillus . gen_us_ . panis.
515 Pilimita . *hringfaag.
Post partu_m_ . foeta _dicitur_.
Porfyrio . *feolufer.
Pone . iuxta.
Porcopiscis . *styrga.
520 Porcaster . *foor.
Politu_m_ . limatu_m_.
Pollere . crescere.
Potissimu_m_ . meliorem.
Potitarum . consecutaru_m_.
525 (50bb) Potiora . meliora.
Polus . orbs.
Portendit . promittit.
Populatus . expoliatus.
Pollens . potens.
530 Polla . fusca.
Postcrastinat . differt.
Potitur . obtinet.

[1] The second _n_ has been added above the line.
[2] One letter erased between the _o_ and _l_.

Postumus . post obitum . patris . natus.
535 Pote . forsitan[1].
Portendit . significat.
Porcellus . *faerh.
Pollux . *ðuma.
Poleo . *scaebe.
540 Pollinis . *gruiit.
Pollis . *grytt.
Popauer . *popæg.
Po*st*liminium . qui post . captiuitatem . reuersus . iuraque amiserat . recipiet.
Post tridie . cras.
545 Pocerus . ornatus.
Polu*m* . caelu*m*.
Postru*m* . genus . uehiculi.
Porgere . crescit . ubi erat.
Pollemma . musica . uii.
550 Polius . iurandu*m* . perpolice*m*[2].
Pollens . eminens . ubiq*ue*
Poplites . suffragines.
Popellus . populus . diminu*tiuum*.
Polumnu*m* . locu*m* . sacrum.
555 Postulaticius . ille . qui postul*atur*
Pontiae . aquae.
Pone . post.
Polippus . genus . piscis.
Posthumus . *unlab.
560 Potiebatur . utebatur.
Politissimis . iacintinis.
Polentum . *fahame.
Pons . *brycg.

(51[aa]) Propter . iuxta.
565 Pr*ae*uideo . pręscio.
Prosomeau . narratione*m*.
Protescon . dispositionu*m*.
Prosefanesin . ostendit.
Promaean . narratione*m*.
570 Pr*ae*miserit . protulerit.
Procax . *huuæl.
Probu*m* . *seuuin[3].
Protertu*m* . tergant.
Proles . filia . fiius[4].
575 Priuilegiu*m* . lex priuata . *uel* propria pr*ae*sumtio.
Pr*ae*ses . iudices.
Pr*ae*cordia . intima . in quib*us* cor.
Pr*ae*stulatur . obseruat.
Praenimi . ualido . multo.
580 Profugus . depatria . pulsus.
Propugnaculum . turris.
Propalam . ualdepalam.
Prodigus . pro . fusus . largus.
Pr*ae*coniu*m* . pr*ae*dicatio.
585 Procax . inprofidus.
Pr*ae*sagiu*m* . signum.
Pr*ae*saga . pr*ae*diuina.
Protuplaustu*m* . primus . figuratum.
Profiteor . prosequor.
590 Praeripit . anterapit.
Promeon . orationum.
Procuratio . *sciir.
Promsit . protulerit.
Promulserit . *liðercade.
595 Profusis . *genyhtfullum.
Promulgarunt . *scribun.
Prouehit . *gefremið
Procaptu . *fenge.
(51[ab]) Promaritima . *saegeseotu.
600 Praetextatus . *gegeruuid.
Praedoctis . ante doct*is*.
Proconsul[5] . minus . *con*sule.
Propropera . *fraehraeðe.
Priuigna . *nift.
605 Prae . ualde.
Proscripsit . *faerred.
Propensior . *tylg.
Pro . ante.
Profligatis . *forslaegenu*m*.
610 Prae rupta . *staegilre.
Prob*us* *ferht.
Proterunt . *tredun.
Proterentem . *naetendne.

[1] By some wrong numbering there is no gloss 534.
[2] This gloss is distinctly so divided in MS.
[3] Is this an A. S. word? Or can it be for seuum = saevum?
[4] So in MS. for filius.
[5] MS. proconsol, but the third *o* marked for erasure, and *u* written over it

Propalatum . manifestatum.
615 Propostulata . propulsa.
Praefectae . * frodre.
Profecta . * gefremid.
Protelata . prolongata.
Prometheus . aprouidentia . dictus.
620 Praetor . in cuius . domo . iudicium . iudicatur.
Praedarius . auxilians.
Praetorium . domus . iudicaria.
Profligit . collegit.
Prosepion . narrationem.
625 Probemium . praefatio.
Prouerbium . similitudo.
Prydanis . prudentia.
Promiserit . protulerit.
Praecipitat . * ascufið
630 Praecipita . * afael.
Praefaricator . * recceleas.
Praestantior . * fromra.
Praestolare . expectare.
(51ba) Praesidium . * spoed.
635 Procerum longum.
Praestante . * fremmendum.
Profligatis . transactis.
Promontaria . montes . maris.
Prodigunt . prorogunt.
640 Probe . satis bene.
Prostibula . meretrix . quae prostrauit.
Prostibulum . meretriciae . commixtiones . usus.
Proritat . prouocat.
Prostituta . meretrix . puplica.
645 Probrosa . turpia.
Praepites . alites.
Pronus . innixus.
Proceritas . magnitudo.
Praecipites . urgentes.
650 Praeruptus . diuisus.
Praelibaret . praegustaret.
Prinetose . angelus . necet te angelus[1].
Propicon . moralium[2].
Proteri . * brecan.
655 Pragmatica . principalis.
Prosa . praefatio.
Procerus . excelsus.
Pragmatica . negotiatio.
Practica . rationalis.
660 Proelium[3] . *quod* in nauibus . agitur . pugnis . etuerbis.
Procrastinat . differt . in alium . diem.
Prexeos . inopiae.
Praedes . fideiusores.
Prosator . genitor.
665 Praetoriola . domuncula . in naue.
Praxinus . uiridus . color . *uel* * aesc.
Prosapia . * obcniorisse.
Presetuas . * byrga.
Pruina . * hrim.
670 Pretersorim . * paad.
(51bb) Proauus . tertius . pater.
Prifeta . * ðriuuintra steor.
Proscenia . parstheatri.
Praetextatus . genus officii.
675 Prifignus . * nefa.
Procus . sponsus.
Prifignus . antenatus.
Praetor . praefectus.
Profanat . uiolat.
680 Proplesma . propositio.
Praestigium . *quod* praestringat . aciem . oculorum.
Praxeon . actionum.
Prospicit . longeaspicit.
Prora . prima . pars . nauis.
685 Problesma . similitudo.
Prouehitur . * fremid.
Praesules . *qui* praesunt.
Prunas * gloede.
Prostibula . loca . inquibus . sunt . meretrices.
690 Prostibulum . domus . fornicaria.
Proculum . abhominatio.
Prurigo . * gycenis.
Pragma . causa.

[1] See C 884.
[2] MS. morium, and *al* added above the line.
[3] It seems that the scribe first wrote praelium; but the *a* has been altered into *o*.

Promatum . lectorum.
695 Praeputii . testi.
Propensior . quod in pensa . plus . trahit.
Praestrigium . deceptio . magica.
Prosa . communis . locutio.
Promuscidis . quasi . anguila . unde manus . bestiae . dicitur.
700 Pronus *nihold.
Pronuba . *heorðsuaepe.
Prodimur . *birednae.
Praeuertitur . praeuenit.
Prinionis . ungulis . scabiosis.
705 Priscelli . feminarum . crurum . ornamenta.
Proflicta . *forslaegen.
Praeuentus . *spoed.
Prunus . *plumę.
Prex . precis . deprecatio.
710 Progna . *suualuue[1].
(52^aa) Princeps . quasi . prima . capiens.
Proculus . qui nascitur cum pater *eius* . longe *est*.
Praestulit . plus quam . oportet.
Praediarius . auxilium . praebens.
715 Prancatarius[2].
Praemulcit . plus . lenit.
Praeses . fide . iusores . et uadis.
Procubuit . cecidit.
Propter . iuxta.
720 Praetum . occupatum.
Prostat . antestat.
Praecipitat . festinat.
Pruina . rigor . insanus.
Procax . uerbosus.
725 Profecto . res certa.
Praecellerat . antecidet.
Proci . legati . matrimoniorum.
Promulgit . praedicat.
Praestigium . ad praestigatores.
730 Praeceps . obruptus.
Praestigia . fallacia.
Probitas . sanctitas . legis.
Praesedit . proagit . defendit.
Praestigia . fallacia.
735 Praestat . melius . *est*.
Promunt . proferunt.
Prominet . exaltat.
Profusus . humanus.
Praesorium . *pund.
740 Praelati . nobilis.
Prorostris . *haehsedlum.
Procreauit . genuit.
Praesto . *est* praesens *est*.
Praedium . uilla.
745 Prohemium . praefatio.
Procacitas . iniuria.
Prodigus . dissipator . substantiae.
Promulcet . legem . profert.
Profana . maculata.
750 (52^ab) Praesepta . circumdata.
Praerogaus . ante . inpendenis.
Praesidium . auxilium.
Prodigium . monstrum.
Prodigus . perditus . in feminis.
755 Praemulgarit . inpraessit.
Prouocatus . impeditus.
Praeposterum . iniquum.
Primores[3] . primari.
Profectus . proficiens.
760 Probrat . criminat.
Promtior . paratior.
Priuor . fraudor.
Prolixa . longa.
Promulgare . antedicere.
765 Praetenta . anteposita.
Profectus . grandeuus.
Praeconio . laude.
Praelecto . extenso.
Procliuius . in clinatus.
770 Praestantis . excellentes[4].
Probrosus . criminosis.

[1] The second *u* has been added above the line.

[2] The interpretation is wanting here. The Erfurt MS. has: prancatrius, praemulcit plus lenit (*Neue Jahrbücher für Philologie*, 13ter Supplementbd., 1847, p. 363 (No. 17). The Epinal Glossary has: Prancatarius, permulcit plus lenit. See below 849, and cf. G. F. Hildebrand, *Glossarium Latinum*, p. 246, No. 348.

[3] MS. primoris, but second *i* altered to *e*.

[4] MS. excellentes, and *i* written above the last *e*.

Propensior . qui incubuit . ad pergendum . *uel* male . *uel* bene.
Promodula . *pro*mensura.
Progeniem . posteritatem.
775 Prolem . generationem.
Prosequitur . loquitur.
Promiscuis . diuersis.
Protendit . ostendit.
Probi . *pro*bati.
780 Problesmata . *pro*uisa.
Probatum . antedictum.
Promamus . dicamus.
Protextere . conperire.
Prouentus . euentos . bonos.
785 Prolatum . datum.
Premit . deserit.
Probus . bonos . mores . habens.
(52bis) Pridem . antea.
Pridie . heri.
790 Profligauit . erogauit.
Propago . origo.
Praelecto . extento.
Pronefa . pluribus . uerbis.
Productalem . strumentum . infantium . in scolis.
795 Prosa . orator*um* dicta.
Priapus . d*eu*s oratorum.
Praeficat . praeponat.
Praesetulit . laudauit se.
Praemetulit . ualdeme laudauit.
800 Pro uiri . portione . quis . prose.
Propturia . ciuilia.
Promturium . eminens . locus . in mare.
Procanas . ornatos . aedificior*um*.
Promtuarius . ubi *sunt* . omnia . uenalia.
805 Praeceps . *trondendi.
Proci . petitores . uxorum.
Proxineta . ante . ambula.
Primi . uirgius . caballarus.
Pretienormis . *prae*ter . regulam.
810 Praetores . honores . secundi . a[1] *con*sulib*us*.
Prumtuarium . cellarium.
Priuilegarius . q*ui* utitur . *pri*uilegio.

Praestrigiae . doli insidiae.
Probrum . crimen . *est*.
815 Prolibor . immolor.
Propedien . cito.
Procus . *brydguma.
Praelata . tollerata.
Praeceps . temerarius.
820 Praestans . optimus.
Prodigus . *stryndere.
Praesumtio . *forenyme.
(52bis) Praerogatiua . gratia . *prae*misa.
Prumsit . locutus *est*.
825 Propugnaculum . *briost . biorg.
Proucho . *fyrðru.
Proceres . *geroefan.
Priscos . antiquos.
Propero . *hraeðe.
830 Profligetur . perficit*ur*.
Propalantibus . demonstrantib*us*.
Praetersorium . *paad.
Propagare . originem . extendere.
Profusus suntuosus.

835 Pseodo . epigrapha . falsa . super . scripta.
Psalterium . laus.
Psadepa . airafa . incerta . et deoctaua . egregium.
Psychi . ezodo . anima . exitus.
Psallia . cantatrix.

840 Ptoccos . inopię.
Ptysones . *berecorn . beorende.

Puplicare . conponere.
Putamina . *hnyglan.
Pudor . *scomo.
845 Pulla . nigra.
Pugillum . pugnum.
Pugionibus . glaunis[2].
Pugillares . tabulae.
Pugit . prancatiarius[3].
850 Puplicum . uectigalea.

[1] MS. joins the *a* to the next word.
[2] So in MS. for gladiis?
[3] See above 715.

Puluinar . templum.
Pulpita . saltus.
Pugit . certatur.
Pubetenus . media . pars . corporis . deorsum.
855 Puerpera . puella.
Pupulat . germinat.
(53aa) Pubertas . iuuentus . tenera . legitima tamen.
Pubes . iuuenis . legitimos . pilos . habens.
Puluinaria . loca . sancta.
860 Puppis . posterior . parsnauis.
Pusillos . medicos.
Puerperium . infans . in utero formatus[1].
Pubis . puer . iuuenis . sine.
Pugiles . qui feriunt.
865 Puncto . *cosp[2].
Puluinar . lectum . diuitum . unde . pulluillum.
Pulenta . *briig
Pustula . *onegseta.
Pus . *uuorm.
870 Puplicani . qui puplicam . rem. faciunt . non a peccando[3].
Pulix . *flęh.
Pigilis . gladiator.
Pugio . mucro.
Pullentum . *fahame.
875 Puntus . *brond.
Pube[4] . uirilia.
Pulleium . *duergedostle.
Puerperium . aetas pueri.
Puberat . crescit.
880 Pumerium . spatium . quod circa muros est.
Pusio . primus nato.
Pullatas . inuestenigra.
Pudibundem . pudentem.
Pullantes . turgentes.
885 Punicam . cartaginensem.
Pullus . *brid.
Pulla . *blaco.

Pyrgras . turris[5].
889 Pyramides . sepulchra . antiquorum[5]

Quatenus . quaratione.
Quantulum . modicumque.
Quam uis . scilicet.
Qua uis . qualibet.
5 Quatere . commouere.
Quaque quaedam.
(53ab) Quaeremonus . grauis . querella.
Quaerelus . frequenter . in quaerella.
Quanquam . licet.
10 Quasdam . aliquas.
Quaestuor . lucra.
Qualus . *mand.
Quaestus[6] . est . accussauit.
Quaestor . quaesitor.
15 Quadrans . quarta . pars . nummi.
Quadripertitum . *cocunung.
Quacumque . *suae suiðe.
Quantisper . *suae suiðe.
Quaternio . *quateru.
20 Quasum . quomodo.
Quaque quędam.
Quasilum . diminutiuae
Quassat . uexat.

[1] The u has been added above the line.

[2] The Erfurt MS. has: Puncto, foramine in quo pedes uinctorium tenetur in ligno cubitalis spacio interiecto id est cosp (*Neue Jahrbücher für Philologie*, 13ter Supplementbd., 1847, p. 360, No. 43). See also the Epinal Glossary, 19. a. 3.

[3] See Hildebrand's *Glossarium*, p. 252 (No. 515).

[4] So in MS., with the usual sign of contraction for *rae* above the *P*. The Erfurt MS. has Puba.

[5] The glosses 888 and 889 are added at the foot of the column, with the usual h before them, which corresponds to a 5 prefixed to the glosses 886 and 887.

[6] MS. quastus, and *e* added above the line between *a* and *s*.

Quatitur . *con*cutitur.
Quantocius . uelocius[1].
Quanam . aliquam.
Quadrare . *geeblicadun.
Questores . *prae*fecti.
Quaeremonis . grauis . quaerela.
Quaestiosius . *pre*tiosius.
Quaeritat . clamat.
Quaestiosus . lucrosus.
Quaerulus. requirens. frequenter.
Quaesita . pristina.
Quaerulus . garrulus.
Quaeremoniae . accussationes.
Quaestio . examinatio.
Quaestorio. qui questo . cor[poris] uiu[it][2]

Quin quid . quisq*ue* unus . q...
Quispiam . quis...
Quidpiam . qu...
(53[ba]) Quinici . philosophi . acanibus . uita*m* . ducentes.
Quin . sed . ta*me*n.
Quin . etiam . *aceðon.
Quis . quiliae . *aegnan.
Quinquod . quis q*uod*.
Quiuit . potuit.
Qui neodem[3] . qui non eode*m*.
Quinq*ue* folium . *hraefnesfoot.
Quinq*ue* neruia . *lecipyrt.
Quippe . immo statim.
Quin . *prae*terea.
Quintilis . iulius.
Quirites . ciues . romani
Quid q*uod*.
Quin nimmo . magis . uideo.
Quid . quare.
Quid ui . quod ne.
Quis . quilius . stercora.
Quippe . maxime.
Quin . qui *non*.
Quietudo . pax . securitas.
Quippiam . modicumq*ue*
Quies . cessatio.
Qui nos . canes.
Quiquennalis[4] . ut magistratus.
Quinquennalitas . ipsa . temporis . aetas.
Quis . potes.
Quid porro . quid . deinde.
Quintus . *giululing.
Quisquilia . surculus . modicus.
Quis quibus.
Quidq*ue* quicumq*ue*

Quo cumq*ue* modo . *gehpelci pega.
Quo quo modo . *aengeþinga.
Quorsu*m* . quocu*m*q*ue*
Q*uonam* . ubi.
Quur . quare.
Quurris . sella . in qua pur[pur]ati[5] . sedent.
Quotcuiq*ue* [qui]cu*m*q*ue*[5] . denumero.

(53[bb]) Rapidus . uelox.
Ratu*m* . acceptu*m*.
Rapidissimo . uelocissimo.
Racemus . ramus . modicus . cu*m*uis[6].
Raptim . uelociter.
Ratus . arbitratus.
Raptamur . trahemur.
Ratu*m* . certu*m*.
Raster . *egiðe.
Rancidis . *bitru*m*.
Radius . *brisl.

[1] MS. uelocis, and *u* added above the line, between *i* and *s*.

[2] Here a portion of the MS. has been torn away, and with it some final letters of five lines.

[3] *eod* on an erasure.

[4] The *e* has been added above the line.

[5] Here some letters are torn away, see above note 2.

[6] So in MS. for cu*m* uis.

Rabulus . *flitere . in eo botu*m*.
Ratiunculas . partes . rationis . diminuti*uae*.
Rata . perfecta.
15 Rationato . *ambaect.
Rabies . *geris.
Rancor . *troh.
Rati arbitrati.
Rastros . *mettocas.
20 Rabula . rauca
Ratus . firmus.
Ramnus . *ðeofe[1] ðorn.
Rancet . rancidum . est.
Ramnus . ramus . spinę . albae.
25 Ramneta . equi . aromuli . *con*stituti.
Randu*m* . arbitrandu*m*.
Ramentu*m* . puluis . q*uae* radet*ur* dealiqua . specie.
Ratis . nauis.
Rapax . praedo.
30 Rasile q*uod* radi . pot . est.
Radio . *gabulrond.

Regius . morbus . corporis . color . efficitur . sicut pedes . accipitur.
Renunculus . *lundlaga.
Retentare . *stouuigan.
35 Reustus . iteru*m* . incensus.
Recreare . nutrire.
(54[aa]) Relegatus . que*m* bona . sua . sequunt*ur* . in exili . in exilium.
Resultet . resonat.
Reciprocat*ur* q*ui* dat . quod . accepit.
40 Redibere . retinere.
Refocilatus . recreatus.
Reluere . resoluere.
Religauit . exiliauit.
Resipiscit . intellegit.
45 Resipit . intellegit.
Repudiare . repellere.
Reclusu*m* apertu*m*.
Refutat . rep*ro*bat.
Reor . aestimo[2].
50 Renidet . olet.
Rema . *stream.
Redimitus . coronatus
Renitite . reclinate.
Retentari . retinere.
55 Refellere . refutare.
Refugium . *geberg.
Resina . *teoru.
Reuma . *gebrec.
Reses . *slaec.
60 Respuplica . *cynedoom.
Rexenteseon . eruditionis.
Rethorica . p*rae*clara . eloquentia.
Resultaret . exultaret.
Rempha . lucifer.
65 Relatu *spelli.
Repandialili . aperti.
Repticius . demoniosus.
Reciprocato . *gestaefuendre.
Reclines . *suaehalde.
70 Recessus . *heolstras.
Remota . *from adoeure.
Reserat . *onlaec.
Remex . *roeðra.
Relegatus . exilio . damnatus.
75 (54[ab]) Rebantur . arbitrabantur.
Regiae . postes . maiores.
Refert . praestat.
Respondit . accedit.
Reduces . incolome[3].
80 Repagula . *sale.
Reses . resides.
Reditus . tributa . agrorum.
Renones . uestis . depellib*us*.
Reditus . quod semper . redire solet . percircuitum dieru*m*.
85 Rethorridus . satis . horridus.
Resiscas . permittas.
Resides . requiescendo . otiosus.
Reboat . resonat.
Reclamat . remugit.
90 Reditus . reuersa.

[1] One or two letters have been erased after the second *e*.
[2] MS. aotimo, but first o altered to *es*.
[3] So in MS., with a second *i* added above the line, between the *m* and *e*.

Ressa . resoluta.
Regor . debitor.
Resciscere . noua scire.
Redoluit . satis doluit.
95 Repsit . obrepsit.
Receptator . auctor . concordi . medii.
Recula . ordinatio.
Repugula . pudoris . castra.
Recessum . locu*m* . inferiorem.
100 Repatriat . ad patria*m* . redit.
Redimicula . ante quibus . mitra ligantur.
Repens . natans.
Receptaculum . habitatio . receptionis[1] . et exenodocium.
Regimoniu*m* . gubernatio.
105 Renoccenon[2] . bos siluester.
Reuiam . putabam.
Redius . uerna . preco.
(54[ba]) Redibet . reddet.
Retorridus . igneus.
110 Recensus . recognitus.
Retica . genus . uitis.
Reatu*m* latrociniu*m*.
Remotius . longius.
Refricare . reuoluere.
115 Refontat . afonterepellit.
Reciprocis . *prixlindu*m*.
Relatio . *eðeuide.
Retorto *geðraune.
Remeo . remeans.
120 Refertu*m* . repletum.
Renis . *heðir.
Redina . *aettaelg.
Reuellit . aloco . remouit.
Redimicula . auri cingula.
125 Redundat . refluit.
Rediuiuu*m* . anctustate . renatu*m*.
Rediuiuus . qui redit . ad *quod* fuit.
Recisu*m* . succisum.
Redibere . representare.
130 Reticuit . tacuit.
Rethore*m* . *prae*clarum . spendoris.
Rependere . repensare . uice*m* . reddere.
Redolit . satis dolet.
Repunt . strepunt.
135 Refellor . reuincor.
Refello . refuto.
Relata . regesta.
Redarguit . conuincit.
Reuulsus . exclusus.
140 Resipit . reconsiderat.
Repens . subitans.
Remes . remigator.
(54[bb]) Rere . arbitrare.
Reciprocat . reducat.
145 Refutant . reunnunt[3].
Remordit . occultat.
Redolent . odorem . reddunt.
Reuerant . *spunnun.
Religationes . exilium . metallaris.
150 Respersu*m* . aspersu*m*.
Respuunt . contemnunt.
Refouendi[4] . reuocilandi.
Recuperatis . reuocatis.
Recussat . abnuit.
155 Recolit . meminit.
Rectus . ap*er*tus.
Refertissimum . habundantissimu*m*.
Redoles . salus.
Redarguit . uerberat.
160 Religitur[5] . reuocatur.
Reuellit . dissoluit.
Reuectus reuelatus.
Repulsam[6] . dicimus . iniuriam . repelluntur . homines . ab honore.
Respectus . *etsith.
165 Reuera . sine dubio.
Relisdua . reliqua.

[1] This word and et ex- are written as a separate gloss in the MS.
[2] Distinctly so in MS.
[3] The second *u* has been added above the line.
[4] The *f* is written on an erasure.
[5] MS. reditur, and *gi* added above the line.
[6] The *u* has been written on an erasure.

Repedans . reuertens.
Reponile . *gearnuuinde.
Reciprocatu . *uurixlende.
170 Retiunculas . *resunge.
Renitenti . refulgenti.

Rimanti . exquirenti . acute.
Ridigus . durus.
Rictus . *grennung.
175 Rimosa . *cionecti.
(55^{aa}) Rimatio . exquisitio.
Rinocoruris . *proprium nomen* loci.
Rien . *laendino.
Rima . *getael.
180 Rithmus . dulcis . sermo.
Rinoceres . unicornus.
Ringitur . irascitur.
Ritibus . *consuetis*.
Rimaretur . scrutare*tur*.
185 Rigore . *heardnisse.
Ridimiculae . *cyne piððan.
Rictura . ferar*um* . oris . apertio.
Rigor . rectitudo.
Rictura . qui diligenter . inq*u*irit.
190 Riuales . duo . qui uno muliere utuntur.
Riualis . unius riui amor.
Rigentia . *forclingendu.
Ritu . more . ordine.
Rite . studiose.
195 Ripariolus . *staeðsuualpe[1].
Rimatur . scrutatur.
Rigor . afrigore . duritia . et inflexibilitas.
Rimaris . scrutaris . *uel* aestimaris.

Rostra . nauium . pectora.
200 Roscidum . humid*um*.
Roscinia . *naectegale.
Rodinope . *lelothrae.
Romuli . deromanis.
Rostrum. *neb . *uel* *scipes . caeli.
205 Reboabant . resonabant.
Robor . arbor . *aac.
(55^{ab}) Robor . uirtus . rubor . color . *est*.
Rostratum . *tindecte.
Rostris. *fore . muallum . *uel* *tindu*m*.
210 Robores . uires . et ligna.
Rostru*m* . ubi roditur . aliquid.
Roscida . roremadida.
Roscido . *deape.
Rostri . *tindas.
215 Rogus . congeries . lignorum.
Rotnu*m* . *nabogar.

Rudimenta . initia . tirocinia.
Ruder . stercor.
Rutilu*m* . spendidu*m*.
220 Rumigerulus . rumoris . inuentor.
Rudentes . stridentes.
Rudia . noua.
Rutuli . latini.
Rufu*m* . fuscu*m*.
225 Ruribus . terris.
Rumigerulus . timoris . opinione*m* . portans.
Rurus . ager . *uel* uuilla.
Rumigat . pecus . cu*m* mastigat.
Rumphea . gladius . utraq*ue* parte . acutus.
230 Rumigerantur . cum rumore nuntiant*ur*.
Runcina . *locer . *sceaba.
Rudentes . funes . uelorum.
Rudis . nouus.
Rumex . *edric.
235 Rutilare . rubicare.
Rubigo . *brond . oom.
Rupem . saxu*m* . fortem.
Ructat . expromet.
(55^{ba}) Rubeta . rana.
240 Ruber . *read.
Ruminat . rumigat.
Rumur . mur . mur.
Rus . ruris.
Rubru*m* . rubeum.
245 Ruscus . *cnioholen.

[1] The second *u* has been added above the line by the corrector.

Rubibundus . peccatis.
Rumigerum . pecus.
Rugitus . sonitus . leonis.
Rudem . accipit . q*uasi* libertatem.
250 Ruderisa . maceria.
Rupibus . montibus.
Rurigenus . rurenatus.
Ruscidu*m* . lignu*m* . foliis . spinosum.
Rura . monima.
255 Rubu*m* . lignum . spinosum.
Rubisca . *saeltna.
Rudus . stercus . q*uod* dedomo . mundantur.
Rubisca . * raedda . rabisca.
Rusulembo . gen*us* . uestim*enti*.
260 Rurigenus . pabula . quae adponuntur.

Sagax astutus.
Saures . surices.
Saucius[1] . uulnus.
Saepis . longa series.
5 Sategi . festinaui.
Saluite . salui . estote.
Sagax . ingeniosus.
Sanciri . tribui.
Sator . pater.
10 Sablo . *molde.
Saeuitia . iniquitas.
(55^{bb}) Sancire . confirmare.
Satrapas . sapientes.
Satis . consequens.
15 Salebrosus . asper.
Salebrae . * þuerhfyri.
Saburra . lapis . magnus.
Sartago . * brediponne.
Sarcinatu*m* . *gesiouuid.
20 Sarculum . * uueodhoc.
Salitu*m* . coniunctu*m*.
Sartatecta . *gefoegnisse.
Sangit . considerat.
Sartum . con iunctu*m*.
25 Salebra . loca lutosa.
Sacella . loca . sacra.
Sacer . consecratus.
Sanxit . iussit.
Saltim . uunc.
30 Sanies . tabum . sanguinis *est* mortuoru*m* . quae salsu*m* . humorem . ex se . gignit.
Satellites . socii . mali . factoris . *uel* ministri.
Sarcitu*m* . *con*sutum.
Saeuo . *unslit smeoro.
Satrapae . perfecti . persaru*m*.
35 Sarmentum . ramiq*ui* . deuincis . exciduntur.
Saltus . silua.
Sacru*m* . s*anctu*m . aliter . malu*m* . execrabile.
Sabiat . basiat.
Sabunca . herba *est* medicalis . habens . spicas . miri . odoris . crescit . in montib*us*.
40 Salix . * salh.
Sagax . * gleu.
Salpicu*m* . tubaru*m*.
Sarmentu*m* . * spraec.
(56^{aa}) Salibaribus . * miðlu*m*.
45 Sarcofago . * licbeorg.
Sacellorum . * haerga.
Salamandra . animal . quoda*m* . uiuens . in ignibus.
Sarisae[2] . hastae . macedo*num*.
Sata . modius . et dimed*ius*.
50 Sambucus . saltator.
Sarcio . * siouu.
Samson . sol.
Sarcinatum . *gesiopid.
Sabaoth . militiaru*m*.
55 Sambucus . *ellaern.
Saxea pila . cu*m* quo . tunditur.
Sandaliu*m* . *scete . *loða.
Sambucus . *sueglhorn.
Salum . *haeb.
60 Sagulum . *loða.
Satagit . deliberat . cogitat . *uel* o*mni*a . peragit.
Sationis . seminis.

[1] The second *u* has been added above the line by the corrector.
[2] MS. sariae, and *s* added above the line between *i* and *a*.

Sanguinis . * cniorisse.
Sardinas . * heringas.
65 Salicta . ubi salices . nascun*tur*.
Saburra . d*icitur* . q*uando* . lapides . et ligna . mittunt . in nauem . q*uae non* habent . alia . honera.
Sauciatus . uulneratus.
Saginabant . * maestun.
Satius . melius.
70 Sandix . * uueard.
Sacra . detesta . bilia.
Sardas . * smeltas.
Salamandra . serpens . in ignib*us* uiuens.
Saraballa . apud . caldeos . cura . hominu*m* . dicunt*ur*.
75 Salaris . pecunis . debitis.
(56ab) Sandalia . calciamenta.
Salsilago . terra . infruc*tuosa*.
Saliunca . * sure.
Samia . puluis.
80 Sarge . idoneus . cuius . libus . artis.
Sabiatur . obscuratur.
Sardonix . habet . colore*m* . sanguin*is*.
Sardius . colorem . purum . sanguin*is*.
Sariat . humum . seminat.
85 Salu*m* . * seeg . *u*el mare.
Salsa . * sure.
Satur . saturi.
Sat . est . satis . est.
Sangit . dicit.
90 Saxit . tribuit.
Satis . dat*io* conplementum.
Sauromate . gen*tis* . et no*men* . barbae.
Saliuncus . salices . q*u*i uelociter . crescunt.
Saga . no*men* gemmae.
95 Sarganen . idoneus . *cuius* . liberu*m*.
Sarabare . * braccę[1] d*icitur*.
Sacrificolis . sacrificant*ibus*
Saures . surices.
Sardus . cibus.
100 Salpica . tubici . nator.
Salmentum . q*uod* salibus . conditur.
Saba . pappa . uinum . quasi . dulcido . acetum.
Sandix . genus . frugi.
Satiare . * asoedan.
105 Saturnia . tellus . terra . italia.
Sacrafamis . execranda . cupiditas.
Sacra orgia . * edmelu.
Sarnus . fluuius . italiae.
Sacrilegus . *con*tra leges faciens.

110 Scilla . animal . scopulus.
(56ba) Scismum . ruptum.
Scolonia . * cipe.
Scabellum . * pindfona.
Scammatum . locus . ubi . anthletae . luctantur.
115 Scalpellum . * brediseru.
Scrutinium . q*uod* infantes . scrutantur.
Scrobibus . * furum.
Scuriora . sordida.
Scenopegia . solemnitas . tabernaculorum.
120 Scema . figura.
Scalprum . latum . ferrum . in ima . parte . sine manubr*io*.
Sceptor . notarius.
Scopa . * besma.
Sceno . graphia . tabernaculorum . scripter.
125 Scalprum . * byrs . *u*el * þuarm.
Scamma . * feld.
Scita . scripta.
Saltuum . * feltha.
Scylla . * eduuelle.
130 Scansio . * scyrft.
Sceptra . * oupald.
Scitus . positio.
Scena . * scadu.
Scotomaticus . * staerbliud[2].
135 Scenopagia . cassa.

[1] The first *e* added above the line.
[2] The *r* has been added above the line between the *e* and *b*.

Scalpro . * bore.
Scina . nititio.
Scipiones . uirgae . *con*sulum . ornatae.
Secua . sinistra.
140 Scrupulus . lapillus.
Scirpea * lebr . breuis.
Scarpinat . * scripid.
Scalpellum . * bor.
Scrupulosiores . obscuriones.
145 (56^{bb}) Scriptitat . frequent*er* scribit.
Scurra . leuuis.
Scobet . uentilat.
Scaurus . cuius . calces . retro eminent.
Scopon puritas.
150 Scaturit . *criid.
Scarabeus . genus . locustae.
Sceptru*m* . uirga . regalis.
Scordiscum[1] . uirga . regalis.
Scordiscu*m*[1] . corium . crudu*m*.
155 Scopuli . saxa . grandea.
Scortator . meretr*icum* amator.
Scrupulator . sollicitator.
Scropea . saxa nigra.
Scius . eruditus.
160 Scabru*m* . asperum.
Scedulae . paginae.
Scea . portatroiae.
Scoria . * sinder.
Scitum . iudiciu*m*.
165 Scurra . * scond.
Scorelus . * omer.
Scatens . ebulliens.
Scilla . monstrum
Scrupulu*m* . sollicitudo.
170 Scirra . * aquecorna.
Scrobes . fossaeminores.
Scrofa . * sugu.
Scara . * scaed.
Scabri . pisces . similes . * lopost*um*
175 Scuiphes . * mygg.
Scilla . * glaedine.
Scilla . serena.
Scasa . * eborðrote.
Scindulis . * scidu*m*.
180 Scena . * uuebung.
Scrobibus . * groepum.
(57^{aa}) Scalmus . * thol.
Sceda . * taeg.
Scaurosus . asper.
185 Scienices . * scinneras.
Scirpea . * corisc[2] . leber.
Scalpula . * sculdur.
Scaphu*m* . * scip.
Scandit . diuidit . uerba.
190 Sciphus . * bolla.
Scapha . nauicula.
Scintella . * spaerca.
Scrobis . sulcis.
Scalpio . * scriopu.
195 Scitalus . gen*us* serpentis.
Scabrida . asperitas . corporis.
Scripulum . legimus . *pro* cura.
Sceuitas . iniquitas.
Sciui . fiolae[3].
200 Scriba . doctor.
Scola . doctrina.
Sclactarius . portator . armor*um*.
Scenu*m* . * goduureci.
Scabro . * unsmoeði.
205 Scenis . * scinnum.
Scafus . * huma.
Scenopegia . casa.
Scande . diuide[4] . uerba[5] . *u*el uersu*m*[6].

Sepsit . serpit.
210 Secta . heresis.
Septus . circum . datus.
Sepulta . grauata.
Serotinum . tardentium.

[1] These glosses are distinctly so written in the MS.
[2] The *s* is written on an erasure.
[3] See P 160.
[4] The second *i* has been added below the line.
[5] The *r* has been added above the line.
[6] The first *u* added above the *e* by the corrector.

Semis patium . *þeohsaex.
215 Sexcuplu*m* . sex . *pro* uno.
Sentina . *lectha.
Sentes . *ðornas.
Seplasiu*m* . uicus . in campania[1]. ubi sunt . unguentari.
(57[ab]) Seou . germen inutile.
220 Serpillum . *bradelaec.
Seruitus . condicionis . no*men*.
Seruitium . multitudo . seruor*um*.
Seditio . *unsib.
Sertis . coronis.
225 Senticosis . spinis.
Seta . *byrst.
Senticosis . spinosis.
Secessus . *heolstr.
Sella . *sadol.
230 Seres . uermes . quitexunt.
Sequester . *byrga.
Secreti . diuisi.
Sclabrum . *uuind.
Scalpo . *clape.
235 Scuporum . *hliuða.
Sectare . persequere.
Sectans . exercens.
Seueritas . integritas . iudici.
Sector . usurpator.
240 Sererent . dicerent.
Seuerus . crudelis.
Semianimus . semiuiuus.
Sed potius . magis . immo.
Seditio . perturbata . simulati*o*.
245 Serit . seminat . dicit.
Seuit . inseruit.
Serta . tecta.
Serpenti[2]. inruenti.
Series . ordo . rerum.
250 Seruit . dixi*t* . seminauit.
Seponitur . separatum.
Sedulo . sollicito.
Senodus . *con*gregatio . senum.
Seria . ordinata.
255 Serpit . natans.
Secus . aliter.
Secernit . seperat.
Sequestra . sepone.
(57[ba]) Senatus . *con*sultu*m*.
260 Seriem . ollim.
Sertor . cultor.
Sepit . munit.
Sentes . uiae . spinosae.
Sepafrat*is* . separat*is*.
265 Semigelato . *halfelungni[3].
Serio . ordine.
Sero . *eornisti.
Seuo . *smeoru.
Sentis . intellegis.
270 Sexciplu*m* . dimediu*m*.
Seuerus . iratus.
Serum . *hpæg.
Seboim . no*men* . hominis . *uel* ciuita*tis*.
Selectus . separatus[4].
275 Semidalim . simila.
Sensim . *softe.
Senon . *cearriegge.
Senecen . *gundesuilge.
Sentensiosus . integre . iudicanis.
280 Sextertius . duo . asses . et dimediu*m*.
Septisonium . ubi sunt . uii . sonae . in caelo.
Setha . aperi.
Serion . inepte.
Sepes . longa . series.
285 Semenstru*m* . q*ua*si . semis . menstru*m*.
Sequester . susceptor . pignoru*m*.
Serpulu*m* . pulcium[5]. campest*re*.
Sertis . *co*niugis.
Selinis . no*men* insulę.
290 Senta . senectus . defecta.
Semicors . peius *est* socorde . minus . habens . socorde . stultissimus.
Seriam rem . necessiam rem.

[1] The *i* has been added below the *n*.
[2] The *r* added above the line.
[3] The *i* added below the line, tacked on to the second stroke of final *n*.
[4] The *u* added above the line.
[5] The *cium* written on an erasure.

Sestertius . modus . pecunię.
Senente . furente.
295 Senta . sordida.
Sentorium . qui nominat.
Sepeliant . *onsuebbað.
(57^{bb}) Sepositis . separatis.
Sermo . *spręc.
300 Sedulium . *rægu.
Senex . *ald.
Senior . *aeldra.
Sero . n*ome*n . auis . circa . aethiopia*m*.

Singillatim . persingula.
305 Sistit . statuitur.
Siguis . tardus.
Sine . per mitte.
Sistitor . obtinetur.
Sisto . exibeo.
310 Sinus . secessio . littoris.
Situlo . modiolu*m*.
Sicania . sicilia.
Simulator . fictus.
Signifer . qui . signa . portat.
315 Si commus . aliquin.
Sirtes . riui . rapaces.
Siquominus . olioquin[1].
Sirtis . ardua loca.
Sibba . *sigl.
320 Seneambagus . sinecircuitu.
Simultatis . desentiones.
Sitarcium . uiaticum.
Sirius . sidus . ardentissim*us*.
Singultat . *sicetit . *uel* *gesca slaet.
325 Siticulosus . qui semper . sitit.
Situm . collocatu*m*.
Sigillum . signum . anuli.
Singraphae . subscriptiones.
Sipius . sapiens.
330 Simeon . obauditio.
Siccima . humeri.
Sina . mandatum.
Sicomoros . *heopan.
Siliquas . gen*us* leguminis.
335 Sicarius . gladiator.
(58^{aa}) Siser . holus.
Situla . *om ber.
Sinapian . *cressa.
Sicalia . *ryge.
340 Siuuosa . *faecðmendi.
Sidus . q*uod* in se plures . stellas . continet.
Singrafa . cautio.
Sinciput . semis caput.
Sinnaticum . marmoror*ientale*.
345 Simila . farina . subtilis.
Sinifonium . parabulam.
Siatta . sapodimeos . dep*rae*dicatione . uisionis . dei.
Simpla . *anfald.
Sirina . *meremenin.
350 Siccera . q*ui* fit . dactylo sucus.
Siccera . omnis . potio . quo inebriari . pot*est* . excepto . uino.
Sic uoluere . sic tractare.
Simmallis . salaris . pecunis . debitis.
Sica . gen*us* cultri.
355 Singultus . *gesca.
Sinnum . *cirm.
Siliqua . *pisanhosa.
Sisca . *sniðstreo.
Signior . tardior.
360 Siler . gen*us* ligni.
Sinfoniaca . *belone.
Signaum . *segn.
Similagine*m*[2] . gen*us* tritici.
Simultas . *unsib.
365 Sinopede . *redestan.
Situs . positio.
Sicofantia . calumniatur.
Sistipulator . sipromittit.
Silurus . gen*us* . piscis.
370 Situs . modicus . odor modicus.
Sistit . exuit.
Sinit . permisit.
Simbulum . *herebene.
Sine cabellatione . sine argumento.
375 (58^{ab}) Sinus . *byge.

[1] So in MS.
[2] MS. similigine*m*, but the third *i* altered into *a*.

Sinus . *faeðm.
Simisti . conscii . secretorum.

Smaragdus . uiridem . habet . colore*m*.
Smus . *pellyrgae.

380 Soffa . sapientia.
Sospis . saluus.
Solentia . astutia.
Sodales . socii.
Sopit . terminat . finit.
385 Socrus . *sueger.
Socer . *sur.
Solers . acutus.
Soffisticis . scientibus.
Solers . astutus.
390 Sobrinus . q*ui* desororenascitur.
Sobrius . ingeniosus.
Soboles . filius . filia.
Socordia[1] . stultitia.
Soccus . *socc . slebescoh.
395 Sonisactas . socitrices.
Solisequia . *sunfolgend.
Sofisma[2] . conclusio.
Solu*m* . terra.
Sopio . *suebbo.
400 Sopitis . *onsuebdum.
Sollicitat . *tyhteð.
Sofar . speculam . dissipans.
Solidu*m* . integrum.
Socors . semicors.
405 Sonipes . equus.
Solamen . solacium . est.
Sonores . sonograues.
Sospitate . sanitate.
Sopita . sepulta.
410 Solida . firma.
Solidauit . confirmauit.
(58[ba]) Solabor . consolabor.
Sodolus . diligens.
Sopit . extinguit.
415 Sons . nocens.
Sofisma . commentum.
Solstitium . d*icitur* . q*ua*si . ipso die uno mento . uidetur . q*ua*si sol stare.
Sonorum . sonitu . garriens.
Sordiscum . corium . crudu*m*.
420 Sophismatu*m* . quaestionu*m*.
Sophistica . fraudulenta.
Sophista . sectagentiliu*m*.
Sorix . *mús[3].
Soleris . utilis.
425 Sortiunt . tribuunt.
Soue . desine.
Sodes . siaudis.
Sortilegus . qui dat . sortem.
Sodumacris . splendidum . ęris.
430 Sororius . filius . sororis.
Solere . sobat.
Sodatus . placatus.
Sortem . *pyrd . condicione*m*.
Sortilegos . *hlutan[4].
435 Sollicito . *tyhto.
Soluat . *ondest.
Sollicitare . *tyhtan.
Soricarius . *mushabuc.
Sol . phoebi.
440 Sopor . *momna.

Specimen . signum . *uel* splendor . *uel* nobilitas . *uel* iudicium . *uel* figura . similitudo.
Speriae . rotundae.
Spatiat*ur* . deambul*at*.
Spatiaretur . deambularetur.
445 Spina . *bodeg.
Spurcia . inmunditia.
Spretus . contemtus.
(58[bb]) Sponte . uoluntate.
Spatulas . rami . asimilitudine . spadi[5] . dicti[5].

[1] The *ordi* written on an erasure.
[2] The second *s* added above the line.
[3] MS. has accent over the *u*.
[4] So in MS., but *y* written over the *u*.
[5] These two words are written as a separate gloss in the MS. This gloss appears in Wülcker's *Vocabularies*, I. 47, No. 36, who regarded *spadi* as an A. S. word. But it is the Lat. *spatha*.

450 Spicas . *car.
Splene iocundissime.
Spalagius . musca . uenenosa.
Spatiaretur . *suicade.
Spiculis . *flanum.
455 Spectat . uidet.
Speculatus . probatus.
Spospondit . promisit.
Spera . pila ingens.
Spillos . medicos.
460 Spectatus . probatus.
Speculu*m* . neuer[1] . generis.
Specula . feminini.
Spurius . incerto . patre.
Spurius . meretricius.
465 Spargona . infantia.
Sper . q*ui* *est* onichinus . luculentas . hab*et*.
Sparastites . defensor.
Sputacu*lum* . sputum.
Spalagma . conpositio.
470 Sponda . *beneselma.
Sponda . lectu*m*.
Splenis . *milte.
Spina . alba . *haeguðorn.
Spina . nigra . *slahðorn.
475 Spatula . *bed.
Spoma . poma.
Specus . spelunca.
Spiciones . uirga . consulum.
Spoliarium . ubi spolia . ponuntur.
480 Sparulus . n*omen* piscis.
Spiculum . sagittae caput.
Spercius . fluuius . thesaliae.
Spartu*m* . linea.
Spidis . nodis.
485 (59^{aa}) Speleum . saxum . cauum.
Spiramentum . *hol.
Spiato . *matte.

Squalores . *orfeormnisse.

Stellantes . splendentes.

490 Strages . prostratio . corporum . in bello.
Stipendia . munera.
Strues . congeries.
Stipulator . adfirmator.
Stipant . cingant.
495 Stigmata . ignea.
Stirps . radix origo.
Statio . portum.
Stabula . *seto.
Stabula . astando.
500 Stolidus . stultus.
Strepitat . tumult*u*at.
Strenua . fortis.
Stuprum . societas . turpis . cum feminis.
Stiba . *handle.
505 Stigmata . plagae.
Stirps . prosapia.
Strofanus . inpostor.
Stimulat . incitet.
Stilum . calamum.
510 Stare . facia.
Stipem . elemosinam.
Stabulum . *stal.
Strigillum . *screope.
Stragua . *strel.
515 Stuppa . *heordan.
Stromatum . opus uarie . contextum.
Stemma . corona.
(59^{ab}) Stemma . ornamentu*m* . regal*e*.
Stigma . punctus.
520 Strofia . calida . uersutia.
Sternutatio . *fnora.
Stroma . lectulum.
Stirillum . cap*rae* barba.
Strenas . carmen . lamen.
525 Struerer . *streide.
Sturnus . *staer.
Strues . *heap.
Striga . *haegtis.
Stibium . unguentum.
530 Stornus . *dropfaag.
Stipito . ligno.

[1] MS. neuer, with a sign of contraction above the *er*; probably for neutri. This and the next gloss belong together.

Strenuissimus . fortissim*us*
Stipatoribus . *ymb hringend*um*.
Strepitu . *braechtme.
535 Strenue . *fromlice.
Strictis . *getogenum.
Stellae . astando.
Strinici . cupidi.
Storax . gen*us* ligni.
540 Stroflia . inpostura.
Stipes . mendicitates.
Stipis . mendicus.
Strica . tunica.
Stramete . istos . huius . uarietatis.
545 Stigmata . scema . *uel* figura.
Stacten . stillatio.
Stuprum . uirginitatis . perditio.
Stiria . *gecilae.
Stabulum . *falaed.
550 Stagnu*m* . *mere.
Stinc . hinc.
Stilium . *spinel.
(59bis) Stertens . *hrutende.
Stilio . *hraeðemuus[1].
555 Stemma . caracter.
Suppa . *ecambe.
Stratege . principes.
Stangulat . *pyrgeð . *uel* *smorað.
Stuperatus . stupe . factus.
560 Stagilla . *nomen* . fluminis.
Stolones . fructices . radicu*m* . arborum.
Stricta . macera . *getogone sucorde.
Stamen . *pearp.
Stic . hic.
565 Stragulat . uariat.
Stultatus . q*ui* deferre nescit.
Stipula . in postura.
Sternit . *gehnægith.
Strenas . *lybesne.
570 Stellatus . *astaenid.
Strutio . *stryta[2].
Stigmata . *picung.
Stomachum . *maga.
Strigillus . *aera . aereuscreop.
575 Stenax . *purpul.
Stiga . *gaad.
Sturfus . *fina.
Strabus . *scelege[3].

Suffragator . patronus.
580 Suffragium . patrociniu*m*.
Sub plaudans . *gelpende.
Sustentatio . sustentatura.
Subpuratis . purulentis.
Sub plosa . exclusa.
585 Suffundit . *ablendeð.
Sugillatum . inclinatu*m*.
(59[bb]) Surculus . *tuig . ouuaestm.
Sub regeres . sub ieceris.
Suspicio . uenero.
590 Sub acti . sub iugati.
Surculus . plantatio.
Sus pectus . dubius.
Sub dicione . sub potestate.
Subsidium . auxilium.
595 Sup*re*mi . excelsi.
Succubuit . defecit.
Subigerunt . domauerunt.
Sub rogare . sub ministrare.
Sugillatio . reprehensio.
600 Sub rogat . adhibet.
Summa . perfecta.
Sudumaeris . splendidum æris
Sub dit . sub ponit.
Susurrat . murmurat.
605 Susurio . *proht spitel.
Suspensi . dubiae . cogitantes.
Suscetur . irascet*ur*.
Suspectioris . sollicitioris.
Sub actum . uictum.
610 Sub recta . inclinata.
Sub actus . inclinatus.
Subcentia . fomenta.
Sub rigens . erigens.
Superstiti . uiui.
615 Subit . intrat.
Subiit . intrauit.

[1] The second *u* added above the line.
[2] The *y* is written on an erasure.
[3] The *ge* are written on an erasure.

Summatim . *quod* dicimus . partibus.
Sufficit . subministrat.
Suprimit . abscondit.
620 Superstes . filius . in rebus . humanis . constitutus.
(60ra) Suscensere . imputare.
Superstitiosus . deorum . cultor . *uel* falsus . neglegiosus . *uel* super . relegiosissimus.
Subtrinum . locus . ubi *con*ficiun*tur* . aliquae . species.
Subseruat . modicum . seruat.
625 Suffragatur . fauet.
Subdolus . subtilis . dolosus.
Summatim . paulatim.
Subsiciuum . suburbanu*m*.
Superhabundans . indigeries . per habundantiam . frugu*m*.
630 Suffecti . polluti.
Suotim . suomore.
Surum . *spearua.
Sucinus . lapis . qui ferrum . trahit.
Sullus . *ottor.
635 Sub arrata . *geuuetfaestae.
Suspensus . *ahaefd.
Sugmentu*m* . augmentu*m*.
Subergem . arbores.
Suber . lignum.
640 Supera . nauis.
Snaldam *durhere.
Summam . principatu*m*.
Subsellia . sca*m*ma.
Subfragator . *mundbora.
645 Subsciuu*m* . *fraeeni.
Successus . *spoed.
Sublustris . *scir.
Suspexit . susu*m* . aspexit.
Superciliu*m* . superbia.
650 Supparant . suppleant.
(60rb) Suppetium . refugium.
Suscensere . culpare.
Subcenturatis . adiunctis.
Suprema . *quando* sol . suppre*mit*[1].
655 Subulcus . *snan[2].
Superat . restat.
Suffectus . subrogatus.
Subarrauit . pignorauit.
Subsicium[3] . sub sequens.
660 Sumtuarius . *qui* erogat . su*m*tos.
Sugillauit . gulae . manu*m* . dedit.
Suesta . *suina . sceadu.
Succens . irascens.
Subpeditat . subministrat.
665 Suscenset[4] . detrahit.
Suntote[5] . estote.
Sugillat . subfocat.
Sudestitiones . pali.
Sunio . *nomen* . insulae.
670 Suauiat . osculat.
Summata . ornamenta.
Suaapte . suasponte.
Subdiuo . sub cęlo . puro.
Suliunt . furent . iracunde.
675 Suides . si audis.
Surgit . *paexit.
Subcentia . momenta.
Sub equilibra . sub librato . indicio.
Siacte . sua . natura.
680 Subfragatus . *prae*cisis . curribu*s*.
Suoue . taurilia . sacra . sunt . detribus . animalibus . sine . oue . etauro.
Subit . succurrit . *uel* inmemoria*m* . uenit.
Sulforia . *suefl[6]. sueart.
Sustinent . expectant.
685 Suspenderat . *apenide.
(60va) Supero . superuiuo.
Suffecit . subministrat.
Sucini . *glaeres.
Subigo . *protu.
690 Sub cono . *under haehnisse.
Sudum . *lybt . siccum.
Suspirat . anhelat.

[1] So in the Erfurt MS.
[2] So in MS. for *suan*.
[3] MS. subcium, and *si* added above the line between the *b* and *c*.
[4] MS. suscensit, but the *i* altered into *e*.
[5] MS. suntite, but *i* altered into *o*.
[6] MS. suel, and *f* added above the *e*.

Sub nixus . humilis.
Sub cumbat . sub ruat.
695 Superant . transeunt.
Sutrinator . *scoere.
Subsannat . *hospetęt.
Suffocacium . *cecil.
Sub iugatis . *geðedum.
700 Suis . *suin.
Suaeder *butantoðum.
Suspensum . dubitantem.
Suspensi . sollicìti.
Suggerit . dictat.
705 Sunt . *sint.
Suellium . *suinin.
Sublegit . collegit.
Subtalaris . *steppescoh.
Supuratio . *gelostr.

710 Synefactas . puplicas.
Synesactas . pudicas.
Synonima . uaria . dicta.
Syllogismus . *con*clusio . inebitabile.
Syrtes . arena.
715 Sympsalma . uocum . adunata . copulatio.
Symphosia . expositio.
Syndetus . *contra* . positus.
Syngraffe . cautiones.
Syntheta[1] . composita.
720 Symphonia . modulationis . temperament*um*.
(60[bb]) Symbulu*m* . *herebæcun.
Synfosion . similitudinem.
Syntasma . documentum.
Syntasmata . documenta.
725 Sypyegen . uisionem . *uel* reuela*tionem*.
Symtagmateseon . magister . eruditionis.
Synodus . conuia . undesinco nodus . uia . d*icitur*.
Synodicus . susceptionibus . peregrinorum.
Synaxeos . *con*uentus.
730 Synisastas[2] . so*m*nicolosi.
Symbulae . multae . conlationes . in unum . mysticae.
732 Syrinc . puellae . marinae.

Taxatio . significatio.
Tagax nominat.
Tagax furunculus.
Taxit . tangit.
5 Taxat . nominat.
Tabescit . defecit.
Tabo . putrido.
Talentum . pondus . argenti.
Tandundem . et tantidem . i*dem* est.
10 Tandem . aliquando.
Tantane . tanta . ergo.
Tabe . cruor . sanguini*s*.
Tabicon . *contra* omnes . hereses.
Tautalogia . repetitio.
15 Taxus . *iuu.
Talpa . * pond.
Taculus . *broce.
Tabernum . domus . ubi . uinu*m* . emitur.
Talpa . *ponde uucorpe.
20 Tabunus . *briosa.
Tapetsa . *rye.
Tabetum . *bred.
Talio . simili.
(61[aa]) Talumbus . *gescadpyrt.
25 Taxatione . *raedinne.
Tabuisset . *asuond[3].
Tantisper . *ðus suiðe.
Tantisper . interim.
Taberna . *pinaern.
30 Tabida . et putrefacta.
Tandundem . id ipsum.
Talionem . ultionem.

[1] MS. synheta, and *t* added below the line, between the *n* and *h*.

[2] The second *s* written on an erasure.

[3] After this word follows the usual mark of reference 8, corresponding to the usual h prefixed to the gloss following, which has been added at the top of the column.

Talio . uicissitudo.
Tautones . palpebrae.
35 Tait . quarta . parte.
Taruca . uestis . regia.
Talaria . *fedrhoman.
Talatrus . colophus . intalio.
Tabo . morbo.
40 Taurus . *fear.
Taxauerat . *gierende.
Talus . *oncleouue.
Tabulata . *ðille.
Tala . *pelgerodes.
45 Tabulamen . *ðille.
Taenis . *ðuaelum.

Tegula . *tigule.
Tedis . *blesu*m*.
Teter . *duerc.
50 Terga . fuga.
Tergiuersator . dorsi . uersator.
Tenax . parcus.
Tenus . finis.
Tenuere . possidere.
55 Tendamus . ambulamus.
Testudo . densitas . ramoru*m*.
Territoriu*m* . *lond.
Temulentus . ebriosus.
Testudo . duritia . gallacia.
60 Tergus . tergora . coria.
(61[ab]) Teretes[1] . rotundi.
Tergum . dorsum.
Temeritas . uiolentia.
Temere . *prae*propere.
65 Tempestiuum . oportunum.
Temerarius . audax.
Temerare . uiolare.
Testificatus . clamat.
Teterrimus . satis . niger.
70 Tellus . terra.
Tentigo . *gesca.
Territoria . loca . modica.
Tesmaforia . legis . latio.
Teres . rotundu*m*.
75 Thedis . aquis.
Tentoriu*m* . *geteld.
Teristru*m* . ligatio . capitis.
Teserois . quadris.
Tempe . *sceadugeardas.
80 Temulentus . uinolentus.
Testudo . *borðeaca.
Territoriu*m* . possessio.
Tenus . extrema . pars . arcus.
Tessera . *tasul.
85 Tertiana . *lenctinald.
Teris . distulis.
Terebellus . *nabogaar.
Tenticum . *sprindel.
Telum . *peb.
90 Textrinu*m* . *pebb.
Termofilas . *faesten[2].
Terpore . calore.
Terrigenae . gigantes.
Terminet . finiat.
95 Tempe . silua.
Temerari . pollui.
(61[ba]) Temonibus . *þixlum.
Tetrum . nimis . odore*m* . pestiferu*m* . nigrum.
Tenore . ordine.
100 Teres . *sinuhuurful.
Teges . ategendo . dictum.
Testa . testu.
Terminus . lapis . ipse . atrib*us* pedib*us* minus . hab*ens*.
Toereumata . qui torno . rosa[3] s*unt*
105 Tenarum . aditum . inferoru*m*.
Termodu*m* . mons . siciliae.
Tenor . texus . epistulae.
Tendit . nititur.
Teterani . tenebrosi.
110 Tedae . lampades.
Tesserarius . *prae*positu . curroru*m* . qui bella . nutriunt.
Tenelis . qui potest . teneri.
Tedae . fasces . nuptiales.
Tectoriatus . tecto . opertus.
115 Terminate . exultate.
Teretru*m* . mafortio.
Terribula . formidolosa.
Temetum . uinum.
Tetricus . tristes.

[1] MS. teretis, but *i* altered to *e*.
[2] The *s* has been added above the *t*.
[3] See Hildebrand's *Glossarium Latinum*, p. 285.

120 Terido . uemis . in ligno.
Temperiem . *uueder.
Tetaustus[1] . bilinguis.
Tentorium . casamilitar*is*.
Terimentum . nutrimentu*m*.
125 Tetricus . obscurus.
Tegit . celat.
Tendit . dilegit.
Tebis . *tegu*m* . *fodru*m*.
Teloniaris . *uuicgeroebum.
130 (61bb) Temere . tam facile.
Testor . pr*ae*dicor.
Territ . formidat.
Teruus . ferus.

Theos . contemplator.
135 Thitis . mare.
Theda . lignum luminaribu*s* optu*m*.
Theologia . d*e*i genelogia.
Thorax . pectus.
Thia . amita . soror patris.
140 Thermas . colores.
Thiriacae . medicinae ignitę.
Theorica . contemplatiua[2].
Theologica . in diuinis . rebu*s*.
Thorax . undethus . facitur.
145 Theodranius . co*n*sentia . euangeliorum.
Thema . figura.
Thiaras . laudes . uirginum.
Thorociclas . scluptae . imagines.
Theman . auster.
150 Thyesteas . comesationes.
Thya . matertera.
Thymus . *haet.
Tholus . *hrof.
Thersicorem . musa.
155 Thadalus . *brooc.
Thessera . *beeme.

Titania . sideralia.
Titica . *uuefl.
Tisifone . *uualcyrge.
160 Titio . *brond.
Tilia . *lind.
Tiara . frigium . pillium[3].
(62aa) Tinniens . sonans.
Tiro . ignarus . nouus.
165 Tipum . forma . similit*udinis*.
Tignarius . *hrofuuyrhta.
Timpana . tecta . uehicu*lorum*.
Titurus . hircus.
Tincti . *sli.
170 Tilio . *baest.
Tignum . *tin.
Titule . *gataloe.
Tibialis . *baanrist.
Titerani . proni.
175 Timiamate . odor . suauitatis.
Tibicen . qui *cum* tibia canit.
Titulat . significat.
Titon . sol.
Tilares . *lauricae.
180 Tironibus . militibu*s*.
Tippula . uermis . aquatic*us*.
Tipo . *draca . u*e*l inflatio.
Tirocinia . initia . rudimenta.
Tigillum . *first.
185 Tinnulus . atinniendo . d*icitur* . id *est* *eran.
Tipsina . grana . ordei.
Titerani . tenebrosi.

Torpet . stupet.
Torpuit . obmutuit.
190 Torrere . cremare.
Tongillatim . singillati*m*.
Toga . pulla . nigra.
Tonsi . remi.
Topus . locus.
195 Tot casus . tantas . calamitat*es*.
Torax . lurica.
Torpet . languet.
(62ab) Toffus . lapis . oculosus.
Tollit . exaltat.
200 Tocoria . hospitia.

[1] The first *s* has been added above the line.
[2] The *ti* added above the line.
[3] MS. pillium, and *e* added above the second *i*.

Torpor . segnities.
Torreuit . siccauit.
Toparca . loci . princeps.
Tonica . polimita . *hring faag . arotund*itate* circu*lorum*.
205 Torta . *auunden.
Tonsa . *roðr.
Toctriymyteo . deresurectione.
Tomum . libru*m*.
Tos huius . dy dei.
210 Topazion[1] . ut aqua . micat . ut *est* porrus.
Tolor . hasta.
Tortu*m* . *cocil.
Torquet . *uuraec.
Toreuma . *eduuaelle.
215 Torax . *feoluferð.
Torrentib*us* *streamu*m*.
Tollit . sustulit.
Torua . horrenda.
Togatus . togacirc*um*datus.
220 Togipurium . toga . pura.
Toga . palmata . qui palmas . habet.
Toruus . asper.
Tori . lacerti . brachiorum.
Torrens . fluuius . conceptus.
225 Toles . membra . sunt . circa canam.
Tori lecti . quod indurat . in humeris . tauror*um*.
Torosa . *sionuualt.
Toga . *goduuebbe.
Torquent . *þrungun.

230 (62ba) Tropus . mensura . dictionis.
Troiae . ab oris . afinibus . Troiae.
Trubidus . iratus.
Tronus . sedes . excelsa.
Transitu*m* . trans mutatum.
235 Trudit . excludit.
Trursus . clusus.
Tritor . ab eo . *quod* est . tritus.
Trapotae . molae.
Trucis . asper.
240 Truculentus . seuus.
Tripudiare . laetare . et exultare.
Trans . permediu*m*.
Tragicus . comitus . ut motus . ut gressus.
Tropologia . moralis . explanatio.
245 Tribunalia . cathedra.
Trax . dirus.
Trux . *unhiorde.
Tres . artabae . x . modios . faciunt.
Trochus . genus . roti . ad ludum.
250 Trorsus . inpulsus.
Tropus . sonus.
Trossulae . aequites.
Trieris . magna . nauis . tribus.
Treracsy . audiuitu*m*.
255 Tropicon . moraliu*m*.
Trofon . conuersatione*m*.
Tripudium . uictoriae . gaudiu*m*.
Trutina . *heolor.
Triclinium . anteusus . topadiorum . in tribus . lectulis . recumbebatur.
260 Trapetis . molis . oliuar*um*.
Traductus . *georuuyrde.
(62bb) Tripudiantes . exultantes.
Tragoedia . *bebbi . cantio.
Tropea . *sigebeen.
265 Tripudiare . uincere.
Trocleis . *stricilum.
Triplia . *lebl[2].
Truditur . inseritur.
Traducere . dehonestare[3] . defamare.
270 Translaticius . quitrans . mutetur . deloco . adlocu*m*.
Tropeum . pr*ae*da . hostibus . facta.
Trige . ubi . iii . equi . sub curso . sunt.
Tropea . spolia . punitorum.
Treuis . lamentationib*us*.
275 Trapizeta . mensularius.
Troclinus . sectae . genus.

[1] *zi* on an erasure.
[2] The upper stroke of the *b* appears to have been erased, wherefore the word reads *leol*.
[3] MS. dehonestore, but the second *o* altered to *a*.

Tramitum . uiae . trans uersae.
Tritonia. genus est. ferri. in mare[1].
Tritili quod teri . pot . est.
280 Traiectus . *ðorhbrogden.
Truncatus . decolatus.
Triclinium . ubi tria lecta sternuntur . uel tertia . cenaculum.
Trudit . processit.
Truditur . impellitur.
285 Triuere . tornauere.
Tridens . *auuel . *meottoc.
Tremulus . *aespe.
Trufulus . *feluspreci.
Transtrum . *saes.
290 Trulla . *cruce. *turl[2] . *scofl.
Triuerunt . scripserunt.
Triquadrum . *ðrifeoðor.
(63aa) Trans . *bigeonan.
Triumur . dignitatis nomen.
295 Tragelaphus . *elch.
Triunda ligurgite . quasi triplici unda.
Trabea . uestis . regia . toga . purpurea.
Trulla . *ponne.
Traiecit . transmisit.
300 Tractata . tangi.
Trabs . trabis.
Tripodia . mensa . apollonis.
Trudes . fustes . ferratae.
Transfert . *geuuendit.
305 Truncus . sinecapite.
Tribuli . *braere.
Traiectis . congregatis.
Tranant . *ðorhsuimmað[3].
Tripes . *stool.
310 Tria . *huice.
Tractibus *naescum.
Tragoediae . miseriae.
Trita . *ðrostle.
Truitius . *ðraesce.
315 Traigis . *higrae.
Trietherica . post triennia.
Tricent . *aeldeu[4].

Tubera . *clate.
Tugurium . hospitium.
320 Tubo . *ðruh.
Tubolo . *fala.
Tugurium . ategendo . quasitegorium.
Turdella . *ðrostle.
Turdus . *scric.
325 Tuta . *orsorg.
Tuber . tumor . *asuollen.
Tubicen . qui cum tuba canit.
(63ab) Tudicla . *thuaere.
Tutellam . *scildenne.
330 Tutius . securius.
Tus . incensum.
Tuber . *hofer.
Tunditantes . sepetundentes.
Turma . ordo.
335 Tuetur . custoditur.
Turpisculum . turpe . diminutiuum.
Turbinae . rotae . uentorum.
Turget . crescere . incipit.
Tumulum . sepulchrum.
340 Turbor . perturbatio.
Tuere . defendere.
Turbo . uentiuorago.
Tumultus . seditio.
Turmalis . ordinalis.
345 Tumida . irata.
Turbo . tempestas.
Turbulentus . obscurum.
Turris . aedificium . altum.
Turificaturus . sacrificaturus.
350 Tumba . nauis . uel sepulchrum.

Tylae . insula . in ociano . calidonco[5].
Tyri . afri.
Tyrsis . hasta.

[1] The *a* has been added above the line, written in the same way as the contraction for *ua*. [2] This word appears in the Epinal Glossary (27. a. 25) as *trulla*, glossed by *scofl*. The Erfurt MS. has (l.c., p. 382, no. 105) *trulla*, *scolf*. [3] The *i* has been added beneath the *u*. [4] The *l* is added over the first *e*.
[5] The *n* has been added above the line between the first *o* and *c*.

Tybris . tiberis . atibero . rege.
355 Tyberinus . ut amor.
Tyrsus . acta . cum panpino.
357 Typsonas . faciunt . deordeo . decorticant . ipsa . grana . in pilo . *id est* in ligno . cauato . deinde coquent*ur*[1] . in quo uolunt.

Uaticinatio . uere . pr*ae*dicit.
(63[ba]) Uadimonium . sponsio.
Uadimonia . indicia . *sunt* . *uel* officiu*m*.
Uastitas[2] . interitus.
5 Ualba . *durheri.
Ualbas . modicus . murus . ante portam
Uatilla . *gloedscoff.
Uarix . *ampre.
Uallum . muru*m*.
10 Uaporat . inurit.
Uacillet . tremulet.
Uaricat . *stridit.
Uangas . *spadan.
Uadimoniu*m* . *borggilefde[3].
15 Uatilla . *isern scobl.
Uasa . corpora.
Uades . fideiussores.
Uadatur . litigat.
Uaricat . deflectitur.
20 Uaser . uersutus.
Uauer[4] . callidus.
Uallos . palos.
Ualensdo . egritudo.
Ualitudinarius . qui frequenter . egrotat.
25 Uagurrit . per odiu*m* . uagat.
Uarruces . uarruce . facit.
Uaregatam . uariatam.
Uallauit . puplicetur[5].
Uadimonium . iurgium . lite.
30 Uaccanalia . patris . liberi . stupram.
Uallauit . circu*m* dabit.
Uagius . q*ui* genibus . iunctis . a*m*bulat.
Uastitas . interitus.
Uadatur . ligatur.
35 (63[bb]) Uaccatur . insanit.
Uanus . *gemaeded.
Uaglebat . uigebat.
Uapore . *aethme.
Uanna . *fon.
40 Uadatur fide . d*atu*r.
Uas . fideiussor.
Ualetant . sani sunt.
Uastus . profundus.
Uacillat . nutat . titubat.
45 Uagus . qui uagatur.
Uates . diuini.
Uaticanus . locus . ubi . uates . sedebant.
Uadatur . sponte . promittit.
Uacca . *cuu.
50 Uadabreuia . *geuueada.
Uasa . castrorum . arma . exercituu*m*[6] . *id* . *est* militiae . caeli . dic*u*nt*ur*.
Ualedicunt . salutant.
Uastat . spoliat . expugnat.

Uber . uberrima.

55 Uector . portor.
Uergentia . loca . humilia.
Uesperescit . sero fecit.
Uertex . summa . pars . capi*tis*.
Uesanus . minus . sanus.
60 Ueniunt . bona.
Uerrit . mundat.

[1] MS. divides: deindeco . quent*ur*.
[2] MS. Uascitas, but the *c* altered into *t*.
[3] The Erfurt MS. has as two separate glosses: Verecundiae concesserim gilepdae; and: Vadi, borg. The Epinal Glossary: uericundię concesserim: gilebdae; uadimonium: borg.
[4] A later hand has written *f* above the second *u*.
[5] A later hand has written *b* above the second *p*.
[6] The first *u* added above the line.

Uesta . numen ignis.
Uer . ipsum . tempus.
Uernus . ut est . dies.
65 Ueritur . timetur.
Uenit . distractus *est*.
Uexillum . sig*num* militiae.
(64^{aa}) Ueneratur . adorat . colat.
Uecta . portata.
70 Ueronis . gregis.
Uerbotenus . uerbigratia.
Uegent . ualent.
Uehor . portor.
Uetuli . antiq*ui*.
75 Uehit . uexit.
Uerberetorto . *apundero suiopan.
Uerruca . *pearte.
Ueretrum . uirilia . masculi.
Uenabula . *eborspreot.
80 Uegetus . fortis.
Uentriculu*m* . uen*ter*[1] *nomen* diminut*iuum*.
Uentriculus *ceōsol[2].
Uescada . *mundleu.
Ueror . *pitro.
85 Uexilla . *seign.
Uestibulum . *caebrtuun.
Uenctu*m* . *geolu.
Uespelliones . fossarias . qui . corpora . humant[3].
Uertigo . *eduuelle.
90 Uectis . *seng.
Uectandi gratia . exercendi.
Uespas . *uuaefsas.
Uerberatorum . *corthr.
Uerberatrum . *flete.
95 Uesica . *bledre.
Uesta . deaignis.
Uerbenaca . suramagna.
Ueneria . *smeorupyrt.
Uetusta . olitana.
100 Uertiges . fortes.
Uegros . demone . insanus.
Uehemoth . animal.
Ueneo . uenundabor.
Uerber . uerbicis.
105 (64^{ab}) Uespertilio . *hraeðemuus.
Uegent . ualent.
Uersant . uertant.
Uescitur . pascitur.
Ueterauit . antiquauit.
110 Uelantur . teguntur.
Uenis . uenderis.
Uenit . uendit*ur*.
Ueniit . uenditus est.
Uenalicium . quicquid pot*est* . uendi.
115 Uergit . declinat.
Uersutus . astutus[4] . callidus.
Uellere aedificare.
Ueredari . ueloces[5] . nunti d*icun*tur.
Ueneo . uendor.
120 Uernaculus . *frioleta.
Uernans . uirens.
Uecors . *gemaad.
Uernacula . *menen.
Uenustus . formosus.
125 Uenaliciarius . qui uendit.
Uerrit . percutit.
Uerbonutus . sicut . dicit.
Uernans . laetans.
Uereatur . confundatur.
130 Ueterator . strofosus.
Uesperugo . stella . uesperi.
Uerrunt . supertrahunt . ueluti . scopant.
Uetellus . *sucor.
Uertix . barba.
135 Uexillatio . certamen.
Uertigio . tempestas . auert*endo*.
Uehemens . ferox.
Uena . in domo natus.
(64^{ba}) Uestiarius q*ui* uestibus . praeest.
140 Uestiarium . erogatio . uestis . q*uod* accipit . miles.
Uesteplicia . femina . quae uestes . plicat[6].
Uertil . *huerb.

[1] MS. uener. [2] MS. ceosol, with sign of contraction over the first o.
[3] The *a* added above the line. [4] The *stu* over an erasure.
[5] MS. uelocis, but the *i* altered into *e*.
[6] The MS. has plicat, with the usual sign of abridgment over the *t*, therefore plicat*ur*.

Ueniculum . *pagu.
Uertiginem . *suinglunge[1].
145 Uesper . *suansteorra.
Ueterno . *faecnum.
Uermis . *corðmata.
Ueniculus . *cornuurma.
Uerbi gratia . *uuordes . intinga.

150 Ui superum . uiolentia . deoru*m*.
Uirulentus . uenenosus.
Uirus . uiolentia . ueneni.
Uicisitur . conpensat*ur*.
Uirago femina . fortissi*ma*.
155 Uinum . conditum . piperatu*m* . et melleatu*m*.
Uinciri . ligari.
Uirguncula . uirgo.
Uirgula . uirga.
Uiscu*m* . conpositio . quo . aues . capiuntur.
160 Uindunt . diuidunt.
Uibrat . micat.
Uiriuola . maritalis . *con*plexus.
Uirecta . quae inagris . uirent.
Uinolentia . uininimia . potam.
165 Uicissim . in uicem.
Uictrix . uictor . femina.
Uiolenter . *roeðelice.
Uitiginem . *bleci.
Uigorem . potentiam.
170 Uigor[2] . uirtus.
(64[bb]) Uiso mihi . placito mihi.
Uindicamus . donamus.
Uibex . libor . uirgę.
Uia secta . *iringes uueg.
175 Uicatum . *libr.
Uittas . *thuelan.
Uitelli . *sucoras.
Uictima . q*uod* uictis . hostibus . fit.
Uillis . *uulon*a*.
180 Uitiligo . *bleetha.
Uitricius . *steopfaeder.
Uicium . *fugles bean.
Uiperina . plato filum.
Uillosa . *rye.
185 Uiscus . *mistel.
Uilla . *lininryce.
Uiburna . *uuduuuinde.
Uirecta . *quicae.
Uitiatum . *aperded.
190 Uibrat . *brogdetteð[3]
Uitiato . oculo . *unðyhtge . egan.
Uihabundans[4] . metuens.
Uiritim . singillatim.
Uiri[5] cordati . bono corde.
195 Uilis . pestis.
Uimentibus . amoreplenus.
Uirgultu*m* . *gerd.
Uilicos . custos . nocturnos.
Uirga q*uod* ui sua . regat.
200 Uirisat . uirilit*er* . facit.
Uicatim . per uicos.
Uilicat . bellicat.
Uiocorus . *nomen* . aloco . appel*latum*.
Uisceratosta . *gebreded flaesc.
205 Uibice *lelan.
(65[aa]) Uinco . *obersuiðo.
Uiresceret . *greouue.
Uiscellum . *broht.
Uitalia . uiscera.
210 Uiscera *tharme[6] . thumle.
Uiblę . planta.
Uimen . *pearp.
Uillus . *uuloh[7].
Uisendi . uisitandi.
215 Uirgo . *unmaelo[8].
Uis . uiolentia.
Uitulus . *caelf.
Uitula . *cucaelf.

[1] The first *g* added below the line, between the *n* and *l*.
[2] The *i* added below the line.
[3] The first *t* added above the first *e*.
[4] The *h* added above the line between the *i* and *a*.
[5] The first *i* added below the *u*.
[6] tharme is joined to Uiscera in the MS.
[7] The second *u* added above the line.
[8] The *n* added above the line.

Uisibus obtutibus.
220 Uiridus . fortissimus.
Uiritim . nominatim.
Uistula . *sugespeard.
Uilicus . auctor.
Uitta . cingulum.
225 Uillicat . uilla*m* . agit . *ue*l collegit.
Uibrat . *borettið . *uel* *diregað.

Ulna . spatium . unius . brachi.
Ultatus . damnatus.
Ultroq*ue* citroq*ue* *hider . ond hider.
230 Ulciscitur . defenditur.
Ultro . uindex.
Ultus sig*nificat* et defendit . et puniuit.
Ulnum . brachium.
Ulignosus . pinguis.
235 Uliguosum . pinguae.
Uligo . humorterrae.
Ulmus . *elm.
Ulula . *ulae.
Ulterior . nouissimus . longe . (65ab) et prope.
240 Ultro . interius.
Ultroniam . noluntariam.

Umbonem . buccula.
Umbilicus . *nabula.
Umq*uam* aliquando.
245 Umbo . media . pars . scutis.
Umecta . *gibrec.

Unorum . multoru*m*.
Uncis . incuruis.
Unice . prime . optime.
250 Uncus . ancora.
Uniones . margaritę.
Unibrellas . *stalutofuglum.
Unci . curui.
Unci . alibus . longos.
255 Ungulaferrum . curbunt . digiti.
Uncat . curbat.
Unguentu*m* . *smeoru.
Undecumq*ue* *huonan huegu.
Unde . delator . *dicitur*.
260 Unguana . *naegl speru[1].

Uortex . norago . aquae.
Uotiuum . immolatiuum.
Uorax . sorbens.
Uocis . p*rae*conio . laudem.
265 Uoluere . concitare.
Uolutat . cogitatione . repetit.
Uoti compos . uoto . ornatus . *id est* *fægen.
Uola . palma . manus.
Uoluola . *uuduuuinde.
270 Uorago . *hool.
Uoragine . *suelgendi.
Uoluitas . p*rae*termodum.
Uoleat . uolat.
(65ba) Uolubilis . quid quid . uidit . totu*m* . desiderat.
275 Uolucres . ueloces.
Uorriclones . edaces.
Uoluter . cupido.
Uotium . *oest . ful.
Uortex . flustra.
280 Uoluma . *gorst.
Uordalium . *laesti.
Uox . *stebn.

Urciolum . *paetercruce.
Urido . uentus . urenis.
285 Urna . *amber.
Uris . *urum.
Urgere . propere.
Urbs . ciuitas
Urticeta . loca ubi urticae . nascunt*ur*[2].
290 Uerticeta . *netlan.
Urguet . *threatade.

Usitatum . consuetudo . diuinaru*m*.

[1] This word is written after gloss 258, with a line to separate it from that gloss.
[2] The first *u* added above the line.

Usus . consuetudo.
Uscide . *tohlice[1].
295 Usta . *con*busta.
Usion . substantia.
Usurpauit . *agnette.
Ustrina . ubi porcos . tolluntur.
Usia . *suernit.
300 Ut pote . ut forsitan
Usurpat . pr*ae*sumit.
Ut putu . q*u*asi qui.
Utensilia . ustibus . necessaria.
Utiofesion . instructionum.
305 Utrum uis . uterque.
Utensile . *geloma.
Utensilia . uiatici . sumtus.

Uulnus[2] . dolor.
Uulgus . uilis populus.
310 Uulgo . passim . *oeghuer.
Uulgatum . manifestatu*m*.
Uua . passa . desiccata.
Uuldac . uetustas sola.
Uultuosus . tristis.
315 (65^{bb}) Uulcerosi . scabiosi.
Uultus . contemplatio.

317 Uxorius . *ceorl.

1 Xenodociorum . collectionu*m*.
2 Xenodochia . susceptio . peregrinorum.

Ypoteseon[3] . dispositionum.
Ypotonyan . disputationu*m*.
Ytitopytioacaen . disputationu*m*.
Ytiafesion . structionum.
5 Ypallage . uerbum . *pro* uerbo.
Yryseon . herescarum.
Ytres . yposeon . disputatio*nis*.
Ymnus . *loob
9 Ytio eseon . exequiarum.

Zotiacus . animalis.
Zodiacus[4] . XII . signa . continens.
Zabarras . areas.
Zyphei florentes.
5 Zizania . *laser[5].
Zotiacum . siderale*m*.
7 Zitis . inquire.

1 This whole gloss written over an erasure.
2 The second *u* added above the line.
3 MS. Yposeon, and *te* added above the line.
4 MS. Zothaeus, but *th* altered to *di*.
5 *laser* is a well-known Latin word, but does not seem to mean anywhere *tare*. In other glossaries we find *lasor*, *lasur* in this sense; see Leo, *Angels. Glossar*, 661. 23; Bosworth-Toller, *A. S. Dictionary*, in voce *laser*.

LATIN INDEX.

N.B. The references are to the initial Letters of the Glossary. For instance: "Abacta, A 21" means that the word is the 21st of the glosses commencing with A (on p. 9). "Abdicatio, E 46" is the 46th of the glosses commencing with E (on p. 45), and so on.

Int. before figures refers to the first Glossary, printed on pp. 3—8, and entitled: *Interpraetatio nominum ebraicorum et grecorum.* For instance: "Aaron, Int. 13" indicates that this word is the 13th gloss of the "Interpretatio" (on p. 3).

A few references to the *pages* of the work are given. For instance: "Achanthos, p. 1"; "Aurium, p. 91, note 3".

Where the division of words is wrong in the MS., it has been so reproduced in the text, but not in the Index. For instance: "pro . auus" of gloss A 25 will be found under "proauus", and C 373 is divided into and indexed under *Cheroche; lini; in; mallo; nauis;* though *inmallones*, and two or three other similar compounds, have also been indexed.

A, Int. 223; A 81, 85, 91, 111 (bis), 113, 357, 360, 418, 677, 692; B 32; C 11, 34, 157, 418, 429, 433, 879, 932, 958; D 102, 171, 172, 345; E 126, 281, 291, 323 (bis); F 109, 180, 182, 243, 299, 307, 351; G 67; H 5, 104, 132; I 342; L 3, 124, 176, 204, 212, 269; M 50, 148, 152, 163, 164, 170, 301, 308, 342; O 249; P 243, 276, 321, 619, 810, 870; Q 42; R 25, 115, 123, 126, 197; S 449, 499, 537; T 101, 103, 185, 204, 231, 322, 354; U 136, 203
Aaron, Int. 13
Ab, A 6, 30, 46, 66, 68, 70, 89, 92, 94, 124, 145, 186, 415, 518, 912; D 168; E 68, 335, 512; F 121; G 101; H 13, 70; I 384; L 137; O 274; R 163; T 231, 237
Abacta, A 21, 40
Abactus, A 30
Abaro, A 31
Abaso, A 18
Abauus, A 25 (bis)
Abba, Int. 33
Abcesit, A 34
Abdecet, A 55
Abdedit, A 88
Abdensis, A 16
Abdias, Int. 14
Abdicare, A 37
Abdicat, A 51, 212
Abdicatio, E 46
Abdicanit, A 11
Abdicit, A 32
Abdit, A 54
Abditis, A 87; E 512
Abditum, A 73
Abdo, Int. 24
Abducere, A 528
Abducit, A 599
Abductionem, I 255
Abdus, A 68
Abduxit, A 52
Abegato, A 22
Abegelata, A 8
Abegit, A 80
Abegunt, A 81
Abel, Int. 5
Abelena, A 2
Abena, A 48
Abero, N 196
Aberuncat, A 23
Abest, A 82
Abet, L 129; O 257
Abhominabilis, A 583
Abhominatio, A 658; P 691
Abhominatus, D 36
Abia, Int. 35
Abicies, A 62
Abiece, A 71
Abiecit, A 3; E 381
Abieecit, A 51
Abies, A 5
Abigelus, A 33
Abiget, A 45
Abigiata, A 60
Abigit, A 27
Abiles, A 13, 93
Abimelech, A 7
Abisalon, Int. 32
Abissus, Int. 311
Abite, A 49
Abitote, A 49
Abiudices, A 57
Abiurat, A 69
Abiuratio, A 77
Ablata, A 15, 53
Ablatiuus, Int. 12
Abluit, E 462
Abminiculum, A 1
Abnegat, A 72
Abnepus, A 24
Abnuit, A 72; R 154

Abolenda, A 14
Abolere, A 36
Aboleri, A 90, 91
Abolet, A 85
Aboleta, A 83
Abolita, A 65
Abolitio, A 81
Aborsus, A 91
Abortus, A 12
Abra, A 10
Abraham, Int. 8
Abram, Int. 7
Abrasa, A 53
Abrepticius, A 19
Abreuiata, E 243
Abrisit, A 29
Abristit, A 28
Abrizium, A 20
Abrogat, A 63
Abrogata, A 26
Abruptus, E 59
Abscondens, Int. 293; A 16
Abscondit, A 54; C 446; S 619
Abscondita, A 79
Absconditum, A 73
Abscousa, D 351
Absconsis, A 690
Absconsum, A 74
Abscultat, E 384
Absedas, A 61
Absens, A 82, 366
Absida, A 4
Absinthium, A 9
Absistere, A 43
Absistit, A 67
Absit, A 78
Absoluta, A 38
Absolute, E 471
Absoluto, C 216
Absonus, A 56
Absordium, A 44
Absorduum, A 95
Abspernit, A 41
Abstans, A 59
Abstemus, A 17
Absteuus, A 35
Abstinens, A 17
Abstirpat, A 23
Abstrusa, A 79; I 227
Abstrusum, A 74
Abstulit, E 99
Absurdus, A 76
Abtabiles, A 13
Abtauit, A 42, 75
Abtemus, A 58
Abtet, A 64
Abunde, A 39
Abusitatus, A 50
Abutitur, A 86
Ac, A 865; I 384
Acatasticus, A 169
Accape, A 119
Accearium, A 127
Accedentur, A 141
Accedit, R 78
Acceditur, A 389
Accelerat, M 14
Accensi, A 142
Accentus, Int. 258, 315; A 151
Accepit, R 39
Acceptator, A 163
Acceptum, R 2
Accersiui, A 144
Accessabilia, I 276
Accessio, A 161
Accetum, A 136
Accidia, A 165
Accidiosus, A 137
Accidit, E 437
Accintu, A 172
Accio, A 144
Accipe, A 112
Accipiendo, C 971; I 252
Accipit, C 38; I 403; R 249; U 140
Accipitur, R 32
Accipiunt, C 912
Accire, A 148, 153
Acciti, A 128; C 618
Accitor, A 126
Accitulium, A 131
Accitus, A 98
Acciui, A 144
Acclinis, A 152
Accola, A 171
Accolitus, A 173
Accumbere, A 155
Accussat, D 110; I 82
Accussationes, Q 36
Accussatiuos, Int. 126
Accussauit, Q 13
Acega, A 125
Acegia, A 138
Aceodo, A 139
Acephalon, A 140
Acer, A 100
Acerbatur, A 162
Aceron, A 116
Acerra, A 97
Aceruat, G 107
Acerue, A 103
Aceruitas, A 164
Aceruus, A 108, 109, 147; C 850; G 12
Aceti, A 158
Acetum, S 102
Aceuon, A 156
Achab, Int. 40
Achalantis, A 121
Achanthos, p. 1
Achaz, Int. 38; A 99
Achialon, Int. 25
Achimenia, A 110
Acholothus, A 107
Achus, A 122
Acidus, A 124
Acie, A 101, 376
Aciem, A 106; P 681
Acies, A 117, 159
Acinaces, A 118
Acinum, A 132
Aciscnlum, A 115, 168
Acitelum, A 130
Acitula, A 129
Acitum, A 858
Aclides, A 154
Acnonitus, A 150
Acognitum, A 104
Aconito, A 102
Acrę, A 157
Acremonia, A 166
Acrifolus, A 123
Acris, A 133
Acroceria, A 143
Acrore, A 134
Acta, A 149, 170; T 356
Acti, A 105
Actigeni, A 649
Actio, O 138
Actionabatur, A 134
Actionaris, A 114
Actionator, A 96; L 215
Actiones, E 341
Actioni, L 223
Actionis, A 911
Actionum, P 682
Actotum, A 167
Actu, A 30, 145
Actuariis, A 170
Actuarius, A 135
Actus, P 199, 234
Acu, P 421
Acuatem, B 132
Aculeus, A 145
Acult', Int. 286
Acumen, A 117, 166
Acumina, A 146
Acus, A 160
Acussationes, C 105
Acuta, Int. 237; M 56
Acutam, P 430
Acute, A 737; N 89; R 172
Acutus, R 229; S 387
Ad, A 47, 168, 178 (bis), 200, 227, 229, 260 (bis), 263 (bis), 278 (bis), 457, 818; C 217 (bis), 418 (bis), 848, 932, 964 (bis); D 18; E 51, 420, 563; L 269; M 62, 75; N 35; O 223; P 729 (for ars?), 772; R 100, 127; T 249, 270

Adacto, A 183
Adam, Int. 4; G 86
Adamans, A 244
Adamans, A 245
Adauus, A 277
Adberbia, N 76
Adbiguus, A 216
Adbreuiatio, E 241, 244
Adcingunt, A 210
Adciuisse, A 261
Adclibatum, A 246
Adcliuis, A 203
Adcommodaturus, A 280
Addic, A 214
Addiceret, A 230
Addicit, A 212
Addictus, A 193
Adduceri, A 91
Adductus, A 176
Ademptio, A 265
Ademto, A 206
Adeo, A 251
Adeps, A 770
Adeptus, A 197
Adęquat, A 290
Adero, A 285
Adesse, A 358
Adesto, A 284
Adeundo, A 186
Adfabilis, A 255
Adfatim, A 213, 219
Adfectans, A 196
Adfectaret, A 208
Adfectat, A 202, 266, 286
Adfectatoris, A 231
Adfectio, A 237
Adfectione, I 324
Adfector, A 182
Adfectus, A 481
Adfiliat, A 215
Adfinis, A 207
Adfirmant, L 168
Adfirmatio, A 174
Adfirmator, S 193
Adfirmatur, A 224
Adfligit, A 232
Adflixit, E 508
Adgredire, A 256
Adgreditur, A 247
Adgrediuntur, A 217
Adgressus, A 211
Adherens, Int. 38; M 7
Adhibet, S 600
Adhibuit, A 287
Adhuc, E 252, 403
Adiacentia, P 24
Adiciens, A 279
Adicit, A 259
Adid, A 262
Adiectione, P 242
Adigebant, A 185
Adilicem, A 184
Adimere, A 225
Adimit, A 249
Adimitio, A 265
Adio, A 252
Adipe, A 70
Adipiscit, A 226
Adipiscitur, I 323
Adire, A 256
Adit, N 133
Aditum, A 186; T 105
Adiumentis, A 268
Adiuncti, A 282
Adiunctis, S 653
Adiunctus, A 175, 180, 189, 274
Adiunge, A 240
Adiungemus, A 58
Adiurans, E 422
Adiurare, C 855; F 94
Adiuro, E 406
Adiutorium, A 1, 511, 664; O 193
Adiutus, Int. 190; F 392
Adiuuant, A 512
Adiuuante, A 179
Adliciens, A 289
Adlido, A 218
Adlobrius, A 254
Adlocutio, F 7
Adloquens, P 302
Adloquitur, P 480
Adludit, A 181
Adluerit, A 271
Adluit, A 269
Adluo, A 269
Adminiculante, A 179
Admirabile, P 80
Admirabilis, Int. 248
Admiratio, E 165
Admiratur, E 311
Admisum, A 272
Admodum, A 253; F 119
Adnanimus, A 273
Adnexus, A 180
Adnitentibus, A 220
Adniue, A 240
Adnotauimus, A 273
Adnouit, A 239
Adnuit, A 275
Adnuntiat, E 322
Adnuntiatio, Int. 117
Adolator, A 258
Adolatores, P 56
Adolatur, A 574
Adoleo, A 242
Adolerent, A 194
Adolescentes, E 91
Adolescere, A 222
Adolet, A 195
Adoliscens, E 216
Adonai, Int. 1
Adoneus, Int. 1
Adoptat, A 215
Ador, A 243
Adorantes, O 142
Adorat, U 68
Adorea, A 238
Adoritur, A 247
Adornat, A 257
Adorsus, A 211
Adpetit, A 286
Adpetitoris, A 231
Adplaudat, A 267
Adplicens, A 702
Adplicuit, A 288
Adponuntur, R 260
Adpraehendens, Int. 233
Adprobatur, A 221
Adquirit, A 226
Adquisita, P 60
Adquisiti, I 449
Adquisiuit, A 75
Adridente, A 198
Adrogantissime, A 235
Adrumauit, A 248
Adsaeclum, A 209
Adsaecula, A 187
Adsaeculi, A 250
Adsciscere, A 264
Adsciscunt, A 190
Adscite, A 282
Adsciuit, A 221
Adsectator, A 241
Adsecutus, A 197; I 133
Adsensore, A 201
Adsensores, F 97
Adsentator, A 258
Adsentiat, F 42
Adsertor, A 233
Adsertores, A 234
Adsida, Int. 34
Adsidue, M 217
Adsociunt, A 190
Adsta, A 270
Adstans, A 169, 661
Adstipatus, A 271
Adstipula, A 175
Adstipulatio, A 174
Adstipulatur, A 223
Adstipulatus, A 189
Adsumere, A 261
Adsutę, A 177
Adtaminat, A 188
Adtenuatus, A 205
Adtonitos, A 275
Adtonitus, A 228
Aduena, Int. 26
Aduenieus, Int. 302
Aduentio, A 281
Aduentus, C 213
Aduerbium, M 15 ; N 122

Aducrsa, C 85
Aducrsarius, Int. 285
Aducrsatur, D 107
Adultera, E 198
Adulterio, E 409
Adulti, A 191
Adultus, A 192
Adunata, C 571; S 715
Aduncis, A 199
Aduocare, A 261
Aduocator, A 126
Aduocatus, A 283
Aduocauit, A 287
Aduoluta, O 168
Adyta, A 236
Aeatis, A 307
Aedes, A 310
Aedibus, A 291
Aedicula, A 305
Aedificare, M 276; U 117
Aedificat, F 390
Aedificationes, I 81
Aedificia, A 309; M 853
Aedificii, A 61
Aedificiorum, P 803
Aedificium, T 348
Aeditio, A 301
Aeditui, A 325
Aeditus, A 292
Aegeator, A 308
Aegesta, A 328
Aegilippon, A 306
Aegit, A 316
Aeglea, A 344
Aegne, A 299
Aegro, A 322
Aegyptus, Int. 10; A 300
Aelcuenus, A 335
Aemula, A 348
Aemulus, A 293
Aenea, A 331, 530
Aeneade, A 331
Aeneatores, A 302, 350
Aeneficium (for benef-), B 68
Aeneum, A 294
Aequae, A 297, 317
Aequaeuus, A 345
Aequalia, O 132
Aequalis, P 51
Aequat, E 267
Aequatis, A 295
Aequę, A 317
Aeques, A 332
Aequeus, A 307
Aequeuus, A 345
Aequidiales, A 296
Aequigenae, A 318
Aequimanus, A 349
Aequinoctiales, A 296
Aequipensum, A 352
Aequiperabatur, A 320
Aequiperat, A 290
Aequitat, A 343
Aequitatus, A 333
Aequites, T 252
Aequor, A 311
Aequora, A 315
Aequore, A 351
Aequus, A 488
Aer, E 184
Aera, A 355
Aerabulus, A 120
Aerari, A 311
Aerarii, A 311
Aerarium, A 311, 346, 354
Aere, A 321
Aerectatio, A 334
Aereum, A 294; L 124
Aeri, A 356
Aerii, A 298
Aeris, A 327; C 120; S 129, 602
Æris, S 602
Aerumna, A 313
Aerumnus, A 337
Aes, A 327, 338 (bis), 471
Aescilia, A 353
Aesculus, A 304
Aesolus, A 342
Aestibale, A 326
Aestimabat, C 336
Aestimant, Int. 145
Aestimaris, R 198
Aestimat, C 292
Aestimatio, C 321
Aestimo, R 49
Aestis, Int. 208
Aestiua, A 674
Aestiuum, O 209
Aestuans, F 234
Aestuaria, A 319, A 330
Aestuca, A 312
Aestus, A 324
Aetas, A 329, 336; I 529; P 878; Q 67
Aetate, C 786
Ætate, A 6
Aetatis, A 307
Aetatula, A 329
Aeterna, A 339
Aeternitas, A 336
Aether, A 340
Aethica, A 323
Aethiopiam, S 303
Aetuaria, A 330
Aeuitas, A 336
Aeuum, A 341
Aeuus, A 303
Afertice, Int. 12
Afestotiles, A 368
Affabilis, F 63
Affatibus, A 367
Affatim, A 361
Affaturus, A 366
Affatus, A 365
Affecta, A 362
Affectans, A 369
Affectio, N 71
Affectui, A 371
Afficit, A 370
Afflarat, A 359
Affluunt, A 363
Affore, A 358
Affri, C 274
Affriennum, B 80
Affrico, A 89
Affricus, A 364
Afinicului, A 357
Afri, T 352
Africanus, L 157
Agapem, A 405
Agapo, A 383
Agar, Int. 26
Agasson, A 378
Agastrum, A 397
Age, A 404; G 83
Ageator, A 384
Agens, A 394; F 402
Ager, A 487; F 376; R 227
Agerat, A 259
Agere, A 36; D 116
Agga, A 388
Agger, A 408
Aggeres, A 372
Aggeribus, L 236
Aggeus, Int. 16
Aggreditur, A 389
Aggressus, A 402
Agilis, G 138
Agiographae, A 381
Agit, D 159; M 231; U 225
Agitaute, A 406
Agitate, A 401
Agitatio, A 399
Agitor, A 390
Agitur, A 377; B 65; G 84; P 660
Agius, p. 1 (bis); Int. 11, 18
Agmen, A 376, 407
Agmina, P 157
Agmine, A 398, 403
Agminibus, C 457
Agnam, E 216
Agnatus, A 379
Agnoscens, Int. 239
Agnus, p. 1
Agon, A 373; G 192
Agonantes, A 386
Agonia, A 387
Agonista, A 375
Agonitheta, A 374

Agrarius, A 391
Agrę, A 400
Agreste, A 395; M 271
Agrestes, A 382
Agrestis, A 48, 788; D 13
Agretis, A 396
Agricola, A 385
Agrippa, A 392
Agris, U 163
Agro, B 204
Agrorum, R 82
Agundis, A 393
Agunt, A 464 (bis)
Agustę, A 380
Ain, A 411, 412 (bis)
Aiocten, A 410
Aiumenta, A 409
Ala, A 488; P 436
Alabastrum, A 442
Alacer, A 446
Alacrimonia, A 469
Alacris, A 445
Alaphis, F 247
Alapiciosa, A 459
Alaris, A 472
Alatis, A 485
Alba, A 421; S 473
Albae, R 24
Albeis, A 499
Albescit, F 252
Albet, A 484
Albipedius, A 436
Albo, A 495
Albulo, A 417
Albus, A 499, 771
Alcanus, A 482
Alcido, A 478
Alcion, A 422
Alę, A 942
Alea, A 414, 465
Aleator, A 416, 466
Alectat, A 470
Alendo, A 415
Alerius, A 452
Ales, A 431
Alga, A 431, 440
Algidus, A 419
Algit, A 475
Algor, A 423
Ali, A 922
Alia, S 66
Aliam, C 418
Alibre, A 454
Alicui, E 22
Aliena, A 383, 426; E 473; I 138
Alienat, A 51, 947; E 381
Alienę, E 486
Alienigena, A 426
Alieno, A 321
Alienorum, P 476
Alienum, A 33, 338 (bis), 471; E 516
Alienus, A 171
Alietibus, A 429
Alietum, A 432
Aligeri, A 438
Alii, C 435
Aliis, O 16
Alimenta, E 43
Alimentum, A 454
Alioquin, A 461
Alipedes, A 489
Aliqua, R 27
Aliquae, S 623
Aliquam, Q 26
Aliquandio, A 462
Aliquando, T 10; U 244
Aliquantesper, A 462
Aliquas, Q 10
Aliquem, E 13
Aliquid, B 60; E 21, 114, 172, 276; N 30, 52; P 343, 367; R 211
Aliquin, S 315
Aliquis, E 20; N 96, 128, 166
Aliquod, E 338
Aliter, H 34; I 224; S 37, 256
Alites, A 483; P 646
Alitudo, A 491
Alitus, A 448, 486
Aliud, A 301, 413 (bis)
Alium, A 419; B 102; C 521; P 661
Aliunde, C 750
Allata, N 181
Allauda, A 497
Allegare, A 457
Allegat, A 473
Allegoria, A 413
Alleluia, Int. 19
Alliciat, A 425
Alliciunt, A 480
Alligat, A 425; N 87
Alligeo, A 492
Alligit, E 87
Alligorrit, A 456
Allisus, A 481
Alloquitur, C 657
Allox, A 494
Allunies, A 424
Allux, A 427
Alma, A 498
Almas, A 487
Alneta, A 433
Alneum, A 430
Alnus, A 428, 441
Aloae, M 313
Alogia, A 420
Alphei, A 500
Alsiosus, A 158
Alsit, A 474
Alta, A 151, 754; M 70
Alter, A 463, 476 (bis)
Altera, D 37
Alteram, D 37
Altercator, A 453
Alteri, C 523
Alterius, A 464
Alterna, A 451
Alternantium, A 441
Alternatur, A 451
Alternis, A 477
Alterum, A 451
Altilia, A 467
Altilis, A 415, 418
Altionatur, L 230
Altiore, E 39
Altis, F 90
Altissima, I 226
Altitudo, C 279; F 28
Alto, E 38; I 458
Altor, A 493
Altores, A 468
Altrinsecus, A 435
Altrix, A 496
Altum, A 479; E 40, 180; F 114; T 348
Altus, C 35, 843; G 178; I 54
Alucaria, A 460
Alucum, A 490
Alueus, A 447
Aluiola, A 443
Aluiolum, A 439
Alumnae, A 450
Aluuium, A 437
Aluus, A 455
Amalech, Int. 29
Amalehc, A 507
Amandat, A 541
Amanet, A 552
Amans, A 244; P 477
Amant, A 527
Amare, P 382
Amari, A 506
Amaritudinem, B 129
Amarum, Int. 6; B 133; M 374
Amasias, Int. 36
Amasse, C 819
Amat, A 286; E 172; P 343
Amata, A 518
Amator, P 389; S 156
Amatores, A 527; F 160; P 381
Amatoris, A 231
Amatus, D 171
Amauit, A 370
Ambaene, Int. 15
Ambages, A 522, 553, 554
Ambagiosus, A 523

Ambagus, S 320
Ambariam, A 508
Ambiit, A 549
Ambila, A 515
Ambit, A 550
Ambitus, A 555
Ambiunt, D 292
Ambo, A 463, 476
Ambobus, A 463, 508
Ambrones, A 519
Ambrosea, A 524
Ambula, P 807
Ambulacrum, A 542
Ambulamus, T 55
Ambulandi, A 542
Ambulantes, M 156
Ambulas, A 535
Ambulat, G 160; I 275; U 32
Ambulatio, G 156
Ambulauit, C 692
Amburimur, A 526
Ambusta, A 539
Amello, A 525
Amen, Int. 22
Amens, A 532
Amentes, D 147
Amentis, A 548
Amera, A 515
Amfridis, A 505
Amfrite, A 509
Amicalis, N 71
Amici, A 518
Amicitia, F 105
Amictit, A 537
Amictorium, A 538
Amictus, F 103
Amiculo, A 546
Amicum, C 784
Amicus, C 469, 800; F 106, 194; N 72
Amigdalinas, A 531
Amilarius, A 536
Amineae, A 501
Amiserat, P 543
Amisione, I 446
Amisionem, A 504
Amisit, D 135
Amita, A 513; T 139
Amites, A 502, 533
Amittere, A 543
Amittunt, F 350
Ammentum, A 517
Amminiculant, A 512
Amminiculum, A 511
Ammirabilia, P 46
Ammirabilis, P 45
Ammo (for animo), E 446
Ammodum, A 547
Ammon, Int. 39
Ammonuit, C 740
Amnestiam, A 514
Amnuere, A 520
Amo, P 26
Amoenibus, A 907
Amoenum, A 521
Amor, L 224; R 191; T 355
Amore (for umore), U 196
Amoris, M 239
Amorręi, A 506
Amorreum, Int. 6
Amouet, A 212
Amphi, A 510
Amphibalus, A 551
Amphitare, A 544
Amphitetron, A 516
Amphitrite, A 529
Ampla, P 119
Amplexans, Int. 15
Ampliantes, H 112
Ampliare, A 786
Ampliatam, A 884
Amplificum, A 949
Amplior, A 640
Amplitudo, C 235
Amplius, A 918
Amsancti, A 503
Amtes, A 534
Amulas, A 530
Amulire, A 528
Amurca, A 540
An, A 650
Anacephaleosin, A 628
Anagliffa, A 622
Anaglosa, A 763
Anagogen, A 634
Anapsi, A 604
Anarchias, A 591
Anastasin, A 652
Anastasis, A 580; F 297
Anate, A 625
Anathem, A 658
Anathema, A 583; H 65
Anathomen, A 573
Anaturale, A 654
Ancella, A 10
Anceps, A 216, 655; C 904
Anchoresis, A 596
Ancil, A 641
Ancile, A 613
Ancilia, A 581, 613
Anciliatur, A 574
Ancilus, A 600
Ancipis, A 642
Ancipitis, A 598
Anconos, A 575
Ancora, U 250
Ancore, A 632
Ancxius, C 931
Andapila, A 589
Andeda, A 562
Andeo, A 655
Andracas, A 624
Andreas, Int. 17
Andres, A 635
Androgi, H 88
Anediosus, A 637
Anellus, A 608
Anepos, A 612
Anes, A 570
Aneta, A 569
Anetum, A 571
Anfetrite, A 609
Anfora, A 585
Anfractum, A 657
Anfractus, A 594
Angelus, Int. 2, 203; C 884; P 652 (bis)
Angeportus, A 621
Anget, A 628
Angiportus, A 615
Angit, A 639, 648
Angor, A 586
Anguens, A 576
Anguila, A 651; E 209; P 699
Anguis, A 590; L 341
Angulinis, A 629
Angulo, O 102
Angulum, O 102
Angustat, A 802
Angustia, Int. 313
Angustiae, F 12
Angustiatim, C 620
Angustiis, I 76
Angustior, A 640
Angustum, F 336
Angustus, A 615
Anhelat, S 692
Anhellam, E 546
Anim, P 168
Anima, Int. 228; P 838
Animae, D 59
Animaequius, A 611
Animal, B 86; E 290; P 168; S 47, 110; U 102
Animalibus, S 681
Animalis, Z 1
Animatuersio, A 653
Animatuertit, A 633
Animi, A 595
Animo, A 322 (bis); B 114; C 1; E 416; M 188
Animositas, P 429
Annales, A 592
Annates, A 606
Anni, A 577
Anniculus, A 577
Annis, B 99; D 257
Annitur, A 584
Anniuersarius, A 607
Annixi, A 620
Annos, L 310

Annua, A 618
Annue, A 619
Annues, A 564
Annuit, A 563
Annuos, A 592
Annus, B 194
Annuus, A 607
Anobarbus, A 605
Anologia, A 566
Anomala, A 623
Anomalum, A 565
Anquirit, A 597
Ansa, A 559
Ansatae, A 603
Anser, A 627
Ansiferis, A 636
Ansportat, A 599
Antagonista, A 601
Ante, B 161; D 382; I 415; L 228; P 601, 608, 751, 807; R 101; T 259; U 6
Antea, P 788
Anteambulant, A 383
Antebiblium, A 630
Antecaelo, A 643
Antecedere, A 644
Anteeclere, A 641
Anteecllit, A 645
Antecidet, P 726
Antedicere, P 764
Antedictum, P 781
Antedo, A 613
Antedoq', A 602
Antefata, A 579
Antefatus, A 631
Antemna, A 588
Antemne, A 587
Antena, A 610
Antenatus, P 677
Anteponere, O 62
Anteposita, P 765
Anterapit, P 590
Antes, A 626
Antestat, P 721
Antestis, A 558
Anthletae, S 114
Anthlia, A 567
Antiae, A 572
Anticipatio, A 578
Anticipationem, P 217
Anticipauit, A 582
Antictores, A 647
Antifrasin, A 561
[Antigeni], A 649
Antiqua, C 87
Antiquarius, A 556
Antiquauit, U 109
Antiqui, B 36; M 58; U 74
Antiquis, A 931
Antiquitatem, A 811
Antiquorum, P 889
Antiquos, P 828
Antiquum, C 193
Antra, A 560
Antulus, A 659
Anubis, A 557
Anudus, A 568, 614
Anuli, S 327
Anulum, A 616
Anus, A 608, 646
Anxiatur, F 238
Anxietas, A 165
Anxius, A 617
Aoth, Int. 31
Aparatio, Int. 121
Aparatu, A 696
Aparcias, A 713
Aparitio, A 708
Apellatam, Int. 145
Apellatus, Int. 223
Apelle, A 71
Aper, A 670
Aperi, Int. 133; O 271; S 282
Aperiens, Int. 132, 168
Aperiente, I 478
Aperientes, H 122
Aperit, I 338; P 38
Aperiunt, F 21
Aperta, E 396
Aperti, R 66
Aperticius, A 705
Apertio, R 187
Apertionem, A 573
Apertum, A 93; H 125; L 124; P 75, 101; R 47
Apertus, R 156
Apes, P 168
Apex, A 685
Apiastrum, A 672
Apio, A 673
Apiscitur, A 701
Apium, A 768; G 170
Aplestia, A 680
Aplustra, A 667
Apocalipsin, Int. 21
Apocalypseos, A 688
Apocatasticus, A 661
Apocrifa, A 689
Apocrisis, A 690
Apodixen, A 660
Apodixeos, E 358
Apodixes, A 668
Apolitarium, A 669
Apollonis, L 94; T 302
Apologia, A 679
Apologias, A 693
Apologiticum, A 691
Apoplexa, A 686
Aporiamur, A 671
Aporians, A 666
Aportatu, N 188
Aportatum, D 137
Apostas, A 695
Apostata, A 692
Apostemam, A 711
Apostolus, Int. 20, 299; C 372
Apotasia, A 676
Apotheca, A 662, 687
Apotheeis, C 268
Apothisen, A 694
Apototyas, A 697
Apparasin, A 665
Apparator, A 699
Apparatorium, A 704
Apparatum, A 709
Apparent, A 875
Apparitione, A 684
Apparitorium, A 664
Appellatum, U 203
Appellens, A 702
Appetitus, A 683
Appi, F 268
Appius, F 268
Applare, A 706
Applicauit, A 703
Appollones, P 317
Apporcor, A 712
Apporia, A 682
Appositus, Int. 194
Appotheca, A 710
Appulissit, A 703
Aprica, A 674
Apricam, A 675
Apricitas, A 707
Apricum, A 678
Apta, E 51; H 6; M 75
Aptat, A 663
Aptata, A 681
Aptauit, A 700
Apte, S 672
Aptet, A 698
Aptos, H 11
Aptum, C 766
Apud, S 74
Aput, A 116; M 2; P 309
Aqua, Int. 331; B 97; C 20, 44; L 88, 160, 229; N 123; T 210
Aquae, B 221; P 483, 556; U 261
Aquarum, A 590, 718; H 18; L 166
Aquas, p. 1; Int. 41
Aquatici, H 114
Aquaticus, N 36; T 181
Aque, N 109
Aquemale, A 716
Aquilae, A 717; P 252
Aquilici, A 718
Aquilium, A 714, 715
Aquilonis, A 826

Aquis, T 75
Ara, A 823
Aranearum, C 60
Arantes, L 216
Arator, G 122
Aratri, B 210
Aratur, A 728
Araxis, A 760
Arba, A 728
Arbatę, A 769
Arbina, A 770
Arbitrabantur, R 75
Arbitrandum, R 26
Arbitrare, R 143
Arbitrati, R 18
Arbitratio, C 716
Arbitratur, C 499
Arbitratus, R 6
Arbitrio, N 193
Arbitriorum, A 781
Arbitrium, A 780
Arbitus, A 808
Arbor, A 531; B 66, 98, 203; E 8; H 111, 129; N 19; R 206
Arbore, C 222, 324
Arborem, C 982
Arbores, A 816; S 638
Arboris, A 342
Arborum, C 174; F 339; S 561
Arbusta, A 816
Arbutus, A 735
Area, A 97
Areæ, P 481
Arearius, A 814
Areas, G 17; Z 3
Arcę, A 792
Arcebat, A 733, 791
Arcem, A 776
Arcesi, A 775
Arcesiendos, A 761
Arcessite, A 128
Arcessitus, A 176, 807
Arcet, A 767
Archangelus, Int. 3
Archia, A 724, 762
Archiatros, A 773
Archioretis, A 779
Archioritas, A 725
Archipirata, A 727
Archisynagogus, A 750
Archius, A 749
Archontes, A 745
Archtoes, A 743
Archturus, A 742
Arci, A 804
Arcis, A 815
Arcister, A 810
Arcistis, A 758
Arcit, A 819
Arcitriclinium, A 797
Arcius, A 820
Arcontvs, A 746
Arcoretos, A 812
Arcus, I 482, 485; T 83
Arcuum, C 685
Ardebat, A 801
Ardens, Int. 277
Ardentes, A 739; F 226
Ardentior, I 38
Ardentissimus, S 323
Ardet, F 309
Ardia, A 729
Ardor, F 361
Ardua, S 318
Arduum, A 747
Arectas, A 805
Arefacta, A 362
Arena, S 714
Areoli, A 723, 726
Areolus, A 778
Arepticium, A 795
Arestis, A 777
Argella, A 730
Argenteus, A 771
Argenti, T 8
Argentum, E 118
Argilla, A 748
Argolicam, A 803
Arguere, A 786
Arguit, A 799; F 418
Arguitur, F 78
Argumento, S 374
Argumentum, A 806
Argute, A 737
Argutiae, A 731, 736
Argutus, A 825
Arida, A 766; C 52; G 163; L 51
Ariolatus, A 721
Arioli, A 823
Ariolus, A 800
Ariopagita, A 787
Ariopagus, A 774
Aripagita, A 750
Aris, H 13
Aristes, F 350
Arma, A 154, 581, 734, 822; C 202, 913; D 351; F 88; P 412, 482; U 51
Armatis, F 29
Armatura, A 824
Armellae, A 722
Armellu, A 782
Armenias, A 738
Armenta, B 222; P 333
Armentarium, A 734, 741
Armentarius, P 346
Armentum, A 741, 783
Armi, A 798
Armiger, A 798; C 839
Armilausia, A 755
Armillas, P 303
Armilosa, p. 1
Armonia, A 720
Armorum, A 741; S 202
Armus, A 765
Aromatum, A 723
Arpa, A 759
Arpago, A 756
Arpia, A 764
Arrabonem, A 809
Arram, A 809
Arrepit, A 784
Arreptus, C 842
Arridit, A 785
Arrius, A 732
Ars, A 772
Arsis, Int. 23
Artaba, A 813
Artabae, T 248
Artat, A 802
Artauit, A 790
Artem, A 375
Artemon, A 753
Artemta, A 752
Artes, G 192
Arthimetica, A 719
Articos, A 826
Articulatum, C 622
Articulatus, A 817
Articulis, A 817
Articulorum, A 143
Artifex, O 178
Artis, A 374, 793; S 80
Artium, M 203; P 66
Artoa, A 754
Artum, A 757
Artura, A 744
Artus, I 264
Artussum, A 794
Artuus, A 789
Arualis, A 788
Aruina, A 796
Arula, A 751, 768
Arundo, A 48
Aruspex, A 818
Aruspices, A 821; H 128
Arx, A 740, 815
Arxhotanian, A 811
As, A 854
Asa, Int. 28
Asspa, A 863
Ascalonium, A 841
Ascella, A 837
Ascemor, A 834
Ascendere, A 306
Ascendit, G 124
Ascensio, C 452
Ascensum, P 247
Ascensus, C 465, 474, 479, 623
Ascesi, A 851

Ascesni, A 863
Ascetron, A 848
Ascia, D 355
Ascilium, A 831
Ascios, A 838
Ascopa, A 852
Ascripta, C 331
Asellum, A 829
Aser, Int. 27
Asiani, A 860
Asilo, A 832
Asilum, A 846
Asinins, A 861
Asino, O 177
Asotus, A 853
Aspaltum, A 839
Aspectum, C 159
Aspectus, F 84
Asper, S 15, 184; T 222, 239
Aspera, A 859
Asperens, A 705
Asperitas, S 196
Aspernatur, A 857
Aspernit, A 833
Aspersum, R 150
Aspersus, M 51
Asperum, S 160
Aspexit, S 648
Aspicit, P 683
Aspicium, A 901
Asses, A 836; S 280
Assis, A 854
Ast, A 842
Asta, A 830, 845, 858; G 48
Astarium, A 856
Astaroth, A 843
Astatus, A 845, 858
Astella, P 473
Asteriscus, A 849
Astismos, A 847
Astri, A 850
Astrologia, A 828
Astronomia, A 827
Astrorum, A 827
Astrum, A 840
Astu, A 841
Astula, F 295
Astum, A 835
Astur, A 864
Astus, A 855
Astutia, C 731; S 382
Astutum, A 835
Astutus, A 825; S I, 389; U 116
At, A 204, 768, 881
Atauus, A 25
Atellanus, A 870
Atfirmant, A 896
Atflarat, A 868
Atflictio, C 823
Atflixit, A 790
Athoniel, Int. 30
Atinnenta, C 638
Atinnctus, C 523
Atiungere, C 796
Atiungimur, G 130, 131
Atomas, A 865
Atomi, A 875, 879
Atpostat, C 425
Atque, A 882 (bis); F 322; I 26
Atqueductus (for aquae d-), L 30
Atriensis, A 871
Atrocitas, A 874
Atrox, A 877
Atrum, A 880
Atrux, A 878
Atsidue, F 410
Atsimulat, A 343
Atsumsio, Int. 201
Attaminat, A 867
Attenuata, A 362
Atticus, A 873
Attigerit, A 866; B 31
Attoniti, A 876
Attrectare, A 869
Attoberualis, A 872
Atuocati, C 195
Atuocatus, C 177
Auaritia, F 211
Aubulcus, A 940
Auceps, A 958
Auctam, A 884
Auctio, A 913
Auctionabatur, A 946
Auctius, A 918
Auctor, A 163; L 223; R 96; U 223
Auctorale, A 910
Auctoramentum, A 941
Auctoris, A 368
Aucturatio, A 959
Aucupale, P 155
Aucupatione, A 898
Aucupia, A 888
Aucupium, A 939
Aucusatio, A 939
Audacia, I 166, 285
Audaciter, A 936
Audax, T 66
Audeo, A 936
Audi, A 112, 119
Audiens, C 73; D 314 (bis)
Audierat, A 927
Audis, S 427, 675
Audist, A 938
Auditio, Int. 163
Auditis, H 131
Auditorium, A 960
Audiuitum, T 254
Auebit, A 599, 908
Auellanus, A 895
Auena, A 917
Auenicat, A 934
Auernus, A 920
Auertens, M 176
Auerteret, A 899
Auertit, A 947
Aueruncat, A 947
Aues, A 418, 431, 906, 916, 958; B 163; C 673, 879; U 159
Auet, A 933
Auexerat, A 902
Aufert, A 85
Aufugit, A 914
Augetio, A 914
Augmentum, S 637
Augoria, A 887; O 161, 165
Augorium, O 160
Augur, A 906, 953
Augurans, A 885
Augures, A 886
Auguriae, F 92
Augurium, A 886, 901, 905
Augustissimo, A 956
Augustum, A 949
Augustus, Int. 9
Aui, A 25
Auiaria, A 916
Auibus, A 429
Auis, F 155, 397; P 174, 377; S 303
Auitiis, A 931
Auium, A 821, 887, 897, 905; H 41
Aula, A 912
Aulea, A 932
Auleis, A 907, 921
Auleum, A 912
Aupex, A 888
Aura, A 486
Aurarum, I 179
Auras, A 818
Aurata, L 28
Aurea, A 641; P 240
Aureae, L 27
Aureum, C 977
Auri, A 20; R 124
Auribus, P 470
Auricolorem, C 886
Auricularium, A 945
Auriculum, A 889, 891
Aurifodina, A 883
Auriola, A 893
Auris, P 433
Aurit, A 903
Auritoria, A 567
Aurium, P 353; p. 91, note 2
Auro, A 950 (bis); B 29; D 313

Aurocalcum, A 957
Aurum, A 929; E 118
Aus, A 925
Auserit, A 919
Auserunt, A 909
Ausiliabor, A 285
Ausiliare, A 284
Ausilium, O 190
Ausillae, A 942
Ausim, A 936
Ausonia, A 952
Auspex, A 887
Auspicale, I 332
Auspicantes, A 894
Auspicantur, A 948
Auspicia, A 897; O 83, 270
Auspicium, A 911
Auster, A 951; T 149
Austeritus, A 928
Austis, A 923
Austris, F 431
Ausurae, A 954
Ausus, A 900, 938
Aut, A 33, 110, 463, 613, 650, 930; B 60, ; E 14, 276 (bis); I 273
Autenticum, A 910
Authencicum, A 901
Authentica, A 915
Autio, A 926
Autiuntur, O 256
Autumabam, A 890
Autumant, A 896
Autumat, A 937
Auulsa, A 924
Auultis, A 943
Auum, A 935
Auunculus, A 955
Auus, A 25 (ter), 277, 892
Auxilia, A 409
Auxilians, P 621
Auxiliator, A 699
Auxiliis, A 268
Auxilio, O 180
Auxilium, Int. 37, 103; P 714, 752; S 594
Auxillae, A 922
Axis, A 340, 964
Axredo, A 963
Axredones, A 962
Axungia, A 770, 961
Azarias, Int. 37

Baal, B 18
Baasa, Int. 47
Babigera, B 30
Babilonia, B 14
Babylon, Int. 53
Bacarius, B 166
Baccae, B 40
Baccanalia, B 44
Bacceas, B 17
Baccinia, B 19
Bachans, B 10
Bachantes, B 18
Bachatio, B 44
Bachatur, B 12
Bachi, B 36; O 260
Bachum, B 5, 22; L 340
Bacidones, B 3
Bacillat, B 7
Baculum, P 260
Baelbae, B 90
Bafer, B 2
Bagula, B 4
Balantes, B 20, 134
Balatus, B 57
Balba, B 11
Balbus, B 16, 35
Balbutus, B 52
Ballationes, B 51
Ballena, B 21
Ballista, B 8
Balnearis, C 490
Balnearum, G 190
Balneaticum, C 181
Balneis, G 188
Balneum, B 56; G 179
Balsami, O 213 (bis)
Balsis, B 6
Balteum, B 37
Balus, B 38
Ban, B 53
Bapis, B 54
Baptizatus, N 63
Baratrum, B 39, 49
Barba, A 605; I 343; S 523; U 134
Barbae, L 3; S 92
Barbam, E 246
Barbara, B 131
Barbarica, B 29
Barbarismus, B 59
Barbarus, D 15
Barbenta, B 45
Barca, B 13
Bardus, B 42
Bare, Int. 46
Baria, Int. 49
Bariona, Int. 48
Bariulus, B 58
Barrit, B 34
Barritus, B 23
Barrus, B 28
Barsus, B 46
Bartholomeus, p. 1; Int. 41
Baruina, B 55
Basiat, S 38
Basileon, B 1, 15
Basiliscus, B 31, 32
Basilla, B 43
Basis, B 50
Bassandes, B 40
Bassia, B 26
Basterna, B 9, 25
Bat, E 78; see effothbat
Battat, B 24
Batuitum, B 17
Batus, O 132
Batutus, B 33
Baubant, B 41
Baucalem, B 27
Baxem, B 47
Beabes, B 81
Beacita, B 61
Beantes, B 64
Beatum, B 81
Beatus, Int. 27
Bebella, B 89
Becta, B 91
Beel, B 63
Behemoth, B 86
Belfegor, Int. 43
Belial, B 78
Bella, T 111
Bellator, B 74
Belli, I 107; P 116
Bellicat, L 58; U 202
Bellici, P 7
Bellicosus, B 62
Bellicum, B 75
Bellicus, B 60
Belliger, B 71
Bello, C 912; S 490
Bellosus, A 551
Bellum, B 65, 67, 73, 76 (bis), 79 (bis), 80, 83, 92, 94; C 410; D 375; I 371, 461; P 218
Belua, P 402
Bena, B 85
Bene, D 311; E 37, 327; F 92; M 159; P 640, 772
Beneficium, B 68; see also aenef—
Beniamin, Int. 45
Benigne, C 624
Ber, B 69
Berbene, B 88
Berbices, L 2
Beredarios, B 87
Berna, B 72, 77
Berruca, B 71
Berrus, B 70
Berulus, B 82
Bestia, D 12
Bestiae, B 90; C 203; P 699
Bestiarius, B 84
Bestiarum, B 84
Beta, B 66, 95
Beth, Int. 228
Bethlem, Int. 44
Bettonica, B 93

Bianor, B 111
Bibarius, B 109
Bibatur, B 121; C 689
Bibens, D 3
Biberatas, E 495
Bibliopola, B 120
Bibliotheca, B 101
Bibliothicatrix, B 122
Biblos, B 120
Bibo, A 655
Bibrantia, B 139
Bibulta, B 141
Bibulus, B 121
Bicellium, B 124
Biceps, B 104, 107
Bicipitis, F 372
Biclinium, B 124
Bicoca, B 96
Bidellium, B 98
Bidentes, B 134
Bifaria, B 126
Bifarius, B 112
Bigae, B 115
Bigimen, B 106
Bilance, B 140
Bile, B 108
Bilem, B 133
Bileso, B 129
Bilices, B 105
Bilinguis, B 109; T 122
Bilustrum, B 99
Bimatur, B 119
Biothanatas, B 118
Bipedalis, B 125
Bipennem, B 132
Bipertitum, B 128, 138
Bipertitus, B 127
Birbicariolus, B 136
Biremis, B 102
Birillus, B 97
Birrica, B 110
Bis, B 132; C 520; M 56
Bisaltim, B 131
Bisarius, B 127
Bisulcum, B 130
Biti, B 123
Bitiligo, B 103
Bitorius, B 137
Bitricius, B 135
Bitulus, B 111
Bitumen, B 100
Bitumine, I 224
Biuium, B 116, 117
Blandere, P 32
Blanditor, A 258
Blauditur, G 13
Blandus, G 31
Blattis, B 143
Blessus, B 111
Blitum, B 142
Blohonicula, B 147
Boa, B 156
Boautes, B 172
Boaptis, B 154
Boare, B 153, 168
Bobinatores, B 158
Bobis, P 276
Bobulcus, B 164
Bobulinum, I 221
Bobulum, B 170
Bocolicon, Int. 320
Boetes, B 157
Bofellum, B 148
Bofor, B 167
Bogias, B 174
Bolia, B 160
Bolides, B 178
Bolimides, B 161
Bolitat, B 162
Bollas, B 169
Bombicini, B 151
Bombosa, B 171
Bombus, B 155
Bona, Int. 117; A 856; B 150, 177; C 964; D 23; N 159; R 37; U 60
Bonae, I 272
Bonam, E 127
Boni, C 982; D 111
Bonis, C 721
Bonitas, C 802; M 119
Bono, M 308; U 194
Bonos, P 784, 787
Bonum, E 346
Bonus, B 175
Borea, A 92
Boreus, B 152
Borrum, B 173
Bos, R 105
Bosboris, B 145
Bothonia, B 146
Botitium, B 159
Botrum, B 176
Boues, I 524
Bouestra, B 165
Bouinum, B 170
Bouon, B 163
Bouulci, B 149
Bouum, A 940; B 149, 160; I 524
Brachi, U 227
Brachia, Int. 191
Brachialia, A 722; D 178
Brachicatalecticus, Int. 51
Brachiorum, T 223
Brachis, L 52
Brachium, L 71; U 233
Brachus, B 181
Braciae, B 189
Bradigabo, B 183
Bragas, P 241
Brahiale, B 181
Bratium, B 182
Brattanea, B 193
Braugina, B 196
Brebiter, C 795
Bresith, Int. 52
Breue, C 291; E 222
Breuia, I 276; U 50
Breuiarum, E 237
Breuiata, E 240
Breuiatio, E 261
Breuis, Int. 49; B 184; C 817, 890, 896; L 123; M 102, 281; S 141
Breuitas, B 180
Breuiter, C 818
Breuium, C 867
Briensis, B 179; L 93
Brittanica, B 192
Brittia, B 195
Broel, B 185
Broellarius, B 186
Bromosus, B 194
Bruchus, Int. 42; B 187, 190
Bruma, B 180
Brumalia, B 191
Bruncus, B 188
Brute, H 68
Bubalis, B 213, 217
Bubla, B 229
Bubo, B 206
Bubulum, C 956
Buccis, B 200
Buccones, B 219
Buccula, B 223; U 242
Bucelatori, P 159
Bucerum, B 217
Bucitum, B 226
Bucolicon, Int. 50
Bucula, B 218
Buculus, B 208
Bulimus, B 209
Bulla, B 197
Bullae, B 205
Bullantes, B 221
Bullit, B 216
Bumaste, B 214
Bumbus, B 225
Bunia, B 228
Burdones, H 152
Burgos, B 220
Buricus, M 57
Buris, B 210
Burrum, B 202, 211
Burrus, B 212
Busta, B 203
Bustantes, B 215
Busticeta, B 201, 204
Bustum, B 224
Buteriae, B 222
Butio, B 199, 227

Butum, B 207
Bux, B 198
Byrsa, B 231
Byrseus, B 232
Byssum, B 113, 230, 233
Bythalasma, B 231

Caballarus, P 808
Caballi, L 29
Caballus, C 155; M 57
Cabbaalarius, A 472
Cabellatione, S 374
Cabillatio, C 26
Cabillatur, C 42, 248
Cabo, C 155
Caccabum, C 6
Cacihinnatio, C 35
Cacomicanus, C 123
Cacorum, I 446
Cacula, C 52
Cacumen, C 163, 661
Cada, C 153
Cadauera, F 421
Cadax, C 157
Cadendo, E 323
Cadex, C 253
Cadit, C 764; D 113
Cadonca, C 67
Cados, C 9
Caduca, B 177
Caduceum, C 168
Caducus, C 212
Caedit, C 54
Caelatum, C 249
Caelatura, C 251; D 200
Caeles, C 221
Caeleste, C 1
Caelesti, N 99
Caelestia, A 581
Caelestis, C 169; I 485; N 111
Caeli, A 339, 355, 685; C 159; U 51 (?)
Caelibatus, C 79
Caelibem, C 215
Caelibies, C 169
Caelicola, C 43
Caeliculae, C 221
Caelo, A 794; S 281
Caelum, A 340, 479, 840; C 43, 855; E 132; O 114; P 546
Caementum, C 90
Caenum, C 29, 128
Caeporicon, C 71
Caeraitae, C 203
Caerealia, C 202
Caeruchi, C 222
Caesaris, F 183
Caesarium, C 170
Caesios, C 200
Caesura, C 90
Cain, Int. 55
Calamitas, Int. 98; E 275
Calamitates, T 195
Calamitatibus, C 238
Calamizare, C 187
Calamum, S 509
Calamus, H 1
Calcar, C 93
Calcare, M 307
Calcem, C 4
Calces, S 148
Calcesta, C 118
Calciamenta, O 293; S 76
Calciamenti, C 844
Calciculium, C 121
Calcido, C 77
Calcis, C 3, 142
Calculator, C 24
Calculum, C 127
Calculus, C 5, 12
Caldaria, C 197
Caldei, Int. 56
Caldeorum, A 110
Caldeos, S 74
Calecantum, p. 26, n. 5
Calens, A 674
Calentes, C 30
Calestra, C 191
Calicis, F 177; P 106
Calida, S 520
Calidonco, T 351
Caliga, C 141
Caligaris, C 480
Caligat, C 345
Caligo, A 300
Calips, C 145
Calix, C 919, 972
Calla, C 104
Calleo, C 261
Calles, C 232
Callide, I 348
Calliditas, A 855
Callidus, Int. 58; M 187; U 21, 116; p. 78, note 3
Callis, C 259
Callos, C 161
Callus, C 255; D 72
Calmetum, C 140
Calomachus, C 124
Calones, C 190
Calor, A 312, 675; C 347
Calore, T 92
Calpes, C 17
Calta, C 116
Caltulum, C 165
Caluaria, C 654
Caluarię, Int. 57
Caluarium, C 257
Caluiale, C 256
Calumniatur, S 367
Caluus, G 109
Calx, C 142
Camaenae, C 34
Camellea, C 27
Camellorum, B 205
Camellum, C 184
Camera, C 56; L 28
Camisa, C 109
Campania, S 218
Campestre, S 287
Campi, A 315; N 3
Campis, B 65; I 51(bis)
Campus, A 314; C 227
Cana, C 87
Canalibus, C 111; I 76
Canalis, C 922
Cananeus, Int. 65
Cancellatas, I 353
Cancelli, C 173, 214
Cancer, C 120
Cancri, C 214
Canda, C 225
Candes, C 18
Candet, C 40
Candidi, C 376
Candidus, Int. 188
Candius, C 209
Cane, Int. 192; C 11; L 338
Canes, C 28, 347; Q 65
Cani, H 166
Canibus, Q 42
Canicula, C 11
Canis, L 338; M 215; N 89
Canistrum, C 132
Canit, C 751; F 180; L 179; T 176, 327
Canitur, C 754
Canna, H 20
Cano, C 57
Canon, Int. 60
Canonum, C 72
Cantare, C 187
Cantarus, C 44, 86, 151
Cantat, M 280
Cantatio, E 487; M 157, 279
Cantationes, A 897; E 104; H 2
Cantatrix, P 839
Canthera, C 252
Canti, C 92, 135
Canticiscent, C 94
Canticum, C 55; E 417
Cantilena, C 365
Cantio, T 263
Cantos, A 821
Cantu, C 34
Cantus, C 362, 562; H 41
Caotostrifon, C 84
Capacitates, C 41
Capaciter, C 172
Capax, C 162, 206

Capelly, A 306
Caper, C 156
Caperata, C 37
Capessit, C 38, 205
Capido, C 183
Capiendas, C 80
Capiens, P 711
Capillatio, L 3
Capillatis, C 210
Capillatur, C 99
Capillis, C 210
Capillum, C 170
Capissendas, C 80
Capissendo, I 252
Capistrinum, C 241
Capistro, C 260
Capistrum, C 117
Capit, A 958; C 206
Capita, B 104
Capitale, C 310
Capitas, C 235
Capite, A 140; C 171(bis), 216, 217; T 305
Capitella, E 235; P 397
Capiter, O 118
Capitis, A 685; C 216; D 98, 301, 313; F 330; T 77; U 58
Capititantium, D 363
Capitium, C 107
Capitolinus, C 211
Capitolio, C 211
Capitolium, C 231
Capitulum, E 222
Capiuntur, U 159
Capoth, Int. 66
Cappa, C 108, 112, 137
Capra, D 13
Caprae, S 523
Caprarum, B 110
Capria, C 189
Caprioli, D 13
Capsellum, C 133
Capsis, C 100
Capsula, C 108
Captae, M 23
Captant, I 234
Captio, C 167, 180
Captiuitas, I 501
Captiuitatem, P 543
Captu, P 598
Captura, C 181
Capturarius, C 181
Capulum, C 236
Capulus, C 47
Caput, C 217, 231, 322, 407, 753; L 29; M 310; S 343, 481
Caraborum, M 221
Caracter, C 68; S 555
Caracteres, C 226
Caractis, C 103
Caradrion, C 148
Caragios, C 223
Caranma, C 13
Caraxatis, C 228
Carbasus, C 229
Carbo, C 143
Carbunculus, C 15
Carcer, P 347
Carcere, I 87
Carceres, L 6
Carceribus, I 335
Carecsia, C 102, 266
Carcura, C 101
Cardela, p. 1
Cardella, C 122
Cardinarius, C 66
Cardiolus, C 258
Cardo, C 217
Carduelis, C 147
Cardui, P 22
Cardus, C 125
Carecta, C 33, 192
Carecter, C 179
Carectum, C 129
Caret, A 847; C 267
Caricas, P 58
Caricis, C 33
Cariel, C 152
Carina, C 134
Carinantes, C 158
Cariscus, C 106, 150
Caristia, C 164
Carix, C 110
Carmelus, C 114
Carmen, Int. 50, 151, 156; E 238, 251, 252; N 54; P 112, 488; S 524; p. 86, note 2
Carmina, P 385
Carminat, P 153
Carminibus, H 2
Carminis, M 134, 157, 179
Carminum, H 165
Carnes, O 205
Carnificum, L 75
Carnis, L 67; O 169
Carpasini, C 138
Carpebat, C 263
Carpella, C 130
Carpentium, C 398
Carpentum, C 96, 182
Carpsit, C 48
Carptim, C 45
Carptus, C 46
Carra, P 446
Carrum, C 182
Cartagineusem, P 885
Cartago, C 199 (for sartago); P 489
Cartamo, C 265
Cartellus, C 10
Cartem, C 188
Cartice, L 204
Cartilago, C 14, 186
Cartula, C 359
Carubdis, C 7
Carula, C 178
Casa, S 207; T 123
Caseum, C 55, 193
Casei, F 191
Cases, C 154
Caseum, C 267
Casinur, C 19
Casis, C 244
Casla, C 224
Cas.leo, Int. 59
Casma, C 21
Casuomia, C 149
Caspis, A 677
Cassa, S 135
Cassabundus, C 49
Casse, C 160
Cassedis, C 251
Casses, C 60, 254
Cassibus, C 238
Cassidele, C 136
Cassidis, C 242
Cassis, G 19
Cassium, C 246
Casso, C 245
Cassus, C 239
Cassusum, C 194
Castanea, C 115
Castel[li], Int. 120
Castellum, O 202
Castigatio, E 145
Castimonia, C 2
Castorius, C 126
Castra, B 220; H 94; R 98
Castratio, H 82
Castratus, H 53
Castrorum, U 51
Castum, C 50
Casu, C 83
Casus, C 85, 213; F 258; I 11; T 195
Catabatus, C 89
Cataceseis, C 76
Catacesion, C 62
Catacizati, C 64
Catacizo, C 65
Cataclismum, Int. 67
Catacuminus, Int. 62
Catafrigas, C 63
Catafrigia, C 25
Catagriuas, C 250
Catalecticus, Int. 74
Catalectus, Int. 75
Catalogus, C 208
Catamasion, C 81
Catamo, I 165

Catamontem, C 159
Cataplasma, C 88
Cataplus, C 213
Catapulta, C 23
Cataron, C 70
Catasprophon, C 146
Catasta, C 51, 98
Catastrofon, C 69
Catecominus, C 73
Catecuminus, C 74
Categorias, C 105
Catenae, C 908; F 195; L 27
Catenas, B 171
Catenata, A 518
Cater, C 198
Caterua, C 218
Caternarius, C 218
Cathalon, C 166
Cathedra, T 215
Catholica, C 78
Catholicus, C 75
Catinus, C 61
Cato, C 141
Caton perenmatoria, C 82
Catula, Int. 192
Catus, C 53
Cauam, T 225
Cauanni, C 119
Cauato, T 357
Cauculus, C 58
Cauda, C 196, 753; D 292
Caudam, D 367
Caudices, C 174
Caudix, C 39, 113
Cauea, C 8
Caueis, D 54
Cauerniculis, C 240
Cauernus, C 264
Cauillatio, H 120
Caulas, C 131; I 353
Caulę, C 195
Caulem, C 22, 31
Caules, C 173
Cauliculi, C 32
Cauliculus, C 262
Caulosus, C 207
Caumati, C 237
Caumeuniae, C 59
Caupo, C 20, 185
Cauponia, C 219
Cauponiam, C 176
Cauponula, C 175
Caupuncula, C 185
Causa, C 139; G 165; L 217; P 693
Causantem, C 596
Causator, C 220
Causatur, C 201; M 349
Causidicus, C 177
Causile, C 496
Causus, C 220
Cautere, C 16
Cauterium, C 95
Cautes, C 234
Cautio, S 342
Cautionem, C 230
Cautiones, S 718
Cautum, C 91
Cautus, C 204
Cauum, S 485
Cearon, C 300
Cceiderunt, F 230
Cceidit, C 702; P 718
Ccentiat, C 345
Cedar, Int. 64
Cedendos, A 168
Cedes, C 343
Cediat, I 362
Cedit, C 344; F 414; M 363
Ceditu[r], L 72
Cefalus, C 314
Celat, C 446; T 126
Celatum, C 350
Celebatus, C 335
Celeber, C 316
Celebra, C 326
Celebrat, C 327
Celebre, C 313
Celebritas, C 271, 289
Celebs, C 337
Celer, C 273; N 25
Celes, C 308, 312
Celeuma, C 472
Celicolae, C 308
Celidrus, C 315
Cellae, G 170
Cellarium, P 316, 811
Cellas, C 334; P 55
Cellis, C 268
Celo, S 673
Celox, C 293
Celsa, E 402; M 271
Cementum, C 320, 332
Cena, P 19
Cenaculi, I 234
Cenaculum, C 318; F 114; T 282
Cenadoxio, C 275
Cene, C 272
Ceneto, C 330
Cenosus, A 424
Censae, C 331
Censat, C 292
Censebat, C 336
Censeo, C 284, 294
Censimus, C 349
Censit, C 285
Censor, C 270, 340
Censores, C 283
Censoribus, A 111
Censum, C 217(bis)
Censura, C 278, 339
Censuruut, C 356
Census, C 171, 302, 321, 329
Centc, C 311
Centrum, C 280
Cenubium, C 338
Cepa, C 317
Cepere, E 181
Cephas, Int. 63
Cepit, C 269, 355
Cerasius, C 309
Cerastae, C 325
Cereilus, C 281, 307
Cereneas, C 295, 298
Cereneus, C 353
Cerealia, C 296
Cerebro, D 365
Cerebrum, C 279
Cerefolium, C 311, 358
Cerei, F 419
Ceremoniae, C 299
Ceremonias, C 297
Cererem, C 305
Cereris, C 296
Cernit, C 286
Cernua, C 357
Cernuus, C 322
Ceroferarius, A 173
Cerox, C 306
Cert, C 319
Certa, F 77, 291; P 725
Certamen, A 373; C 501; U 135
Certamina, O 222
Certat, C 288
Certati, C 723
Certatim, C 348
Certatur, P 853
Certe, E 471
Certo, C 319; F 291
Certum, C 962; R 8
Ceruari, L 220
Cerucae, C 324
Cerucі, C 346
Ceruical, C 310
Ceruis, N 66
Cerula, C 303
Ceruleus, C 317
Cęruleus, C 233
Ceruli, C 342
Cerulus, C 333
Cerus, C 282, 301
Cesa, E 8
Ceseos, C 323
Cespes, G 103
Cespex, C 287
Cespites, C 351
Cessa, D 192
Cessat, F 98
Cessatio, Q 64
Cessationes, F 121
Cessauit, D 87

Cessere, C 277
Cessit, C 352
Cessores, L 26
Cesuram, C 290
Cesus, F 413
Cetesior, C 351
Cethelis, C 328
Cetra, C 274, 291
Cetretron, C 301
Cetula, C 359
Ceu, C 276
Ceuairistias, P 23
Chaciunnnt, C 36
Chalibem, C 369
Cham, Int. 58
Chaos, C 367
Chartamo, C 371
Charybdis, C 370
Chaumos, C 368
Chaus, C 361
Chelis, C 378
Cheroche, C 373
Cherubin, Int. 54; C 366
Chiatos, C 363
Chiliarchus, C 377
Chimedę, C 372
Chordae, O 129
Chorea, C 365
Chorela, C 374
Chorus, C 362, 364, 375
Chrismalis, M 380
Christallus, C 376
Christus, Int. 214
Chroma, C 360, 874
Chronus, Int. 73
Cibaria, C 429
Cibatum, C 426
Cibi, Int. 247; D 17
Cibo, C 429
Cibos, E 420
Cibri, B 73
Cibricum, B 73
Cibum, B 161(bis)
Ciburium, C 408
Cibus, D 16; S 99
Cicad, C 401
Cicatrices, C 413
Cicer, C 406
Ciceris, F 313
Ciclops, C 414
Cicnus, O 152
Ciconia, C 405
Cicuanus, C 438
Cicur, C 401
Cicurare, C 402
Cicuta, C 391, 397
Ciebo, C 381, 394, 395
Ciemus, C 399
Cient, C 393
Cieps, C 441
Ciere, C 410
Ciet, C 392
Cilex, C 432
Cilindrus, C 422
Cilo, C 407
Cimiterium, C 433
Cingant, S 494
Cingitur, C 979
Cingula, R 124
Cinguli, B 169
Cingulum, P 65; U 224
Cinnamomum, C 437
Cinoglosa, C 411
Ciusores, C 389
Cinthia, C 383
Cinthium, M 230
Circa, A 388; C 92, 381; P 496, 880; S 303; T 225
Circiuatio, C 436
Circinni, C 434
Circinno, C 416
Circio, A 113
Circiter, C 381, 390
Circius, C 419
Circuibunt, C 396
Circuit, C 387, 623; L 323; P 251
Circuitis, A 555
Circuito, L 290
Circuitu, H 28; P 249; S 320
Circuitum, L 159, 322; R 84
Circuitus, A 555, 594
Circulator, C 425
Circuli, A 554
Circulorum, T 204
Circulosus, A 523
Circulum, C 425
Circulus, C 388; E 169; G 105; I 34
Circum, C 385; O 60
Circumcelliones, C 396
Circumdabit, U 31
Circumdare, C 788; O 80
Circumdat, O 125
Circumdata, P 750
Circumdatum, H 26, 157; O 13
Circumdatus, M 317; O 52, 57; S 211; T 219
Circumfexus, Int. 259
Circumfusus, O 89
Circumiit, A 549
Circumlocutio, P 299
Circumscribere, C 412
Circumscripta, C 423
Circumspectacum, A 516
Circumspicio, L 281
Circumuenire, C 412
Circumuentus, I 162
Circus, C 421
Circusio, P 365
Circutus, C 417; P 197
Cirris, C 409
Cirsum, C 398
Cis, C 428
Cisculus, C 408
Cista, C 400
Cistula, C 379
Citate, C 427
Citatem, C 420
Citerius, C 415
Cithara, C 328, 378; F 180
Citharae, F 184, 197; P 473
Citharedus, F 198
Citius, O 114
Cito, D 113, 314; M 80; P 816
Citonium, C 439
Citra, C 380
Citro, C 418
Citropodes, C 382
Citroque, U 229
Cittes, C 386
Citus, C 431
Ciuem, C 424
Ciues, P 477; Q 54
Ciuibus, O 189
Ciuile, B 79; I 371
Ciuilia, P 801
Ciuis, A 254; M 319, 321
Ciuita, C 430
Ciuitas, M 328; U 288
Ciuitat, C 424
Ciuitatem, C 396
Ciuitatis, A 457; G 139; S 273
Clabatum, C 489; L 129
Claciudex, C 463
Cladibus, C 453
Cladica, C 467
Clam, C 448, 462
Clamamus, C 399
Clamantes, B 64, 172
Clamare, B 153
Clamat, Q 31; T 68
Clammum, C 478
Clamo, I 459
Clamor, C 877; F 7
Clanculat, C 446
Clanculum, C 447, 448
Clandire, C 476
Clangor, C 456
Clarissimum, C 178
Claritas, E 336
Claro, N 137, 171
Clarum, P 266
Clarus, I 175, 239
Clasibus, C 457
Clasica, C 493, 497
Clasis, C 482
Clasma, C 460
Classem, C 796
Classic, C 173

Classica, C 168, 172
Clatrum, C 188
Claua, C 150, 186
Claudens, O 26
Claudentes, O 211
Claudicare, C 176, 483
Claudire, C 483
Claudit, O 71
Claudus, C 157
Clauia, C 419
Clauicularius, C 498
Clauis, Int. 70; C 411
Claumentia, C 486
Clausibile, C 196
Clausis, O 214
Clausit, O 206
Clausula, Int. 263
Clauum, C 485
Clauus, C 480; L 342
Clemax, C 461
Cleps, C 444
Clepsedra, C 477
Clericus, Int. 61; C 440
Cletice, Int. 72
Clibanus, C 459
Clibosa, C 445, 487
Clibosum, C 443
Clibum, C 458, 465
Cliens, A 187; C 469
Clientella, C 175
Clientes, C 464
Clima, C 494
Climax, C 470
Climenic, F 130
Climmata, C 484
Clinici, C 471
Clinus, C 451
Clintis, C 474, 479
Cloaca, C 490
Cloacas, C 495; L 30
Cluamentia, C 442
Cluat, C 451
Cludit, O 69
Cluis, C 481
Cluit, C 455
Clunis, C 491
Clus, C 492
Clustella, C 466
Clusus, T 236
Coaceruantes, C 529
Coacti, C 572
Coacto, A 183
Coagolescit, C 671
Coagolum, C 775
Coalescit, C 502
Coalescunt, C 737
Coaluissent, C 591
Coangustare, E 181
Coaptauit, A 181
Coarcuatio, C 685
Coarta, C 732
Coartata, C 730
Coatunat, C 626
Coaucta, C 571
Coccum, C 520, 865
Cocilus, C 866
Coclea, C 623
Cocleae, C 630
Coeleas, C 660
Cocta, C 463
Cocula, C 108; M 65
Cocumum, F 122
Codex, Int. 68; L 9
Codices, B 122; C 545
Codicis, A 630
Coditiana, E 70
Coebriosa, C 705
Coepit, I 430
Coercit, C 556
Coetanis, D 58
Coetanium, C 728
Coeuorum, C 362
Coeuum, C 728
Coffinum, C 582
Coffinus, C 635
Cogebant, A 185
Cogit, N 23
Cogitabant, C 738
Cogitantes, S 606
Cogitarium, C 797
Cogitat, S 61
Cogitatio, E 308
Cogitatione, U 266
Cogitationes, C 936
Cogitatum, C 332
Cogitauit, C 566; D 45
Cogiter, M 12
Cognata, C 505; I 273
Cognatos, C 164
Cognatus, A 379
Cognitio, C 114
Cognitor, C 675, 827
Cognitum, C 313
Cognosce, A 112
Cognouerat, A 927
Coheres, C 731
Coinquenentur, A 712
Coit, C 692, 693
Coitio, C 769
Coitum, O 130
Coituras, C 691
Coitus, I 75
Cola, Int. 76
Colaphus, C 744
Colat, U 68
Colcorum, F 70
Coleandrum, C 782
Colera, C 619, 834
Colerantes, C 834
Coli, C 634
Colicus, C 749
Coliferte, Int. 69
Colit, A 906; C 13
Collarem, M 215
Collectari, C 697
Collectio, G 132
Collectionum, X 1
Collectum, C 553, 696
Collega, C 695
Collegio, A 780
Collegit, C 628; L 118; P 623; S 707; U 225
Collegitur, C 729
Colligare, O 74
Colligerunt, C 625
Colligit, C 774
Colliguntur, C 477; M 182
Collocatum, S 326
Collocatur, C 787
Collorate, C 713
Colludium, C 613
Colobium, C 514
Colomata, C 783
Coloni, C 631; I 244
Colonum, C 839
Colonus, C 513
Colophus, T 38
Color, A 707; C 648, 701, 874; G 191; H 153; M 130; P 666; R 32, 207
Coloratum, F 188
Colorem, C 886, 977; S 82, 83, 378
Colores, G 61; T 140
Coloris, A 604; H 163; L 305
Colos, C 701
Colostrum, C 658
Coluber, C 753
Coluisse, C 819
Colum, Int. 286
Columba, Int. 184; P 103
Columbae, Int. 48, 171
Columen, C 807
Columnas, C 642
Columnis, F 304
Colus, C 752
Colyre, P 59
Comat, C 641
Comebat, C 790
Comedebant, E 306
Comedia, C 803
Comedo, C 547
Comentarium, C 817
Comentat, C 760
Comesationes, T 150
Comestus, E 534
Comicum, C 759
Comicus, C 803
Comis, C 721, 757, 768
Comitatio, C 802
Comitauere, C 812
Comiter, C 624

Comitiare, C 627
Comitus, T 243
Comma, Int. 77; C 817
Commanipulares, C 856
Commanipularius, C 695
Commasticat, M 77
Commata, Int. 78
Commatice, C 818
Commaticum, C 622
Commeatos, C 534
Commedens, E 34
Commemorabo, C 636
Commendabat, C 824
Commendat, A 541
Commendatum, D 100
Commenta, C 638, 731
Commentari, C 639
Commentariensis, C 637
Commentator, C 825
Commentatus, C 567
Commenti, C 639
Commenticius, C 682
Commentis, C 667
Commentum, C 760, 779; S 416
Commercium, C 561
Commesatio, C 687
Commessatur, C 689
Commestum, C 126
Comminisci, C 559
Comminiscitur, C 760
Comminus, C 663, 864
Commisce, C 600
Commisionibus, C 722
Commissum, I 273
Commisura, C 507, 745
Commiteris, C 650
Commitia, C 647
Committere, C 724
Committitur, P 426
Commixta, C 548
Commixtiones, P 642
Commixtum, M 229
Commoda, C 698
Commodat, C 510
Commodius, C 500
Commodus, C 852
Commolita, C 739
Commolitio, C 776
Commonicarium, C 833
Commonicat, P 90
Commota, C 732
Commotus, C 815
Commouenda, M 305
Commouent, C 393
Commouere, Q 5
Commulsa, C 836
Commune, A 711
Communicat, A 150
Communionem, E 563
Communis, P 698
Communitorium, C 741
Commus, S 315
Comolus, C 850
Compos, C 755, 838; U 267
Compotem, C 711
Comsumtum, E 520
Comtus, C 794
Con, S 727(bis)
Conabulum, C 508
Conaculas, A 61
Conæuus, A 307, 345
Conando, E 215
Conantes, A 620; C 669
Conatur, A 584; N 126
Conatus, C 733; N 104
Conbibola, C 705
Conburant, B 201
Conburet, C 847
Conbusta, A 539; U 295
Conbustum, B 224
Conca, C 770, 863
Concameratio, C 685
Concauus, C 495
Concedam, C 592
Concedit, C 764
Conceutum, C 754
Concentus, C 562
Conceptum, B 106
Conceptus, T 224
Concesserim, C 601; p. 118, note 2
Concessit, C 344, 820
Concha, C 799
Conciderunt, C 589
Concidit, C 586, 702
Conciliabulum, C 804
Conciliantes, L 108
Conciliat, L 153
Conciliatores, L 103
Concinna, C 668
Concinnat, C 646
Concinnis, C 645
Concis, C 758
Concisium, C 777
Concita, P 214
Concitare, U 265
Concitat, M 235
Concitati, A 142
Concitet, C 392
Conciti, C 618
Concitus, E 181
Conclamat, C 761
Conclamatus, C 815
Conclania, C 681
Conclassare, C 796
Conclauis, C 683
Concludere, O 80
Concluditur, Int. 75
Conclusio, S 397, 713
Conclusum, D 17
Conclusus, C 683
Concordi, B 96
Concors, C 851
Concrederis, C 650
Concrepare, p. 1
Concrescit, C 502; I 102
Concreta, C 548
Concretum, C 862
Concubinam, P 372
Conculcat, C 762
Concunctatus, C 511
Concupiscens, A 196
Concursus, C 816
Concussionibus, C 828
Concutere, C 688
Concutiens, C 899
Concutio, C 395
Concutit, C 923
Concutitur, Q 24
Condebitores, C 826
Condemnatio, M 311
Condemnatus, M 365
Condemnauit, M 367
Condensi, C 550
Conderetur, C 780
Condiarium, C 793
Condicio, C 612
Condicione, C 611
Condicionem, S 433
Condiciones, P 44
Condicionis, S 221
Condidit, C 540; F 268
Condita, C 644
Conditum, U 155
Conditur, C 787; S 101
Conditus, C 792
Condubitatus, C 511
Conducuit, C 664
Conduntur, A 734
Conectit, C 861
Conequus, A 307, 345
Conexere, C 788
Confecit, C 633
Confectus, C 649, 786
Conferata, C 593
Conferre, C 579
Confertas, C 614
Confertissimum, C 789
Confertur, C 729
Confesionem, E 505
Confessio, E 1, 463; p. 15, note 2
Confessus, F 64, 68
Confici, C 674
Conficiendorum, P 30
Conficina, C 771
Conficitur, N 37, 49
Conficiuntur, S 623
Confictium, C 727
Confirmare, S 12
Confirmatione, F 182
Confirmator, A 234

Confirmauit, S 411
Conflictationibus, C 722
Conflictum, C 501
Conflictus, A 725, 812; D 262
Confligere, C 724
Confligit, C 725
Conflixerunt, C 723
Conforaneus, C 806
Confossus, C 785
Confoti, C 829
Confracta, P 319
Confregit, D 225
Confugione, D 60
Confulsus, C 503
Confundatur, U 129
Confunde, C 600
Confundit, C 778
Confusio, Int. 53; B 14; C 361
Confusione, C 599
Confusus, C 528
Confutandum, A 278
Confutat, C 858
Confutatus, C 551
Congeminare, C 772
Congeries, A 372; C 546; R 215; S 492
Congessit, C 628
Congestum, C 553, 696
Conglobat, C 626
Conglutinat, C 671
Conglutinata, C 655
Congregantes, C 529
Congregata, C 814
Congregatio, Int. 288; C 338, 546; F 155; S 253
Congregatis, C 606; T 307
Congregatur, C 495
Congregauit, C 541, 767
Congrego, L 146
Conhibenda, C 706
Conibuli, C 805
Coniecm, C 629
Coniciebant, C 738
Conicio, C 506
Coniciis, C 765
Conicit, C 561
Conicita, C 499
Coniciunt, C 571
Conicecrentur, C 690
Coniecit, C 504
Conieeta, C 571
Coniectura, C 536, 537, 716; I 154
Coniecturam, A 823
Coniectus, C 659, 694
Conierat, C 791
Conisma, C 512
Coniuentibus, C 709
Coniuentio, C 519; P 25
Coniugis, S 288
Coniuncta, C 505, 668, 730
Coniuncti, C 805
Coniunctio, C 685, 700; G 102
Coniunctum, S 21, 21
Coniuncturae, C 678
Coniunctus, C 731, 821
Coniunexerunt, C 813
Coniunexit, C 679
Coniungit, I 125; P 57
Coniungitur, C 539
Coniunxerat, I 519; L 119
Coniunxerunt, C 617
Coniunxit, A 221; C 538
Coniurat, C 791
Coniurati, A 331; C 594
Coniuratio, F 50
Coniurgium, C 727
Conixi, C 669
Conlatio, Int. 287
Conlatione, C 613
Conlationes, S 731
Conlatis, C 544
Conlato, C 533
Conlatum, C 696, 849
Conlegium, P 164
Conlibum, C 798
Conlidit, C 602
Conligauit, A 790
Conlingunt, C 708
Conlinnuunt, C 718
Conlisio, C 832
Conlisit, C 763
Conlocatus, M 70
Conlocopletatus, C 555
Conlubio, C 726
Conluctatur, C 725
Conludium, C 558
Conmentabor, C 636
Conmentus, C 566
Conmilitones, C 856
Conmulcat, C 762
Conmulcauit, C 763
Cono, S 690
Conopeum, C 531
Conor, E 197
Conpactis, C 577
Conpactus, A 817
Conpagem, C 686
Conpaginasti, C 681
Conpaginauit, C 679
Conpagines, C 678
Conpagum, C 677
Conpar, C 603
Conparantem, C 590
Conparat, L 141
Conparatione, C 613
Conparauit, A 42, 75, 700
Conpediatim, C 620
Conpedium, C 781
Conpegisti, C 681
Conpellat, C 657
Conpendio, C 795
Conpensatur, U 153
Conpentia, C 604
Conperendinat, C 521
Conperire, P 783
Conpertus, C 615
Conpescere, I 441
Conpescit, F 334, 341
Conpetentes, C 676
Conpetis, C 595
Conpetitur, C 800
Conpetorem, C 784
Conpetum, C 748
Conpilat, C 632, 859
Conplectitur, C 554
Conplementum, S 91
Conplet, C 719
Conpletitur, C 549
Conpleuit, O 254
Conplex, C 523
Conplexum, D 47
Conplexus, U 162
Conpliciis, C 707
Conplodere, C 688
Conplosi, C 742
Conpluta, C 743
Conponebat, C 790
Conponere, P 812
Conponit, C 646; E 386
Conportatum, C 819
Conpos, C 665
Conposita, C 644; S 719
Conpositas, C 835
Conpositio, P 509; S 469; U 159
Conposito, M 125
Conpositor, P 459
Conpositum, M 174
Conpositus, C 721; H 64
Conpotrix, C 705
Conpraehendit, C 801; E 470
Conprehensio, C 146
Conprimat, C 811
Conprobamus, C 509
Conpugit, M 236
Conpunxerunt, C 542
Conputatio, E 522
Conputator, C 24
Conquilium, C 530
Conquirentem, C 596
Conrasis, C 606
Conscidere, C 712
Conscii, S 377
Consciis, C 707
Conscionator, Int. 301
Consciuerunt, C 813
Conscius, C 695
Conscribit, D 165

Conscripti, A 499; P 163
Consecrat, D 229
Consecratio, D 228
Consecratur, D 276
Consecratus, S 27
Consecutarum, P 524
Consensiones, E 325
Consentaneus, C 766
Consentia, T 145
Consentiendo, C 766
Consentio, C 519
Consentionis, C 851
Consentit, A 72, 239; F 82
Consequens, C 552; S 14
Consequitur, A 701
Consercre, C 579
Conserimus, C 509
Conserit, C 568
Consertas, C 835
Conserunt, C 542
Considerat, P 233; S 23
Consignat, A 639
Consiliarium, A 945
Consilii, C 925
Consilium, Int. 242; I 430 (bis)
Consimilis, C 765
Consimulat, C 504
Consipet, C 701
Consiti, C 550
Consobrinus, C 616, 717, 857
Consociata, C 593
Consocierunt, C 617
Consolabor, S 412
Consolatiua, D 358
Consolatorium, P 108
Consors, C 810
Conspicautur, C 587
Conspicor, C 607
Conspicuus, C 843
Conspirantur, C 808
Conspiratio, C 773
Constabat, C 837
Constat, P 99
Constellatio, C 517; G 72
Consternantem, C 527
Consternatus, C 528
Constipati, C 550
Constipatio, C 576
Constipatus, C 575
Constipuisse, C 605
Constipuit, C 662
Constituti, R 25
Constitutus, S 620
Constringitur, C 554
Constructa, C 909; F 260
Construxit, C 433
Consuetis, R 183
Consuetudinem, D 173
Consuetudo, E 348; U 292, 293
Consueuit, I 318
Consulans, Int. 212
Consulatio, D 325
Consule, P 602
Cousulens, C 583
Consulere, P 428
Consules, L 151
Consulibus, P 810
Consulimus, C 578
Consulo, C 581
Consulte, C 584
Consultum, S 259
Consuluit, C 740
Consulum, F 20; L 167; S 138, 478
Consumant, E 449, 489
Consumat, C 719
Consumatus, C 720
Consummare, D 123
Consummata, G 140
Consummatio, I 471
Consumsit, L 207
Consumta, E 407
Consurgens, Int. 189
Consutum, C 557; S 32
Contactus, C 515
Contagio, C 518, 726
Contagium, C 558
Contaminat, M 325, 363
Contamini, C 703
Contemnere, D 105
Contemnit, A 41, 833; F 328
Contemnunt, R 151
Contemplatio, U 316
Contemplatiua, P 196; T 142
Contemplator, T 134
Contemsit, D 144
Contemtum, C 532
Contemtus, E 137; F 59; S 447
Contendit, A 96
Contenditur, L 181
Contentis, C 588
Contentus, C 666
Contestare, C 855
Contestatur, C 854
Contestatus, C 710
Contexta, I 224
Contextum, F 339; P 236; S 516
Contextus, P 197
Contiamum, C 756
Conticuerunt, C 830
Conticuit, C 97
Contiguus, C 821
Continens, C 162; Z 2
Continentes, A 149; E 199
Continet, C 519; S 341
Contingit, N 133
Continua, I 517
Continuare, C 772
Continuat, C 539; N 32
Continuatio, Int. 87
Continuatur, C 761
Continuatus, C 710
Continuauit, C 538
Contio, C 841, 846
Contionarius, C 848
Contionatur, C 854
Contis, C 609
Contos, C 610; F 359
Contra, C 563 (bis), 569 (bis), 570 (bis); I 176; O 60, 104; S 109, 717; T 13
Contracta, C 814; F 217
Contractum, F 215
Contradicens, I 144
Contradixit, O 66
Contrapositi, A 647
Contraria, A 561
Contrarium, L 113; O 77
Contrarius, E 163
Contrauersiae, E 258
Contraxit, C 541
Contribulius, C 516
Contropazio, C 524
Controuersia, C 588
Controuersio, C 524
Contubernalis, C 535
Contuberni, D 176, 338
Contumacia, C 565; P 295
Contumaciter, P 262
Contumax, C 597
Contusio, C 823
Conualuit, C 809
Conubium, C 700
Conubrium, C 699
Conuellere, C 598
Conuellimur, C 853
Conuena, C 750
Conuenientes, C 831
Conuenio, C 608
Conuenit, C 693; D 236
Conueniunt, A 330; B 117; 231; C 664
Conuentio, C 576, 773
Conuentum, P 39
Conuentus, C 271; S 729
Conuersantis, Int. 226
Conuersationem, C 69; T 256
Conuexa, C 526
Conuexu, C 525
Conuicia, G 187
Conuicio, C 42
Conuicta, C 585
Conuictus, C 551
Conuincendam, A 278
Conuincens, C 513
Conuincit, R 138
Con...uiu..., Q 38
Conuiuio, C 687

Conuiuium, A 120; M 190
Conum, C 822
Conuocarentur, C 690
Conuocat, C 561, 771
Conuocatio, C 841
Conuoluit, G 127
Cophinum, F 205
Copiosius, F 223
Copiosus, F 147
Copulat, A 663
Copulatio, S 715
Coquentur, T 357
Coquina, C 930
Cor, C 805 (cor cordes, for concordes), 851; P 577
Corax, C 735
Corban, C 621
Corbem, C 582
Corben, C 573
Corbes, C 400
Corbi, M 182; O 83
Corbis, F 207
Corbum, P 49
Corbus, C 580
Corcuculus, Int. 223
Cordae, F 184
Cordati, U 194
Corde, Int. 223; E 291, 432; U 195
Cordes, C 805 (cor cordes, for concordes)
Core, C 654
Coria, C 736; T 60
Corie, P 495
Corimbos, C 560, 656
Corimbus, C 661
Corium, B 234; M 7; N 66; S 154, 419
Cornacula, C 652
Corniccm, C 751
Cornices, C 673
Cornicines, L 209
Cornicinis, A 350
Cornix, C 653
Cornu, C 751, 860
Cornutae, C 203, 325
Corona, C 672; F 192; S 517
Coronam, C 171
Coronat, P 153
Coronatus, Int. 294; P 105; R 52
Coronis, S 224
Corpora, A 865; B 201; C 978; U 16, 88
Corpore, B 114; C 413, 905; E 251, 252; P 471
Corporis, A 821; G 54; L 189; M 106; P 854; Q 38; R 32; S 196
Corporum, S 490
Corpulentas, C 715
Corpus, L 29; P 243
Correptionis, E 359
Correptus, C 812
Corrigit, C 556
Corripuit, C 801
Corrogauit, C 767
Corruptus, E 513
Cors, C 670
Cortice, L 204
Corticem, C 982
Cortix, C 113
Corui, C 877; M 190
Corylus, C 651
Cosam, C 680
Cospis, C 640
Costa, C 845
Cotilla, A 158
Cotizat, C 522
Coturnix, O 174
Coturno, C 840
Coturnum, C 714
Coturnus, C 844
Cox, C 746
Coxa, C 157, 747
Coxae, C 491
Crabro, C 902
Cragacus, C 921
Cragenter, C 880
Cragentes, C 916
Crama, C 911
Crapula, A 680; C 914
Cras, P 265, 544
Crasmauit, O 283
Crassitudo, Int. 316
Cratem, C 891
Crater, C 919
Crateras, C 915
Crates, C 920
Cratorias, P 198
Cratorosas, P 200
Creagras, C 878
Crealia, C 913
Creatrix, C 869
Creatura, G 75; P 461
Creaturae, G 77
Creatus, C 906; E 217
Crebrat, C 872
Crebro, C 910
Crebruit, C 892, 893
Crebrum, C 873
Cremare, T 190
Crematum, C 798
Crematur, H 138
Crementum, A 926
Cremine, C 523
Crepacula, C 879
Crepere, C 905
Creperus, C 904
Crepidinem, Int. 71; P 247
Crepido, C 898
Crepidus, C 909
Creporem, C 908
Crepundia, C 887
Crepundium, C 889
Crepusculum, C 907
Crescere, A 222; I 58, 321; P 522; T 338
Crescit, Int. 333; C 961; G 123; P 548, 879; S 39
Crescunt, S 93
Cretensis, D 306
Cretus, C 906
Creuit, C 871; P 174
Crimen, I 273; P 814
Criminare, P 401
Criminat, P 760
Criminator, Int. 81
Criminosis, P 771
Crine, C 917
Crines, C 435
Crineto, C 884
Crinibus, C 409
Crinitior, C 917
Crionason, C 890
Cripta, C 881, 882
Crisolitus, C 886
Crispans, Int. 235; C 899
Cristatus, C 918
Cristenografon, C 888
Croccitus, C 877
Crocei, L 305
Croceo, C 900
Croma, C 875
Cronica, C 868
Cronicon, C 885
Cronicorum, C 867
Cronicula, C 912
Cronografium, C 883
Cronografias, C 896
Cruci, F 373
Crucus, C 876
Crudelis, A 877; S 241
Crudelitas, A 164
Crudesceret, I 195
Crudiscente, C 870
Crudum, S 154, 419
Cruenta, C 894
Cruentus, C 895
Cruor, T 12
Crurum, P 330, 705
Crus, C 901
Crustu, C 897
Crustula, C 903
Crux, P 37
Cuba, C 945
Cubando, C 958
Cubicula, C 684
Cubiculum, C 683(bis)
Cubile, C 958
Cubilia, L 314
Cubitalis, p. 99, note 2

Cucullæ, P 246
Cuculus, C 948
Cucuma, C 963
Cucumerarium, C 964
Cucumeris, C 964
Cucumis, C 941
Cucuzata, C 951
Cudit, C 924
Cui, B 161
Cuius, Int. 178; C 982; N 125; P 620; S 95, 148
Cuiuslibet, P 435
Cuiuslibus, S 80
Culcites, C 938
Culina, C 930
Culinia, C 953
Culix, C 947
Culleum, C 926, 956; I 224
Culmen, C 807, 939, 960
Culmi, M 167
Culmis, C 939
Culmus, C 942
Culpa, N 136; P 426
Culpare, S 652
Culpauerit, E 410
Culta, H 7
Culter, C 969
Cultor, A 171; I 138; S 261, 622
Cultores, A 468
Cultri, S 354
Culturae, N 3
Cultus, P 33
Cum (for quum), B 34, 221; E 563; I 303; N 89; P 712; R 228
Cum, C 20, 42, 333, 365, 751; E 431, 493; F 180; G 2; I 273; L 179, 279; M 334; O 16; P 392, 412; R 4, 230; S 56, 503; T 176, 327, 356
Cumba, C 949, 973
Cummi, C 452
Cummi, C 946
Cumulus, A 147, 372; C 934
Cunae, C 966
Cunctabundus, C 933
Cunctantibus, C 961
Cuneus, C 970
Cuniculos, C 927
Cuniculum, C 922
Cupa, C 944
Cupia, C 950
Cupiae, C 935
Cupidi, S 538
Cupiditas, I 453; S 106
Cupiditatis, A 466
Cupido, U 277
Cupidus, B 62; P 41, 158
Cupiose, D 9
Cupit, A 286, 550, 933; G 65
Cuppa, C 971
Cupressus, C 928
Cura, C 937; E 434; M 193; P 423; S 74, 197
Curabula, C 968
Curae, C 952, 954
Curat, M 147
Curba, D 292
Curbamentum, B 210
Curbat, U 256
Curbata, C 526
Curbis, I 86
Curbunt, U 255
Curbutum, F 276
Curculio, C 943
Curę, C 936
Curendum, C 932
Curia, C 925; I 223
Curiae, A 774; P 164
Curimbata, C 959
Curiositas, C 929
Curiosus, C 675, 827, 931
Curribus, F 29; S 680
Curriculum, C 962
Curro, C 932
Currorum, T 111
Curru, B 115; C 932
Curruum, P 260
Cursim, C 427
Curso, T 272
Cursum, C 962
Curtina, A 912; C 967
Curtus, M 304
Curucca, C 955
Corui, U 253
Curules, C 932(bis)
Cuse, C 957
Cuspis, C 940, 965
Custodes, Int. 305
Custodia, C 621; L 92
Custoditur, T 335
Custos, U 198
Custus, E 27
Cutit, C 923
Cyatus, C 972
Cycladis, C 979
Cymba, C 981
Cymiterium, C 978
Cynnomomum, C 982
Cynomia, C 980
Cynominna, C 976
Cyprassus, C 977
Cyprinus, C 974
Cyrografium, C 975

Dactulis, p. 82, note 2
Dactulus, D 7
Dactum, N 116
Dactylo, S 350
Dagon, D 4
Dalila, Int. 86; D 2
Dalmatica, D 10
Damasculum, D 3
Damde, D 16
Damma, D 12, 13
Damnat, M 363
Damnati, E 276
Damnatus, R 74; U 228
Damnis, I 6
Damno, I 182
Damnum, D 234
Damus, D 11
Dan, Int. 84
Danai, D 8
Dande, D 5
Danihil, Int 80
Dant, D 376
Dantes, O 83
Dapes, D 17
Dapis, D 16
Dapsele, D 9
Dapsilis, D 1
Dasia, Int. 93
Dasile, Int. 89
Dat, B 45; D 14; E 257, 563; F 329; I 344; L 316; M 181; R 39; S 428
Data, D 35; L 66
Date, D 5
Daticius, D 15
Datis, C 544
Datiuus, Int. 91
Datum, C 849; P 785
Datur, F 240; U 40
Daturus, D 151; L 8
Dauid, Int. 79; D 6
De, A 24, 96, 254, 442 (bis), 500, 527, 845, 858; C 301, 932; D 37, 50(bis), 54, 58 (bis), 59 (bis), 60, 78, 292; E 136, 409, 446; F 34, 155, 245, 338; H 67, 140, 148; I 451, 494; L 181; M 65 (bis); O 102, 131; P 54, 121, 195, 196, 198, 200, 237, 242, 580; Q 80; R 27, 83, 257; S 35, 847, 390, 681; T 207, 270, 357
Dea, L 29, 70; M 203; N 109; U 96
Deadema, D 98
Deae, M 10
Deambularetur, S 444
Deambulat, S 443
Deamentro, D 119
Debita, D 69
Debitis, S 75, 353
Debitor, R 92
Debitum, A 338; F 133
Deborra, Int. 85
Decedit, D 67

Decennonenalem, E 201
Decens, D 167
Decepit, F 127
Deceptio, P 697
Deceptor, F 47, 337
Decerneo, C 294
Decerni, D 82
Decernimus, C 349
Decernit, C 285; D 195
Decerpsit, C 48
Decet, A 55
Decidens, D 66
Decidit, P 350
Deciduum, D 113
Deciperat, P 206
Decipere, C 412
Decipula, D 33
Decit, D 106
Declamanda, D 18
Declamat, C 854
Declibium, D 140
Declibius, D 127
Declinans, Int. 187, 242
Declinat, U 115
Decoctanis, D 58
Decolatur, P 442
Decolatus, T 281
Decollatum, D 185
Decor, N 12
Decorat, I 434
Decorianit, D 129
Decorticant, T 357
Decrepita, D 16
Decrescit, E 8
Decreta, D 187
Decretum, D 146, 209; G 79
Decurat, Int. 92
Decurio, D 170
Decus, C 278
Decussit, D 28
Dedala, D 121
Dedasculum, D 53
Dedecet, D 106
Dedecus, D 91; L 319
Dedicatio, Int. 99
Dedicationes, E 213
Dedichotomatibus, D 58
Dediscere, D 120
Dedit, I 30; N 180; S 661
Dedita, D 35
Dediti, N 3
Dediticius, D 15(bis)
Deditio, D 70
Dedragmae, D 149
Deducere, D 125
Deducit, C 217; D 190
Dedunt, D 117
Deest, Int. 74
Defamare, T 269
Defatiget, D 52
Defecata, E 445
Defecatum, D 79
Defecit, C 662; E 547; H 50; S 596; T 6
Defecta, S 290
Defectio, D 95; E 14; M 136
Defectis, E 404
Defectum, D 137
Defectura, D 65
Defendere, T 341
Defendit, P 733; U 232
Defenditur, D 207; U 230
Defensaculum, L 74
Defensor, S 467
Defentio, A 679
Deferberat, D 175
Deferentes, D 142
Deferre, S 566
Defert, D 27, 92, 110, 122
Defertur, D 104
Defferuntur, D 74
Defiitentur, D 42
Deficilior, F 362
Deficitur, D 309
Definit, D 206
Defisus, D 197
Defitiget, D 51
Defixos, A 276
Deflat, D 128
Deflectitur, U 19
Deflexio, D 172
Defluens, A 682
Defluit, E 438
Defluxit, D 161
Deforat, D 267
Deforatio, B 18
Deforis, C 73
Deformat, D 130
Deformitas, M 269
Defortia, D 172
Defotabat, D 81
Defragore, D 166
Defraudat, D 103
Defrutum, D 19
Defungitur, D 131
Defunxit, D 112
Defusa, F 236
Defusioris, D 158
Degener, D 93
Degeneraucrat, D 179
Degeneret, D 202
Degerit, E 92
Degesta, D 94
Degestio, E 93
Degesto, D 114, 186
Degetit, D 165
Degit, D 159
Degladiandi, D 44
Degladiati, D 63
Deglobere, D 83
Degluit, D 129
Degmuidem, D 200
Degustare, L 162
Degustat, A 456
Dehescit, D 191
Dehiscat, D 75
Dehiscens, D 157
Dehuscit, D 76
Dehonestare, T 269
Dei, Int. 30, 37, 61, 79, 80, 103, 107, 112, 116, 131, 138, 163, 166, 179, 261, 266, 269, 330; C 1, 82; D 383; E 122, 137; I 42; P 121, 198, 200, 240; S 317; T 137, 269
Deiecit, D 217
Deiectum, D 185
Deiectus, A 583
Deifica, N 200
Deinceps, I 52
Deinde, P 256; Q 69; T 357
Deiudicans, Int. 180
Deiurare, D 96
Deiurat, D 34
Delabitur, D 134
Delator, C 675; U 259
Delatur, D 104
Delatus, D 101
Delectum, D 126
Delegerunt, D 198
Delenda, A 14
Delens, O 82
Delerat, D 332
Delerent, O 42
Deleres, C 634
Deleri, A 90; O 154
Deleta, A 26; C 423
Deletus, O 27
Delibatis, D 204
Deliberat, C 285; S 61
Deliberatio, D 62
Delibra, D 191
Delibrat, D 45
Delibuit, D 39
Delibutus, D 38, 264
Delicata, B 110
Delicatis, D 64
Delicatus, D 22
Deliciis, D 171
Delicius, D 171
Delimatum, D 47
Deliquium, D 95
Delitere, D 138
Delitescere, D 196
Delituit, D 182
Delubra, D 201
Delumentum, D 56
Demedia, E 183
Demendo, D 102
Demensus, D 160
Dementes, D 147
Demere, D 88

Demit, D 193
Demolitur, D 316
Demone, U 101
Demonia, Int. 56
Demoniacus, C 212
Demonibus, I 301
Demoniosum, A 795
Demouiosus, R 67
Demonstrantibus, P 831
Demonstrare, O 287
Demonstratur, P 494
Demserit, D 269
Demum, D 61
Denique, D 285, 323
Densa, C 192
Densat, F 75, 369
Densitas, T 56
Densum, D 43
Dentalia, D 80
Dentes, B 107; D 102; E 45; M 240; P 481
Dentibus, E 46; F 332
Denumerare, D 284
Denuntiauit, D 188
Deo, Int. 25, 183; D 245
Deoctaua, P 837
Deodorancos, E 325
Deorsum, P 854
Deorum, C 672; N 75; S 622; U 150
Depeculatus, D 99
Dependeat, D 162
Dependere, D 150, 152
Depensurus, D 151
Deperdens, M 129
Depicta, F 425
Deplere, D 125
Deplorat, D 141
Depouile, D 57
Deportantes, D 142
Deportatus, D 23
Deportauit, D 112
Deposcit, D 141
Depositum, D 100
Depraecatio, D 108
Depraedatus, D 99
Deprachendo, D 109
Depraesi, E 301
Deprecatio, P 709
Depressus, D 139
Depromat, D 133
Depugnat, A 349
Depulit, A 767
Depulso, A 690
Depuplicatus, D 143
Derectum, D 40
Deriuat, D 190
Derogat, A 63; D 97
Descensum, D 140
Desciscimus, D 156
Desciuit, D 68, 115
Deseminat, D 154
Desentiones, S 321
Desentit, D 86
Deseptus, D 174
Deserere, D 213
Deserit, F 76; P 786
Desertinis, D 55
Desertus, D 153
Deseruiens, C 211
Deseruire, M 115
Deseruit, D 163; F 432
Deses, D 107
Deseuit, D 168
Desiccata, U 312
Desicit, D 77
Desidans, D 89
Desidebat, D 48
Desiderabilis, Int. 79; D 6
Desideraret, A 208
Desiderat, A 266, 369; U 274
Desideratis, O 70
Desiderium, L 224
Desides, D 107
Desidescere, D 116
Desidiosus, D 85
Desiduus, D 85
Designat, N 194
Designatur, D 286
Designatus, I 331
Desiit, D 87
Desimiles, D 142
Desimulaui, D 212
Desinat, F 112
Desine, S 426
Desinere, H 110
Desinit, E 176
Desipiscit, D 135
Desis, D 26
Desisse, D 184
Desiste, D 192
Desistit, A 67
Desitescere, D 105
Desolutus, D 29
Desonat, F 116
Desonuit, D 86
Desperat, O 278
Desperatus, O 85
Desperauit, D 197
Despicatus, D 21
Despondet, D 41
Destenta, D 203
Desticare, D 123
Destituit, D 24
Destitutae, D 31
Destitutus, O 249
Destituunt, D 30
Desudare, D 32
Desueuit, D 173
Det, D 377
Detentio, C 167
Determinat, D 206
Detestabilia, S 71
Detestabilis, D 111
Detestare, D 148
Detestatus, D 36
Detractasset, D 73
Detractat, D 145
Detractauere, D 208
Detractauit, D 71
Detrahit, D 190; L 97; O 219; S 665
Detrait, D 97
Detrectauit, D 144
Detrectet, D 145
Detrectus, D 143
Detrimentum, D 177
Detrudit, D 169
Detrudunt, D 132
Detulerat, D 20
Deturbat, D 240
Deuaricare, D 90, 124
Deuellunt, D 214
Deuenerauit, D 118
Deuenustat, D 130
Deuertendo, D 172
Deuerticulum, D 37
Deuertuntur, D 172
Deuexu, D 140
Deuia, D 72
Deuinctus, D 205
Deuinxit, D 81
Deuitat, D 199
Deum, Int. 164; C 855; H 143
Deuota, D 189
Deuotaturi, D 180
Deuotaturus, D 25
Deuotio, D 181
Deus, Int. 105, 119, 152, 200, 281; A 557, 843; D 305; G 59; M 176; P 796
Deuterogamiae, D 164
Deuteronomium, Int. 83; D 155
Deuterosin, D 49
Deutinum, D 183
Deuulgare, D 166
Deuulgatur, D 277
Dexterae, Int. 45; F 185
Dextralia, D 178
Diabulus, Int. 81
Diaconus, Int. 82, 195; D 210; I 10, 475
Diadema, D 221
Diafonia, D 218
Dialectica, D 259
Dialecticus, D 251
Dialeptis, L 186
Dialexis, D 295
Dialis, F 242
Dialogus, D 253

Diametro, D 255
Dianae, L 94
Diapsalma, Int. 87
Diastile, Int. 94
Diatheee, D 254
Diatrifas, D 262
Dic, A 244
Dicabo, D 334
Dicam, D 318
Dicamus, P 782
Dicas, D 319
Dicatio, D 228
Dicator, D 311
Dicatur, D 276
Dicenda, F 81; N 62
Dicendi, P 81
Dicendum, L 158
Dicere, A 413; D 322
Dicerent, S 240
Dicimenta, D 330
Dicimus, R 163; S 617
Dicio, D 218
Dicione, D 239; S 593
Dicis, A 925
Dicit, A 937; C 220; D 229; E 44; F 77; S 89, 245; U 127
Dicitis, I 297
Dicitur, A 418, 500, 741, 858; B 66; C 127; D 15, 292, 364; E 68, 129, 209, 251, 252, 563; I 461; L 29, 124, 204, 269; M 326; P 218, 516, 699; S 66, 96, 417, 727; T 185; U 259
Dico, C 57; F 151
Dicreus, D 306
Dicta, A 653; D 288, 345; E 44; M 148; P 795; S 712
Dictat, S 704
Dictator, D 257, 282
Dictatorem, D 256
Dictatura, D 325
Dictemao, D 50
Dicti, S 449
Dictio, A 413; B 59; C 817, 890; D 259
Dictiones, L 148
Dictionis, T 230
Dictitat, D 322
Dicto, D 314
Dictor, F 5
Dictum, A 186; C 267; F 180; L 124; M 50, 163; O 274; T 101
Dictus, C 958; H 150; P 619
Dicunt, B 47; C 308; D 359; G 74; P 168
Dicuntur, C 331, 429, 697, 932 (bis); D 172, 312; E 44; G 61; H 152; P 481; S 74; U 51, 118
Didasculus, D 308
Diditur, A 277
Die, A 568; N 176; S 417
Diei, D 300
Diem, C 521; D 249; I 128; P 661
Diemat, D 269
Dieperdulum, A 729
Dierum, E 522; R 84
Dies, C 161; D 263; E 245; I 90, 195; L 140; M 331; P 167; U 64
Diferuerat, D 238
Diffamatus, I 156
Differt, C 521; D 235, 317; P 531, 661
Difficile, A 657; D 291
Difficilis, D 281
Difficulter, D 231
Diffitentur, D 296
Diffiteor, D 299
Diffugatum, D 293
Dificile, A 747; H 33
Dificulter, H 33
Difinis, D 327
Difortium, D 172, 233
Digammos, Int. 95
Digessit, D 215
Digitalium, D 294
Digiti, U 255
Digitus, D 7
Digladiati, D 320
Dignitas, A 685; C 270; F 13; P 413
Dignitate, I 37; P 450
Dignitatis, I 117; T 294
Dignitosa, D 333
Dignus, F 373
Dii, I 328; L 60; P 228
Diique, D 323
Dilapidat, D 247
Dilargus, D 304
Dilatio, D 265; N 59
Dilatione, I 433
Dilectabilis, A 255
Dilectat, I 506
Dilectauit, I 511
Dilectio, A 84
Dilectione, A 371
Dilectum, D 290
Dilectus, Int. 301
Dilegit, T 127
Diliciȩ, L 279
Diligens, S 413
Diligenter, R 189
Diligentia, E 434
Diligit, F 257; L 280
Dilotis, D 258
Dilubra, D 237
Diluere, D 220
Diluuium, Int. 67; E 131
Dimedium, S 270, 280
Dimedius, S 49
Dimetron, Int. 96
Diminuit, D 225
Diminutiuae, Q 22; R 13
Diminutiue, F 204; M 158, 159
Diminutiuum, A 145; F 146; M 214, 301; N 124; P 553; T 336; U 81
Dimisis, D 329
Dimisus, D 153
Diocisa, D 261
Dioctes, D 250
Diploa, D 252
Dipsa, p. 1
Dipsas, D 292 (bis)
Directus, M 88
Direptice, O 87
Diribere, D 284
Diriguere, D 260
Diriguntur, F 114
Dirimat, D 224
Diriuitorium, D 176, 338
Diruit, D 217
Dirus, T 246
Dirutus, D 230
Discedendo, E 323
Discedere, A 13
Discendit, D 161
Discensor, D 283
Discensum, C 458
Disceptant, D 271
Disceptari, D 341
Disceptator, D 211
Disceptauero, D 298
Discerniculum, D 313
Discerpit, D 267
Discerptus, C 46
Discerpunt, D 214
Discessio, E 526; I 472
Discessus, A 692
Discidium, D 232; E 378
Discit, A 375; N 149
Discinit, D 287
Disclusum, D 335
Discolus, D 281
Discor, D 222
Discordabat, D 268
Discordat, D 324
Discos, D 219
Discrepat, D 236
Discrepationem, D 227
Discretum, D 279
Discrimen, D 223, 227
Discriminalia, D 301
Discriptio, O 265
Discus, C 61

Discutere, D 213
Disdouat, D 280
Disceptus, D 226
Disertans, D 303
Disfecit, D 310
Disidiosus, D 326
Disinit, D 244
Disipat, D 240
Disipiscat, D 332
Disipit, D 244
Disiungimur, C 853
Disiungit, D 175
Disoluerat, D 336
Disolutus, E 442
Dispalatum, D 293
Dispar, D 242
Dispargit, D 154
Disparile, D 242
Disparuit, D 273
Dispecit, D 315
Dispectare, D 216
Dispectus, D 331
Dispendium, D 234, 270
Dispensat, D 136
Dispensata, D 297
Dispensatio, D 328; E 19
Dispensator, A 814; O 207
Disperge, D 289
Dispergit, D 235, 317
Dispicere, D 216
Dispiciens, P 40
Dispicitur, A 857
Disponit, M 246
Disposita, D 94
Dispositio, M 286
Dispositionibus, M 282
Dispositionum, P 567; Y 1
Dispuncta, D 297
Dispungit, D 312
Disputat, D 251
Disputationis, D 253, 295; L 186; Y 7
Disputationum, Y 2, 3
Disputauit, D 215
Disrumpit, D 310
Disruptus, D 21
Dissedit, D 324
Dissensio, E 189
Dissice, D 289
Dissidebat, D 268
Dissiduus, D 326
Dissimile, N 164
Dissimilem, A 44
Dissimilia, A 623
Dissimilis, D 222
Dissimulat, D 272
Dissimulęt, D 202
Dissinus, D 307
Dissipans, S 402
Dissipant, F 45
Dissipator, Int. 130; P 717
Dissoluit, R 161
Dissolutio, P 127
Dissolutus, E 539
Dissonantia, D 218
Dissorum, A 44
Distabuerunt, D 275
Distans, A 59
Distat, A 78
Distenditur, D 207
Distendunt, D 246
Distentus, D 340
Disticon, Int. 90
Distinctio, Int. 219
Distingnitur, D 286
Distintio, Int. 321
Distitutum, D 339
Distitutus, I 59
Distractor, P 476
Distractus est, U 66
Distraxit, D 274
Distructa, A 83
Distuli, D 212
Distulis, T 86
Ditatus, C 555
Ditauit, D 118
Ditor, D 266
Diu, D 344; F 76
Diuale, D 278
Diuersa, D 280
Diuersae, G 192
Diuersarum, H 68
Diuersis, P 777
Diuersum, A 410
Diuide, S 208
Diuidendae, E 302
Diuidenis, H 121
Diuidere, I 181
Diuidit, I 261; S 189
Diuiditur, H 99
Diuidunt, N 162; U 160
Diuinans, C 680
Diuinarum, U 292
Diuinatio, N 83
Diuine, M 206
Diuini, U 46
Diuinis, T 143
Diuinitio, A 719
Diuinitus, O 241
Diuino, D 278
Diuinos, D 337
Diuinum, C 569; L 174
Diuinus, A 800; F 8; H 13
Diuis, D 321
Diuisi, Int. 134; S 232
Diuiso, E 511
Diuisum, D 279, 335
Diuisus, D 174, 226; E 295; P 650
Diuitiae, C 329, 935; G 16, 70; H 24; O 196
Diuitiarum, C 621
Diuitias, C 217
Diuitum, P 866
Diuo, D 245; S 673
Diurnum, D 300
Diutinum, D 241
Diuturna, I 488
Diuturnum, D 183, 302
Diuulsum, D 243
Diuus, D 305
Dixerunt, D 230, 375
Dixit, S 250
Doceo, C 65
Docet, G 39
Docilis, D 354
Docit, E 37
Docte, F 9
Doctis, P 601
Doctor, D 308; S 200
Doctrina, S 201
Doctrinae, C 76; D 349; E 157; M 54
Doctrinarum, C 62
Doctus, C 53, 204; G 137
Documenta, S 724
Documentum, D 360; I 386; S 723
Dodrans, D 343
Dogma, D 345
Dogmata, D 349
Dogmatica, D 358
Dolabra, D 355
Dolatum, D 342
Dolatura, D 346
Dolens, Int. 162; D 353; I 473
Dolet, R 133
Doleus, Int. 88
Doli, P 813
Dolones, D 351, 356
Dolor, A 164; C 58; M 13; U 308
Dolore, F 330
Dolores, B 161
Dolosus, P 274; S 626
Doluit, I 359; R 94
Dolum, A 757
Dolus, C 180
Domatibus, D 350
Domatio, D 359
Domatis, D 352
Domauerunt, S 597
Domestica, C 475
Domestici, P 228
Domesticii, L 60
Domesticum, B 92; I 103, 371
Domibus, A 291; D 54
Domicilia, P 361
Dominabatur, M 95
Domine, Int. 186; O 277

Domini, Int. 14, 106—109, 139, 149, 156, 172, 176, 234, 244, 295, 301, 338; E 278; F 183; I 471; O 291
Domino, D 171
Dominum, Int. 19, 233; D 34; P 460
Dominus, Int. 1, 35; E 279
Domo, Int. 279; B 92; I 142, 143; P 620; R 257; U 138
Domorum, P 382
Domum, C 756
Domuncula, P 665
Domunculas, C 131
Domus, Int. 44; A 18, 31, 305, 310, 687, 797; C 8, 41, 925; G 177, 183; L 5, 47; M 138, 261; P 79, 249, 622, 690; T 18
Domus [for tomus], D 348
Dona, D 312
Donabo, D 334
Donamus, U 172
Donans, D 304
Donat, D 280, 312; L 141
Donatio, C 797
Donatum, I 404
Donatus, Int. 205, 223
Donauit, D 118
Donec, D 344, 380
Donum, Int. 171; C 793; M 249
Dorcades, D 357
Dorsi, T 51
Dorsum, T 62
Dos, D 347
Dotatus, Int. 337
Dotice, Int. 91
Doxa, Int. 66
Doy, P 200
Draconis, D 367
Draconitas, D 365
Dracontia, D 364, 368
Draconto, D 367
Drama, D 363
Dramatis, D 366
Dromidarius, D 362
Dromidus, D 361
Drustum, H 85
Duae, B 117; D 149, 292
Dualis, D 259
Duas, P 298
Dubiae, S 606
Dubio, N 129; R 165
Dubitantem, S 702
Dubitare, C 905
Dubitat, F 250; M 309
Dubium, F 227; N 154
Dubius, C 904, 933; S 592
Ducem, G 148
Ducenarius, D 371
Ducentes, Q 42
Ducit, D 372
Duco, M 123
Ductat, D 372
Ductio, O 102
Ducunt, C 982
Dudum, D 382; I 2
Duę, Int. 51
Duellium, D 375
Duit, D 377
Dulce, M 174
Dulcem, B 16
Dulciamina, P 457
Dulcido, M 241; S 102
Dulcis, M 173; R 180
Dulcissapa, D 369
Dultius (for dubius), A 216
Dum, D 380
Dumis, D 374
Dumosa, D 381
Dumtaxat, D 370
Dumus, D 373
Duo, A 330, 779; B 104, 115, 231; C 215; F 98; L 168; R 190; S 280
Duobus, B 106, 128
Duorum, Int. 90, 96; B 125; D 378
Duos, B 107
Duplex, Int. 95; B 116; F 204; L 139
Duplicatio, D 252
Duplicationes, E 25
Duplicator, B 119
Duplices, B 105
Duplici, B 126; D 255
Dura, A 604, 605; G 103
Durans, M 107
Durior, A 245
Duritia, R 197; T 59
Durum, E 50
Durus, R 173
Duum, D 379
Duunt, D 376
Dux, M 64; O 219
Dy, T 209
Dyde, D 383

E, A 338; B 106; M 183; S 681
Ea, B 154
Ea et ὦ, E 1
Eam, Int. 293
Eaquae, B 154
Eatenus, E 2
Eattos, p. 45, note 2
Ebenum, E 8
Ebibati, E 6
Ebilantur, E 5
Ebitat, E 7
Ebitauerit, E 4
Ebor, E 3
Ebraicorum, p. 3
Ebredio, E 10
Ebrei, Int. 101
Ebriosus, T 58
Ebrum, E 9
Ebulliens, S 167
Ebulum, E 11
Ecclesia, Int. 113, 300; C 816; P 24
Ecclesiastes, Int. 301
Eccui, E 22
Ecgferunt, E 24
Echinus, E 15
Echo, E 12
Ecitum, E 16
Eclipsis, E 14
Economia, E 19
Ecquem, E 13
Ecquid, E 21
Ecquis, E 20
Ectasi, E 17
Ectasis, E 18, 23
Eculeis, I 85
Edaces, U 276
Edat, E 29
Edax, C 547; E 34
Edentat, E 45
Edentatus, E 46
Edentem, E 32
Edentium, I 270
Edepul, E 47
Eder, E 33
Edera, E 26
Ederentur, E 30
Ędes, A 310
Edicit, E 31, 44
Edicius, E 41
Edicta, E 44
Edidit, E 28
Ędificia, A 309; G 190
Ędilitatem, E 35
Edissere, E 36
Editiones, E 25
Editiori, E 39
Editissima, I 226
Edito, E 38; I 458
Editui, E 42
Editum, E 40
Edituus, E 27
Edocit, E 37
Edom, Int. 102
Edra, E 563
Educ, E 492
Educat, E 49
Eductus, E 326
Edueucit, E 48
Edulia, E 43, 51
Edulion, Int. 125
Edurum, E 50
Efario, E 72

Effati, E 71
Effatus, E 58
Effebus, E 83
Effecit, E 53
Effectu, E 71
Effectum, E 90
Effeminat, E 64
Effeminati, E 63
Effeminatorium, E 75
Effeminatus, E 56
Effera, E 80
Efferat, E 52
Effere, E 60
Efferunt, E 67
Effeta, E 61, 66, 69, 81
Effetum, E 68, 73
Effeui, E 91
Efficaces, E 82
Efficacia, E 57
Efficaciter, E 88
Efficax, E 89
Efficitur, R 32
Effigiat, E 55
Effigies, C 179; E 54
Effimeri, E 70
Efflabant, E 62
Efflagitat, E 86
Effligit, E 87
Effod, E 78
Effodit, E 76
Effontire, E 74
Effosis, E 65
Effothbat, E 78
Effraim, Int. 114
Effrem, E 77
Effrenatus, E 59
Effundere, E 79
Eftafolium, E 84
Eftafylon, E 85
Egerat, E 99; G 58
Egerere, E 95
Egerimus, E 100
Egerit, E 92
Egesta, E 98
Egestas, E 96; I 60
Egestio, E 93
Eggones, E 97
Egiptiorum, A 557
Egloga, H 2
Eglogae, E 104; H 2
Ego, E 102, 265
Egone, E 102
Egra, E 101
Egre, E 94
Egredior, E 430
Egregius, E 103
Egregium, P 837
Egritudo, U 23
Egrotat, U 24
Egrotus, B 161
Egyptum, E 72
Eius, Int. 24, 281; A 712; I 467; O 180; P 712
Eiusdem, A 307
Elaboraus, D 89
Elactare, E 126
Elam, Int. 122
Elanguet, E 146
Elatus, I 298
Eleborus, E 120
Electio, D 126; O 2, 10
Electis, L 137
Electrum, E 116, 118
Elefans, B 28, 34
Elegans, E 141; F 35
Elegerunt, D 198
Elegit, E 11
Elegoos, E 145
Elementa, E 132
Elementarius, E 136
Elemosinam, S 511
Eleuatio, Int. 23
Eli, Int. 105
Eli, E 122
Elia, Int. 107
Eliachim, Int. 106
Elicere, E 135
Eliceretur, E 117
Elicit, E 108, 133
Elicuerit, E 128
Elicui, E 134
Elicuit, E 124
Elidit, C 602
Eliezer, Int. 103
Elifaz, E 137
Eligans, E 105
Eligantur, E 143
Elimat, E 144
Elimentis, E 136
Elimentorum, p. 9
Eliminat, E 142
Eliminauerat, E 107
Elingenus, E 123
Elinguis, E 121
Eliquata, E 110
Elisa, E 447
Eliscium, E 106
Eliseus, Int. 108
Elisi, E 115
Eliut, Int. 119
Elix, E 119
Elizabeth, Int. 112
Elocutus, E 200
Eloges, E 130
Elogi, E 125
Elogia, E 139
Elogiis, E 138
Elogio, E 109
Elogium, E 113, 127, 129
Elones, U 276
Eloquentia, F 36, 323; R 62
Eloquia, F 24
Elubio, E 131
Elucubratum, E 112
Eluderet, E 111
Eluetur, E 114
Eluis, E 114
Eluitur, E 110
Elusit, F 364
Em, E 165
Emaces, E 191
Emacitas, E 182
Emanat, E 174
Emancipat, E 177
Emaones, E 170
Emarcuit, E 146
Emaus, Int. 120
Emax, E 150, 159, 172, 190
Emblema, E 160, 186
Embolismus, E 168
Emendabitas, E 182
Emenso, E 173
Ementitur, E 179
Ementum, E 178
Emere, E 172
Emergere, E 147
Emergunt, E 185
Emerita, E 176
Emersit, E 152
Emiatnision, E 157
Emicat, E 175
Eminens, A 306; P 551, 802
Eminent, S 148
Eminentia, A 792
Eminentibus, E 171
Eminet, E 180, 383; M 211
Eminiscitur, E 153
Eminulis, E 171
Eminus, C 843; E 164
Emisarii, E 148
Emisperion, E 169
Emisperium, E 184
Emissarius, E 156
Emisticius, E 167
Emittat, E 181
Emittit, B 34; E 291, 546; I 303
Emittogium, E 183
Emitur, T 18
Emolomentum, E 155
Emonnis, E 526
Emortuum, E 207
Empheria, E 161
Emphimerides, E 204
Emphraxem, E 181
Emporium, E 162
Empta, E 149
Empticius, E 151
Empto, E 190
Emptor, E 150
Emptores, E 191
Emula, E 158
Emulamenta, C 698

Emulatio, E 189
Emulo, E 187, 188
Emulumentum, E 151
Emulus, E 163
Emunctoria, E 166
Encenia, E 213
Encratitae, E 199
Endecas, E 203
Enebata, E 66
Energia, E 219
Eneruat, E 192
Eneruis, E 210, 350
Eneruum, E 207
Enfaticus, E 220
Eniclia, E 198
Enigma, E 195
Enigmata, E 205
Enim, B 73, 83
Enisus, E 200
Enitendo, E 215
Enitescit, E 218
Enitor, E 197
Enixa, E 214, 216
Enixe, E 211
Enixius, E 208
Enixus, E 217
Enlencus, E 222
Enneacaidecterida, E 201
Enoch, Int. 99
Enocilis, E 209
Enodabile, E 221
Enodis, E 196
Enormis, E 202
Enucleata, E 212
Enum, E 193, 194
Enumerat, E 206
Enumeratio, C 208
Eo, A 94, 518, 958; C 267; G 101; T 237
Eodem, I 118; Q 48 (bis)
Eoferant, E 228
Eois, E 229
Eoleuit, E 538
Eoo, E 225
Eorcizo, E 406
Eortasitasi, E 226
Eortasticai, E 227
Eortatice, E 223
Eorum, Int. 291; I 472
Eous, E 224
Epemeris, E 261
Ependiten, E 262
Ephebus, E 246
Ephemeris, E 245
Ephiphania, Int. 121; E 230
Ephithalamium, E 238
Ephithonte, Int. 123
Ephitomos, E 240
Ephod, E 233
Ephoth, Int. 110
Ephyria, E 239
Epiabilis, E 461
Epicedion, E 252
Epicoeni, E 263
Epicurei, E 255
Epidaurus, E 260
Epifati, E 250
Epigramma, E 242, 243
Epilenticus, E 249
Epilogi, E 234
Epilogium, E 258
Epimenia, E 259
Epimeri, E 244
Epipendite, E 247
Episcopus, Int. 111, 251; E 254
Epistelia, E 235
Epistola, Int. 123; E 231
Epistolaris, E 256
Epistulae, T 107
Epistularum, E 226
Epitathium, E 251
Epitheton, E 248
Epithoma, E 241
Epitoma, E 264
Epitomem, E 237
Epolitum, E 418
Epome, E 232
Epotata, H 30
Eptafolium, E 253
Eptasyllon, E 236
Eptimemeren, Int. 128
Epulaticius, E 257
Epulis, E 257
Equa, A 290
Equare, H 144
Equatur, H 145
Eques, E 269
Equester, A 332; O 247, 261
Equi, A 489; B 115; C 932; R 25; T 272
Equidem, E 265, 268
Equilibra, S 678
Equiperat, E 267
Equitum, A 333; O 247
Equo, E 269
Equora, E 266
Equorum, F 88
Equus, S 405
Er, E 282, 298
Eradicat, A 934
Eradicata, C 836
Erant, C 642; O 242
Erat, A 82; F 27; P 548
Erata, E 284
Erciscundae, E 302
Erebum, E 277
Erectus, A 789
Eregione, E 282
Erenditen, E 289
Erenis, E 283
Ereon, E 274
Erepsissent, E 270
Erepta, A 924
Erepticius, A 778
Erexit, E 501
Erga, E 273
Ergasterium, E 299; O 216
Ergastulum, E 276, 285
Ergata, E 272, 286
Ergo, E 102; T 11
Ericius, E 303; M 219
Eridanus, E 296
Erigastulo, E 301
Erigens, S 613
Erimio, E 271
Eripit, A 784
Eris, C 420; S 429
Erit, A 366
Ermagoriae, E 304
Erodi, E 290
Erogant, D 312
Erogat, S 660
Erogatio, I 398; U 140
Erogauit, P 790
Erotema, E 280
Erpica, E 293
Erpicarius, E 294
Errabilis, E 300
Errans, E 295
Errantes, F 114; P 68
Erratica, P 277
Erro, N 115
Ersa, E 292
Eructat, E 291
Eruditionem, P 23
Eruditionis, R 61; S 726
Eruditorium, P 268
Eruditus, E 281; S 159
Eruere, E 287
Erugat, E 288
Erugo, E 297
Eruli, E 278
Erumna, E 275
Erumpat, E 174
Eruncare, E 287
Eruperunt, E 467
Erus, E 279
Erutus, C 503; D 230
Esaias, Int. 109
Esau, Int. 104
Escarum, p. 87, note 1
Esculus, E 307
Esebon, E 308
Esitabant, E 306
Esitat, E 311
Esse, E 403, 493; F 283
Essedum, E 312
Essox, E 315
Est, Int. 145, 160, 173, 178, 182, 213, 223 (quater), 263, 301; A 24, 29, 66,

94, 451, 499, 938, 939, 941, 950; C 77, 218, 347, 496, 566, 567 (bis), 732 (bis), 736, 837, 844, 977; D 15, 111, 292 (ter), 305, 325, 378; E 153, 180, 216, 513, 538; G 27, 60, 97, 101; H 64, 127, 129; I 186, 372, 395, 528; L 269 (bis); M 15, 52, 93, 120, 159, 265, 321; N 122, 154; O 77, 271; P 99, 119, 191, 712, 735, 743 (bis), 814, 824, 880; Q 13; R 23, 207; S 30, 39, 88 (bis), 291, 406, 466; T 9, 210, 237, 278; U 64, 66, 113
Estatem, I 234
Estera, E 321
Estis, G 66
Estiuo, I 234
Esto, E 309, 310
Estote, S 6, 666
Estu, E 313
Estus, E 305
Et, Int. 192, 223, 301 (bis); A 29, 117 (ter), 152, 290, 332, 333 (bis), 348, 413, 442, 476 (bis), 499 (bis), 712, 729, 741, 901, 939; B 32 (bis), 74, 114, 161; C 133, 181, 216, 274, 310, 331, 347 (bis), 362, 413 (bis), 495, 496, 497, 754, 855 (bis), 886, 904, 977; D 64, 142, 172, 227 (bis), 230, 292 (ter), 312; E 118, 132, 263, 310, 487; F 98, 124, 130; G 60, 61, 105; H 2, 64, 94, 149; I 86, 128, 224 (bis), 317, 366, 528; L 29, 94, 137, 269, 338; M 313, 321, 326; N 56, 125; O 132; P 81, 481, 660, 668, 717, 837; R 103, 197, 210; S 49, 66, 92, 280; T 9, 30, 241; U 155, 232 (bis), 239
Eternitas, A 336
Ethiantike, Int. 126
Ethica, E 316
Ethicia, E 314
Ethicus, E 317
Ethimologia, E 318
Ethincon, E 319
Etiam, I 377; Q 44
Etodeporicon, E 320
Etruria, L 194
Eua, Int. 98
Euacuare, E 456
Euacuatas, E 405
Euacuissent, H 10
Euaeum, Int. 100
Euaggelices, E 358
Euangelicae, E 325, 342, 358
Euangeliorum, E 325; T 145
Euangelium, Int. 117
Euangelizat, E 322
Euanggelices, E 342
Euanuit, A 941
Euboicorum, E 331
Eucharistias, E 341
Eucharitia, Int. 118, 129
Eudolia, E 330, 346
Eudoxia, E 336
Euehit, E 344
Euellit, E 334
Euenit, O 93
Euentos, P 781
Euentu, C 83
Euentus, E 339
Euergit, E 356
Euerrit, E 352
Euersio, E 323, 526
Euertit, E 340
Euestigio, E 329, 345
Eufonia, E 348
Eufouiae, D 379
Eufrates, Int. 97
Euge, E 327
Eugenes, E 333
Eugenia, E 343
Euidens, E 332
Euigilans, E 376, 549
Euigilatum, E 112
Euigilauit, E 472
Euillau, Int. 124
Euirat, E 64, 324
Euiratus, E 350
Euiscerat, E 337
Euiscerata, E 328
Euitatus, E 355
Euitauerit, E 349
Eulogium, E 338
Eumenides, E 353, 354
Eunuchus, H 81
Euocare, A 148
Euocati, A 128; E 537
Euocatio, Int. 113
Euocatur, E 452
Euocatus, A 98; E 326
Euomit, E 92
Euro, A 46
Euronothum, A 47
Eurus, E 335
Eurynis, E 351
Euterpe, E 347
Euum, E 357
Ex, Int. 192; B 110; C 415, 764; D 313, 365, 375; E 398, 409, 427 (bis), 483, 511; F 330, 350; G 126; L 20, 79, 269, 338; M 129; N 49, 123; S 30
Exacaidecaterida, E 413
Exaceruauit, E 508
Exactio, E 518
Exactor, E 453
Exactum, E 559
Exagerat, E 448
Exagium, E 416
Exalaparetur, E 477
Exalauit, A 712
Exallage, E 466
Exaltat, P 737; T 199
Exaltauit, E 391
Examen, E 490, 506
Exameron, E 522
Exametron, Int. 127
Examinat, E 437; L 188
Examinatio, Q 37
Examinator, D 211
Examusim, E 471
Exaureaut, E 449
Exapla, E 360
Exasperat, E 436; L 97
Exauctorauit, E 399
Exauditio, Int. 289
Exaudituat, E 512
Exaurauit, E 470
Exaureant, E 489
Exaustis, E 404
Excanduit, E 502
Excedo, E 430
Excelare, E 493
Excellentes, P 770
Excelsa, A 754; C 300; E 494, 529; T 233
Excelsi, S 595
Excelsus, Int. 7, 149, 173, 206; P 657
Excepta, E 408
Excepto, S 351
Excesserit, E 410
Excessum, E 17
Excessus, E 23
Excesus, E 500
Exciderant, E 446
Excidium, E 378, 379, 526
Exciduntur, S 35
Excitati, E 537
Excitatur, E 452
Exciti, E 537
Excluderem, E 457
Excludit, D 169; E 414, 512; T 235
Exclusa, A 40; E 458; S 584
Excluserat, E 107
Exclusit, E 124
Exclusum, E 535

Exclusus R 139
Excogitatio, E 178; M 13
Excolat, E 461
Excomedit, E 337
Excors, E 432
Excreat, E 517
Excubabant, E 555
Excubat, E 135
Excubias, E 527
Excudit, E 386, 544
Excudunt, E 385
Excusationes, A 693, 697
Excussabilem, A 691
Excutit, E 45
Exductione, D 50
Execrabile, S 37
Execranda, S 106
Execrare, E 509
Exedra, E 366, 415, 562
Exedrę, E 420
Exegebat, E 468
Exegestus, E 372
Exemit, E 444
Exemplum, A 668; D 360; E 490
Exemta, E 536
Exemtum, E 535
Exenium, E 451
Exenodocium, E 519; R 103
Exentesion, E 412
Exepta, E 491
Exequat, E 428
Exequiarum, Y 9
Exeras, E 407
Exercendi, U 91
Exercens, S 237
Exercere, E 531, 533
Exerceretur, G 47
Exerceri, E 551
Exercet, A 888
Exercita, E 361
Exercitat, E 552
Exercitatae, E 553
Exercitationis, N 10
Exercitia, G 193
Exercitiis, E 387
Exercitu, M 228
Exercitum, D 290; L 217; M 64
Exercitus, P 379
Exercituum, Int. 335; U 51
Exercere, E 531
Exerit, E 514
Exerrans, L 69
Exerta, E 396, 499
Exerti, E 397
Exertum, E 382
Exestuat, E 459
Exesum, E 520
Exesus, E 534
Exfretat, E 474
Exhabet, E 483
Exhalat, E 546
Exhaustas, E 405
Exheredat, A 51
Exheredet, E 381
Exhibendus, A 761
Exhibet, M 216
Exibeo, S 309
Exigebant, E 503
Exigit, C 181
Exiguus, E 440; L 258
Exiit, E 174
Exilem, E 365
Exili, R 37
Exilia, E 421
Exiliauit, R 43
Exilio, R 74
Exilis, E 367
Exilit, E 175
Exilitas, M 106
Exiliuit, E 502
Exilium, D 23; R 37, 149
Exime, E 492
Eximet, E 368
Eximia, E 529
Eximietas, E 532
Eximius, E 530
Exiuanire, E 456
Exinanitum, E 497
Exinanitus, E 56
Exinde, I 52, 344
Exintera, E 411
Exire, E 147
Existere, E 460
Existimabam, A 890
Existimatores, O 217
Existimo, C 506
Exit, D 173
Exitiabilem, P 279
Exitium, E 556
Exito, E 394
Exitu, D 59
Exitus, Int. 115; D 50; E 469; O 282; P 838
Exmum, E 510
Exodium, E 487
Exodus, Int. 115
Exolantes, E 362
Exolescit, E 547
Exoleuerunt, E 395
Exolitus, E 443, 540
Exoliuerunt, E 467
Exolutus, E 539
Exomologesin, E 463, 505
Exorbitans, E 475
Exorcismum, E 359
Exorcista, E 422
Exornatus, E 380
Exorsus, E 455
Exortatoriae, A 139
Exorti, E 389
Exortus, E 388; O 20
Exossum, E 417
Exostra, E 485
Exosus, E 541
Exparia, E 479
Exparta, E 480
Expectabamus, O 183
Expectans, O 195
Expectant, S 681
Expectantes, O 188
Expectare, P 633
Expectatum, N 77
Expediam, E 523
Expedientes, E 82
Expedierant, E 393
Expedio, E 441
Expedisset, E 392
Expeditio, E 401, 554, 558
Expeditionibus, E 504
Expeditus, E 89, 364, 425, 561
Expello, E 17
Expellunt, A 81
Expendere, E 542
Expendisse, E 373
Expensa, E 488
Expergescens, E 376
Experientia, C 82; E 161, 239, 434; P 200
Experimentum, E 375, 433
Experire, E 433
Experrectus, E 472
Expers, E 549
Expertia, E 473
Expertus, E 377
Expiare, I 426
Expiat, E 462
Expiatum, E 497
Expiebat, E 468
Expilatam, E 400, 548
Expilatores, E 486
Expimuntur, F 191
Explanat, E 428
Explanatio, T 244
Explanauit, E 507
Expleta, E 482
Expleuit, E 513
Explicantes, A 386
Explicitum, E 535
Explodens, E 450
Exploderem, E 457
Explodit, E 414
Explodita, E 458
Explorat, E 384, 448
Explosa, E 447
Explosi, E 363
Expoliatus, P 528
Exponerent, E 369
Exponis, E 256
Exponit, E 31
Exportat, E 52

Exportaucrat, A 902
Expositio, E 412, 490; S 716
Exposito, E 370, 390
Expositor, C 825
Expraesit, E 507
Expręsserunt, E 550
Exprobrat, I 302
Expromet, R 238
Expromit, E 514
Expugnaret, A 899
Expugnat, E 340; U 53
Expugnatio, E 379
Expulit, A 80; I 41
Expulsa, E 494
Expuncta, E 482
Expurgat, E 462
Exquirenti, R 172
Exquisite, E 471
Exquisitio, R 176
Exquisitor, C 675
Exsequenda, O 9
Exsequias, E 423
Exsequor, F 399
Exsoluo, E 441
Exsolutio, F 401
Exsolutus, E 442
Exsortem, E 516
Exstant, E 557
Exstat, E 383
Exstirpat, E 431
Exsumtuauit, E 478
Exsurgaut, E 185
Exsurgit, E 152
Exta, E 439, 465
Extabescit, E 438
Extale, E 419
Extare, E 403
Extaseos, E 402
Extempus, E 481
Extendere, P 833
Extendit, E 415
Extensis, P 53
Extenso, P 768
Extenta, A 159; D 203
Extento, P 792
Extenus, E 476
Exterior, E 562
Exterminat, E 431
Exterminatur, D 316
Externus, E 424
Extimat, E 521
Extimplo, E 429
Extincti, E 363
Extinctis, E 528
Extinctus, E 450
Extinguit, S 414
Extipices, E 481
Extollat, E 426
Extollendum, A 260
Extollere, E 60
Extollunt, E 21, 67, 228
Extorqueretur, E 117
Extorres, E 515
Extorsit, E 544
Extra, A 552, 612; D 111; E 496; I 318
Extraneus, E 424
Extrema, T 83
Extremi, A 626; N 30
Extremus, E 476, 481, 483
Extrimi, M 240
Extrimitas, P 435
Extrinsecus, E 371
Extulit, E 501
Exuberat, E 454, 498
Exubiae, E 524
Exugia, E 543
Exugiae, E 525
Exuiit, S 371
Exul, E 496
Exulcerat, E 436
Exules, E 545
Exultantes, T 262
Exultare, T 241
Exultaret, R 63
Exultate, T 115
Exulterius, C 415
Exumbres, A 838
Exundans, E 560
Exundant, B 221
Exundat, E 498
Exundauit, E 374
Exutas, E 495
Ezechihel, Int. 116
Ezodo, D 59; P 838

Fabari, F 109
Fabor, F 7
Faborum, C 334
Fabrae, F 9
Fabrica, M 141
Fabricaut, E 385
Fabricat, C 924
Fabrile, F 110
Fabrorum, P 501
Fabrum, F 15
Facendat, F 80
Facere, C 402; D 196; F 17, 98; N 30; P 325
Faces, I 181; L 53, 228
Facessit, F 98, 100, 112
Facetiae, F 65
Facetias, F 54
Facetior, F 62
Facetus, F 35, 63
Facia, S 510
Facias, Int. 132; F 408
Faciat, F 224
Faciens, F 52; M 105; S 109
Facient, I 56
Faciente, A 406
Facies, Int. 131; O 101
Facile, T 130
Facilius, C 500
Facinus, F 56
Facio, F 53
Facis, B 81
Facit, A 170, 290, 451; C 54, 424; D 103; E 288; F 39, 98; G 59; M 345; P 86, 479; U 26, 200
Facitat, F 39
Facitia, F 3
Facitur, T 144
Faciunt, A 823; C 363; P 870; T 248, 357
Facta, L 20, 79; N 123; P 154; T 271
Factio, F 50
Factione, F 96
Factiosus, F 47, 52
Factitare, F 17
Factiunculus, F 96
Factor, M 134, 179
Factum, A 442; F 233; G 27
Factus, D 305; H 55; I 157; M 93; P 35
Facula, F 2; H 29
Facultam, O 196
Facultas, C 950; F 33
Facultates, B 177
Facundus, O 251
Facuntia, F 36
Faecce, F 135
Faestum, F 43
Faex, F 379; M 340
Fafonio, A 360
Fagolidori, F 30
Fagus, F 14
Falangarius, F 61
Falanx, F 91
Falaria, F 69
Falarica, F 66, 67
Falc, F 10
Falcarius, F 79
Falcastrum, F 48
Falcatis, F 29
Falcem, F 79
Falcis, F 32
Falcones, F 51
Falerata, F 113
Falere, F 88
Fallace, P 221
Fallacia, P 731, 734
Fallaciis, I 162
Fallaux, L 321
Fallax, F 47; N 94; P 192
Fallor, N 115, 129
Falsa, P 835
Falsiloquax, F 44
Falsis, P 475
Falsus, S 622

Fama, O 203
Famam, E 127
Famfaluca, F 25, 37
Famidicus, F 77
Familiae, N 159
Familiaris, F 103, 106
Familiaritas, F 105
Familicus, F 10
Familię, F 106
Famis, I 267; S 106
Famosissimo, A 956
Fanatici, F 38
Fanaticus, F 78
Fanda, F 81
Fandi, C 950
Faniticus, F 76
Fano, F 34
Fanogoria, F 31
Fantasia, A 660; F 89
Fanuhel, Int. 131
Fanum, F 74; L 63
Faonius, F 49
Far, F 87
Faragem, F 83
Farao, Int. 130
Farao [for farris], A 243
Farect, F 57
Farciretur, F 31
Farcit, F 75
Farcum, F 101
Faregem, p. 54, note 2
Farelas, F 111
Faretro, I 467
Fari, F 18
Faria, F 24
Farina, S 345
Farinam, C 425
Fariolus, F 58
Farius, F 99
Farizaci, Int. 131
Farma (for farina), O 131
Farra, F 86
Farrice, F 95
Farrugo, F 93
Farsa, F 102
Farus, F 114
Fas, C 569; F 27, 71
Fasces, A 229; F 11, 13, 107; T 113
Fasciarum, F 26
Fascias, F 23
Fascimen, F 85
Fascinatio, F 4
Fascinus, F 84
Fascellum, F 73
Fasianus, F 22
Fastidiosus, M 254
Fastidium, F 19
Fastigasti, F 90
Fastigium, F 28
Fastis, F 20
Fastu, F 108
Fastus, F 16, 59
Fasus, F 64, 68, 70, 72
Fate, p. 54, note 2
Fatescit, F 46
Fatescunt, F 21, 45
Fatetum, F 83; p. 54, note 2
Fatetur, I 382
Fatidicus, F 8
Fatigata, E 69
Fatiget, D 51
Fatis, A 105
Fatitur, F 82
Fator, F 5
Fatorum, A 105
Fatuit, E 7
Fatum, G 79
Fatur, F 41
Fauae, F 343
Fauces, F 12
Faucis, H 105
Faue, A 619
Faueat, F 42
Fauentibus, C 709
Fauere, F 94
Fauet, P 443; S 625
Fauillis, F 155
Fauis, F 109
Fauisor, F 60
Fauit, A 785
Fauo, F 104
Fauor, F 1; P 444
Fauores, P 445
Faustum, F 43, 92
Faustus, B 175; F 6
Fautor, F 60
Fautores, F 97
Fax, F 2
Faxat, F 53
Faxo, F 53
Fece, F 143
Fecit, U 57
Feculentus, F 143
Fecundus, F 147
Fedus, C 563
Fefellit, F 127, 137, 364
Fel, B 103
Felicitas, F 119
Felix, F 131, 288
Fellis, M 133
Fellitare, p. 55, note 3
Fellitat, F 141
Fellus, F 148
Feloces, C 312
Felocitas, P 263
Felox, I 5
Femella, F 146
Femina, F 140, 146; H 64; P 502; U 141, 154, 166
Feminarum, P 705
Feminas, D 172
Femini, E 263
Feminini, S 462
Feminino, L 214
Feminis, P 754; S 503
Feminum, M 158
Femora, F 140
Fenerator, D 11
Fenes[trae], L 27
Fenicium, F 122
Fenum, F 150
Fenus, F 128, 133
Fera, A 382
Ferae, F 117
Ferali, F 145
Feralia, F 141
Ferarum, L 314; R 187
Ferculum, F 118
Fere, F 119; H 46
Ferens, F 79; O 176
Feretrius, F 142
Feretrum, F 124; L 226
Feriae, F 121
Feriatus, F 125, 126
Ferinum, F 120
Fe[r]ire, G 172
Ferit, P 320
Feriunt, P 864
Ferme, C 390; F 123
Fero, F 151
Ferox, E 80; F 117; U 137
Ferramenta, L 65
Ferratae, T 303
Ferreae, A 298
Ferrei, P 259
Ferreis, I 85
Ferri, A 117; F 151; T 278
Ferro, A 245
Ferrugine, F 153
Ferruginem, F 154
Ferrugineus, G 191
Ferrugo, F 139
Ferrum, Int. 100; C 92, 145, 369; H 16; M 96; S 121, 633; U 255
Fert, F 124
Fertile, A 521
Fertilis, F 112
Feruentissime, C 713
Feruet, B 216
Ferugiuius, F 115
Feruidae, L 12
Feruidus, F 132
Feruit, I 184
Ferula, Int. 135; F 138
Ferum, A 395
Ferunt, L 228
Feruntur, C 165
Ferus, T 133
Fespa, F 136
Fessat, F 116

Festi, P 167
Festinantes, A 739; F 226
Festinantibus, I 69
Festinat, P 722
Festinatio, F 55
Festinaui, S 5
Festinauimus, M 113
Festinus, C 431
Festus, C 164; F 131; L 140
Feta, Int. 133
Fetialis, F 152
Fetibus, O 249
Fex, A 540
Fiber, F 157
Fibra, F 164
Fibrae, F 169
Fibrans, F 178
Fibras, F 175
Fibula, A 559; F 170
Ficetula, F 176
Fictilia, C 18; L 41
Fictis, F 203
Fictum, F 44, 188
Fictus, F 312; S 313
Fida, F 163
Fide, A 692; I 271; M 188; U 40
Fidei, A 616 (bis)
Fideinsores, P 663, 717
Fideiussor, U 41
Fideinssores, U 17
Fidelis, Int. 39
Fidem, P 368
Fidibus, F 180, 197
Fidicen, F 180
Fidicula, F 198
Fidiculae, F 181, 184, 195
Fidius, see Mediusfidius
Fiducearius, F 199
Fiduciam, L 245
Fidus, F 194
Figite, F 208
Figlina, F 196
Figmenta, F 174
Figulina, F 196
Figura, C 68; F 182; S 120, 441, 545; T 146
Figurae, L 196
Figuralis, A 413
Figuratum, P 588
Fiius, P 574
Fila, L 195; N 82
Filacteria, F 209
Filargiria, F 211
Filia, I 273; L 149; P 574; S 392
Filiaster, F 210
Filii, F 185; L 205
Filiis, P 362
Filiorum, P 491
Filios, O 257
Filis, F 197; L 156
Filius, p. 1; Int. 41, 45, 48, 270; C 857; F 130, 185; G 136; M 31; S 392, 430, 620
Filix, F 165
Filologos, F 160
Filomella, F 190
Filoxenia, F 159
Filoxsenia, F 156
Filtra, F 189
Filum, F 172
Fimum, F 202
Findunt, N 162
Fine, Int. 75
Finem, C 4; I 246
Fines, M 137; O 243
Finetum, N 155
Finiat, T 94
Finibus, A 357; T 231
Finicia, F 173
Finiculus, F 186
Finis, C 3; L 201, 238; M 127; T 53
Finit, S 384
Finitimos, F 200
Finitum, P 84
Finitus, C 649, 720
Finix, F 155
Fiola, P 160
Fiolae, S 199
Fioli, F 177
Firator, F 179
Firma, S 410
Firmator, A 233
Firmis, I 339
Firmitatem, B 177
Firmus, R 21
Fiscalis, F 201
Fiscella, F 191
Fiscellum, F 204
Fiscilla, F 162
Fiscillis, F 171
Fiscillus, F 166
Fiscina, C 582
Fiscinum, F 205, 207
Fiscium, F 168
Fisco, F 161, 183
Fiscos, F 158
Fiscus, C 888
Fisica, F 167
Fistulis, F 206
Fistum, F 187
Fisus, F 193
Fit, B 94, 159; C 319; D 119; I 88; S 351; U 178
Fitigalis, F 192
Fiunt, G 187
Fixi, D 59
Flaba, A 605
Flabanus, F 218
Flabra, F 231
Flabris, F 253
Flabum, F 219
Flabus, F 249
Flaccidum, F 215
Flacentia, F 217
Flagitata, F 229
Flagitium, F 233
Flagius, F 246
Flagrans, F 254
Flagrantes, F 226
Flagrat, C 817; F 329
Flagratione, F 220
Flagris, F 222, 247
Flaminibus, F 221
Flamma, F 228; I 102
Flammica, F 237
Flammicus, F 239
Flammigena, F 245
Flammis, F 245
Flarantius, F 223
Flat, E 335; F 241
Flatu, B 31
Flatus, F 231
Flauellum, F 248
Flauescit, F 252
Flauum, F 214, 436
Flebotoma, F 255
Flecta, C 891; G 174
Flectere, p. 38, note 4
Flectitur, I 381, 392
Flegmata, F 216
Fleuerat, L 329
Flexio, D 37
Flexum, P 49
Flexuosus, F 232
Floccus, F 235
Floralis, F 243
Florea, F 244
Florentes, Z 4
Floret, M 177
Floribus, F 213
Floris, B 192; C 116; F 251; G 40
Florum, B 88; F 244
Fluctuans, F 234
Fluctuat, E 459; F 238, 250
Fluctus, A 153; E 305
Fluemina, F 236
Fluens, Int. 341; E 560; F 213
Fluentia, M 79
Fluit, F 225; L 203
Flumen, F 242, 420
Fluminibus, F 240
Fluminis, G 178; S 560
Fluminum, O 282
Flummonium, F 240
Flustra, F 212; U 279
Flutas, F 213
Fluuiorum, C 959

Fluuium, E 296
Fluuius, A 116, 760; E 9; F 70; H 124; S 108, 482; T 224
Fluxerunt, F 230
Fluxit, F 224
Fluxum, F 227
Focaria, P 313
Focilat, F 278
Focularibus, F 280
Foculentur, F 294
Focum, A 768
Foederatas, F 271
Foederatus, F 131, 290
Foedere, F 291
Foederum, P 30
Foedum, I 370
Foedus, F 266
Foenus, F 129
Foeta, P 516
Foeton, F 130
Foetor, N 114
Foetore, A 712
Foetorem, A 712
Fogo, F 269
Folia, C 32; H 129
Foliatum, F 276
Foliis, R 253
Follebubulum, C 956
Follem, I 224
Folles, P 501
Follescit, F 270
Folligantes, F 287
Follis, F 305
Fomenta, F 284; S 612
Fomenti, M 2
Fomes, F 262, 295; H 5
Fomis, F 292
Fons, F 345
Fonte, R 115
Foragem, p. 54, note 2
Forago, C 370
Foramen, C 922
Foramina, C 334
Foramine, p. 99, note 2
Foras, E 44; F 293
Foratorium, Int. 137
Forax, C 547
Forbos, F 297
Forceps, F 286
Forcifer, F 275
Fordas, F 274
Fore, F 283
Foret, F 281
Forfex, F 279
Forfices, F 263
Fori, C 806
Forica, F 301
Forinsis, F 299
Forire, F 302
Foris, E 44
Forma, F 191, 307; I 342; T 165
Formacopula, F 296
Formas, F 272
Format, E 55
Formaticus, F 307
Formatus, P 862
Formicaleo, M 379
Formicarum, M 379
Formidat, T 132
Formido, F 277
Formidolosa, T 117
Formonsum, L 109, 266
Formosus, U 124
Fornacula, F 289
Fornaculum, F 306
Fornax, C 56, 459
Fornicaria, I 143; P 690
Fornicem, F 273
Fornices, F 260
Fornis, F 304
Foro, F 299
Fors, F 285
Forsan, F 259
Forsitan, F 259, 282; P 535; U 300
Fortem, R 237
Fortes, A 70; U 100
Fortex, F 300
Fortio, A 133
Fortioribus, P 469
Fortis, Int. 336; B 114; E 561; G 138; H 42, 54; N 25; S 502; U 80
Fortissima, U 154
Fortissimus, S 532; U 220
Fortitudinis, p. 1; Int. 13
Fortitudo, Int. 116, 138, 234; H 21; O 294
Fortium (for fontium), N 20
Fortuitum, F 258, 265
Fortuna, F 149, 256, 396
Fortunam, L 68
Fortunatus, F 288
Fortunum, F 265
Forum, F 268, 303
Fosa, C 490
Fosforus, F 298
Fossae, S 171
Fossarius, U 88
Fossatum, I 366; L 269
Fotum, B 159
Fotus, F 261
Fouet, F 257, 264, 267
Fractior, F 362
Fraga, F 326
Fragile, F 321
Fragor, F 348
Framea, A 830; F 344, 359
Frangat, M 297; N 34
Frangent, P 481
Frasi, F 311
Frasin, F 323
Frasis, F 335
Frater, Int. 40; A 955; L 307
Fratria, F 357
Fratris, F 357; L 149
Fratuelis, F 318, 319, 320
Fraudare, M 6
Fraude, F 127
Fraudem, D 103; P 271
Fraudor, P 762
Fraudulenta, S 421
Fraudulenter, F 356
Fraus, C 888; D 219; F 158
Fraxinus, F 327
Fregit, F 346
Frena, P 138
Frenae, O 259
Freuat, F 328
Frendat, F 334, 341
Frendet, F 332
Freniticus, F 330
Frequens, C 316; D 108
Frequentant, A 916
Frequentat, C 327
Frequenter, D 322, 372; F 39, 98; I 443; L 97; M 205; P 367; Q 8, 33; S 145; U 21
Frequenti, E 69
Frequentia, C 430; F 316
Fretum, F 336
Fretus, F 308, 310, 347
Friabat, F 346
Friat, M 350
Fribolum, F 321, 340
Fribula, F 322
Frigas, C 63
Frigat, F 309
Friget, F 313
Frigia, C 25
Frigidum, G 57
Frigidus, A 449
Friginm, T 162
Frigore, F 355; P 243; R 197
Frigorem, A 161
Frigoriosus, A 458
Frigos, A 423
Friguit, A 474
Frigula, F 363
Frigus, I 234
Fringella, F 331
Friuola, F 360
Friuolus, F 312
Frixi, F 343
Frixoria, F 361
Frixum, F 325
Frondet, C 641
Frondosum, N 68
Frons, O 246

Fronte, P 240
Frontuosus, F 358
Fronulus, F 314
Fructices, S 561
Fructificatio, E 77
Fructuosus, F 147
Fructurus, F 353
Fructus, H 129; M 18
Frugalis, F 317, 333
Frugalitas, P 114
Frugalitatem, F 315
Frugi, F 93, 354; S 103
Frugifer, Int. 97, 114
Frugum, I 91; S 629
Frugus, F 324
Fruitur, N 29
Fruiturus, F 353
Frumenta, F 350
Frumenti, A 243; F 87
Frumentum, F 351
Frumine, F 351
Fruniscautur, F 349
Frunitę, F 366
Fruor, P 484
Frusta, F 338
Frustatur, F 337
Frustratus, F 364
Frutectum, F 339, 342
Frutex, C 287; H 111
Frutice, F 352
Frutina, F 365
Fruuntur, F 349
Fuas, F 408
Fucat, A 648
Fucata, F 425
Fucatum, F 188
Fucinus, F 420
Fucus, F 379
Fudit, F 391, 406
Fuert, A 70
Fuga, T 50
Fugiens, F 410
Fugitifarius, F 410
Fugitiuus, F 367
Fuisset, F 281
Fuit, N 168; R 127
Fulcimenta, F 400
Fulcire, F 95
Fulcra, F 389
Fulgatores, F 421
Fulgentia, B 139
Fulgetum, F 409
Fulgine, F 427
Fulgor, F 409
Fulgurans, Int. 46
Fulice, F 397
Fulmine, A 403
Fultare, F 416
Fultum, E 154; F 398
Fultus, F 392
Fulunm, F 214, 435
Fuma, F 417
Funalia, F 377, 419, 426
Functio, F 393, 401
Functoria, F 415
Functus, F 380, 402
Funda, F 385, 422
Fundat, F 390
Fundi, F 375
Fundit, L 192
Fuudo, F 439
Fundus, Int. 136; F 376, 411
Funebraticius, F 423
Funebre, F 394; N 54
Funem, C 184
Funera, F 437
Funeratus, F 368
Funere, F 395
Funes, C 346; R 232
Funesta, F 438
Funestare, F 405
Funestauere, F 387
Funestissima, F 388
Funestus, F 395
Fungitur, F 432
Fungor, F 399
Fungus, F 384
Funiculum, F 412
Funix, F 382
Funus, F 421, 428, 433
Fur, C 444
Furatus, P 245
Furbum, F 374
Furca, F 372
Furcifer, F 373
Furcimen, F 371
Furcit, F 369
Furent, S 674
Furente, S 294
Furentibus, F 431
Furfures, F 386
Furia, E 283; F 434
Furibundus, F 429
Furie, E 353
Furiosus, A 19; L 231
Furit, B 12
Furta, I 107
Furtiuę, F 396
Furtum, P 339
Furum, L 70
Furunculus, T 3
Furuncus, F 383
Fusa, F 407
Fusarius, F 381
Fusca, P 530
Fuscinula, F 370
Fuscum, A 714; R 224
Fustarius, F 414
Fustatus, F 413
Fustes, M 182; T 303
Fustibus, F 413
Fusum, F 378, 430
Fusus, F 440
Futat, F 418
Futile, F 403, 404
Futura, F 38; P 490
Futurus, A 366

Gabalacrum, G 33
Gabar, C 190
Gabarnas, G 17
Gabea, G 29
Gabrihel, Int. 138
Gabulum, G 9
Gacila, Int. 146
Gaeometrica, G 1
Galaad, G 12
Galea, G 19
Galeae, C 17, 822
Galearia, L 222
Galeatus, C 918
Galeras, G 11
Galilaei, Int. 141
Galla, G 7
Gallacia, T 59
Galli, B 73, 83
Gallia, A 254
Gallicum, B 73, 83
Gallis, A 254
Gallorum, G 37
Gallus, G 191
Galmaria, G 18
Galmilla, G 22
Galmulum, G 21
Galmum, G 20
Gamus, G 26
Gane, G 24
Ganea, G 5
Ganeo, G 8
Gannatura, G 6
Ganniret, G 2
Garbas, G 15
Gargarizet, G 3
Garilum, G 27
Garret, G 25
Garriens, S 418
Garrit, G 4, 13; N 89
Garro, G 10
Garrulitas, G 31
Garrulus, G 10, 34; Q 35
Garula, G 14
Garus, G 32
Gastrimargia, G 28
Gat, Int. 144
Gaude, E 327; M 117
Gaudentes, O 292; P 63
Gaudere, G 78
Gaudet, A 933
Gaudium, T 257
Gauisi, G 66
Gauli, G 30
Gaza, G 16

Gazofsilacio, P 55
Gebellicum, F 201
Gedeon, Int. 140
Gehenna, Int. 145
Gehennon, Int. 145
Gelidum, G 57
Gelum, G 69
Gemellus, Int. 142
Geminae, B 82
Geminatus, G 71
Gemini, A 318
Gemitus, Int. 326; G 71
Gemma, A 442; D 365; O 171
Gemmae, H 78; I 3; S 91
Gemmasium, G 47
Gemnasia, G 71
Genas, G 63
Genealogia, G 35
Genelogia, T 137
Geneo, G 23
Gener, G 86
Genera, B 88; F 181
Generatio, G 35, 82; P 390
Generationem, P 775
Generator, G 60
Genere, L 214; N 137, 159, 171
Generibus, B 106
Generis, S 461
Generositas, G 81
Generosus, G 42
Genesis, Int. 52; G 72, 79
Genetrix, C 869
Genialis, G 50, 80
Genibus, P 344; U 32
Genice, Int. 143
Genimina, G 82
Geniminae, G 77
Denisculus, G 55
Genista, G 52
Genitalis, G 59
Genitiua, G 61
Genitiuum, N 42
Genitiuus, Int. 143, 238; G 61
Genitor, G 60; P 664
Genitura, C 769
Genitus, I 108
Genium, G 38
Gennomae, G 75
Gens, B 131; E 295, 331
Gente, G 53, 68
Gentes, C 982
Genthliatici, G 56
Gentiles, E 317; G 56
Gentilium, S 422
Gentis, S 92
Gentium, Int. 8
Genu, G 67
Genua, G 67
Genuino, G 62
Genuinum, G 76
Genuit, E 216; P 742
Genus, A 104, 184, 243, 245, 342, 515, 544, 686, 752, 854; B 82, 190; C 25, 51, 86, 116, 191, 376, 844, 928, 980; D 292, 357; E 125, 130, 255; F 73, 87, 93, 372, 397; G 30, 135; H 25, 52, 74; I 266, 525; L 134, 309; M 2, 58, 120, 158, 171, 209, 221, 312; N 28, 140, 161; O 153, 169, 173, 248, 288; P 7, 17, 81, 146, 156, 252, 354, 514, 547, 558, 674; R 111, 259; S 103, 151, 195, 334, 354, 360, 363, 369, 539; T 249, 276, 278; p. 87, note 1
Genusia, G 64
Geometra, G 39
Geometricus, G 40
Gere, G 83
Gerens, F 402
Gerit, C 171
Geritur, D 375; G 84
Germen, Int. 229; G 49; S 219
Germinat, P 856
Gerula, G 46
Gerulus, G 73
Gesa, G 37
Gescire, G 78
Geserat, G 58
Gesiae, G 70
Gestamen, G 36
Gestant, P 260
Gestat, G 85
Gestatio, G 43
Gestatus, G 44
Gestibus, N 177
Gestit, G 65
Gestitis, G 66
Gestorum, A 81
Gestu, N 185
Gestum, G 45
Gestus, G 41, 54
Gesum, G 48
Geth, G 51
Geumatrix, G 87
Gibra, G 96
Gigans, C 414; G 90
Gigantes, T 93
Gigantomacie, G 98
Gigantum, G 98
Gigneccum, G 97
Gignendarum, G 38
Gignentia, O 45
Gignit, S 30
Gignitur, G 95
Gilbus, G 99
Gillus, G 91
Giluus, G 88, 94
Gingria, G 100
Gippus, G 93
Gipsus, G 92
Girum, L 159
Girus, C 388, 417, 421
Git, G 89
Glaber, G 109
Gladia, A 154
Gladiator, P 872; S 335
Gladiatores, G 120; L 18
Gladiatorum, L 14
Gladiaturae, Glatiaturae, A 349
Gladii, A 106 (bis), 118; F 66; M 310
Gladiolum, A 598; G 113
Gladius, F 61; M 222; R 229
Gladonamur, G 130
Glandes, G 101; I 509
Glandi, H 129
Glandula, G 118
Glans, G 101
Glarea, G 111
Glatiaturae, see Glad-
Glauco, G 125
Glaucoma, G 108
Glaucum, F 436; G 117
Glaucus, C 233
Glaunis, P 847
Gleba, G 103
Glebo, G 119
Glebra, G 122
Glebulum, Int. 147
Glescit, G 123
Glis, G 104
Gliscit, G 124
Glitilia, G 114
Globat, G 107
Globosus, G 126
Globus, G 105, 106, 110, 132
Glomer, G 115
Glomerat, G 127
Glomoramur, G 131
Gloria, Int. 66; C 275
Gloriae, H 150
Glorificans, Int. 159
Glorificat, I 281
Gloriosi, O 227
Gloriosus, Int. 31
Glos, G 129
Glosa, p. 9 (heading); G 128, 134
Glosema, G 121
Glumula, G 112
Glus, G 116
Gluten, G 133
Glutinum, G 102

Glutto, A 242
Gnarus, G 137
Gnatus, G 136
Gnauus, G 138
Gnomen, G 135
Gnossea, G 139
Gomer, G 140
Goridus, G 141
Gotholia, Int. 139
Grabatus, A 820
Graciles, C 880, 916
Gracili, P 171
Gracilis, E 367; G 155
Gradatio, C 470
Gradus, A 25
Graffinm, G 169
Grallus, G 154
Gralorum, G 175
Gramen, G 151
Gramina, G 152, 163
Grammatica, G 144
Grana, C 386; T 186, 357
Grandea, S 155
Grandes, A 556; C 400
Grandeuus, P 766
Grandis, G 145
Grassare, G 172
Grassator, G 153
Gratat, G 168
Gratator, G 167
Grates, G 170
Gratia, Int. 118, 166; P 823; U 71, 91, 149
Gratiam, G 147
Gratiarum, E 341
Graticium, G 174; p. 38, note 4
Gratificatur, G 147
Gratiosior, F 62
Gratis, G 146, 165
Gratuita, Int. 145
Gratuitum, G 146
Gratulat, G 168
Gratulator, G 167
Gratus, G 80
Grauata, S 212
Grauatus, A 749; M 53; O 172
Grauis, C 565; G 164; P 352; Q 7, 29
Grauit, C 387
Grauiter, M 320
Grecam, A 803
Grece, p. 1; A 296, 306; C 272, 697; L 257
Greci, A 860; D 8
Greciae, E 106
Greco, M 183
Grecorum, G 175
Grecum, G 97
Grecus, A 122
Greditur, G 160
Gregalis, G 159
Gregariorum, G 157
Gregarium, G 148
Gregatim, G 158
Gregis, U 70
Gremen, G 149
Gremius, G 166
Gressit, G 171
Gressus, G 156; T 243
Grex, G 150
Grillus, G 143
Gripem, G 142
Gros, G 161
Grossior, F 287
Grossitum, D 292
Grossus, B 2
Gruis, G 162
Grunnire, G 173
Grus, G 162
Gubernaculi, C 485
Gubernat, D 136
Gubernatio, D 261; R 104
Gula, G 28; I 385
Gulae, S 661
Gulosus, G 23; H 72
Gumnaside, G 179
Gunna, G 185
Gurges, G 178
Gurgite, T 296
Gurgulio, G 180, 184
Gurgustia, G 187
Gurgustiore, G 182
Gurgustium, G 176, 177, 181, 183
Guttit, G 186
Guttoris, C 889
Gyllonem, B 27
Gymnasia, G 190, 193
Gymnasis, G 188
Gymnicus, G 192
Gymnos, G 189

Habeat, G 38
Habenis, H 37
Habens, A 872; B 104; C 407; D 10, 367; E 233; L 29; P 481, 787, 858; S 39, 291; T 103
Habent, A 168; B 177; C 844; E 245; H 140; P 481; S 66
Habentibus, A 485
Habet, A 499, 598; B 16, 107; C 364, 704, 753, 886, 947, 977; D 292; E 246, 483; H 49; S 82, 378, 466; T 221
Habetus, E 541
Habia, H 6
Habile, H 38
Habiloes, H 11
Habitaculum, Int. 336
Habitans, B 209
Habitaut, L 283
Habitat, H 50
Habitatio, L 143; R 103
Habitauit, I 118
Habitudines, H 14
Habitudo, H 21
Habitum, G 45, 146; H 17
Habitus, H 109
Habundans, A 335; D 321; L 265; O 181
Habundant, A 363
Habundanter, A 213, 367
Habundantiam, I 91; S 629
Habundantissimum, R 157
Habundat, E 451; M 267
Habunde, A 361; L 86
Habyssum, H 25
Hac, D 383; P 196, 237
Hacrore, A 68
Haec, C 77; H 2 (bis), 5, 7, 29
Haeiolat, H 9
Halantes, H 28
Halas, A 485
Halat, H 27
Halibs, H 16
Hamatum, H 26
Hanc, Int. 145
Harena, H 40
Harenae, H 22
Hareolus, H 13, 15
Harinulces, H 18
Harubdis, H 19
Harundo, H 1, 20
Haruspex, H 41
Hasta, P 392, 416; T 211, 353
Hastae, C 940; G 37; S 48
Hastilia, H 8
Haue, H 12
Haurio, H 32
Haurit, H 39
Hausae, H 24
Hause, H 23
Hauserit, H 36
Hausissent, H 10
Hausta, H 30
Haustum, H 31, 35
Haut, H 3, 4, 33, 34
Hebenum, H 52
Hebescebat, H 55
Hebesceret, H 57
Hebetat, H 89
Hebetos, H 60
Hebitabit, H 58
Hebitatus, H 56
Hebitiores, H 81
Heia, H 73

Hel, Int. 152
Heliacus, H 66
Helice, H 77
Helidres, H 111
Helleborus, H 86
Helluo, H 61, 72
Helson, H 76
Heluo, H 47
Helus, H 79
Hemorres, H 74
Hera, H 59
Herba, B 95; C 964; D 368; G 152; S 39
Herbae, D 368; M 312, 313
Herbę, A 104
Herbis, L 137; N 49
Herbum, H 63
Herculaneus, H 81
Hercule, H 46
Herculus, H 54
Hereditas, C 440; H 70
Hereditatis, E 486
Heredium, H 80
Hereon, H 71
Herescarum, Y 6
Hereses, T 13
Heresis, H 69; S 210
Heretici, I 16
Hereticorum, C 25
Hereticus, E 295
Hereum, H 45
Heri, P 789
Heribefonticon, H 67
Heries, H 44
Herinis, H 87
Herma, H 82
Hermafroditus, H 64, 88
Hermafrodus, H 53
Hermon, H 65
Hero, H 70
Herodius, H 83
Heroicometron, Int. 151
Heronalacah, H 68
Herrę, H 62
Hersutum, H 85
Herugo, H 75
Herumna, H 48
Herus, H 42
Hesperias, H 43
Heuotropeum, H 78
Heus, H 51
Hiadas, H 104
Hiameo, H 98
Hiantes, H 112, 122
Hiatos, H 100
Hiberna, H 94
Hibernus, H 93
Hibiscum, H 101
Hic, H 97, 107, 111; I 14, 492; S 564
Hicine, H 127
Hiemant, H 94
Hiemen, H 117
Hieremeas, Int. 149
Hieronia, H 120
Hierusalem, Int. 145, 148
Hiis, E 261
Hilarior, F 62
Hilaris, F 251
Hilarus, C 768
Hilicus, H 129
Himeneos, H 113
Himosus, H 109
Hinc, C 754; H 115; S 551
Hincire, H 115
Hinnitus, H 126
Hipocrisin, H 92
Hircus, A 551; T 168
Hirobi, H 121
Hironiam, P 239
Hirribile, H 118
Hirsi, H 103
Hirsuti, H 103
Hirsutus, H 91
Hirtus, H 123
Hirundo, H 106
Hiscire, H 110
Hiscit, H 102
Hiscitur, H 99
Hispani, C 274
Hispida, H 90
Hispidum, Int. 93
Hispidus, H 91
Hissciro, H 116
Hister, H 124
Historias, H 119
Historicus, H 119
Histrio, A 870
Histriones, H 95
Histrionum, M 212
Histrix, H 108
Hiulca, H 96
Hiulcas, H 105
Hiulcum, H 125
Hoc, H 132, 152; I 17, 18; L 269; M 15
Hoc est, C 977; O 271
Hoctatus, H 141
Holeris, F 73; I 266
Holet, H 27
Holido, H 146
Holioglapha, H 139
Holitor, H 151
Holocaustum, Int. 150; H 138
Holor, H 134
Holus, H 63; L 46; S 336
Homicidia, C 343
Homicidium, C 54
Hominem, D 292
Homines, C 495, 804; E 162; R 163
Hominibus, P 417
Hominis, A 822; B 209; S 273
Hominum, A 821; C 376; D 170; F 174; S 74
Homo, A 56, 611; C 407, 979; D 292, 367; E 269; G 80 (bis); P 450; p. 92, note 1
Homulis, H 149
Hommucio, H 149
Honera, S 66
Honeraria, H 147
Honesta, L 5
Honor, D 325; F 240
Honorat, A 370; E 426
Honore, I 435; N 165; R 163
Honorem, C 217
Honores, C 647; P 810
Honorificus, M 347
Hora, H 136
Horam, P 281
Horę, C 477
Horno, H 137, 142
Horomatis, H 131
Horrenda, T 218
Horreum, A 662
Horribile, M 222
Horridus, R 85
Hortator, A 308, 381
Hortulanus, H 151
Hortus, C 964
Horus, H 150
Hos, H 135
Hosce, H 133
Hoscine, H 135
Hospitalitas, F 159
Hospitia, T 200
Hospitium, T 319
Hostia, A 387; H 140, 143
Hostiae, H 148
Hostiarii, A 325; E 42
Hostiarum, E 469
Hostibus, T 271; U 178
Hostimentum, H 145
Hostire, H 144
Hostis, P 288
Hostispicis, H 128
Hostium, M 74
Hrema, H 153
Huc, C 418
Huius, S 544; T 209
Huiuscemodi, H 158
Humanis, S 620
Humanitas, L 173
Humant, U 88
Humanus, P 738
Humase, H 159
Humatum, H 157
Humatus, H 156

Humeri, S 331
Humeris, T 226
Humida, M 84
Humidum, M 52; R 200
Humilia, U 56
Humiliatus, D 139
Humilis, E 440; G 176; S 693
Humor, A 149; U 236
Humorem, S 30
Humores, C 875
Humum, H 160; S 81
Humus, L 197
Hunc, H 155
Hunceiue, H 155
Hunciue, H 161
Huscide, H 154
Hyadas, H 162
Hyalinum, H 163
Hydropicus, I 345
Hydrops, I 346
Hymeneos, H 164
Hymnus, H 165
Hyna, H 130
Hynç, H 166

Iacca, I 4
Iacintini, A 356
Iacintinis, P 561
Iacit, I 7
Iacob, Int. 158
Iacobi, Int. 223
Iactant, C 574
Iactantiae, P 389
Iactare, I 4
Iactatus, I 11
Iacturas, I 6
Iactus, I 11
Iacula, B 139
Iacularis, P 361; p. 92, note 4
Iaculum, G 48; I 8
Iafeth, Int. 153
Iair, Int. 154
Iam, I 2; L 269
Iambri, Int. 181
Ianitor, A 871
Ianua, P 500
Ianus, F 179
Iapix, I 5
Iaram, I 10
Iasitrosin, I 1
Iaspis, I 3
Iaspix, I 9
Iatha, Int. 175
Ibe, M 265
Ibi, B 117
Ibicea, I 12
Icist, I 14
Iconisma, I 13
Ictum, M 242
Ictus, I 15
Id, I 18; L 27; T 31
Id est, p. 1 (bis); Int. 223 (bis); A 25, 51, 158, 165, 290, 296, 593, 821; B 60; C 185, 642, 676, 879, 971; D 12, 83, 292; E 216, 511; F 98, 154; H 64; L 93; M 71, 203, 321; N 56; P 30; T 185, 357; U 51, 267
Ideas, P 466
Idem, Int. 223; G 60; I 17, 22; N 116; T 9; p. 82, note 2
Identidem, I 26
Idi, I 16
Idicon, I 20
Idida, Int. 301
Idioma, I 19
Idiota, I 21
Iditun, I 23
Idoli, Int. 279
Idolis, P 162
Idolorum, D 201
Idolum, D 4
Idoneus, I 25; S 80, 95
Idonius, A 223
Idumea, I 24
Iechonias, Int. 179
Iecit, I 41
Iectato, E 370
Iemini, F 185
Icortasticai, I 40
Iepte, Int. 168
Ierion, I 43
Ieroboam, Int. 180
Iesue, Int. 165
Iesus, Int. 167
Ieu, Int. 182
Iezrahel, I 42
Igitur, I 28
Ignarium, I 35
Ignarus, I 21, 33; T 164
Ignauus, D 326; I 31, 36
Ignea, I 29; S 495
Ignem, L 61
Igneus, R 109
Ignibus, F 280; S 47, 73
Ignis, Int. 124, 330; C 77; E 298; H 5; L 48; M 326; U 62, 96
Igni sacrum, I 27
Ignita, I 29
Ignitę, T 141
Ignitior, I 38
Ignobilis, D 93; I 37
Ignominiosa, F 360
Ignosce, I 32
Ignouit, I 30
Igrius, I 34
Iir, I 39
Ilia, I 44
Ilia, I 47
Iliacis, I 51
Iliacus, I 53
Ilibus, I 48
Ilicet, I 46, 49
Ilium, I 45
Illam, A 375
Ille, E 268; P 555
Illic, I 50; L 9
Illinc, I 52
Illius, A 374
Illo, A 442
Illud, A 477
Ima, F 439; S 121
Imaginarie, P 335
Imaginarium, F 424
Imagines, T 148
Imago, C 179, 512; E 54; I 13
Imbricibus, I 57
Iminant, I 56
Imitator, A 241, 293
Imitatrix, E 158
Immo, A 930; Q 51, 56 (nimmo); S 243
Immolate, A 70
Immolatiuum, U 262
Immolor, P 815
Immunis, I 55
Imnum, Int. 156
Imo, L 129
Impeditus, P 756
Impellitur, T 284
Imperat, F 27; I 443
Imperator, D 282, 305; I 286
Imperatoris, A 457; C 797
Imperio, D 239
Impetu, A 398; I 65
Impetus, B 225
Impie, I 273
Impiger, N 24
Impleat, A 64, 698
Implet, A 903; F 57; H 39
Imus, I 54
In, Int. 74, 279; A 50, 251, 346, 353, 376, 392, 426, 427, 530, 598, 653, 794, 823, 831, 875; B 65, 94, 128, 163, 192, 204, 209, 214; C 8, 25, 171, 185, 218, 222, 232, 322, 324, 370, 373, 413 (bis), 495 (bis), 497, 521, 659, 753, 774, 801, 890, 905, 964; D 23, 37, 51, 171, 173, 368; E 8, 104, 117, 487, 502; F 20, 78, 236, 239, 343; H 2; I 65, 76 (bis), 85 (bis), 86, 87 (bis), 88, 99 (bis), 118, 138, 142 (bis), 143 (bis),

145 (bis), 154 (bis), 167, 195, 196, 198 (bis), 223, 224 (bis), 226, 227 (bis), 228, 234, 246 (bis), 252 (bis), 255 (bis), 276 (bis), 324 (bis), 335 (bis), 353 (bis), 414, 418 (bis), 440 (bis), 446 (bis), 454 (bis), 458 (bis), 465, 467 (bis), 468; L 52, 88, 124, 129, 141, 204, 269, 342; M 207; N 37; O 102, 145, 207, 220, 282; P 55, 240 (bis), 246, 249, 260, 271, 303, 426, 463, 481 (bis), 577, 620, 660, 661, 665, 689, 696, 754, 794, 802, 862, 882; Q 8, 79; R 37 (bis); S 39, 47, 66, 73, 121, 218, 281, 341, 490, 567, 620, 682, 731; T 38, 120, 143, 226, 259, 278, 351, 357 (ter); U 138, 163
Inaccessu, I 253
Inalator, I 292
Inane, C 160
Inanem, I 489
Inanes, F 403
Inanis, Int. 272
Inat, I 338
Inauspicatus, I 332
Inbecillis, I 431
Inbellem, I 460
Inberbes, E 83; I 200, 202
Inberbis, L 142
Inbit, I 303
Inbuit, I 401
Inbutum, B 207
Incaluit, I 184
Incanduit, I 411
Incantata, I 367
Incantator, M 67
Incantatores, I 368
Incedens, A 376
Incendimur, A 526
Incendit, A 195
Incendium, F 262, 361
Incendunt, A 886
Inceniae, I 81
Incensum, T 331
Incensus, R 35
Incentiua, I 71, 453
Incentiuum, I 387
Incentor, I 363
Incentores, I 70
Incerta, P 837
Incerti, I 73
Incerto, S 463
Incessere, I 452
Incessit, G 171; I 448
Incessum, I 295
Incestare, I 172
Incestum, I 273
Incestus, I 75
Inchoata, O 244
Incibus, I 329; P 161
Incidere, I 462
Incidit, H 102
Incidunt, L 2
Incilat, I 302
Incipiam, O 235
Incipiente, Int. 183
Incipit, O 117; T 338
Incipiunt, O 119
Incisa, B 203
Incisiones, Int. 78
Incisum, Int. 77
Incisura, F 338
Incitamenta, I 141
Incitet, S 508
Inclamitans, I 459
Inclibata, C 445
Inclinata, C 487; S 610
Inclinatum, S 586
Inclinatus, D 127; P 769; S 611
Inclitum, I 436
Inclusi, A 311
Inclusit, A 32, 88; O 56
Incoat, I 169
Incola, I 138
Incolae, C 631
Incolome, R 79
Incommodum, I 89
Incommodus, C 852
Incompti, I 389
Inconditus, I 391
Inconpositi, I 389
Inconpositus, I 391
Inconsissis, I 339
Inconstans, F 232
Inconstantes, B 158
Inconsuetare, I 289
Increbruit, I 156
Increpare, O 49
Increpat, E 206
Increpescit, I 102
Increpitans, I 127, 230
Increpuit, I 116
Incuba, I 225
Incubat, I 158
Incubet, I 250
Incubuit, P 772
Incuda, I 137
Inculcat, I 243
Incumbens, A 152, 203; I 322; N 106
Incumbere, I 277
Incunabulum, I 309
Incuria, I 330
Incurrentes, I 445
Incurrit, I 448
Incurrus, I 378
Incursantes, I 445
Incursantibus, I 69
Incursat, I 105
Incursati, I 312
Incursatione, I 65
Incursus, E 339
Incuruis, U 248
Incusa, I 379
Incute, I 279
Indagat, I 183
Inde, A 712; C 754; D 172; I 52, 108
Indecorum, I 370
Indefensus, I 428
Indefferens, I 433
Indegina, I 108
Indeginus, I 118
Indemnis, I 182
Indens, I 316
Indeptus, I 133
Indere, I 296, 349
Inderet, I 439
Indesertum, I 249
Indesinentes, B 161
Index, C 306; I 120, 216
Indicat, O 86
Indicibilis, I 354
Indiciis, I 67
Indicio, I 154
Indicit, I 125
Indicium, A 941; I 386; M 239
Indidem, I 344
Indidit, I 153
Indigeries, I 91; S 629
Indigesta, I 91
Indigestae, I 206
Indigestas, I 263
Indigetes, I 328
Indignans, D 353
Indigne, A 299, 400
Indignum, A 95
Indignus, A 76
Indigus, F 40
Indipiscitur, I 323
Indit, I 130
Inditas, I 213
Inditum, I 163
Indolem, I 208
Indolis, I 260, 272
Indoluit, I 359
Indomatus, M 306
Indomitam, C 527
Indomitus, I 427
Indruticans, I 77
Indubiae, I 358
Indultum, I 404
Indumenta, I 358; P 495
Induperator, I 286
Indurat, T 226

Industias, I 406
Industria, I 191
Industrius, I 171; N 25
Indutae, C 736; P 495
Indutiae, I 405
Indutium, I 407
Indutor, N 94
Induxit, P 271
Inebitabile, Int. 309; S 713
Inebriari, S 351
Inedia, I 267, 270
Ineflicax, I 36
Ineffrenatę, F 366
Ineluctabile, I 176
Inenarrabilis, I 354
Inenodabile, I 430
Inepte, I 399; S 283
Inepti, I 419
Ineptia, I 419
Ineptias, I 155
Ineptus, I 412
Inergiae, I 457
Inergumenis, I 301
Inergumenos, I 74
Inermis, I 59
Iners, I 170, 197
Inertis, I 438
Ineunte, A 6
Inexorabilis, I 392
Inexpertum, I 104
Inexpiabile, I 426
Inextricabilia, I 80
Infactus, I 157
Infamia, I 435
Infando, I 222
Infandum, I 134, 393
Infans, P 862
Infantes, G 46; S 116
Infantia, A 6; S 465
Infanticulus, I 395
Infantię, I 309
Infantiom, C 968; P 791
Infantum, C 954
Infastior, I 83
Infastum, I 408
Infaustus, I 237
Infectum, I 422
Infectus, N 134
Infelicior, I 83
Inferaces, I 365
Infere, H 71
Inferi, H 45
Inferiae, I 265, 305, 320
Inferiorem, R 99
Inferit, I 61, 177
Inferni, Int. 252; M 108
Infernum, E 277
Infernus, A 920
Inferorum, I 305; T 105
Inferos, A 116
Infessisti, I 364
Infestat, I 105
Infestatio, I 97
Infestationes, I 369
Infestauit, I 114
Infestissimo, I 100, 337
Infestus, I 106, 129, 325, 400
Infesus, I 325
Infici, I 214
Inficio, I 417
Inficise, I 278
Infideus, I 307
Infima, A 18; I 122
Infimus, I 306
Infinitum, H 118
Infirma, A 31
Infirmitas, C 127
Infisor, I 307
Infit, I 463
Infitetur, I 382
Infitia, I 333
Infitiae, I 402
Infitiandi, I 189
Infitior, I 284
Infixis, I 86
Inflase, I 278
Inflase (= infra se?), I 282
Inflatio, T 182
Inflexibilitas, R 197
Inflexuosus, I 381
Inflictu, I 304
Infortunus, A 337
Infractus, I 211
Infridat, I 268
Infrigidat, A 475
Infructiucras, I 365
Infructuosa, S 77
Infruere, I 341
Infrunitas, I 263
Infula, I 98, 117, 420
Infulae, I 425
Infundere, I 311
Infunderet, A 271
Infusa, N 37
Infusecretur, I 95
Infusus, D 38
Ingeni, A 851
Ingenia, A 146
Ingeniosa, D 121
Ingeniose, F 9
Ingeniosus, D 354; S 7, 391
Ingenium, C 537
Ingens, E 202; S 458
Ingentes, I 72
Ingentia, C 234; O 222
Ingenua, I 356
Ingerit, I 61
Ingesta, I 110
Inglunies, I 385
Ingratus, I 136
Ingredior, A 252
Ingressu, I 154
Ingressum, I 295
Ingruentia, I 238
Ingruerit, I 149, 242
Inhibentibus, I 455
Inhiebant, I 140
Inhonestum, A 834; I 370
Inians, I 78
Inibitum, I 94
Iniere, C 410; I 441
Iniit, I 169, 430
Inimica, A 348
Inimicatrix, A 348
Iniqui, N 84
Iniquitas, S 11, 198
Iniquum, P 757
Initia, C 968; E 213; I 60; R 217; T 183
Initiantes, A 894
Initiatum, I 466
Initiatus, E 455
Initium, A 724, 911; G 49
Iniuria, P 746
Iniuriam, I 269; R 163
Iniuriosum, I 180
Iniuriosus, M 277
Iniurium, I 180
Iniusti, N 132
Iniuum, I 269
Inlauare, I 341
Inlecebra, I 384
Inlecebris, I 135
Inlecebrum, I 249
Inlectus, I 162, 201, 447
Inlegale, A 565
Inlesum, I 361
Inlex, I 124
Inlibare, I 311
Inlibat, I 362
Inlicebra, I 91
Inliciendo, I 381
Inlicis, I 67
Inlicitum, N 102
Inlidit, I 248
Inlisus, C 207
Inludentes, C 158
Inludere, I 424
Inludit, D 128
Inluminans, Int. 154
Inluminatio, L 302
Inluminatrix, Int. 204
Inlusor, F 337; P 66
Inlustare, I 424
Inlustrat, I 281
Inluuies, I 88, 165, 232
Inmaculatus, p. 1
Inmallones (for: in mallo nanis), C 373
Inmaturi, A 191
Inmaturus, A 109, 877
Inmederatio, I 383
Inmensa, C 21

Inmensae, C 367
Inmensum, I 429
Inmerito, N 141
Inminente, I 101
Inminentia, I 238
Inminere, I 93
Inmitte, I 279
Inmoderatus, E 59; I 280
Inmoratur, I 421
Inmunditia, C 495; S 146
Inmundus, E 464
Inmunes, I 152
Inmunit, I 334
Inmutare, A 110
Innectitis, I 319
Innitentes, I 207
Innitimur, I 314
Innitor, I 416
Innixus, I 322, 410; P 647
Innobiliter, I 109
Innocentem, I 396
Innocentia, C 802
Innotuit, I 350
Innuba, I 388
Inobliuit, I 350
Inobs, E 321
Inola, I 111
Inolescere, I 321
Inolescit, I 315
Inopiae, P 662
Inopię, P 840
Inopimum, I 212
Inopinato, I 220
Inops, I 390
Inorma, I 342
Inormes, I 72
Inormia, I 444
Inous, I 329
Inpactae, I 205
Inpactu, I 304
Inpantensium, I 298
Inpatiens, I 247, 280
Inpedimentum, O 73
Inpedit, O 134
Inpediuit, I 68
Inpellunt, D 132
Inpendebat, I 194
Inpendebatur, I 188
Inpendenis, P 751
Inpendere, I 251
Inpendit, I 66, 317
Inpendium, I 398
Inpenso, M 181
Inpensum, I 258, 429
Inpensus, I 432
Inperator, M 278
Inperimente, I 423
Inperitat, I 413
Inperitus, I 237
Inpertit, I 66, 293; P 98
Inpertitum, I 258
Inpetendum, I 375
Inpetere, I 462
Inpetigo, I 79
Inpetrat, I 463
Inpetu, I 242
Inpetuunt, I 262
Inpingit, I 352
Inpinguit, I 248
Inpletum, F 101
Inplicamur, I 314
Inpluraberis, I 64
Inplurat, I 308
Inponente, I 423
Inponit, I 274
Inpopulabile, I 361
Inportunus, I 432
Inposterem, I 217
Inposterio, I 290
Inpostor, S 507
Inpostura, S 540, 567
Inposuit, I 153
Inpraessit, P 755
Inpraesumptum, I 215
Inprobat, I 283
Inprobus, I 148
Inprofidus, P 585
Inprouiso, E 427
Inprouisu, I 96
Inprouisus, I 415
Inpuberes, I 200
Inpubes, I 202
Inpugnare, I 452
Inpugnatio, A 159
Inpulor, I 62
Inpulsi, A 105
Inpulsor, D 250
Inpulsore, I 210
Inpulsus, C 694; T 250
Inputare, S 621
Inque, I 377
Inquid, I 463
Inquiens, I 247
Inquietudo, I 84
Inquietus, A 137
Inquilini, I 244
Inquilinis, I 245
Inquinat, A 867; P 31
Inquinatio, C 518
Inquinatus, C 515
Inquire, Z 7
Inquirit, R 189
Inquisitor, D 211
Inquitis, I 297
Inrationabilis, O 12
Inrequiuit, I 313
Inridunt, C 36
Inrigatur, P 278
Inripere, I 300
Inritamentum, I 387
Inritas, A 642
Inritatus, I 139
Inrogat, I 177; P 478
Inruens, I 150
Inruenti, S 218
Inruissent, E 270
Inruit, A 402; I 299
Inruptio, I 409
Insanit, C 35
Insanus, F 330; P 723; U 101
Insauciabilis, I 360
Inscitia, I 326
Inscius, I 33
Insceabilia, A 865
Insectari, I 121
Insedit, I 158
Insegniter, I 109
Inseminata, I 357
Inseminatum, I 327
Insequi, I 121
Inserens, I 316
Inserere, I 296
Insereret, I 439
Inserit, I 130
Inseritur, T 268
Inserta, I 357
Inseruit, S 246
Insidiae, C 180; P 813
Insidias, I 107
Insignis, I 175, 309
Insignit, I 434
Insilitus, I 239
Insimilae, O 140
Insimulat, I 82
Insimulatione, I 187
Insinuat, A 473; I 243
Insinuo, I 351
Insitum, I 327
Insolens, I 92, 221
Insolenter, I 289
Insolentia, I 84
Insolentione, I 257
Insolescentibus, I 112
Insolescere, I 58
Insolesceret, I 209
Insonans, I 230
Insontem, I 396
Insonuit, I 116
Insperato, E 427; I 220
Inspicare, I 181
Inspirator, I 292
Inspuri, I 73
Instar, I 374
Instare, I 93
Instincta, I 142
Instinctu, I 253
Institutes, I 119
Institutor, I 233
Institutum, D 146; I 163
Instruat, I 380
Instructi, C 64
Instructio, A 711

Instructionum, U 304
Instructores, A 168
Instructus, Int. 62; A 50; C 71; F 398
Instrumentum, I 347, 380
Insuescit, I 318
Insula, E 260; T 351
Insulae, Int. 169; S 669
Insulę, S 289
Insultans, I 144
Insuper, I 168
Integerrimus, I 451
Integre, S 279
Integritas, S 238
Integritate, I 451
Integro, O 266
Integrum, S 403
Intellectui, A 775, 863
Intellectum, A 848
Intellegis, S 269
Intellegit, A 633; H 41; R 44, 45
Intellexerunt, C 625
Intelligere, A 413
Intemperantia, I 166, 257, 285
Intemperata, I 193
Intemperatum, I 310
Intemperies, I 179
Intemperius, I 383
Intempesta, I 192
Intempestiua, I 193
Intempestiuum, I 164
Intempestum, I 310
Intendit, A 887
Intendunt, A 821; C 587, 808
Intentant, I 259
Intentat, I 274
Intentio, I 256
Intentiosus, P 292
Inter, C 904; D 172; I 128, 218, 366; L 269
Interamen, I 115
Interanaglyffa, I 146
Interasile, I 146
Intercalares, I 90
Intercalat, I 240
Intercaleat, I 287
Intercapidine, I 373; L 268
Intercapido, I 219, 437
Intercepit, I 173, 174
Interceptio, I 132
Interceptum, I 131
Interceptum est, I 186
Intercessisse, I 203
Intercessum, I 178
Interclusit, I 68
Intercus, I 346
Intercusus, I 345
Interdicit, I 160
Interdictum, I 178
Interdiu, I 128
Interdum, F 367
Interesse, A 155
Interfector, A 182
Interfectus, P 26
Interficere, E 79
Interficit, C 633
Intericeta, I 291
Intericetio, I 437
Interiectionis, A 411
Interim, I 126; T 28
Interior, E 563
Interiora, A 270; I 159; P 363
Interire, I 203
Interitus, U 4, 33
Interius, I 306, 336; U 240
Interlinitus, I 185
Interlitum, I 204
Interlitus, I 185
Intermina, I 291
Interminat, I 160
Intermittit, I 240, 287
Internicium, I 461
Interno, A 712
Internodia, I 264
Internuntia, I 397
Internuntius, I 63
Interpellare, I 190
Interpellat, A 262
Interpola, I 241
Interpolat, I 261
Interpolata, I 340
Interpolauit, I 288
Interponit, C 568
Interpositio, I 90
Interpraes, I 63
Interpraetatio, p. 3; A 301; F 335; M 124
Interpretatio, G 121
Interrex, I 331
Interrogamini, C 703
Interrogatio, E 280
Interrupit, I 288
Interruptis, C 21 (for the wrong uel ruptis)
Internallo, E 511; L 268, 269
Interuallum, I 366, 405; L 269
Interuenit, D 238
Interuentu, I 199
Intestabilis, I 271
Intestinis, E 469
Intestinum, B 79; I 103, 113, 371
Intexunt, I 123
Intibus, I 266
Intima, P 577
Intimandum, I 469
Intimum, G 76; I 103
Intollerabilis, D 292
Intomus, I 336
Intonuit, C 892
Intra, B 92; C 683; M 70
Intractabilis, I 151
Intransmeabili, I 456
Intrat, S 615
Intrauit, S 616
Intresio, I 351
Intrinicio, I 413
Introductio, D 366
Introrssum, I 394
Introuersum, I 394
Intuens, P 258
Intuitu, O 18
Intula, I 147
Intulisti, I 364
Intus, P 481
Inuadere, I 289
Inualescente, C 870
Inuectus, I 275
Inuectus sum, I 294
Inueni, I 294; N 6
Inueniretur, N 21
Inuenit, N 134
Inueniunt, O 187
Inuentor, R 220
Inuentus, C 615; N 4
Inuestigat, I 183
Inuestis, I 343
Inuestus, A 402
Inueterare, I 348
Inuicem, U 165
Inuident, I 231
Inuidia, F 4
Inuiolata, A 8, 21
Inuiolatum, I 215
Inuise, O 92
Inuisere, I 254
Inuisus, I 229
Inuitans, A 289
Inuitia, L 184
Inulte, I 128
Inultus, I 161
Inulus, I 464
Inundat, I 372
Inundatio, I 376
Inuocaberis, I 64
Inuocat, I 308
Inuolata, A 40, 60
Inuolem, I 355
Inuolueo, I 236
Inuoluens, I 235
Inuolutis, I 319
Inuolutus, P 254
Inurit, A 866; B 31; U 10
Inutile, I 399; S 219
Inutilia, F 322
Inutilis, C 852; I 138
Inutiliter, N 202

Ioachas, Int. 177
Ioachim, Int. 178
Ioas, Int. 171
Ioatham, I 471
Iob, Int. 162; I 473
Iocatur, D 311; G 25; I 177
Iocista, I 477
Iocundissime, S 151
Iocundum, A 521; F 187
Iocundus, F 6
Iocus, F 54; I 483
Ioel, Int. 183
Iohannes, Int. 166
Iolia, I 476
Iolnerunt, I 170
Iona, Int. 184
Ionatha, Int. 171
Ioram, Int. 173; I 475, 478
Iordanis, I 472
Iosaphath, Int. 172
Ioseph, Int. 161
Iosias, Int. 176
Iota, I 474
Iouem, I 479
Ioues, I 509
Iouis, F 242
Iperbolicus, I 480, 481
Ipochrita, Int. 155
Ipsa, D 292; F 85; G 43; I 529; L 336; Q 67; T 357
Ipsae, Int. 78; P 181
Ipse, Int. 182, 189, 223; A 611; D 251, 292; I 22; T 103
Ipsi, A 25; H 152
Ipso, S 417
Ipsum, M 189; T 31; U 63
Ir, I 486
Ira, G 2; I 484
Iracunde, S 671
Iracundia, I 488
Iracundiam, E 502
Iracundus, F 132
Iracuntia, D 168
Irarum, C 139
Irascens, S 663
Irascetur, S 607
Irascitur, R 182
Irata, T 345
Irati, A 142
Iratus, F 429; M 213; S 271; T 232
Iris, I 482, 485
Ironia, I 483
Irridabant, I 487
Irritum, I 489
Isaac, Int. 157
Isachar, Int. 160
Isai, Int. 169
Isca, I 491
Iscit, I 492
Isic, I 490
Isignit, I 495
Ismahel, Int. 163
Israhel, Int. 164
Iste, Int. 119, 213; H 127; I 22
Istic, I 493
Istinc, I 494
Isto, I 494
Istos, S 544
Istuc, I 496
Isymerinos, A 296
Ita, I 498; P 379
Italia, A 952; S 105
Italiae, E 296; F 420; S 108
Italicum, B 76
Itane, I 498, 500
Itaque, I 28; P 256
Itararium, C 71
Itenerarium, I 499
Itenere, A 376, 398
Iter, A 657; B 116; H 107; I 499; O 128
Iterarium, E 320
Iterata, P 111
Iteratio, D 155, 349; M 54
Iteratum, P 72, 112, 151
Iterum, C 495, 677; D 61; I 26 (bis); R 35
Itore, I 497
Iubar, I 521, 531
Iubilati, C 742
Iubilum, I 503, 520
Iucundus, H 15; L 111
Iuda, Int. 159
Iudas, Int. 223
Iudex, C 340; E 41
Iudicalis, C 270
Iudicanis, S 279
Iudicaret, A 230
Iudicaria, P 622
Iudicat, C 761, 854; I 443
Iudicatur, P 620
Iudicem, A 457
Iudices, A 499; C 389; L 228; P 576
Iudici, S 238
Iudicia, U 3
Iudicibus, A 111
Iudicio, S 678
Iudicium, Int. 80, 84, 172; P 151, 620; S 164, 441
Iudico, C 294, 330
Iudith, Int. 170
Iuga, I 502, 524
Iugarat, I 519
Iugem, A 410
Iugia, I 517
Iugis, I 515
Iuglantes, I 509
Iugulat, I 514
Iugum, I 501, 522
Iulius, Q 53
Iumperum (for iuniperum). I 525
Iunctis, U 32
Iunctura, I 523
Iuncus, I 530
Iungetum, I 510
Iungit, I 315; P 153
Iungula, Int. 185
Iunguntur, B 115
Iuniperum, I 508
Iunxerunt, C 356
Iura, P 513
Iuramenta, M 154
Iurare, D 96
Iurat, D 34
Iuratio, F 266; I 513
Iure, I 504
Iurgat, I 516
Iurgium, I 518; U 29
Iuris, C 804
Iurisconsultus, I 507
Iurisperiti, I 512
Iurisperitus, I 507
Ius, C 569; M 322
Iusiurandum, E 47; I 513; P 550
Iussit, S 28
Iuste, I 504
Iustificati, Int. 297
Iustificatus, Int. 339
Iustum, N 57
Iustus, Int. 209, 295; C 302
Iuuat, F 267; I 506
Iuuauit, I 511
Iuuenalia, I 528
Iuuencus, I 505
Iuuenilia, I 528
Iuuenis, G 47; P 858, 863
Iuuentus, I 526, 527, 529; P 857
Iuuentutem, I 208
Iuuenum, I 527
Iuxta, Int. 145; C 663; E 273; F 114; P 518, 564, 719

Kalende, N 53
Kyrieleison, Int. 186

Laban, Int. 188
Labat, L 81
Labentium, A 669
Labes, L 62
Labiles, L 320
Labitur, L 78, 193
Labo, L 83
Labor, H 48; L 38
Laborare, D 32; N 95

Labore, M 181
Laboriosa, Int. 193
Laboris, E 155
Laborum, O 200
Labos, L 38
Labrum, L 4
Labrusca, L 51
Lacenosa, L 1
Lacerat, L 17, 97
Laceratum, L 89
Lacerna, L 15; P 246
Lacerta, L 45
Lacertae, B 200
Lacerti, L 52; T 223
Lacertor, Int. 191
Lacertum, L 71
Lacessere, L 96
Lacessit, L 19
Lacessitus, L 32
Lacesso, L 34
Laciuiosum, L 89
Lacinosum, L 57
Lacisca, Int. 192
Lacte, E 126
Lactescit, L 97
Lactis, M 370
Lactuca, L 39
Lacunar, L 10
Lacunaria, L 28
Lacus, N 50
Ladascapiae, L 93
Laena, L 80
Laeta, C 187
Laetans, U 128
Laetare, T 241
Laetitia, A 469
Laetus, G 34
Laguncula, L 41
Laici, E 6, 250
Lambens, Int. 29
Lambiens, A 507
Lamentationibus, T 274
Lamentatur, H 9
Lamen[tum], S 524
Lamia, L 29
Lamina, B 193; P 240
Lampades, L 53; T 110
Lampadis, Int. 241
Lampas, H 29
Lamsta (for lanista), L 14
Lana, B 110; L 64, 81
Lanae, L 3; P 289
Lances, L 13
Lancinat, L 58
Laucis, L 42
Lancola, Int. 197
Lanç, H 25
Languens, L 282
Languescens, E 438
Languet, M 104; T 197
Languida, E 66
Languor, M 103
Laniat, L 22
Lanio, L 17
Lanioses, L 2
Lanistae, L 18
Lanistarum, L 75
Laniuas, L 22
Lanterna, L 23, 95
Lanternum, L 63
Lanucar, L 37
Lanugine, L 64
Lanugo, L 3; P 22
Laux, L 36
Laogoena, L 21
Lapanas, L 43
Lapatium, L 44
Lapicedina, L 72
Lapidaria, D 355
Lapide, A 442; M 342
Lapidem, E 8
Lapides, A 168; P 505; S 66
Lapidis, A 245, 442; C 90
Lapidum, A 147, 879; C 320; L 26
Lapillus, S 140
Lapis, C 127; H 145; L 72; M 11, 96; O 22; P 17; S 17, 633; T 103, 198; p. 72, note 2
Lappa, L 54
Laptucae, P 432
Laquear, L 35
Laquearia, L 7, 27, 87
Lar, L 5
Larba, L 69
Larbula, L 11
Larem, L 61
Lares, L 60
Largioris, D 158
Largitas, M 333
Largius, E 208
Largus, F 333; L 185; P 583
Laris, L 48, 59
Laruae, L 221
Larus, L 50
Las, L 47
Lasciuae, C 673; L 12
Lasciuia, L 67, 279
Lasciuiosum, P 81
Lasciuus, P 226
Laser, L 46; (see Z 5)
Lassatus, M 53
Lassus, A 820
Lata, p. 1; L 66
Latas, D 10; E 233
Latebra, L 82
Latens, A 74
Laterculus, L 9
Latere, A 66; D 138; E 409; L 20, 77, 124, 208; M 129
Latericia, L 20, 79
Latescere, L 77
Latet, L 88
Latex, B 22; L 56, 88
Latibulum, L 74
Laticis, L 73
Latine, p. 1; E 209
Latini, D 359; R 223
Latinum, A 451; D 15; I 395
Latiores, A 61; D 17
Latitiae, L 140
Latitudo, Int. 153, 249, 265
Latomi, L 26
Latona, L 94
Latorum, I 502
Latrant, B 41
Latratus, Int. 227; L 90
Latrina, F 301; L 30, 85
Latrinas, F 301
Latro, N 120
Latrocinium, R 112
Latronum, L 65
Latnit, D 182; O 67
Latum, S 121
Latumis, I 335
Latur, L 76
Laturus, L 8
Latus, L 49, 55
Lauacrum, G 179
Laudabilem, P 23
Laudabilibus, P 77
Laudae, L 31
Laudando, E 24, 228
Laudandum, A 260
Laudans, Int. 170
Laudant, E 67
Laudariulus, L 91
Laudate, Int. 19
Laudauit, P 798, 799
Laude, P 767
Laudem, D 18; U 264
Laudes, T 147
Laudis, I 520
Lauerna, L 65, 70
Lauescit, L 68
Lauriatus, P 105
Laus, H 150, 165; P 83, 317, 836
Lauticiae, L 24
Lautissime, L 86
Lautum, L 10
Lautumiae, L 6, 25
Lautuminia, L 92
Laxhe, L 16
Lazarus, Int. 190
Lebes, L 101
Lebetas, L 102
Lecebra, L 112
Lecta, T 282
Lecti, G 50; T 226
Lectica, L 151

Lectidiclatum, L 133
Lectio, P 235
Lectorum, P 691
Lectulis, T 259
Lectulum, S 522
Lectulus, C 151
Lectum, F 121; O 176; P 866; S 471
Lectus, L 137
Ledo, Int. 196
Legat, L 144, 145
Legati, P 727
Lege, A 105; F 291
Legem, P 718
Legendi, A 960
Legentium, L 271; N 26
Legerat, L 119
Leges, S 109
Legimus, S 197
Legio, L 131; P 379
Legis, D 155; P 385, 732
Legislatio, T 73
Legit, L 118
Legitima, P 857
Legitimo, Int. 75
Legitimos, Int. 333; P 858
Lego, L 146
Legula, L 122
Legumen, L 128
Leguminis, L 134; M 209; S 334
Legunt, L 202
Leguntur, G 192
Lembum, L 121, 129
Lembus, L 123, 154
Lemociniat, L 153
Lemurium, L 140
Lena, L 105
Lenam, L 125
Lendina, L 127
Lenirent, L 155
Lenit, L 152; M 350; P 716; p. 97, note 2 (bis)
Leniter, M 298
Lenitur, D 168
Leno, C 152; L 141
Leno, L 139
Lenocinantes, L 108
Lenocinium, L 117, 143
Lenoues, A 250; L 98, 103
Lens, L 134
Lenta, L 107, 110
Lenticula, L 147
Lenticulum, L 124
Lentis, L 128, 134
Lentum, L 138
Leo, M 379
Leonis, H 105; R 248
Leopardus, L 227
Lepidum, L 126
Lepidus, L 99
Lepor, L 100
Leporis, L 135
Leptis, L 149
Lepus, L 111, 135
Lermentum, L 152
Lerna, L 104
Lesia, L 136
Lesta, L 150
Lesus, L 106
Letamen, L 120
Lętitia, G 31
Leuem, L 109, 266
Leues, F 103
Leui, Int. 194, 223
Leuiathan, L 115
Leuigatis, L 132
Leuir, L 130
Leuis, L 142
Leuita, Int. 195
Leuitas, I 166, 285
Leuius, E 208
Leuuis, S 146
Leuum, L 113
Lex, Int. 83; A 110, 827; L 116; P 575
Lęx, Int. 323
Lexis, L 114
Lęxina, L 33
Lexos, L 148
Lia, Int. 193
Libae, L 157
Libamina, A 238
Libare, L 162
Libat, L 192
Libauit, L 206, 207
Libbeus, Int. 223
Libenter, C 38
Liber, Int. 68, 255; B 1; C 682; D 253; L 186 (bis), 201
Libera, A 38; I 356
Liberales, L 202
Liberalis, L 185
Liberalitas, L 173, 244
Liberandum, A 263
Liberatorum, L 205
Liberatus, C 216; F 380
Liberi, L 202; U 30
Libertabus, L 177, 214
Libertatem, A 616; L 245; R 249
Libertini, L 205
Libertis, L 214
Libertus, L 233
Liberum, B 5; S 95
Libidines, A 227
Libitina, L 226
Libitorium, Int. 198
Libor, L 165, 184, 189; U 173
Librameutum, L 163
Librant, M 268
Librantes, L 216
Librarios, L 246
Librat, L 188
Libratio, L 163
Librato, S 678
Libratores, P 248
Libri, Int. 256; C 82; F 11, 20
Librorum, Int. 257; B 101
Libros, A 779; D 348; L 246
Librum, T 208
Liburna, L 252
Liburnices, L 164
Lice, L 223
Licensiosum, P 81
Licentem, L 199
Licentia, F 71
Licet, L 225; Q 9
Licetur, L 181, 232
Licia, L 250
Liciatorium, L 178
Licidus, L 210
Licitatio, L 225
Licitator, L 215, 230
Licium, L 249
Lictores, L 167, 228
Lidiae, L 194
Lidoria, L 175
Lien, L 172
Ligant, E 245
Ligantur, R 101
Ligaretur, F 31
Ligari, U 156
Ligata, N 88
Ligatio, T 77
Ligatum, N 93
Ligatur, U 34
Ligatura, A 143; N 90
Ligatus, D 205
Ligna, C 52; H 97; R 210; S 66
Lignarium, Int. 199
Ligneum, L 270
Ligni, C 928; F 372; H 52; I 525; L 309; O 153, 248, 288; S 360, 539
Liguo, I 85; L 290; S 531; T 120, 357
Lignorum, L 236; R 215
Lignum, E 292; R 253, 255; S 639; T 136
Ligones, L 161
Ligustrum, L 169
Lihargum, L 247
Liis, L 212
Lima, L 152, 251
Limatum, P 521
Limax, L 180
Limbum, L 159
Limbus, L 243

Liminum, L 171
Limis, L 201, 238
Limpha, L 160, 229
Limphaticus, L 198
Limpidat, O 84, 146
Limuruae, L 221
Limus, L 197, 239
Linclini, L 240
Lineis, L 220
Linea, C 13; E 233; F 422; L 248; S 483
Linebat, L 158
Lineum, E 78
Lingit, L 219
Lingua, C 28; E 499; G 128, 134
Linguae, I 19
Linguam, B 16
Linguidus, I 431
Lingula, L 237
Lingurrit, L 219
Lini, C 373
Liniae, C 222, 324
Liniamentum, L 195
Liniebat, L 158
Liniendo, L 124, 176
Linifator, L 231
Linimenta, L 196
Linionis, L 156
Linit, L 195; M 354
Liniuit, L 158
Lino, L 158
Linquid, L 191, 241
Linteamina, O 226
Linter, L 235
Lintris, L 253
Linx, L 227
Liquamen, G 32
Liquentes, L 171
Liquet, L 242
Liquidae, L 187
Liquide, L 242
Liquidum, L 182
Liquitur, L 193, 203
Liquor, E 114
Liquoris, L 73, 187
Lita, I 221
Litare, L 190
Litat, L 213
Lite, L 212; U 29
Litescere, L 208
Lithos, p. 72, note 2
Liticen, L 179
Liticines, A 347, 349; L 209
Litigat, A 453; I 516; U 18
Litis, L 212
Lititer, L 199
Litotes, L 168
Littera, Int. 95; A 685
Litteralis, G 144
Litterari, L 289
Litterarum, L 271; O 265
Litteras, A 556; L 202
Litteris, A 499
Littoris, S 310
Litui, L 218
Lituo, L 179
Lituos, L 234
Litura, L 176
Lituus, L 183, 200
Liuida, L 170
Liuido, L 224
Lixa, L 211, 222
Lixae, L 217
Lixarum, A 882; P 482
Lixiones, L 166
Lobe, I. 260
Loca, A 560, 816; C 33, 192; D 381; G 187; M 84; P 24, 689, 859; S 25, 26, 318; T 72; U 56, 289
Locatur, C 42
Loci, A 525, 677, 738; F 272; I 468; R 177; T 203
Locis, I 76; L 269
Loco, A 500; C 319; I 118, 494; M 191; R 123; T 270; U 203
Locum, N 194; P 554; R 99; T 270
Locuples, L 265
Locus, Int. 57; A 346, 424, 615, 678, 734, 741, 787, 960; B 201; C 181, 495, 683, 804, 978; D 176, 338; E 162, 276, 415(bis); F 239, 342, 423; G 178, 192; L 72, 82, 269, 324; N 10; P 140, 149, 802; S 114, 623; T 194; U 47
Locusta, Int. 42; L 262
Locustae, B 190; S 151
Locutio, A 561; P 698
Locutiones, O 159
Locutus, A 365; E 58, 455; F 72; O 245
Locutus est, P 824
Lodix, L 261
Loetalis, L 263
Loetiferum, L 267
Logion, L 258
Logus, L 257, 264
Loica, L 254
Lolium, Int. 340; L 255
Longa, L 268; P 763; S 4, 284
Longas, C 947; D 292
Longe, A 28, 29, 66, 78; H 3; P 310, 683, 712; U 239
Longeuitas, E 357
Longinquum, D 211
Longior, C 354
Longitudo, Int. 231
Longius, R 113
Longo, L 268, 269 (bis)
Longos, U 254
Longum, C 133, 407; P 635
Loquax, Int. 85; E 141
Loquendi, C 950
Loquendo, A 712; N 202
Loquendum, I 393
Loquens, A 219
Loqui, C 627; E 74; F 18; H 110, 116
Loquitur, C 818; E 76; F 41; H 35; P 776
Loquor, N 80
Lorium, C 274
Lorum, B 37
Loth, Int. 187
Lotium, L 256
Lotum, L 259
Lubricat, D 134; L 78
Lubrices, L 320
Lubricus, L 321
Lucan, L 295
Lucanica, L 294
Lucar, L 303, 306
Lucas, Int. 189
Lucem, C 904
Lucernae, L 23, 27, 240
Lucernarum, F 426
Lucet, C 77; E 175; N 105
Lucidum, P 266
Lucifer, R 64
Lucifuga, L 280
Lucis, B 145; P 458
Lucius, L 292
Lucor, L 274
Lucra, C 604; Q 11
Lucrosus, Q 32
Lucrum, E 155
Luctantur, S 114
Luctare, I 176
Luctatoria, P 91
Lucte, P 140
Luctuosa, F 437
Luctuosum, F 394
Luctus, Int. 5; G 71
Lucubrantes, L 286
Luculentas, S 166
Luculentum, L 284
Luculum, L 270
Lucumones, L 299
Lucus, L 308, 321; P 332
Ludarius, L 298
Ludens, B 10
Ludi litterari, L 289
Ludi scenici, L 288
Ludibrium, L 319
Ludicra, E 487
Ludum, T 219
Ludus, C 643; L 271

Luebant, L 318
Luere, L 318
Lues, L 327
Lugubria, F 141
Lugulre (for lugubre), F 405
Luit, L 316; P 293
Luitia, L 300
Lumbare, L 287
Lumbricus, L 304
Lumbulos, L 335
Lumbus, L 328
Lumiuaribus, T 136
Luminis, E 14
Luna, C 383; G 105; M 210; N 156
Lunae, M 136
Lunulus, L 277
Lupa, Int. 192; L 333, 338
Lupanar, L 283
Lupatis, L 293
Lupea, L 285
Lupercal, L 325
Lupercales, L 317
Lupercalia, L 336
Luperci, L 317
Lupi, L 220
Lupinare, L 334
Lupinaria, L 285
Lupus, L 297, 332
Lurcones, L 275
Lurdus, L 296
Lurica, T 196
Luridam, L 301
Luridus, L 273
Luscina, F 190
Luscinia, A 121; L 330
Luscinius, L 331
Luscis, M 287
Luscus, L 272
Lusit, L 276
Lusitatatio, L 278
Lusor, A 466
Lusorius, P 332
Lussus, L 307
Lustra, L 314
Lustrat, L 313, 323
Lustrato, L 290
Lustro, L 281
Lustrum, L 302, 310, 322
Lusus, L 278
Lutere, L 79
Luteum, L 305, 315
Luto, L 301
Lutosa, S 25
Lutraos, L 291
Lutum, C 29
Lutus, L 309
Lutuus, L 311
Lux, B 145; O 116; P 158
Luxerat, L 329
Luxoria, L 312
Luxoriosus, A 853; H 61
Luxurio, L 326
Luxus, L 279, 312
Lyeisca, L 338
Lycus, L 340
Lymbo, L 339
Lymbus, L 342
Lymphatico, L 337
Lyncus, L 341

Macedonia, O 115
Macedoniae, F 69
Macedonici, P 156
Macedonum, S 48
Macellum, C 771
Macer, E 159
Macera, M 122; S 562
Maceratus, M 27
Maceria, M 11; R 250
Machia, N 11
Machina, I 224
Machinamenta, M 112
Machinautem, M 78
Machinatio, M 13
Machinatur, M 12
Macies, M 106
Macilentus, M 85
Mactat, I 514
Macte, M 117
Macula, C 519; D 91; L 62, 189
Maculam, N 150
Maculare, I 172
Maculata, P 749
Maculatam, N 151
Maculis, N 69
Maculosum, M 83
Maculosus, Int. 221
Made, M 51
Madefacta, M 98
Madere, M 84
Madida, R 212
Madidum, M 94
Madit, M 52
Maeraria, C 219
Macror, p. 17, note 9
Maforte, M 9
Mafortem, M 62; P 359
Mafortiam, M 62, 114
Mafortio, T 116
Magalia, M 81
Magica, P 697
Magifice, M 220
Magis, M 87, 92, 111; Q 56; S 243
Magister, Int. 267; L 14; S 726
Magistratus, M 47; Q 66
Magistrorum, D 53
Magna, C 890; M 105, 318; T 253; U 97
Magnanimis, C 838
Magnanimitas, M 119
Magnetis, M 96
Magnifica, E 529
Magnifice, M 371
Magnificus, M 105
Magnis, P 470
Magnitudo, A 317; C 934; I 374; M 237; P 648
Magnus, E 103; S 17
Maiales, M 38
Maior, A 797; C 339; E 119
Maiores, R 76
Maiorum, E 331
Mala, M 60, 120, 176
Malachia, M 68
Malachias, Int. 203
Malachim, M 99
Malagma, M 21
Malas, M 121
Male, M 159; P 772
Malę, A 869
Maledicere, E 509
Maledicit, L 97
Maledicturi, D 180
Maleficia, F 189
Maletida, M 100
Mali, C 102
Malifactoris, S 31
Malina, Int. 216
Malis, M 3
Malitiose, I 348
Malle, M 72
Malleatoris, Int. 243
Malleo, E 386; P 503
Malleolus, M 2, 5
Mallim, M 90
Mallioles, A 168
Mallo, C 373; M 87, 92
Malua, M 42
Malum, C 239; F 233; M 12; P 328; S 37
Malus, A 109, 753, 878; M 24
Mammae, B 214
Mampularis (for manip-), M 64
Manachem, Int. 212
Manachus, M 109
Manasse, Int. 210
Manasses, Int. 211; M 28
Manat, M 178
Manatio, M 79
Mancipandum, A 263
Mancipare, M 115
Mancipatus, M 116
Mancipauit, M 4
Mancipiorum, P 476
Mancus, M 8
Maudantes, E 362
Mandarit, M 61

Mandatum, S **332**
Mandatur, p. 30, **n. 1**
Mandauisit, M 61
Mandet, M 77
Mandibula, M 75
Mandit, M 76
Mandragora, Int. 207; M 18
Mandras, M 26
Maudrat, C 218
Manducandum, **C 964; E 51**; M 75
Manducantem, E 32
Manducantes, F 30
Manducat, H 148; M 76
Manduco, F 269; M 123
Mane, C 907; M 183
Manere, M 91, 110
Manes, M 10, 108
Manet, A 552; I 250; M 59, **70** (bis)
Mango, M **39, 48**
Manibus, **P 479**
Manica, M 16
Manicas, **D** 10; **E 233**
Manichei, I 117
Manifestari, D **341**
Manifestatum, **P 614**; U 311
Manifeste, A 614
Manifestius, E 208
Manifestum, C 837; **P 266**
Manifestus, **O** 218
Manile, M **17**
Manimae **(for mammae)**, P **172**
Manipula, M **55**
Manipulatim, M 1
Manipulos, M 167
Manipulus, M 88, **102**
Manitergium, **M** 19
Manna, M **15**
Mannolus, M **57**
Manserunt, I 470
Mansitare, M 110
Mansuaeuit, M 93
Mansuete, C 402
Mansuetum, C **401**
Mansuetus, M **93**
Mansyr, M 31
Mantega, Int. 215; **M 118**
Mantica, M 56
Manticulare, M 6
Manticum, M 32
Mantilia, M 86
Mantyrium, **M 22**
Manu, A 349; **M 23**
Manua, M 55
Manuale, M 66
Manubiae, M 23
Manubium, M 30, **74**
Manubla, M 54
Manubrio, S 121
Manubrium, A 598; **C 485**
Manufortis, D 6
Manum, E **177; M 123; S 661**
Manus, C 975; **L 29; P 699**; U 268
Mapalia, M 46
Mappa, Int. 220
Mappae, M 86
Mappalia, M 63
Marasmon, M 7
Marcidus, M 53
Marcor, M 103
Marcuet, M 104
Marcus, Int. 206
Mare, A **351, 479, 509, 529, 609; B 94; C 7, 370, 447, 473; E 162; F 114, 336; G 96; O 125, 282; P 802**; S **85**; T **135, 278**
Margareta, **H 98**
Margaritę, U **251**
Margo, M 20
Margor, Int. 208
Maria, Int. 204
Maria, **A 315, 330; B 231**; E 266
Marina, **P 402**
Marinae, F 397; S 732
Marini, **C 347; M 182, 190**
Maris, **A 153; B 90; P** 638
Maris, M **50, 71**
Maritabatur, M 95
Maritalis, U **162**
Mariti, L 307
Maritima, N 22
Maritimum, B 94
Maritudo, M 50
Marmor, P **17; S 341**
Marmora, **E 276**
Marmoris, **O 173**
Marruca, M **37**
Mars, **M 49**
Marsi, **B 67**
Marsiculum, B 67
Marsopicus, M 35
Marsupium, M 89
Marsuppia, M 36
Marsus, M 67; O 94
Martis, A 787; M 49
Martyr, M **25**
Martyrium, M 101
Marubium, M 43
Mas, M 50, 82
Masca, M 33
Masculi, U 78
Masculini, E 263
Masculus, M 71, 82
Mascus, M 34
Masitat, M **59**
Massa, M 45, **97; P 54**
Mastice, M 41
Mastigat, **R** 228
Mastigium, M 29
Mastruca, M 65
Matalis (for maialis), **M 69**
Matella, M **58**
Mater, L 94
Materia, M **97**
Matertera, M **73; T 151**
Mathematici, **E 245**
Mathematicus, **F 8**
Matheum, C **81**
Matheus, Int. 205, 223
Matricis, **O 88**
Matrimoniorum, **P 727**
Matrimonium, C **699**
Matris, **A** 955; **M 73; O** 130
Matrix, **M 44**
Maturat, **M 14**
Maturauimus, **M 113**
Maturescere, A 222
Maturius, M 80
Maturus, **A 192**
Matusalem, **Int. 202**
Matutina, F **298**
Matutinos, **P 203**
Mauens (for manens), M **107**
Maulistis, M 40
Mault, M 111
Maxima, I **444**
Maxime, Q **60**
Me, M 189; **P 799(bis)**
Mea, **Int.** 278; **M 180, 183**; N 59
Meantes, **M 156**
Meapte, M **180**
Meat, M 178
Meatim, M **140**
Meatus, M **143**
Mec, Int. **219**
Mecanicia, **M** 141
Mecenus, M 145
Medella, M 193
Medemnum, M 131
Medentes, M **194**
Medetur, M **147**
Media, Int. **219; I 192; P** 854; U 245
Mediatas, I 486
Mediatrix, **I** 397
Medicalis, S 30
Medicamenti, **F 296; P 165**
Medicamentum, **C 88**
Medicator, **M** 186
Medici, M 194
Medicina, Int. 264; F 284
Medicinae, T 141
Medicinam, C 964

Medicos, P 861; S 459
Medictus, C 280
Medii, R 96
Medio, A 598; L 269; M 135, 191
Mediocris, G 159
Mediotollonium, M 135
Meditor, M 155
Meditullium, M 191
Meditus, M 186
Medium, M 172; T 242
Medius, E 167; I 63
Mediustidius, M 154, 176
Medulla, M 195
Megale, M 166
Mei, Int. 108, 112; A 7
Meio, M 163
Mel, N 58
Melarium, M 142
Melchizedech, Int. 209
Melfoben, M 183
Melinus, M 130
Meliora, P 525
Meliorem, P 523
Melito, M 155
Melius, P 735; S 69
Meliuscula, M 158
Meliuscule, M 159
Melle, M 334
Mellcatum, U 155
Melodiam, M 190
Melodium, M 150
Meloncolia, M 133
Melopeum, M 171
Melopeus, M 134, 179
Melops, M 173
Melos, M 157
Melotis, M 129
Membra, T 225
Membranaticius, L 9
Membranum, P 394
Membrorum, C 678; M 269; P 127
Membrum, Int. 76
Memet, M 189
Meminit, R 155
Memor, Int. 338; A 586
Memoria, Int. 306; A 85, 91; E 232, 237; M 238
Memoriam, S 682
Memoriem, P 162
Mendacio, M 125
Me[n]dacium, C 332
Mendacium, I 333
Mendax, F 44, 312, 404; I 483
Mendicitates, S 541
Mendicus, S 542
Mens, O 59
Mensa, T 302
Mense, M 148
Mensis, H 93; M 149
Menstrua, M 148
Menstrum, M 136; S 285
Menstruum, M 149
Mensularius, T 275
Mensum, M 185
Mensura, Int. 301; D 255; M 225; P 773; T 230
Mensurae, D 149; P 173
Mensuras, G 39
Mensurat, M 184
Mensuratio, G 1; L 42
Mensuratum, M 185
Mensurauit, D 160
Menta, Int. 222
Mentagra, M 198
Mente, A 137
Mentis, A 157 (bis); E 23
Mentitur, E 179
Mentitus, C 567
Mento, P 276; S 417
Mentor, M 168
Meo, M 140
Mercando, M 164
Mercatis, N 174
Mercatur, N 189
Mercedarius, M 181
Mercedis, M 164
Merces, M 164
Mercidem, M 181
Mercimonia, M 153
Mercis, Int. 160; E 155; M 164
Mercuri, C 168
Mercurium, M 197
Mereo, M 162
Merepsica, M 132
Meretrices, L 283; P 689
Meretriciae, P 642
Meretricis, M 31
Meretricius, S 464
Meretricum, C 687; L 103; S 156
Meretrix, L 285; P 641, 644
Merga, M 199
Mergae, M 182
Mergiseo, p. 78, note 3
Mergisso, M 187
Mergite, M 167
Mergulus, M 160
Merit, M 177, 192
Meritricum, L 143
Mero, M 188
Meror, M 196
Merore, A 632
Merorem, Int. 292
Merorum, E 308
Merotetes, M 138
Merothece, I 142
Merui, E 134
Merula, M 165
Merum, M 144
Merx, M 161, 164
Mesias, Int. 211
Mesopicatum, M 172
Mesores, M 152
Messalia, M 175
Messem, C 305
Messes, M 182
Messor, M 175
Mestificis, A 636
Mestificum, M 196
Meta, M 127
Metadictio, M 170
Metafora, M 139
Metafrasin, M 124
Metallaris, R 149
Metallo, I 87
Metallum, A 883; E 285
Metas, M 126, 137
Metendo, M 152
Meticulosus, M 146
Metit, M 151
Metitur, M 184
Metonomia, M 169
Metra, M 171
Metricins, M 200
Metrum, D 230; M 128
Metuendus, M 146
Metuens, I 18; U 192
Meus, Int. 105, 119, 203, 235; B 69
Micat, T 210; U 161
Micha, Int. 213
Michael, Int. 200
Migare, C 127
Migma, M 229
Mihi, U 171 (bis)
Miles, A 376; U 140
Milia, L 131
Milis, O 266
Militare, E 176
Militaris, T 123
Militat, O 266
Milite, M 228
Militiae, M 348; U 51, 67
Militiam, M 216
Militiarum, S 54
Militibus, D 312; T 180
Militis, A 824
Militum, A 117, 159; C 17, 190, 670; F 88; G 148; H 94; M 102, 331; O 207, 293
Militum, O 189
Milium, M 202, 209
Millenam, C 377
Millum, M 215
Miluus, I 303; M 201
Mimo, I 228
Mimographus, M 212
Mimopora, M 208

Mimus, A 870; M 231
Minaci, M 223
Minante, M 226
Minantur, I 259
Minat, A 27
Minatur, M 217
Minax, M 213
Mine, M 210
Minerba, M 203
Minerua, P 89
Minet, M 211
Mingebant, M 58
Mingente, M 163
Minicus, M 219
Minimi, M 377
Minister, Int. 82; A 209, 378; D 210; F 78
Ministratio, A 696
Ministrator, A 699
Ministri, E 148; L 167; S 31
Ministris, P 78
Minitante, M 226
Minitatur, M 217
Minor, C 469; H 111; I 282; L 49; P 345
Minores, A 912; C 340, 435; P 241; S 171
Minoris, A 922
Minuatus, E 443
Minuere, C 598
Minus, Int. 51; A 50; F 123; P 474, 602; S 291; T 103; U 59
Minuta, C 154; F 295
Minutus, O 65
Minxi, M 163
Mirabilis, Int. 210
Miracula, P 47
Mire, M 220
Miri, S 39
Mirifillo, M 204
Mirum, M 207 (bis); N 130, 141
Misa, E 231
Miscet, C 20
Miscunt, C 185
Misellus, M 214
Miser, M 214
Miserabilis, Int. 5
Miserabiliter, E 552
Miserabit, E 361
Miserandum, M 222
Miserere, Int. 186
Miseria, A 313
Miseriae, T 312
Misicus, M 216
Misit, M 205
Misitat, M 205
Misteria, O 260
Misterium, M 218
Mistice, M 206
Misuratio, M 225
Misus, Int. 20; C 659
Mitigare, M 372
Mitigat, M 224
Mitra, M 227, 230; R 101
Mitrae, C 191
Mitras, G 11
Mittere, A 457
Mittit, A 473; E 177; I 7; L 145
Mittitur, A 354; C 44
Mittunt, S 66
Mittuntur, I 320
Miuparones, M 221
Mixtum, E 118; M 334
Mobilitatem, C 420
Moderari, M 290
Moderate, C 172
Moderatus, M 213
Modernos, M 263
Modestia, F 354
Modi, A 813
Modica, A 305, 329; C 150; H 129; M 328; O 165; P 79, 500; T 72
Modicae, M 143
Modice, E 171; P 96, 143, 291
Modici, H 129
Modicum, L 124; M 22; P 394; S 624
Modicumque, Q 2, 63
Modicus, C 61; Q 71; R 4; S 370 (bis); U 6
Modioli, M 256
Modiolum, S 311
Modios, A 585; C 364; M 131; T 248
Modium, M 128
Modius, M 255; S 49
Modo, A 477 (bis); N 148, 155; Q 74
Modula, P 773
Modulabilis, M 233
Modulamen, M 279
Modulant, M 268
Modulatio, M 244, 247
Modulationis, S 720
Modulator, M 280
Modulum, M 274
Modum, A 530; D 119, 368; M 207 (bis); N 37; P 246; U 272
Modus, M 281 (bis); S 293
Moechatur, N 125
Moenia, D 359; M 234, 261
Molae, T 238
Molares, M 240
Molata, C 739
Moles, M 237, 284
Moleste, A 103
Molestissimum, M 252
Molestus, I 400; M 277
Molibus, M 262
Molimen, M 286
Molire, M 276
Molis, C 114; T 260
Molitionibus, M 282
Molitur, M 235, 246
Mollem, C 458
Molles, C 372; E 63; M 245
Mollibus, L 137
Mollities, M 68
Molosus, M 285
Momenta, S 677
Momenti, F 360
[Mo]mento, S 417
Momentum, M 242, 259
Monarcha, M 273
Monarchia, A 591; M 253
Monarchus, M 272, 278
Monasterium, E 299; M 248
Monesticon, Int. 217
Monile, C 889
Monima, R 254
Monimenta, M 241
Monimentum, M 239
Monofealmon, M 232
Monogamia, M 250
Monometron, Int. 218
Monopolarius, M 265
Monotalmis, M 287
Monotonus, M 291
Mons, p. 1; Int. 13; A 317, 353, 831; F 428, 433; H 76; O 145; T 106
Monstrum, H 64, 166; M 269; O 284; P 753; S 168
Montane, I 497
Montes, P 638
Montibus, I 515; R 251; S 39
Mouticulosus, A 408
Montis, C 163; O 280
Montium, I 502
Monumentis, M 283
Monumentum, M 238, 249
Monupolium, M 266
Mora, A 167; M 271, 292
Moralis, A 323; E 316; T 244
Moralium, P 653; T 255
Moram, D 196
Morbi, A 686
Morbidosus, M 267
Morbis, M 267
Morbo, T 39
Morbus, L 327; P 141; R 32
Mordacius, M 264
Mordet, M 236
Mordicos, M 251

More, M 140; N 157; R 193; S 631
Morenula, M 288
Mores, P 787
Morgit, M 257
Moribus, M 275
Morigeri, M 275
Morio, H 44
Moritur, D 131, 292; O 51
Morosus, M 254
Morotonus, M 260
Mors, E 556; L 259; N 81
Morte, C 301
Mortem, D 305
Mortiferis, L 263
Mortifero, F 145
Mortiferum, L 267
Mortis, Int. 306
Mortui, C 165; E 62
Mortuis, E 423; I 320
Mortuorum, E 524; F 124; I 265; N 83; S 30
Mortuus, Int. 202
Moses, Int. 201
Mosiclum, M 258
Mosicum, M 289
Motatio, D 366
Motus, G 54; T 213
Mouebor, M 270
Moueri, A 91
Mouet, C 392
Mox, A 213
Moysica, M 233
Mucro, M 310, 327; P 873
Mufex, M 361
Mugil, M 332, 339
Muginatur, M 349
Mulcare, M 307
Mulcat, M 320
Mulcatur, M 308
Mulcauit, M 300
Mulcendis, M 373
Mulcere, M 372
Mulcet, M 316, 326, 350
Mulcido, M 190, 247
Mulcifer, M 326
Mulcit, M 354
Mulcra, M 370
Mulgarium, M 370
Mulgatores, M 299
Mulgit, M 341
Mulier, E 69
Muliere, R 190
Mulieris, L 29
Mulierum, N 54
Mulio, M 338
Mulsum, M 334
Multa, M 318
Multabitur, M 344
Multae, S 731
Multarum, Int. 8
Multat, M 363
Multata, M 330
Multatio, M 311
Multatur, M 369
Multatus, M 365
Multauit, M 367
Multi, C 804; D 302; N 132; P 510
Multifariam, M 359
Multifarius, M 357
Multiloquax, M 357
Multimoda, M 293
Multiplex, M 293
Multiplicem, M 359
Multis, I 293; P 90
Multitudo, Int. 54; C 366; F 89, 316; G 150; I 527; S 222
Multo, O 286; P 579
Multorum, Int. 257; A 591, 781; C 562; E 161; G 132; U 247
Multos, C 774
Multum, C 206; D 304; I 359
Muluctra, M 314
Munda, M 364
Mundandos, P 505
Mundantur, C 495; R 257
Mundat, E 462; U 61
Mundi, O 289
Munditiae, L 24
Mundorum, C 70
Mundum, L 10
Mundus, I 55
Munera, S 491
Munerarius, M 361
Munerum, D 263; M 331
Munia, M 348, 353
Municeps, M 294, 319, 321
Municipalis, M 321
Municipatum, M 303
Municipatus, M 322
Municipia, O 191
Municipii, M 319
Municipium, M 328
Munifex, M 345
Munifica, M 295
Munifice, M 371
Munificentia, M 333, 362
Munificus, M 347
Munila, M 315
Munit, I 334; S 262
Munitionem, C 741
Munitoria, M 323
Munitus, M 317
Munus, M 345; N 45
Murcus, M 304
Murenula, M 302
Murex, M 329, 342
Muria, M 340
Murica, M 296
Murice, M 306, 342, 352, 375
Murices, L 52
Murilium, M 355
Muris, M 343
Murmur, R 212
Murmurat, M 346, 351; O 48; S 604
Murmurator, p. 78, note 3
Murmuratum, M 187
Muros, P 196, 880
Murra, M 313
Murrat, M 351
Murratum, M 374
Mursus, O 137
Murum, Int. 145; I 366; L 269; P 61; U 9
Murus, M 234, 378; N 15; U 6
Mus, M 343
Musa, E 281; M 183; P 401; T 154
Musae, E 347
Musarum, H 76; O 205
Musat, M 351
Musca, C 149, 150; M 358, 376; S 452
Muscarium, F 218
Muscarum, C 531, 980
Muscellas, G 55
Muscipula, M 321
Musculorum, D 294
Muscus, M 312
Museum, O 205
Musica, M 368; P 549
Musicanter, M 298
Musiranus, M 336
Musitat, M 309
Musorum, p. 86, note 2
Mussitatio, p. 91, note 3
Mustacia, M 335
Muste, M 297
Mustela, M 337
Mustelis, B 32
Mutare, M 366
Mutatio, I 179
Mutę, E 123
Mutilanda, M 305
Mutilantur, E 5
Mutilare, M 366
Mutilat, M 325, 346, 356
Mutilum, M 301
Muto, M 301
Mutuli, M 377
Muturat, M 360
Mutus, B 11; E 121
Myrmicaleon, M 379
Myro, M 380
Myrtus, M 381
Mysticae, S 731

Naama, N 12
Nabat, N 23
Nablium, Int. 230
Nabulum, N 47
Naeteos, N 15
Nafissa, Int. 228
Naides, N 20
Nam, A 25
Nanciseeretur, N 21
Nanciscitur, N 29
Nanetus, N 4
Nanctus sum, N 6
Nando, N 13
Nantes, N 27
Napis, N 40
Napta, N 17, 33
Nardi, N 37
Nardum, N 37, 49; P 405
Nardus, N 19, 28
Nario, N 16
Narium, C 279
Narrat, E 31
Narratio, E 234
Narrationem, P 566, 569, 624
Nascendi, C 677
Nasciosus, N 39
Nascit, Int. 192
Nascitur, A 247, 392, 426; B 192; G 95; I 118; P 135, 712; S 390
Nascuntur, A 816; S 65; U 289
Nasturcium, N 14
Nat, N 18
Natalicius, N 45
Natalis, N 45
Natando, N 13
Natans, R 102; S 255
Natantes, N 27
Natantibus, L 132
Natat, N 18
Nati, O 3
Natium, N 26
Natiuum, N 42
Nato, P 881
Natrix, N 36
Natu, G 145
Natura, H 64; N 26; P 351; S 679
Naturale, G 62
Naturalis, F 167
Natus, A 24, 292; C 906; E 388; F 245; L 338; O 231; P 534; R 252; U 138
Natzareus, Int. 225
Nauale, N 22
Naualia, N 146
Naualis, N 3, 10, 35, 44
Nauarcus, N 2
Nauare, N 30, 43
Nauaretis, N 31
Nauat, N 32, 31
Naue, P 665
Nauem, S 66
Naues, C 955; F 114; N 35
Naui, G 30
Nauibus, C 497, 661; P 660
Nauicula, C 307, 949, 959; L 123, 253; S 191
Nauigabilis, N 8
Nauigantibus, F 114; N 31
Nauigat, E 474
Nauigator, N 41
Nauis, A 441, 753; B 13; C 222, 324, [373], 472, 973, 981; F 73, 439; L 55, 154, 252; N 2; P 684, 860; R 28; S 640; T 253, 350
Nauita, N 41
Nauiter, N 1, 9, 48
Nauium, A 621; C 213, 346; R 199
Naumachia, N 11
Naumachiae, N 50
Naumachium, N 10, 44
Naus, N 11
Nausatio, N 5
Nausia, C 914; H 79
Nauticum, A 553; C 184
Nauum, Int. 229
Nauus, N 7, 24, 25, 38
Nazarei, N 46
Ne, N 96; Q 58
Nebris, N 66
Nebula, G 108
Nebulo, N 94
Nebulonis, N 65
Nec, A 306; N 57 (bis), 77 (bis), 98 (bis)
Necabantur, N 101
Necessaria, U 303
Necessarium, O 182
Necessarius, N 72
Necessiam, S 292
Necessitudo, G 129; N 71
Necet, P 652
Necis, N 73
Necromantia, N 83
Nectar, N 58, 75, 99
Nectarius, N 51
Nectit, N 87, 89
Nefanda, N 62
Nefandi, N 84
Nefando, I 222
Nefandum, M 222
Nefarium, N 56
Nefas, C 570; N 102
Nefastus, N 56
Negandi, I 189
Negant, D 42, 296
Negas, A 57
Negat, A 69; D 27, 309
Negatio, A 77, 665
Negationes, I 402
Negatiua, L 168
Negauit, A 11, 52
Neglecto, P 493
Neglegenter, A 36; D 116
Neglegentes, A 695
Neglegentia, I 330
Negligiosus, S 622
Nego, D 299; I 284
Negotia, A 383; N 64
Negotiant, E 162
Negotiatio, L 303; P 658
Negotiationes, M 153; N 183
Negotiator, I 233; M 48
Negotii, G 73
Negotio, N 95, 198
Negotium, N 79
Nemo, I 176
Nemora, A 916
Nemorosa, A 149
Nemorosum, N 68; O 192
Nemorosus, L 324
Nemus, H 7
Nen, S 95
Nenias, N 54
Nenior, N 80
Nentes, N 82
Neofitus, N 100
Neomeniae, N 53
Neophitus, N 63
Nepa, N 61
Nepos, A 612
Nepotum, P 491
Neptalim, Int. 226; N 59
Neptam, N 55
Nequam, N 78, 190
Neque, N 70
Nequid, N 52
Nequiquam, N 67
Nequirem, N 85
Nequis, N 96
Nequus, N 78
Neruis, F 236
Neruus, N 97
Nescire, D 120
Nescit, S 566
Nestorio, N 92
Netila, N 60
Netum, N 74
Neu, N 76
Neue, N 76
Neuer (for neutri), S 461
Neuis, N 69
Neuque, N 70
Nex, N 73, 81
Nexa, N 88
Nexius, N 91
Nexu, N 93
Nexui, N 86
Nexus, N 90

Ni, N 129; Q 58
Nibarius, N 127
Nicolatis, p. 82, note 2
Nicolaum, N 116; p. 82, note 2
Nicto, N 120
Nigelli, N 121
Niger, B 46, 212; C 333; T 69
Nigra, F 139; N 119; P 845, 882; S 158, 474; T 192
Nigri, A 604; C 342; N 121
Nigrum, A 880, 929; T 98
Nigrus, M 130
Nihil, N 122
Nihili, N 122
Nihilo, N 168
Nilhominus, N 110
Nilminus, N 110
Nimba, N 111
Nimbi, N 103
Nimia, U 164
Nimirum, N 130
Nimis, T 98
Nimius, I 481
Nimmo (for immo), Q 56
Nimpha, N 109
Nimquis, N 128
Nineue, N 118
Ninguit, N 117
Ninnarius, N 125
Nisi, N 115 (bis)
Nisu, N 112
Nisus, N 104
Nitelli, N 124
Nitescit, C 40
Nitet, N 105
Nitidis, P 373
Nitit, E 211
Nititio, S 137
Nititur, N 126; T 108
Nitor, N 114
Nitores, N 124
Nitorium, N 108
Niuata, N 123
Niue, N 107, 123
Niueum, N 107
Nixu, N 131
Nixus, N 106
Nob, N 139
Nobiles, E 333
Nobilis, E 530; I 239; N 135, 137, 170, 171; P 740
Nobilitas, E 343; G 81; S 441
Nobilitat, C 454
Nobis, Int. 186; C 418
Nocens, N 91, 153; S 415
Nocentissimo, I 100, 337
Nocte, I 192 (bis)
Noctem, I 128
Noctes, P 298
Noctet, N 139
Nocticula, N 156
Noctua, N 138, 145
Nocturnos, U 198
Nocturnum, H 166
Nodis, S 484
Nodo, E 196
Nodus, N 152
Noe, Int. 221
Nollem, N 85
Noma, N 172
Nomen, p. 1; Int. 120, 281, 302; A 368, 442, 451, 525, 629, 677, 738, 774; B 156; C 144; E 335, 347; F 272; G 139; H 77, 78; I 3, 16, 42, 468; N 31, 122; O 280; P 173, 240, 433; R 177; S 92, 94, 221, 273, 289, 303, 480, 560, 669; T 294; U 81, 203
Nomenclator, N 161
Nomendator (for -clator), N 140
Nomina, F 20; L 9; P 510
Nominat, A 442; S 296; T 2, 5
Nominatim, U 221
Nominatus, Int. 290
Nomine, C 433; N 165; O 158
Nomisma, N 144
Non, A 55, 72, 461, 464; B 177; C 127; D 15, 23, 106, 202, 236; E 181, 221, 246, 252; F 124, 196; H 3, 4, 33, 34, 121; I 157, 161, 164, 360, 362, 381, 382, 393, 415, 426, 450; L 158; M 164; N 62, 128, 133 (bis), 134 (bis), 141 (bis), 143, 147, 148 (bis), 154 (bis), 162 (bis), 164 (bis), 168; O 12, 257; P 870; Q 48, 61; S 66
Nonne, N 143
Nonnulli, N 132
Nonnullus, N 166
Norma, N 142
Norunt, N 169
Nos, C 418
Noscit, N 149
Nostrates, N 158
Nostrone, N 157
Nostrorum, N 157, 158
Nota, N 135, 170
Notae, N 160
Notam, N 150
Notarius, S 122
Notata, C 331
Notatam, N 151
Notatio, C 517
Notatus, N 163
Notis, M 83
Notissimus, I 54
Notum, N 180
Noua, R 93, 222
Nouo, Int. 227
Nouę, I 81
Noueletum, N 155
Nouellae, N 155
Nouellis, N 100
Nouem, P 281 (bis)
Nouerca, N 167
Nouissima, E 258
Nouissimum, I 54
Nouissimus, U 239
Nouitatem, D 49
Nouos, M 263
Nouum, C 272; I 347
Nouus, R 233; T 164
Noxa, N 136
Noxius, N 153
Nubenter, E 238
Nubentibus, G 50
Nubes, N 103
Nubila, N 179
Nubilat, I 503
Nubit, I 388
Nuces, G 101
Nucli, N 191
Nudi, E 397
Nudos, G 189
Nudui, N 86
Nudustertius, N 176
Nugacitas, N 187
Nugando, N 202
Nugas, N 190
Nuit, N 180, 186
Nulla, E 75
Nulli, A 150; I 388
Nullis, I 392
Nullius, A 591; F 360
Nullo, N 198
Nullum, F 340
Nullus, A 110; I 461
Numen, U 62
Numeralis, A 719
Numerauit, P 304
Numero, Q 80
Numerum, C 381
Numerus, Int. 274; A 333; C 12, 670; D 170; M 102
Numiue, N 195
Nummi, A 854; N 192; Q 15
Nummisma, N 192
Nummismum, N 175
Nummorum, N 173
Nummulari, C 697
Nummus, O 65

Numquam, N 194, 196 (bis); P 174
Numquid, N 199
Numularius, N 173
Nunc, H 161; S 29
Nundinae, N 183
Nundinat, N 189
Nundinatio, N 178
Nundinis, N 174
Nunti, U 118
Nuntiantur, R 230
Nuntiat, D 92; P 331
Nuntio, N 181, 188
Nuntios, B 87
Nuntius, Int. 2, 3
Nuper, N 63
Nuptiae, H 113; M 250
Nuptiales, T 113
Nuptię, D 164; G 26; H 117
Nurus, N 182, 200
Nusquam, N 194
Nutaret, N 201
Nutat, N 197; U 44
Nutibus, N 177
Nuto, L 83
Nutriat, E 49
Nutrientur, F 294
Nutrimentum, H 5; T 124
Nutrire, R 36
Nutrit, E 48; F 267
Nutritor, A 452
Nutritores, P 20
Nutriunt, T 111
Nutrix, A 496
Nutu, N 185, 193
Nux, N 184
Nymbus, N 113
Nymphae, N 20

O, O 277
Ob, O 60
Obauditio, S 330
Obediens, D 288
Obedientes, M 275
Obedisse, P 181
Obelis, O 33
Oberatus, O 89
Obesca, O 91
Obessus, O 44
Obest, O 77
Obestrum, O 34
Obeunda, O 9
Obeuntia, O 45
Obex, O 107
Obis, p. 87, note 1
Obices, O 7
Obicit, I 283; O 11
Obicula, O 108
Obiecte, O 95
Obiectionibus, O 105
Obiecto, O 47
Obiectus, O 96
Obiit, D 249; O 54
Obitum, P 534
Obiurat, O 75
Obiurgans, O 25
Obiurgat, O 4
Oblatrat, O 48
Oblectare, O 49
Oblicum, A 246; O 81, 102
Obligamentum, O 43
Obligata, O 40
Oblimat, O 84
Obliquat, O 5
Obliquum, O 29
Oblita, O 40
Obliterarent, O 42
Obliteratum, O 53
Oblitterans, O 82
Oblituit, D 182; O 67
Oblitum, C 926
Oblitus, Int. 210
Obliuio, M 28
Obliuione, O 53
Obliuiosus, Int. 211
Obliuisci, A 36; O 223
Obloquendum, O 6
Obmutuit, T 189
Obnectare, O 74
Obnexus, O 61
Obnixe, O 38, 51
Obnixus, O 30, 66
Obnoxius, O 106
Oboliscus, O 22
Obolitio, O 1
Obolitionem, A 514
Obolus, O 65
Oborti, O 3
Obortus, O 20
Obpanso, O 47
Obpilat, O 69
Obponit, O 11
Obponuntur, O 7
Obpuguat, O 4
Obrepenter, O 87
Obrepsit, R 95
Obreptione, O 32
Obriguit, O 28
Obripuit, O 58
Obrizum, A 950; O 24
Obruerat, O 63
Obruere, O 97
Obruit, O 50
Obruptus, P 730
Obrute, O 92
Obscenus, O 15
Obscines, O 83
Obsculatio, O 46
Obscura, A 560; E 195
Obscuratio, O 88
Obscuratum, O 53
Obscuratur, S 81
Obscuratus, E 538
Obscuriones, S 144
Obscuritas, E 186
Obscuritatem, F 154
Obscurum, A 880, 929; T 347
Obscurus, T 125
Obsecundat, O 14, 19
Obsedatus, O 99
Obseptus, O 57
Obsequens, N 24; P 52
Obsequio, D 181
Obserrat, O 71
Obseruandum, A 178
Obseruant, A 821
Obseruat, E 435; P 578
Obseruatio, C 475
Obses, O 68
Obsessa, O 72
Obsides, O 23
Obsiguat, O 16
Obsillagis, O 94
Obsit, O 56
Obsitus, O 52
Obsolitus, O 27
Obsolutus, C 216
Obsorbens, D 157
Obstaculum, O 73
Obstando, O 274
Obstentat, O 86
Obstes, O 104
Obstinacissimus, O 12
Obstiuat, O 79
Obstinata, O 59
Obstinatus, O 31, 85
Obstipuit, O 58
Obstipum, O 81
Obstrependum, O 6
Obstruere, O 8
Obstruit, O 64
Obstrusa, O 98
Obtatis, O 70
Obtegit, O 93
Obtendere, O 62
Obtentat, O 21
Obtentu, O 18
Obtenuit, O 21, 37
Obtestatur, O 75
Obtexerat, O 63
Obticuit, O 76
Obtinere, O 78
Obtinet, P 532
Obtinetur, S 308
Obtinuit, O 103
Obtio, O 2, 10
Obtrectans, O 17
Obtriit, O 90
Obtulit, A 248
Obturans, O 26
Obturare, O 8
Obturat, C 127; O 100
Obtutibus, U 219

Obtutus, O 101
Obuallatum, O 13
Obuiantes, A 821
Obuibulare, O 80
Obuiet, O 55
Obuix, O 41
Obumbrat, C 811
Obunca, O 39
Obuncans, O 25, 36
Occa, O 111
Occabat, O 123
Occasi, O 179
Occasum, I 246
Occasus, H 66
Occide, O 238
Occidendi, D 41
Occiderent, E 369
Occidit, I 514
Occiditur, M 369
Occiduae, H 43
Occipit, O 117
Occipitium, O 118
Occipiunt, O 119
Occiput, O 113
Occisi, D 320
Occisus, F 440
Occubuit, O 112
Occulta, A 689; L 82, 112; O 98
Occultat, R 146
Occultauit, A 88
Occulto, C 462
Occultum, C 448
Occulunt, O 122
Occuluntur, O 115
Occupata, O 72
Occupatum, P 720
Occupauit, C 269, 355; O 109
Occurrere, O 120
Occusare, O 120
Oceanum, O 125
Ocearium, O 121
Ochazias, Int. 233
Ociano, T 351
Ocior, O 116
Ocius, O 114
Ocreis, O 110
Oculo, U 191
Oculorum, A 117; P 681
Oculos, C 200, 323
Oculosus, T 198
Ocultant, O 122
Ocultantur, O 115
Oculum, M 232
Oculus, O 116
Ocurris, O 121
Ocursauis, O 121
Odas, O 129
Odio, E 511; H 109
Odiosum, P 223
Odiosus, O 127
Odiporicum, O 128
Odit, P 231
Oditur, O 127
Oditurus, O 285
Odium, F 19; U 25
Odo, O 126
Odor, N 114; P 352; S 370; T 175
Odorem, A 712; F 329; R 147; T 98
Odorifer, N 51
Odoris, N 28; S 39
Odus, S 727
Oephi, O 131, 132
Oethippia, O 130
Offa, O 137
Offecit, O 134
Offendit, O 133
Offensus, L 106
Offici, N 161
Officia, E 423; M 348, 364
Officialis, A 378
Officii, N 140; P 674
Officio, O 138
Officit, O 136
Officium, N 43; U 3
Offirmans, O 135
Offocauerit, E 4, 349
Offucat, A 648
Ogastrum, O 139
Olastrum, O 157
Oleaster, O 153
Olei, A 540; L 124; M 340
Olentes, O 142
Olera, O 148
Olet, R 50
Olfactoriola, O 140
Olfactum, O 150
Olgastrum, O 149
Oligia, O 147
Olim, O 155
Olimat, O 146
Olimphum, O 144
Olimpus, O 145
Olioquin, S 317
Oliri, O 154
Olitana, U 99
Olinarum, T 260
Ollae, A 530
Ollas, L 102
Ollim, S 260
Ollita, O 143
Olocaustomata, O 151
Olor, O 141, 152
Olores, O 156
Olus, G 89
Olustri, O 148
Omasum, O 169
Ombri, Int. 235
Omelias, O 159
Omen, O 160, 170
Omena, O 163
Omenstrum, O 165
Omentum, O 166
Omer, O 170
Omina, O 161
Ominans, A 885
Omisa, O 167
Omitta, O 168
Omitto, O 164
Omne, O 980
Omnem, O 125
Omnes, G 61; T 13
Omnia, Int. 301; E 82; F 350; G 59; M 326; P 804; S 61
Omnibus, E 211; O 218
Omnimodo, O 162
Omnipotens, Int. 282; P 50
Omnis, C 495; S 351
Omnium, C 361; G 38; P 66, 120, 127
Omonima, O 158
Omusium, Int. 4
Onerosus, F 84
Onesiforus, O 176
Onestus, O 172
Onichinus, S 466
Onix, O 171
Onocentaurus, O 177
Onocratallus, O 175
Onomastice, Int. 238
Ontax, O 173
Ontigometra, O 174
Opacum, O 192, 209
Opansum, O 220
Ope, I 390; O 180, 197
Opem, O 190
Opera, D 35
Operam, E 257
Operata, E 286
Opere, F 121; N 171; O 212
Operentur, E 276
Operepretium, O 182
Operi, O 179
Operiebamur, O 183
Operiens, O 195
Operientes, O 188
Operior, O 198
Operis, D 250; O 200
Operiunt, O 187
Operosa, O 222
Opertus, T 114
Opes, O 196
Opessulatis, O 214
Opibus, O 194
Opido, O 185
Opifex, O 178
Opificium, O 216
Opilauit, O 186
Opima, O 184, 219

Opimis, O 201
Opimus, O 194
Opinautur, N 98
Opinare, O 208
Opinatores, O 217
Opinax, O 218
Opinio, O 203
Opinionem, R 226
Opinum, N 77
Opitulatio, O 193
Opium, O 215
Oplere, O 223
Oportet, P 468, 713
Oportuna, I 193
Oportunitatem, O 210
Oportunum, I 164; T 65
Opotatis, A 923
Oppida, O 191
Oppidum, O 202
Oppilatae, O 221
Oppilauit, O 206
Opponit, O 79
Opposita, O 59
Oppositus, O 61
Oppressionem, I 255
Oppri (? for nomen proprium), A 861
Ops, O 204
Optima, O 184
Optimates, O 35
Optime, A 219; U 249
Optimi, N 28
Optimo, A 950
Optimus, P 820
Optio, O 207
Optionarius, O 189
Optum, T 136
Opturantes, O 211
Opulentam, O 199
Opulentus, O 181
Opum, D 321 (bis)
Opus, Int. 256, 257; M 362; N 79; O 138, 205, 213; P 289; S 516
Or, O 253
Ora, M 3; O 243, 246
Oraculum, O 241, 256
Oraria, O 226
Oratio, A 156; D 108
Orationum, P 591
Orator, O 251
Oratores, O 240
Oratorium, M 22
Oratorum, P 795, 796
Orbanae, O 242
Orbautur, O 242
Orbatus, O 249
Orbia, O 263; p. 87, note 1 (quater)
Orbiam, p. 87, note 1
Orbis, G 161; I 34
Orbita, O 233, 264
Orbitae, O 267
Orbitate, I 446
Orbs, P 526
Orbus, O 257
Orchi, O 239
Orcistra, O 237
Orcus, O 228, 231
Ordei, T 186
Ordeo, T 357
Ordiar, O 235
Ordinalis, T 344
Ordinare, P 18
Ordinarius, O 266
Ordinata, S 254
Ordinatio, R 97
Ordinatissimam, O 232
Ordinatum, D 40
Ordinatus, O 252
Ordine, A 398; O 266; R 193; S 266; T 99
Ordines, A 626
Ordior, A 94
Ordo, A 117; B 102; O 247 (bis), 261; S 249; T 334
Oreae, O 259
Oreb, Int. 231
Oresta, O 229
Orge, O 238
Orgea, O 260
Orgia, S 107
Oridanum, O 225
Oriens, E 224
Orientale, S 344
Orientalibus, E 229
Oriente, E 225, 335
Orientis, A 760
Origanum, O 224
Origenari, O 258
Origenaria, O 250
Originem, I 355; P 833
Origo, C 139; F 292; P 791; S 496
Orion, O 255
Oripilatio, O 230
Oris, B 200; R 187; T 231
Ornamenta, B 169, 205; F 88, 389; P 357, 705; S 671; p. 92, note 3
Ornamentum, D 301, 313; S 518
Ornat, A 257; I 495
Ornata, A 362; B 29
Ornatae, S 138
Ornatos, P 803
Ornatu, C 897
Ornatum, E 418
Ornatus, C 768, 794; E 380; P 330, 545; U 267
Ornus, O 248
Orolei, G 135
Oroma, O 262
Orpleuit, O 254
Orsa, O 244
Orsus, O 245
Ortator, I 62
Orti, A 723
Ortigomera, O 236
Ortodoxi, O 227
Ortografia, O 265
Ortu, E 68
Ortus, O 234
Os, Int. 241, 243; H 122; I 478; O 271
Osanna, Int. 232; O 277, 288
Osci, O 271
Oscillae, O 268
Oscines, O 270
Oscitantes, O 272
Oscitatur, H 27
Oscitauit, O 283
Oscula, B 26
Osculat, S 670
Osculum, D 3
Ose, Int. 236
Osee, O 275
Osis, H 133
Osma, O 276
Ossan, O 280
Ossibus, M 7
Ostendit, A 799; O 286; P 568, 778
Ostensio, A 806
Ostensiones, E 358
Ostentare, O 287
Ostentat, O 286
Ostentio, A 660; O 273
Ostentum, O 284
Ostentur, O 273
Ostia, O 282
Ostinat, O 278
Ostium, O 274
Ostriger, O 279
Ostro, M 352
Ostrum, O 269
Osurus, O 285
Othus, O 289
Otiosus, O 291; R 87
Otium, O 281, 290
Ouantes, O 293
Oue, S 681
Oues, B 20, 134
Ouis, Int. 269
Oxia, Int. 237
Ozasanga, O 293
Ozias, Int. 234; O 294

Pabula, R 260
Pabulatores, P 20, 186
Pacatus, P 34, 35
Pacem, P 34

Pacificae, H 148
Pacificus, Int. 283; P 35
Pacin, P 111
Pacis, Int. 32, 118; F 152; P 86
Paciscitur, L 232; P 86, 180
Pactio, P 25
Pactiones, P 44
Pactum, C 563; F 266; P 39, 86, 325
Pactus, P 143
Padus, E 296
Paedor, p. 91, note 3
Paganicus, P 33
Paganorum, M 154; P 167
Pagi, P 162
Paginae, S 161
Pagus, P 119, 164
Palagdrigus, P 182
Palagra, P 117
Palam, P 582
Palantes, P 63, 68
Palantus, P 26
Palas, P 42
Palathas, P 58
Palathi, P 54
Palatina, P 14
Palatum, P 75
Paleae, P 185
Palearibus, P 36
Palendicion, P 151
Palenothian, P 112
Palestra, P 12, 91, 157
Palestrę, G 193
Pali, S 668
Palidus, H 79
Palin, P 72
Palina, P 184
Palingeneseau, P 71
Palismate, P 140
Paliurus, P 130
Palla, P 126
Palladis, P 89
Palladium, P 87
Pallam, L 125
Pallas, M 203
Pallescere, D 260
Pallidum, F 436
Pallidus, L 273
Palma, I 39; U 268
Palmae, D 292
Palmarum, C 132
Palmas, B 45; T 221
Palmata, T 221
Palmię, I 486
Palmis, P 135
Palmula, P 178
Palmiatus (for palmatus), P 105
Palos, U 22
Palpantum, P 177
Palpare, P 32
Palpebrae, T 34
Palpitans, P 5
Palteum, P 61
Paludamentum, P 7, 43, 116
Paludes, P 149
Palum, P 107
Palumba, P 103
Palumbes, P 136
Palus, L 104
Paluster, P 149
Palustris, B 163
Pampinus, P 69
Pan, P 8, 161; p. 87, note 3
Panagericis, P 77
Panagericum, P 23, 81
Pandat, O 220
Pandis, P 85
Pandit, P 31, 38
Pandum, P 49
Paneta, P 73, 74
Pangebant, P 124
Pangere, P 18
Pangit, P 57, 153
Panhosum, L 57
Panibus, P 147
Panice, P 15
Panis, Int. 44; P 59 (bis), 514
Pannis, L 258
Paupila, P 110
Panpino, T 356
Pansa, P 145
Pansis, P 53
Pansum, P 101
Panther, P 146
Panthera, P 155
Pantheum, P 48
Pantigatum, P 183
Pantium, P 8; p. 87, note 3
Panto, P 83
Pantocranto, P 120
Pantocraton, P 50
Pantominia, P 66
Pantominus, H 119
Panuculum, P 113
Papa, Int. 248; E 563
Papauer, P 166
Papilio, P 64, 129
Papilionis, M 63
Papiliuus, P 70
Papillae, P 172
Papirio, P 174
Papirum, P 123
Pappa, S 102
Pappus, P 22
Papula, P 67, 82
Par, P 132, 379
Parabsides, P 27
Parabula, P 88
Parabulam, S 346
Paraclitum, P 108
Paradisus, L 136
Paradoxa, P 46, 47
Paradoxan, P 45
Paradoxon, P 80
Paralisin, P 127
Paralypemenon, P 28
Paranimpha, P 169
Paranimphus, P 11
Paranymphus, P 150
Parasceue, P 109
Parasceuen, Int. 247; P 19
Parasceues, E 312
Parasitali, P 159
Parasiter, P 125
Parasiti, P 56
Parasitorum, D 307
Paratior, P 761
Paratus, I 433
Parazonium, P 65, 156
Parcas, P 21
Parce, I 32
Parcę, P 16
Parchedris, P 78
Parcitatem, P 43
Parco, P 41
Parcra, P 148
Parcus, F 317; T 52
Pare, P 154
Parens, D 288; G 145; P 52
Parentalia, P 167
Parentes, D 202
Parentur, A 704
Parera, P 62
Pares, P 163
Paret, F 376, 432
Paria, A 290
Paricutinis, D 55
Parilis, P 51
Pariter, P 175
Parius, P 17
Parma, P 3
Parmocopula, P 165
Parochia, P 24
Parricidio, P 179
Pars, A 685, 804; C 822, 940; E 41, 258; F 69, 439; O 118; P 99, 135, 673, 684, 854, 860; Q 15; T 83; U 58, 245
Parsimonia, P 114, 115
Parta, P 60
Parte, C 764; D 375; E 480; R 229; S 121; T 35
Partem, H 140
Partes, A 339; H 43; L 288; R 13
Partibus, A 508; E 479; S 617
Partica, P 188

Particeps, C 755
Participat, P 90, 98
Particulatim, P 6, 29
Partim, P 4
Partitudines, P 170
Partu, E 69; P 170
Partum, P 516
Parua, C 32
Paruata, P 158
Paruca, P 176
Paruipendens, P 40
Paruisse, P 181
Parula, P 128
Parumper, P 92, 96, 152
Paruulus, I 88
Paruum, P 290
Pascha, Int. 244, 245; P 102
Pascitur, U 108
Pascsos, P 118
Pascunt, C 737
Passa, U 312
Passim, P 187; U 310
Passio, P 102
Passionis, P 171
Passum, B 129
Passus, P 134
Pasta, A 415
Pastellus, P 137
Pastiarium, C 833
Pastinaca, P 122
Pastinare, P 13
Pastofolia, P 55
Pastoforia, P 79
Pastor, Int. 266; A 940
Pastorale, Int. 50
Pastoralem, G 27
Pastores, B 149; P 260
Patalogia, P 171
Patefactio, H 100
Patens, D 335; H 125
Patentem, P 97
Pater, Int. 7, 8, 32, 33, 35; A 25; B 63; P 30 (bis), 671, 712; S 9
Patera, P 106, 160
Patescit, D 194
Patet, L 242
Pathos, P 141
Patibulum, G 9; P 37
Patientia, Int. 268
Patitur, P 367
Patrafocaria, P 313
Patrate, P 93
Patratum, P 81
Patrauit, P 9
Patre, S 463
Patrem, B 5
Patres, I 328
Patri, P 144
Patria, A 341; P 580
Patriam, B 100
Patriarcha, P 1
Patrici, P 139
Patrimouia, C 331
Patrimonium, P 2, 309
Patris, Int. 40; A 7, 277, 513; P 534; T 139; U 30
Patrissat, P 144
Patrocinium, P 10; S 580
Patronus, S 579
Patruelis, C 857; P 95, 104
Patrum, P 1
Patruus, P 30, 94
Patulum, P 97
Paturia, P 121
Paturum, P 253
Paucissimus, P 142
Paucorum, Int. 125
Pauculus, P 142
Pauimentum, H 22
Pauit, P 133
Paulatim, C 348; G 186; P 29, 340; S 627
Pauli, P 199
Paulisper, P 92
Paulo, P 382
Paulus, Int. 240; P 100
Pano, P 131
Pauone, I 467
Pauper, I 390
Pauperauit, E 478
Paupercula, Int. 86; D 2
Paupertas, E 96
Paupertate, P 195
Pauperum, G 177
Paupilius, P 76
Pausans, L 116
Pausatio, L 114
Pax, C 460; Q 62
Paxillum, P 107, 173
Pean, P 317
Peccando, P 870
Peccatis, R 246
Peccatum, A 272; M 172
Peccauit, L 191
Pecodum, P 476
Pecorum, C 104
Pecten, P 319
Pectica, P 376
Pectit, P 257
Pectora, R 199
Pectus, T 138
Pecu, P 321
Pecuarius, P 346
Pecude, P 321
Peculator, P 327
Peculatus, P 245, 339
Peculium, P 309
Pecunia, A 338, 346, 354, 471, 783; O 89; P 333
Pecuniam, P 327
Pecuniç, S 293
Pecunis, S 75, 353
Pecus, A 33; B 217; M 69, 301; P 321; R 228, 247
Pedagogum, P 268
Pedatum, P 347
Pede, Int. 74; A 427; D 367
Pedem, D 115
Pedes, Int. 128, 253, 319, 320, 333; A 392; D 292; L 29; R 32; p. 99, note 2
Pedeum, Int. 317
Pedibus, P 303; T 103
Pedis, Int. 218
Pedisequa, P 190
Pedisequi, A 250
Peditatus, A 333
Peditemtim, P 340
Peditum, A 333
Pedo, P 253
Pedor, P 275, 352, 353; p. 91, note 3
Pedora, p. 91, note 2
Pedore, P 269
Pedncla, P 312
Pedum, Int. 78, 96; B 125; P 260
Pednum, Int. 262, 318
Pegaso, P 364
Pegnius, P 332
Peius, S 291
Pelagicus, P 342
Pelagus, A 314
Pelenum, P 360
Pelept, P 362
Pelex, P 355
Pelicem, P 372
Pelices, P 209
Pella, P 315
Pellace, P 221
Pellax, P 192, 274
Pelleum, G 27
Pellexerat, P 206
Pellexit, P 271
Pellibus, M 65; R 83
Pellicanus, P 498
Pellis, C 386; M 129; P 276, 371
Pelltaris, P 276
Peluis, A 443
Pena, C 146
Penates, P 228, 361
Pendens, P 308
Pendent, P 276
Penduloso, P 210
Pendulus, P 314, 358
Penetissima, P 363
Penetralia, I 159; P 338
Penetrauit, A 919
Peniculo, P 230
Penis, P 351
Penitus, I 381; M 70; P 310

Penix, P 252
Penna, A 495
Pensa, P 696
Pensationes, P 291
Penses, A 200
Pensiculatores, P 248
Pensio, D 69; P 261
Pensum, P 289
Pentametron, Int. 262
Pentecostes, Int. 246
Penticotarchus, P 348
Pentimemeren, Int. 253
Pentomen, P 365
Penula, P 246
Penum, P 316
Penuria, P 115, 285
Penus, P 297
Peperit, F 391
Pepigere, P 325
Peplum, P 224, 359
Per, A 351; C 425, 477, 855; D 34, 119; F 114; I 91, 234; P 207, 217, 229, 239, 247 (bis), 281 (bis), 283 (bis), 550; R 84; S 304, 629; T 242; U 25, 201
Per (for peri), P 196, 198
Peragit, S 61
Perago, F 399
Peragrat, L 313; P 251
Percatapsat, P 350
Percellit, P 320
Percellitur, P 287, 329
Percensit, P 233
Percensuit, P 304
Percinit, P 257
Percita, P 214
Percitus, P 208
Percommoda, P 203
Percrebuit, P 204
Perculit, P 284
Perculsa, P 194
Perculsus, P 193
Percurre, P 282
Percurritur, P 280
Percussa, M 330; P 194
Percusserit, D 292; H 36
Percussit, D 28
Percussor, E 156
Percussuit, I 15
Percussura, N 192
Percussus, B 33; P 455
Percutit, D 292; U 126
Perdere, A 543
Perdidit, L 68
Perditio, E 394; S 547
Perditus, P 754
Perdix, P 377
Perduellis, P 288
Perduellium, P 205, 218
Perduit, P 293
Pere, P 366
Peregrinatur, E 496
Peregrini, E 545
Peregrinorum, E 519; S 728; X 2
Peremit, O 90
Peremtores, M 299
Perende, P 265
Perendie, P 298
Pereperocenes, P 242
Perexiguum, P 290
Perfecit, E 53
Perfecta, A 681; E 61; G 140; R 14; S 601
Perfecte, P 93
Perfecti, S 34
Perfectio, E 57
Perfectum, F 15; P 324
Perferre, A 256
Perficaciter, P 262
Perficit, P 9
Perficitur, P 830
Perfidia, P 202
Perfidiosus, P 369
Perfidus, P 368
Perflictio, P 243
Perfunctis, P 270
Perfunctoriae, P 335
Perfunctum, P 243
Perfunditur, P 278
Perfungit, P 222
Pergendum, P 772
Pergenuat, P 344
Pergit, P 344
Perhiodas, P 300
Peri, P 195, 201
Peribulus, P 249
Pericapis, P 235
Pericope, P 225
Periculo, C 216
Periculosa, M 100
Periculum, D 227; E 16, 510, 556
Periddon, P 236
Peridoy, P 200
Peridoyn, P 199
Perifgetosias, P 234
Perifrasticus, P 299
Perinde, P 256
Periodoias, P 197
Periodos, Int. 263
Peripitegi, P 354
Periscelidus, P 330
Perite, I 40
Peritesyon, P 237
Peritia, M 141
Peritus, F 310; G 137
Perizomata, P 241
Perlata, P 296
Perlatum, P 324
Perligata, P 267
Perlustrat, P 280
Permalus, F 275
Permisit, N 186; S 372
Permittas, R 86
Permitte, S 307
Permittes, A 564
Permixtum, O 177; P 211
Permotatio, E 466
Permotus, P 193
Permulcit, p. 97, note 2
Permulserit, P 318
Permultos, C 982
Perna, P 250
Perniciosum, P 279
Pernicitas, P 263
Perniciter, P 227
Pernitidis, P 373
Pernix, P 216
Pernox, P 273
Pero, P 306
Perorans, P 302
Perornans, D 303
Perossum, P 223
Perosus, P 231
Perpendiculum, P 232, 264
Perpendit, P 356
Perpera, P 277, 328
Perperam, P 238, 322
Perperimus, P 323
Perpes, P 374
Perpessum est, P 191
Perpetem, P 378
Perpetuum, P 378
Perpinguem, O 199
Perplexa, P 267
Perplexus, P 254
Persarum, S 34
Persas, M 2
Perscelides, P 303
Persecuti, D 63
Persequendum, I 375
Persequens, A 394
Persequere, P 282; S 236
Perseueram, O 31
Perseuerant, O 51
Persictius, P 367
Persolla, P 345
Persoluebant, L 318
Persoluere, D 150
Persoluio, P 337
Persolutio, P 261
Persona, D 307; P 345
Personarum, P 366
Perspectans, P 258
Perspicuum, P 266
Perstant, P 336
Perstrenue, P 189
Perstromata, P 301, 357; p. 92, note 3
Pertegmina, P 301
Perterritus, E 355

Pertinaciter, P 212
Pertinacius, P 286
Pertinens, N 35
Pertinet, D 18; M 62
Pertitum, B 128
Pertransitur, P 272
Perturbata, S 244
Perturbatio, T 340
Perturbatione, E 313
Peruia, C 881
Peruicacia, P 295
Peruicax, P 292, 305
Peruigilans, P 273
Peruium, P 272
Perunctus, D 38
Pes, Int. 261; G 40; P 334
Pesago, p. 92, note 4
Pessimum, Int. 100; P 220
Pessul, P 311
Pessulum, P 259
Pessum, P 213, 220, 307, 370
Pestem, P 331
Pestiferum, P 201; T 98
Pestilentes, B 78
Pestiunntium, P 331
Pestis, U 195
Pesuma, P 349
Peta, Int. 254
Petalum, P 240
Petere, P 343
Peticius, P 343
Petigi, P 431
Petigo, P 244
Petilius, P 255
Petisse, P 215
Petit, Int. 18; E 86
Petitio, Int. 296
Petitione, F 220
Petitores, P 806
Petria, P 502
Petrus, Int. 63, 239
Petuita, P 375
Petulans, P 226, 326, 341
Petulantes, P 219
Petulci, P 219
Petus, P 291
Pgocias, P 195
Phalange, E 398
Phalanx, P 379
Phanicem, P 384
Pharizæi, P 390
Phasa, Int. 245
Phebe, P 388
Philactaria, P 385
Philippeos, P 387
Philippus, Int. 241
Philocompos, P 389
Philologus, P 381
Philosophi, F 156; Q 42
Philosophiae, P 354
Philosophorum, E 255
Philosophus, P 380
Philozeni, P 382
Phisillos, P 383
Phitecus, P 386
Phoebi, S 439
Piaculare, P 401
Piaculum, P 403, 426
Piae, P 403
Piare, P 406
Pice, C 926; P 400
Picea, P 438
Picis, P 425
Pieridae, P 432
Picta, C 512
Pictaci, F 209
Pictura, C 251
Pictus acu, P 421
Picus, P 424
Pieris, P 404
Piger, I 31, 170
Piget, P 399
Pigilis, P 872
Pigmentarium, M 266
Pignorauit, S 658
Pignorum, S 286
Pignus, A 630
Pila, G 110; P 410, 412, 416; S 56, 458
Pilaris, P 392
Pilas, A 738
Pilatus, Int. 243
Pilibus, M 65
Pililia, P 436
Pilimita, P 515
Pilleas, G 11
Pillentes, P 417
Pillium, T 162
Pilo, P 393; T 357
Pilos, P 858
Pilus, P 437
Pimelea, P 423
Pinam, P 430
Pinax, P 413
Pindere, P 393
Pingit, P 407
Pinguae, U 235
Pingues, M 69
Pinguibus, O 201
Pinguido, Int. 47
Pinguis, C 715; O 44; U 234
Pinna, P 419, 435
Pinnaculum, P 396
Pinnate, A 438
Pinso, P 395
Pinus, P 420
Pipant, P 422
Piperatum, U 155
Pipilio, P 168
Pirata, C 432
Piraticam, P 391
Piraticus, L 154
Piratorum, A 727
Piratus, P 434
Pirus, P 418
Pisas, O 131
Piscarum, C 960
Piscatoria, G 183
Pisces, S 174
Piscina, B 112
Piscis, E 15, 209; P 342, 439, 558; S 369, 480
Piscium, E 130
Piscosus, C 181
Pisema, P 409
Pisici, P 429
Pisticum, N 49; P 405
Pistilia, P 397
Pistillus, P 440
Pistomine, Int. 259
Pistoria, C 202, 913
Pistrilla, P 415
Pistrimum, P 408
Pistrix, P 402
Pisum, P 414
Pithagoreus, P 433
Pithi, P 427, 431
Pithon, P 428
Pithonissa, Int. 252
Pittacium, P 394, 411
Pituita, P 398
Pix, P 425
Placare, P 406
Placat, H 143; L 213
Placatio, I 305
Placatur, O 12
Placatus, F 290; S 432
Placentas, P 457
Placet, P 447
Placidum, C 401
Placidus, P 447
Placito, U 171
Placitum, D 146, 209
Placuerit, P 318
Plagae, C 413, 484; S 505
Plagarius, P 476
Plagarum, C 823
Plagas, P 460
Plagella, P 460
Planetum, H 132
Plangit, P 368
Plano, H 132
Planos, P 47
Planta, U 211
Plantago, P 462
Plantatio, S 591
Planum, E 288
Plasmatio, F 174
Plastes, P 459
Plastica, P 461
Plastrogranis, P 475
Plataria, P 467

Platisa, P 464
Platofilum, U 183
Platonis, P 466
Platus, Int. 249
Plaudet, P 479
Plaudit, P 443, 452
Plausibilis, P 445
Plaustra, P 446
Plaustrum, P 481
Plausus, P 444, 472
Plautis, P 470
Plautus, P 471
Plebem, P 480
Plebescat, P 480
Plebs, E 562; H 148; P 448, 478 (bis)
Plectator, P 454
Plectere, P 441
Plectitur, P 442
Plectra, P 465
Plectrum, P 473
Plena, C 33
Plenissimum, C 789
Plenitudo, C 850
Plenum, I 372; O 194, 223
Plenus, F 143; U 196
Pleuicola, P 477
Plexus, P 455
Pliadas, P 451
Plicat, U 141
Pliosperus, P 458
Plomonion, P 453
Plorat, H 9
Pludit, P 452
Pluit, G 186
Plumae, P 463
Plumaria, A 772
Plumario, O 212; P 463
Plumis, C 743
Plumum, P 456
Plunas, P 449
Plures, O 158; S 341
Pluribus, P 793
Plurimis, M 83
Pluris, P 469
Plus, A 257, 584; F 123; I 342; N 39; P 222, 696, 713, 716; p. 97, note 2 (bis)
Plus minus, P 474
Plusculum, P 468
Plusquam, P 468
Pluucius, P 450
Pluuia, B 191
Poalauentium, P 501
Poccrus, P 545
Pocillus, P 514
Pocula, P 106
Podorem, P 499
Poema, Int. 256; P 488, 509
Poena, P 489
Poessis, Int. 257
Poeta, C 844; P 502
Poetae, P 488
Poetę, D 230
Poetici, P 427
Poeticus, Int. 255
Pol, P 550
Polarchia, A 591
Polenta, P 497
Polentae, O 131
Polentum, P 562
Poleo, P 539
Policem, P 550
Poliendos, P 505
Polimita, T 204
Polionima, P 510
Polippus, P 558
Politica, P 494
Politis, P 511
Politissimis, P 561
Politum, P 521
Polix, C 441
Polla, P 530
Pollemma, P 549
Pollens, P 529, 551
Pollere, P 522
Pollex, C 481
Pollimus, P 487
Pollinctor, P 512
Pollinis, P 540
Pollis, P 541
Pollit, C 455
Pollui, T 96
Pollutam, L 301
Polluti, S 630
Pollutus, F 395
Pollux, A 427; P 538
Polum, A 340; P 546
Polumnum, P 554
Polus, P 526
Poma, L 64; M 60; S 476
Pomerium, P 496
Pomi, M 18
Pomorum, M 120
Pomum, Int. 207
Pondus, H 145; T 8
Pone, Int. 292; P 518, 557
Ponebus, P 485
Ponire, P 441
Pons, P 563
Pontiae, P 556
Pontiani, C 433 (bis)
Pontifex, Int. 251; A 558
Pontius, Int. 242
Pontus, N 8
Ponunt, F 342
Ponuntur, A 669; S 479
Popa, P 508
Popauer, P 512
Popellus, P 553
Poplites, A 600; P 552
Populares, L 308
Populatus, P 528
Populi, Int. 265; B 67, C 218, 340, 841
Populorum, A 593
Populum, Int. 36, 180; C 848; E 563; O 277
Populus, Int. 29; A 507; P 448, 507, 553; U 309
Porcaster, P 520
Porcellus, P 537
Porcopiscis, P 519
Porcos, U 298
Porfyrio, P 517
Porfyrionis, P 498
Porgere, P 548
Porias, P 200
Porrectis, C 210
Porrigunt, C 708, 718
Porro, Q 69
Porrus, T 210
Porta, C 736; S 162
Portae, P 495
Portam, U 6
Portans, R 226
Portant, H 152
Portantur, L 151
Portarum, P 495
Portat, E 344; G 36, 46, 85; S 314
Portata, U 69
Portator, A 798; S 202
Portatus, E 269; G 44
Portę, I 502
Portenderent, P 492
Portendit, P 490, 527, 536
Portentum, P 513
Portio, P 506
Portione, P 800
Portior, P 484
Portis, A 677
Portitores, L 166; P 483
Portitorum, P 482
Portiunculas, C 676
Portor, U 55, 73
Portum, S 497
Pos, Int. 261
Positio, N 178; S 132, 366
Positis, I 86
Positisculo, P 503
Positura, Int. 314
Positus, S 717
Possessam, P 486
Possessio, Int. 55; F 393; P 119; T 82
Possessiones, F 411
Possessionum, C 171
Possessor, A 171; F 199
Possibilitas, F 33
Possidens, Int. 65
Possidere, T 54

Post, Int. 128, 253, 319, 320; A 451; B 161; C 914; D 305; P 265, 486, 516, 534, 543, 557; T 316
Posterastinat, P 531
Postea, I 290
Postena, P 504
Posterior, O 118; P 860
Posteritas, P 491
Posteritatem, P 774
Postes, R 76
Posthabetam, P 486
Posthabeto, P 493
Posthumus, P 559
Posticia, P 500
Postliminium, P 543
Postmodum, D 61
Postremo, D 285
Postrum, P 547
Posttridie, P 544
Postulata, F 229
Postulaticius, P 555
Postulatur, P 555
Postumus, P 534
Postura, S 567
Potam, U 164
Pote, P 535; U 300
Poten, A 555
Potens, P 529
Potentia, P 121, 198
Potentiam, D 257; U 169
Poterat, A 110
Potes, Q 68
Potescit, D 76
Potest, C 127; E 221; I 176, 360, 426, 450; R 30; S 351; T 112, 279; U 114
Potesta, N 177
Potestas, A 591; D 218; N 200
Potestate, I 298; N 195; S 593
Potiebatur, P 560
Potio, S 351
Potiora, P 525
Potissimum, P 523
Potitarum, P 524
Potitur, P 532
Potius, S 243
Potuit, Q 47
Potum, C 914; N 99
Potus, N 75
Pr , C 433
Practica, P 659
Prae, P 255, 605, 798, 799
Praebens, P 714
Praecedit, A 645
Praecellerat, P 726
Praeceps, P 370, 730, 805, 819
Praecepta, P 385
Praecepto, D 288
Praeceptor, D 257
Praecinctoria, M 323
Praecipita, P 630
Praecipitat, P 629, 722
Praecipites, P 649
Praecisis, S 680
Praecissorum, A 879
Praeclara, A 498; R 62
Praeclaro, D 114
Praeclarum, I 436; R 131
Praeconio, P 767; U 261
Praeconium, P 584
Praecordia, E 465; P 577
Praeda, T 271
Praedarius, P 621
Praedes, P 663
Praedia, F 411
Praediarius, P 714
Praedicat, P 728
Praedicatio, P 584
Praedicatione, S 347
Praedicit, U 1
Praedicor, T 131
Praediuina, P 587
Praedium, H 80; P 744
Praedixit, D 188
Praedo, R 29
Praedoctis, P 601
Praeeminet, P 396
Praeest, O 189; U 139
Praefaricator, P 631
Praefatio, P 625, 656, 745
Praefectae, P 616
Praefecti, Q 28
Praefectus, P 678
Praeficat, P 797
Praegustaret, P 651
Praelata, P 818
Praelati, P 740
Praelecto, P 768, 792
Praelibaret, P 651
Praemia, N 45
Praemisa, P 823
Praemiserit, P 570
Praemulcit, P 716; p. 97, note 2
Praemulgarit, P 755
Praenimi, P 579
Praeocupatio, A 578
Praeparant, A 210
Praeparatio, Int. 178, 179, 247; E 558; P 109
Praeparationes, E 342
Praepites, P 646
Praeponat, P 797
Praepositurae, C 952
Praepositus, P 30
Praepositu[s], T 111
Praeposterum, P 757
Praepropere, T 61
Praeputii, P 695
Praeripit, P 590
Praerogans, P 751
Praerogatiua, P 823
Praerogatur, N 173
Praerupta, P 610
Praeruptus, P 650
Praesaga, P 587
Praesagium, P 586
Praesbyter, Int. 250
Praesedit, P 733
Praesens, F 193; P 743
Praesepta, P 750
Praeses, D 371; P 576, 717
Praesidium, P 634, 752
Praesorium, P 739
Praestans, P 820
Praestante, P 636
Praestautior, P 632
Praestantis, P 770
Praestat, C 510; P 735; R 77
Praestigatores, P 729
Praestigia, P 731, 734
Praestigium, P 681, 729
Praesto, P 743
Praestolaudum, A 178
Praestolare, P 633
Praestrigiae, P 813
Praestrigium, P 697
Praestringat, P 681
Praestulatur, P 578
Praestulit, P 713
Praesules, P 687
Praesumit, U 301
Praesumtio, P 575, 822
Praesunt, P 687
Praesura, G 51
Praetenta, P 765
Praeter, P 809; U 272
Praeterea, Q 52
Praeterio, O 164
Praetermisa, O 167
Praetersorium, P 832
Praetextatus, P 600, 674
Praetiosa, H 98
Praetor, P 620, 678
Praetores, P 810
Praetoriola, P 665
Praetoria, A 499
Praetorium, P 622
Praetum, P 720
Praeueniat, A 582
Praeuenit, P 703
Praeuentus, P 707
Praeuertitur, P 703
Praeuidens, C 583
Praeuideo, P 565
Praeuidere, E 135
Praeuidimus, C 578
Pragma, P 693

Pragmatica, P 655, 658
Prancatarius, P 715; p. 97, note 2
Prancatiarius, P 849
Prancatrius, p. 97, note 2
Prasinum, C 77
Praua, H 69
Praue, P 322
Praxeon, P 682
Praxinus, P 666
Preces, E 505
Precibus, I 392
Precinentes, F 38
Precis, P 709
Preco, R 107
Preguans, F 274
Premit, P 786
Prendit, C 269
Pres, P 668
Prescio, P 565
Prestat, G 147
Pretersorim, P 670
Pretienormis, P 80.)
Pretio, A 96; L 181
Pretiosius, Q 30
Pretium, O 200 (bis); P 261
Prex, P 709
Prexeos, P 662
Priapus, P 796
Pridem, I 2; P 788
Pridie, P 789
Prifeta, P 672
Prifignus, P 675, 677
Prima, C 361; L 3; P 19, 684, 711
Primari, P 758
Primarius, C 66
Prime, U 249
Primiuirgius, P 808
Primo, A 950
Primores, I 218; P 758
Primus, P 588, 881
Princeps, Int. 278, 280; A 374, 727, 746; D 257; N 2; P 1, 711; T 203
Principale, A 904
Principalis, P 655
Principatu, A 591
Principatum, A 811; M 303; S 642
Principatus, A 624, 762
Principes, A 745; S 557
Prineto, P 652
Prinionis, P 704
Priorgeui, A 649
Priscelli, P 705
Priscos, P 828
Pristina, Q 31
Priuaretur, I 95
Priuata, P 575
Priuigna, P 601
Priuilegarius, P 812
Priuilegio, P 812
Priuilegium, P 575
Priuor, P 762
Pro, A 508; D 280; E 219; M 181, 309; N 168; P 598, 608, 741, 773 (bis), 800 (bis); S 197, 215; Y 5
Proagit, P 733
Proauus, A 25; P 671
Probate, C 584
Probati, P 779
Probatio, A 668
Probatum, I 104; P 781
Probatus, E 377; S 456, 460
Probe, P 640
Probi, P 779
Probitas, P 732
Problesma, P 685
Problesmata, P 780
Probrat, P 760
Probrosa, P 645
Probrosus, P 771
Probrum, P 814
Probum, P 572
Probus, P 611, 787
Procacitas, P 746
Procanas, P 803
Procax, P 571, 585, 724
Procella, A 324
Proceres, P 827
Proceritas, P 648
Procerum, P 635
Procerus, P 657
Processit, T 283
Proci, P 727, 806
Procinctu, I 167
Procliuius, P 769
Proconsul, P 602
Procrastinat, P 661
Procreauit, P 742
Procubuit, P 718
Procul, A 357; H 3
Proculum, P 691
Proculus, P 712
Procuratio, P 592
Procus, P 676, 817
Prodigium, P 753
Prodigunt, P 639
Prodigus, A 465; P 583, 747, 754, 821
Prodimur, P 702
Proditus, D 101
Producere, E 533
Producit, E 444; M 316
Producta, A 151
Productalem, P 794
Productio, E 18
Proelium, N 22; P 660
Profana, P 749
Profanat, P 679
Profecta, P 617
Profecto, P 725
Profectus, P 759, 766
Proferat, E 29
Proferentur, E 30
Profert, P 748
Proferunt, P 736
Proficiens, P 759
Proficisci, B 123
Profiteor, P 589
Proflicta, P 706
Profligatis, P 609, 637
Profliganit, P 790
Profligetur, P 830
Profligit, P 623
Profluit, A 269
Profugus, P 580
Profuit, N 168
Profunda, L 59
Profundit, H 19
Profundum, E 277
Profundus, U 43
Profusis, P 595
Profusus, D 1; P 583, 738, 834
Progeniem, P 774
Progna, P 710
Prohemium, P 625, 745
Prohibebant, I 110
Prohibendi, N 76
Prohibens, A 279
Prohibentibus, I 455
Prohibet, A 767
Prohibitum, I 94
Proiecit, A 3; D 28, 247; E 517
Prolatis, D 204
Prolatum, P 785
Prolem, P 775
Proles, P 574
Prolibor, P 815
Prolixa, P 763
Prolixior, C 917
Prolongata, P 618
Promacan, P 569
Promamus, P 782
Promaritima, P 599
Promatum, P 694
Promeon, P 591
Prometheus, P 619
Prominet, P 737
Promiscui, E 263
Promiscuis, P 777
Promiserit, P 628
Promisit, S 457
Promittit, A 275, 563; D 41; P 527; S 368; U 48
Promontaria, P 638
Promotorum, L 9
Promonerit, E 128

Promsit, P 593
Promtior, P 761
Promtuarius, P 894
Promturium, P 802
Promulcet, P 748
Promulgare, P 764
Promulgarunt, P 596
Promulgit, P 728
Promulserit, P 594
Promunt, P 736
Promuscidis, P 699
Pronefa, P 793
Pronepote, A 24
Proni, T 174
Pronuba, P 169, 701
Pronus, P 647, 700
Propagare, P 833
Propagatio, P 491
Propago, P 791
Propalam, P 582
Propalantibus, P 831
Propalatum, P 614
Propatulo, I 418
Prope, C 390, 821, 864; E 164; P 366; U 239
Propedien, P 816
Propensior, P 607, 696, 772
Propere, U 287
Propero, P 829
Propicon, P 653
Propietas (for proprietas), I 19
Propio, I 467
Proplesma, P 680
Propositio, P 680
Propostulata, P 615
Propri, A 442
Propria, M 170; P 575
Proprietas, E 314, 318; I 19
Proprium, A 525, 629; C 144; E 319; I 20, 468; R 177
Propropera, P 603
Propter, D 230; O 60; P 564, 719
Propturia, P 801
Propugnacula, P 419
Propugnaculum, P 581, 825
Propulsa, P 615
Prora, P 684
Proritat, P 643
Prorogunt, P 639
Prosa, P 656, 698, 795
Prosapia, P 667; S 506
Prosator, P 664
Proscenia, P 673
Proscripsit, P 606
Proscriptoribus, A 856
Prosefanesin, P 568
Prosenatum, O 261
Prosepion, P 624
Prosequitur, P 776
Prosequor, P 589
Prosodia, Int. 258
Prosomeau, P 566
Prospicit, C 286; P 683
Prostat, P 721
Prostibula, P 641, 689
Prostibulo, I 143; L 141
Prostibulum, P 642, 690
Prostituta, P 644
Prostratio, S 490
Prostratus, F 440
Prostrauit, F 406; P 611
Protelata, P 618
Protendit, P 778
Protereutem, P 613
Proteri, P 654
Protertum, P 573
Proterunt, P 612
Proteseon, P 567
Protextere, P 783
Protracta, F 407
Protulerit, P 570, 593, 628
Protulit, E 28
Protuplaustum, P 588
Prouehit, P 597
Prouehitur, P 686
Proueho, P 826
Prouentus, P 784
Prouerat, D 133
Prouerbium, P 626
Prouidentia, P 619
Prouidit, E 133
Prouisa, P 780
Prouocant, A 480
Prouocat, E 108; L 97; P 643
Prouocati, C 572
Prouocatus, I 447; P 756
Prouocauit, I 313
Proximae, A 872
Proximi, A 606
Proximos, F 200
Proximus, A 207
Proxineta, P 807
Prudentia, P 627
Pruina, P 669, 723
Prumsit, P 824
Prumtuarium, P 811
Prunas, P 688
Prunus, P 708
Prurigo, P 692
Prydanis, P 627
Psadepaairafa, P 837
Psallia, P 839
Psalmus, Int. 181
Psalterium, Int. 230; P 836
Pseodoepigrapha, P 835
Psili, Int. 260
Psychi, P 838
Ptoceos, P 840
Ptysones, P 841
Pube, P 876
Puberat, P 879
Pubertas, P 857
Pubes, P 858
Pubetemis, P 854
Pubis, P 863
Pudenda, P 297, 351
Pudentem, P 883
Pudet, P 399
Pudibundem, P 883
Pudicas, S 711
Pudicitia, C 2
Pudor, P 844
Pudoris, R 98
Puella, P 855
Puellae, S 732
Puellas, L 141
Puellis, G 50
Puer, D 171; I 202; P 863
Pueri, P 878
Puerorum, P 268
Puerpera, P 855
Puerperium, P 862, 878
Pugiles, P 864
Pugillares, P 848
Pugillo, C 910
Pugillum, P 846
Pugio, P 873
Pugionibus, P 847
Pugit, P 284, 849, 853
Pugna, G 98; M 273; N 11, 22, 44
Pugnandi, B 62
Pugnans, A 845
Pugnant, I 262
Pugnat, C 288; P 392
Pugnis, P 660
Pugnum, P 846
Pugnus, C 744
Pugula, P 138
Pulcharre, F 416
Pulcher, L 111
Pulchra, A 498
Pulchre, E 55, 143
Pulchris, A 907
Pulchritudo, C 278; D 167
Pulchrum, L 29
Puleium, S 287
Pulenta, P 867
Pulix, P 871
Pulla, P 845, 887; T 192
Pullantes, P 884
Pullatas, P 882
Pulleium, P 877
Pullentum, P 874
Pulluillum, P 866
Pullus, P 886
Pulmones, E 181
Pulpita, P 852
Pulsus, P 580

Pulueris, A 875
Puluinar, P 851, 866
Puluinaria, P 859
Puluis, R 27; S 79
Pumerium, P 880
Pumilio, N 38
Puncto, P 865; p. 99, note 2
Punctum, C 280
Punctus, S 519
Punica, M 120
Punicam, P 885
Punicum, B 80
Punitio, D 263
Punitorum, T 273
Puniuit, U 232
Puntus, P 875
Puplica, A 913; P 641
Puplicam, P 327, 870
Puplicani, P 870
Puplicare, P 842
Puplicarum, F 168
Puplicas, S 710
Puplice, A 354, 946; C331; L 225
Puplicetur, U 28
Puplico, F 161, 183; I 418
Puplicum, L 306; M 362; P 339, 850
Puppis, P 860
Pupulat, P 856
Pura, T 220
Purgam, F 302
Purgare, D 220
Purgata, E 140
Purgatur, E 110
Purificatum, D 79
Puritas, S 149
Puro, S 673
Purporeum, L 129
Purpura, F 139; M 329, 352; O 269
Purpurati, Q 79
Purpurea, T 297
Purulentis, S 583
Purum, Int. 260; S 83
Pus, P 869
Pusillos, P 861
Pusio, P 881
Pussillanimis, C 838
Pustula, P 868
Putabam, R 106
Putamina, P 843
Putando, D 345
Putas, H 127; I 500; N 143
Putatiuum, N 154
Putauero, E 310
Puteus, B 69
Puto, E 309
Putrefacta, T 30
Putrido, T 7
Putridum, P 201
Putu, U 302
Pyramides, P 889
Pyrgras, P 888

Qua, L 151; P 240; Q 1, 79
Quacumque, Q 17
Quadrangulum, L 124
Quadrangulus, P 59
Quadrans, Q 15
Quadrare, Q 27
Quadratum, A 376
Quadratus, O 22
Quadripedum, D 357
Quadripertitum, Q 16
Quadris, T 78
Quadrupedum, P 146
Quae, Int. 145; A 70, 349, 598, 695; B 31 (bis), 177, 192; C 497; D 359; F 240, 350; G 46, 101; I 320, 388, 450; L 88, 152, 195; M 62; O 158, 219; P 174, 276, 426, 641; R 27, 260; S 30, 66; U 141, 163
Quae (for qua), C 879
Quaecumque, A 704
Quaedam, G 129; I 117; P 377; Q 6
Quaerela, Q 29
Quaerella, Q 8
Quaerelus, Q 8
Quaeremoniae, Q 36
Quaeremonis, Q 29
Quaeremonus, Q 7
Quaeritat, Q 31
Quaeritur, C 201
Quaerulus, Q 33, 35
Quaesita, Q 34
Quaesitor, Q 14
Quaessionum, E 412
Quaestio, Q 37
Quaestionum, S 420
Quaestiosius, Q 30
Quaestiosus, Q 32
Quaestor, Q 14
Quaestorio, Q 38
Quaestuor, Q 11
Quaestus, L 217
Quaestus est, Q 13
Qualibet, F 338; Q 4
Qualitas, C 612
Qualus, Q 12
Quam, A 110, 257; E 245; P 713
Quamdiu, D 344, 380
Quamuis, Q 3
Quanam, Q 26
Quando, D 172, 292; E 194; S 66, 654
Quanquam, Q 9
Quantisper, Q 18
Quantocius, Q 25
Quantulum, Q 2
Quaque, Q 6, 21
Quare, Q 57, 78
Quarta, A 568; Q 15; T 35
Quartana, A 568
Quas, B 47; P 168
Quasdam, Q 10
Quasi, Int. 56; A 25, 168, 527; B 124; C 127, 276; D 305; E 44, 181, 281; F 106; G 2, 38, 71; H 7; I 49, 509; L 3; M 179; N 178; O 89, 116; P 432, 699, 711; R 249; S 102, 285, 417 (bis); T 296, 322; U 302
Quasilum, Q 22
Quassat, Q 23
Quasum, Q 20
Quatenus, Q 1
Quatere, Q 5
Quaterna, A 376
Quaternio, Q 19
Quatitur, Q 24
Quauis, Q 4
Que, A 728, 916; P 543; S 35
Quędam, Q 21
Quem, C 912; D 23; P 260; R 37
Querella, Q 7
Querulis, D 64
Questione, I 332
Questo, Q 38
Quęstores, Q 28
Queue, A 204, 881
Qui, Int. 173, 200; A 24, 33, 96, 150, 170, 375, 383, 392, 426, 477, 499, 527, 556, 818, 821, 823, 886, 887, 888, 906; B 16, 45, 107, 120, 122, 151, 161; C 20, 43, 171, 181, 185, 206, 218, 220, 308, 340, 396, 425, 433, 751, 753, 754, 803, 848, 912; D 107, 111, 251, 305, 311, 312, 375; E 41, 136, 172, 176, 209, 246, 257, 496; F 76, 77, 78, 82, 180, 414; G 39, 50, 59; H 41, 64, 152; I 118, 360, 392, 477; L 2, 17, 141, 179, 202, 217, 228, 246, 280; M 64, 96, 181, 216, 221, 265, 267, 345; N 39; O 7, 12, 125, 127, 189, 257, 266; P 231, 327, 331, 343, 367, 368, 369, 392, 447,

481, 513, 555, 687, 712, 772, 812, 864, 870; Q 38, 48, 61; R 39, 127, 189, 190; S 93, 230, 296, 314, 325, 350, 390, 428, 466, 566, 633, 660; T 104, 111, 112, 176, 221, 270, 327; U 24, 32, 45, 88, 125, 139, 302
Quia, C 623, 932, 939; D 292; F 124; L 158, 204; M 326
Quibus, A 712; C 736; F 20; H 140, 148; I 198; L 13; M 182; P 481, 495, 577, 689; Q 72; R 101
Quicquid, G 36; P 396; U 114
Quicumque, Q 73
[Qui]cumque, Q 80
Quid, A 461; M 15; Q 39, 55, 57, 58, 69 (bis); U 274 (bis)
Quidam, Int. 145; A 531; P 234
Quidem, E 265, 268
Quidpiam, Q 41
Quidque, Q 73
Quidquid, A 847
Quies, O 281, 290; Q 64
Quietudo, Q 62
Quietus, O 291
Quin, Q 39, 43, 44, 46, 48, 52, 56, 61
Quinici, Q 42
Quinos, Q 65
Quinquagenarius, P 348
Quinquagesimus, Int. 246
Quinquefolium, Q 49
Quinqueneruia, Q 50
Quinquennalitas, Q 67
Quintilis, Q 53
Quintus, Q 70
Quippe, Q 51, 60
Quippiam, Q 63
Quiquennalis, Q 66
Quirit, A 597
Quirites, Q 54
Quis..., Q 40
Quis, Int. 213; I 198; P 255, 800; Q 46, 68, 72
Qnisitiones, C 304
Quispiam, Q 40
Quisque, Q 39
Quisquilia, Q 71
Quisquiliae, Q 45
Quisquilins, Q 59
Quiuit, Q 47
Quo, A 306, 346; C 271, 495, 804, 964; E 114; H 145; I 88, 117, 461; P 412; S 56, 351; T 357; U 159
Quocumque, Q 74, 76
Quod, A 94, 168, 518, 941, 950, 958; B 65, 94, 190; C 267, 319, 477, 844; D 113, 119; E 8, 221, 251, 252; F 268, 359; G 27, 101; H 138, 143; I 176, 380, 381, 426; N 116; O 220; P 28, 272, 488, 660, 681, 696, 880; Q 46 (bis), 55, 58; R 30, 39, 84, 127, 257; S 101, 116, 341, 617; T 226, 237, 279; U 140, 178, 199; p. 82, note 2
Quodam, C 844; S 47
Quodlibet, N 102
Quodcumque, E 386
Quominus, S 317
Quomodo, N 155; P 168; Q 20
Quonam, Q 77
Quoquomodo, Q 75
Quorsnm, Q 76
Quorum, C 331
Quos, C 372
Quot, F 114
Quotucnique, Q 80
Quur, Q 78
Quurris, Q 79

Rabbi, Int. 267
Rabies, R 16
Rabula, R 20
Rabulus, R 12
Racemus, R 4
Racha, Int. 272
Radetur, R 27
Radex, C 253
Radi, R 30
Radices, C 174
Radicitus, E 287
Radicum, S 561
Radio, R 31
Radius, R 11
Radix, C 39; S 496
Raguel, Int. 266
Rahel, Int. 269
Ramentum, R 27
Rami, S 35, 449
Ramis, B 203
Ramneta, R 25
Ramnus, R 22, 24
Ramorum, T 56
Ramus, F 352; R 4, 24
Rana, R 239
Rancet, R 23
Rancidis, R 10
Rancidum, R 23
Rancor, R 17
Randum, R 26
Rapaces, S 316
Rapax, R 29
Raphael, Int. 264
Rapidissimo, R 3
Rapidus, R 1
Rapina, P 62, 148
Rapit, P 327
Raptamur, R 7
Raptim, R 5
Rasile, R 30
Raster, R 9
Rastros, R 19
Rastrum, Int. 273
Rata, R 14
Rati, R 18
Ratio, A 566, 593, 828, 875; C 12; E 338; L 257; P 171
Rationales, L 254
Rationalis, P 659
Rationato, R 15
Ratione, B 126; O 12; Q 1
Rationem, P 453
Rationes, F 160
Rationis, D 378; P 381; R 13
Ratis, A 441; R 28
Ratiunculas, R 13
Ratum, N 57; R 2, 8
Ratus, R 6, 21
Rauca, R 20
Re, F 338
Reatum, R 112
Rebantur, R 75
Rebecca, Int. 268
Reboabant, R 205
Reboat, R 88
Rebus, A 393; S 620; T 143
Recapitulatio, A 628
Recede, E 460
Recedebant, E 446
Recedo, N 196
Recensus, R 110
Recentibus, P 54
Receptaculum, R 103
Receptator, R 96
Receptionis, R 103
Receptum, A 272
Recertator, A 601
Recessio, A 596
Recessum, R 99
Recessus, C 295; R 70
Recidimus, D 156
Recidit, D 68
Recipict, P 543
Reciprocat, R 144
Reciprocato, R 68
Reciprocatu, R 169
Reciprocatur, R 39
Reciprocis, R 116
Recisum, R 128
Recitandi, A 499

Reclamat, R 89
Reclinate, R 53
Reclines, R 69
Reclusum, R 47
Recognitus, R 110
Recolit, R 155
Reconditum, A 73
Reconsiderat, R 140
Recordari, C 559
Recordatus, E 153
Recreare, R 36
Recreatus, F 261; R 41
Rectissimum, C 552
Rectitudo, R 188
Rectius, D 40
Rectus, C 75; M 243; R 156
Recula, R 97
Recumbebatur, T 259
Recuperatis, R 153
Recussasset, D 73
Recussat, A 86; R 154
Recussauere, D 208
Reda, F 201
Redarguit, R 138, 159
Reddere, D 150; R 132
Reddet, R 108
Redditur, E 338
Reddunt, R 147
Redibere, R 40, 129
Redibet, R 108
Redigitur, A 346; R 160
Redimicula, R 101, 121
Redimitus, R 52
Redire, R 84
Redit, R 100, 127
Reditus, R 82, 84, 90
Rediua, R 122
Rediuiuum, R 126
Rediuiuus, R 127
Redius, R 107
Redolent, R 147
Redolentes, H 28
Redoles, R 158
Redolit, R 133
Redoluit, R 94
Reducat, R 144
Reduces, R 79
Redundat, R 125
Refecit, F 278
Refectorium, C 318
Refellere, R 55
Refello, R 136
Refellor, R 135
Refert, F 124; R 77
Refertissimum, R 157
Refertum, R 120
Reficiendis, M 373
Refluit, R 125
Refocilatus, R 41
Refontat, R 115
Refouendi, R 152
Refricare, R 114
Refrigerat, F 313
Refrigerium, A 621
Refugere, A 520
Refugii, A 846
Refugium, R 56; S 651
Refulgenti, R 171
Refutant, R 145
Refutare, A 37; R 55
Refutat, A 51; R 48
Refuto, R 136
Regale, S 518
Regalibus, A 943
Regalis, C 888; D 98, 221; M 329; S 152, 153
Regalium, B 205
Regat, U 199
Rege, T 354
Regeus, A 390
Regere, M 290
Reges, L 299
Regesta, R 137
Reget, M 64
Regia, C 209; L 139, 342; T 36, 297
Regiae, R 76
Regiis, A 921
Regimonium, R 101
Regina, B 43
Regine, E 409
Regione, O 243
Regiones, M 145
Regit, M 158
Regitur, A 377
Regius, R 32
Regni, E 409
Regnum, A 7
Regor, R 92
Regula, Int. 60; N 142
Regulam, P 809
Regularum, C 72
Regulus, B 32
Regum, B 1; M 99
Rei, P 403, 435
Reinclinat, E 356
Relata, R 137
Relatio, R 117
Relatu, R 65
Relegatus, R 37, 74
Relegiones, C 299
Relegiosissimus, S 622
Relicet, I 49
Religationes, R 149
Religauit, R 43
Relinquere, A 543
Reliqua, R 166
Reliquid, L 241
Reliquum, P 28
Relisdua, R 166
Reluctat, O 55
Relucre, R 42
Rem, P 510, 870; S 292 (bis)
Rema, R 51
Remanens, Int. 128, 253, 319, 320
Remanet, I 461
Remeans, R 119
Remeo, R 119
Remes, R 142
Remex, R 73
Remi, T 193
Remigator, R 142
Remordit, R 146
Remota, R 71
Remotio, A 596
Remotis, I 99, 440
Remotius, R 113
Remotum, A 74
Remotus, A 30
Remouit, A 80; R 123
Rempha, R 64
Remugit, R 89
Remunerationes, M 331
Renatum, R 126
Renidet, R 50
Renis, R 121
Renitenti, R 171
Renitet, O 55
Renitite, R 53
Renium, C 58
Rennuunt, R 145
Renocenon, R 105
Renones, R 83
Renunculus, R 33
Reor, R 49
Reorum, D 263; P 275; p. 91, note 2
Repagula, R 80
Repandialili, R 66
Repatriat, R 100
Repedans, R 167
Repellebat, A 733
Repellere, A 37; R 46
Repellit, L 276; R 115
Repelluntur, R 163
Rependere, R 132
Repens, R 102, 141
Repensare, R 132
Repentina, I 484
Repertores, H 18
Repetit, U 266
Repetitio, T 14
Repetitionem, A 628
Replent, D 246
Repleta, C 743
Repletas, C 614
Repletum, R 120
Repletus, C 575
Reponile, R 168
Reponuntur, A 741
Reposio, B 101
Repositio, A 662

Reprehensio, S 599
Representare, R 129
Reprobat, R 48
Reprobata, I 241, 340
Repsit, R 95
Repticius, R 67
Repudiare, R 46
Repudium, D 233
Repugula, R 98
Repulit, E 334
Repulsam, R 163
Repunt, R 134
Requies, Int. 224; F 126; P 100
Requiescendo, R 87
Requiescunt, C 978
Require, I 379
Requirens, Q 33
Requirit, C 340
Rere, R 143
Rerum, C 361; E 244, 261; F 168; G 38; M 137, 139, 141; S 249
Res, A 669, 704; E 70, 204; F 360; G 43; I 155; L 187; M 23, 62; N 35; O 158; P 297, 445, 725
Resciscere, R 93
Reserat, R 72
Reses, R 59, 81
Resides, R 81, 87
Resina, C 437; R 57
Resipiscit, R 44
Resipit, R 45, 140
Resiscas, R 86
Resistenis, O 17
Resistit, O 55
Resoluere, R 42
Resoluit, F 80
Resoluitur, F 46
Resoluta, R 91
Resouabant, R 205
Resouant, P 422
Resonare, B 168
Resonat, R 38, 88
Respectus, R 164
Respersum, R 150
Respondit, R 78
Responsio, Int. 30
Responsum, E 338; O 241
Respuplica, R 60
Respuunt, R 151
Ressa, R 91
Restat, P 28; S 656
Resultaret, R 63
Resultet, R 38
Resupinus, A 152
Resurectione, T 207
Resurrectio, Int. 106
Resurrectionem, A 652
Rete, C 531; P 155
Retentare, R 34
Retentari, R 54
Rethorem, R 131
Rethorica, R 62
Rethorridus, R 85
Retia, A 589; C 154; F 422
Retica, R 111
Reticuit, R 130
Retinere, I 441; R 40, 54
Retiuuculas, R 170
Retorridus, R 109
Retorto, R 118
Retortum, B 113
Retraxit, D 115
Retro, E 282; S 148
Retundit, M 356
Reuectus, R 162
Reuelatio, Int. 21
Reuelationem, A 688; S 725
Reuelatus, R 162
Reuellit, R 123, 161
Reuera, R 165
Reuerant, R 148
Reuersa, R 90
Reuersus, P 543
Reuerteus, R 167
Reuiam, R 106
Reuincor, R 135
Reum, A 653
Reuma, R 58
Reuocabo, C 384, 394
Reuocat, F 155
Reuocatis, R 153
Reuocatur, R 160
Reuocilandi, R 152
Reuoluere, R 114
Reustus, R 35
Reuulsus, R 139
Rex, Int. 209; A 122, 341; B 15; I 331; M 272
Rexenteseon, R 61
Rictura, R 187, 189
Rictus, R 174
Ridendo, I 144
Ridet, G 2
Ridigus, R 173
Ridimiculae, R 186
Rien, R 178
Rigentia, R 192
Rigidus, G 141; M 260, 291
Rigor, P 723; R 188, 197
Rigore, R 185
Rima, R 179
Rimanti, R 172
Rimaretur, R 184
Rimaris, R 198
Rimatio, R 176
Rimatur, R 196
Rimosa, R 175
Ringitur, R 182
Rinoceres, R 181
Rinocoruris, R 177
Ripa, A 149
Ripariolus, R 195
Risus, Int. 157; C 35; P 472
Rite, R 194
Rithmus, Int. 274; R 180
Ritibus, R 183
Ritu, R 193
Ritus, C 297
Riuales, R 190
Riualis, P 355; R 191
Riui, A 850; R 191; S 316
Riuo, A 527
Rixa, I 518
Roboam, Int. 265
Robor, C 39; R 206, 207
Robores, R 210
Robustus, Int. 175, 177
Rodinope, R 202
Roditur, R 211
Rogus, R 215
Roma, Int. 276; A 353, 831; P 364
Romam, M 114
Romana, P 416
Romane, O 262
Romani, Int. 275; Q 54
Romanis, D 15; R 203
Romanorum, B 76; I 328
Romanus, P 448
Romuli, R 25
Romulide, R 203
Rore, R 212
Rosa, T 104
Roscida, R 212
Roscido, R 213
Roscidum, R 200
Roscinia, A 121; R 201
Rosea, L 300
Roseum, P 384
Rosina, B 191
Rosinosus, B 194
Rostra, P 481; R 199
Rostratum, R 208
Rostri, R 211
Rostris, P 741; R 209
Rostrum, R 204, 211
Rota, A 355, 567; G 105
Rotae, T 337
Rotas, C 92; P 481
Roti, T 249
Rotnum, R 216
Rotuuda, p. 87, note 1
Rotundae, S 412
Rotnudat, G 107
Rotundi, T 61
Rotunditas, G 110
Rotunditate, T 204
Rotundum, C 133; T 74
Rotundus, A 443; G 126
Ruben, Int. 270

Ruber, R 240
Rubeta, R 239
Rubeum, F 435; R 244
Rubi, A 184
Rubibundus, R 246
Rubicare, R 235
Rubicundo, C 900
Rubigo, R 236
Rubisca, R 256, 258
Rubius, F 249
Rubor, R 207
Rubore, A 501
Rubrum, R 244
Rubum, B 173; R 255
Rucha, Int. 271
Ructat, R 238
Rudem, R 249
Rudentes, R 221, 232
Ruder, R 218
Ruderisa, R 250
Rudia, R 222
Rudimenta, R 217; T 183
Rudis, N 100; R 233
Rudus, R 257
Ruenis, C 322
Ruere, C 712
Ruerunt, C 589
Rufeus, Int. 104
Rufum, B 202; R 224
Rufus, Int. 102; B 46
Rugitus, R 248
Rugosa, C 37
Ruit, D 67
Rumex, R 234
Rumigat, R 228, 241
Rumigerantur, R 230
Rumigerulus, R 220, 226
Rumigerum, R 247
Ruminat, R 241
Rumore, R 230
Rumorem, A 248
Rumoris, R 220
Rumphea, R 229
Rumur, R 242
Runcina, R 231
Rupem, R 237
Rupibus, R 251
Rupit, M 96
Rupta, Int. 87
Ruptis, C 21
Ruptum, S 111
Rupulsi, E 115
Rura, R 254
Rure, E 281; R 252
Ruribus, R 225
Rurigenus, R 252, 260
Ruris, R 243
Rurus, R 227
Rus, R 243
Ruscidum, R 253
Ruscus, R 245
Ruscam, P 15
Rusticana, A 847
Rustici, B 219; E 97; F 421; G 101
Rusticioris, H 84
Rusticitas, I 326
Rusticos, A 385
Rusticus, A 76, 788
Rusulembo, R 259
Rutilare, R 235
Rutilum, R 219
Rutuli, R 223

Saba, S 102
Sabaoth, Int. 282; S 51
Sabbastio, A 914
Sabiat, S 38
Sabiatur, S 81
Sablo, H 40; S 10
Sabunca, S 39
Saburra, S 17, 66
Sacella, S 26
Sacello, Int. 279
Sacellorum, S 46
Sacellum, M 89
Sacer, F 152; S 27
Sacerdo-, Int. 110
Sacerdos, Int. 250; F 242; P 30
Sacerdotale, E 274; I 43
Sacerdotalis, F 192
Sacerdotes, E 97; H 140; L 317
Sacerdotibus, F 221
Sacerdotum, I 425
Sacra, C 296, 672; I 265; L 336; P 361; S 26, 71, 106, 107, 681
Sacrae, M 206
Sacrarium, A 4
Sacrifica, D 191
Sacrificantibus, S 97
Sacrificare, L 190
Sacrificarent, A 194
Sacrificat, A 818
Sacrificatur, L 13
Sacrificaturus, T 349
Sacrificauit, L 206
Sacrificia, O 151
Sacrificiorum, C 297
Sacrificium, Int. 129, 150
Sacrificolis, S 97
Sacrilegus, S 109
Sacrorum, C 299
Sacrum, I 27; M 218; P 554; S 37
Saducei, Int. 297
Saeculi, Int. 122
Saeculum, A 341
Saepis, S 4
Saeuitia, S 11
Sacno, P 400; S 33
Sacuum, p. 95, note 3
Saga, S 94
Sagax, S 1, 7, 41
Saginabant, S 68
Sagita, E 491
Sagitarius, A 758
Sagitta, E 408
Sagittae, S 481
Sagma, H 152
Sagmari, H 152
Sagulum, S 60
Sagum, L 105
Salamandra, S 47, 73
Salamon, Int. 301
Salaris, S 75, 353
Salebra, S 25
Salebrae, S 16
Salebrosus, S 15
Salibaribus, S 44
Salibus, S 101
Salices, S 65, 93
Salicis, A 515
Salicta, S 65
Saliendo, I 424
Salitum, S 21
Saliunca, S 78
Saliuncus, S 93
Salix, S 40
Salmentum, S 101
Salomon, Int. 283
Salpica, S 100
Salpicum, S 42
Salsa, S 86
Salsilago, S 77
Salsum, S 30
Saltatio, C 362, 365
Saltator, S 50
Saltatores, H 95
Saltatorius, E 415
Saltim, S 29
Saltus, P 852; S 36
Saltuum, S 128
Saluator, Int. 161, 165, 167, 236; O 275
Salui, S 6
Saluifica, Int. 232; O 277
Saluite, S 6
Salum, S 59, 85
Salus, Int. 108, 109, 176; R 158
Salutant, U 52
Salutatio, H 12
Saluus, S 381
Samaritani, Int. 305
Sambucus, S 50, 55, 58
Samia, S 79
Samson, Int. 291; S 52
Sancire, S 12
Sanciri, S 8
Sancta, A 381, 498; P 859

Sanctae, A 380
Sancti, A 503
Sanctitas, P 732
Sanctum, I 436; S 37
Sanctus, p. 1(bis); Int. 11, 225; F 126; M 176
Sandalia, S 76
Sandalium, S 57
Sandix, S 70, 103
Sangit, S 23, 89
Sanguilentus, C 895
Sanguine, M 84
Sanguinem, Int. 341; D 3
Sanguinis, C 516; D 3; 1 75; S 30, 63, 82, 83; T 12
Sanguis, F 236
Sanguissuga, H 75
Sani, U 42
Sanies, S 30
Sanitate, S 408
Sanus, H 4(bis); U 59
Sanxit, S 28
Sapiens, S 329
Sapientes, S 13
Sapientia, A 654; S 380
Sapit, N 39
Saporem, C 704
Saporis, C 982
Saraballa, S 74
Sarabare, S 96
Sarcinatum, S 19, 53
Sarcio, S 51
Sarcitum, S 32
Sarcofago, S 45
Sarculum, S 20
Sardas, S 72
Sardinas, S 64
Sardius, S 83
Sardonix, S 82
Sardus, S 99
Sarga, S 95
Sarge, S 80
Sariat, S 84
Sarisae, S 48
Sarmenta, M 5
Sarmentum, S 35, 43
Sarnus, S 108
Sarra, Int. 280
Sarrai, Int. 278
Sarta tecta, S 22
Sartago, S 18
Sartum, S 24
Sat, S 88
Sata, S 49
Satagit, S 61
Satanan, Int. 285
Sategi, S 5
Satellites, S 31
Satiare, S 104
Satio, A 213, 620
Sationis, S 62
Satis, C 305; E 50; P 96, 640; R 85, 94, 133; S 14, 88; T 69
Satisdatio, S 91
Satisfacere, D 152
Satius, S 69
Sator, S 9
Satrapae, S 34
Satrapas, S 13
Satur, S 87
Saturi, S 87
Saturitas, Int. 112
Saturni, B 63; p. 87, note 1
Saturnia, S 105
Sauciatus, S 67
Saucius, S 3
Saulus, Int. 284
Saures, S 2, 98
Sauromate, S 92
Saxa, C 234, 909; F 260; H 62; S 155, 158
Saxea, S 56
Saxi, C 376
Saxit, S 90
Saxum, A 306; R 237; S 485
Scabelli, E 420
Scabellum, S 113
Scabiosi, U 315
Scabiosis, P 704
Scabri, S 174
Scabrida, S 196
Scabro, S 204
Scabrum, S 160
Scafus, S 206
Scalmus, S 182
Scalpellum, S 115, 143
Scalpio, S 194
Scalpo, S 234
Scalpro, S 136
Scalprum, S 121, 125
Scalpula, S 187
Scamma, S 126, 643
Scammatum, S 114
Scande, S 208
Scandit, S 189
Scansio, S 130
Scapha, S 191
Scaphum, S 188
Scapulare, E 247
Scara, S 173
Scarabeus, S 151
Scarioth, Int. 306
Scarpinat, S 142
Scasa, S 178
Scatens, S 167
Scatet, B 216
Scaturit, S 150
Scaurosus, S 184
Scaurus, S 148
Scca, S 162
Sceda, S 183
Scedulae, S 161
Sceleratas, A 695
Scelerato, N 92
Sceleratus, N 56; P 434
Scelesta, F 438
Scelus, C 239, 570; F 56
Scema, C 461; H 120; S 120, 545
Scena, O 220, 237; S 133, 180
Scenici, H 95; L 288
Scenis, S 205
Scenographia, S 124
Scenopagia, S 135
Scenopegia, S 119, 207
Sceptor, S 122
Sceptra, S 131
Sceptrum, S 152
Sceua, S 139
Sceuitas, S 198
Sceuum, S 203
Scident, I 231
Scienices, S 185
Scientia, A 50
Scientibus, S 388
Scientie, C 366
Scientię, Int. 54
Scilicet, I 46; Q 3
Scilla, S 110, 168, 176, 177
Scina, S 137
Scindat, C 884
Scindulis, S 179
Sciutella, S 192
Sciphus, S 190
Scipiones, S 138
Scire, R 93
Sciro (?), D 298
Scirpea, S 141, 186
Scirra, S 170
Scisca, Int. 307
Scismium, S 111
Scisurae, C 413
Scit, N 125
Scita, S 127
Scitalus, S 195
Scitat, P 478
Scitum, S 164
Scitus, S 132
Sciui, S 199
Sciunt, N 169
Scius, E 549; S 159
Sclabrum, S 233
Sclactarius, S 202
Scluptae, C 612; T 118
Sclaptor, M 168
Sciniphes, S 175
Scobet, S 147
Scola, L 271; S 201
Scolis, P 794
Scolonia, S 112

Scopa, S 123
Scopant, U 132
Scopon, S 149
Scopuli, S 155
Scopulus, S 110
Scordiscum, S 153, 154
Scorelus, S 166
Scoria, S 163
Scortator, S 156
Scorteas, A 836
Scotomaticus, S 134
Scpupta, A 622
Scriba, S 200
Scribere, I 349
Scribit, A 556; C 803; H 119; S 145
Scribtis, A 793
Scribunt, L 246; P 488
Scripserunt, L 204; T 291
Scripta, C 13; F 209; P 835; S 127
Scripter, S 124
Scriptio, C 975
Scriptis, C 228; P 475
Scriptitat, S 145
Scriptor, M 212
Scriptum, C 91; P 240
Scriptura, A 381; C 883, 896; E 243; H 139
Scripulum, S 197
Scrobes, S 171
Scrobibus, S 117, 181
Scrobis, S 193
Scrofa, S 172
Scropea, S 158
Scrupulator, S 157
Scrupulosiores, S 144
Scrupulum, S 169
Scrupulus, S 140
Scrutantur, S 116
Scrutaretur, R 184
Scrutaris, R 198
Scrutatores, A 718
Scrutatur, R 196
Scrutinium, S 116
Scualore, P 269
Scuporum, S 235
Scurilis, E 487
Scuriora, S 118
Scurra, S 146, 165
Scuta, A 581, 613
Scutis, U 245
Scutum, C 274, 291; P 3
Scylla, S 129
Scynifes, Int. 286
Se, A 81; C 884; D 15; F 350; I 282; P 652, 798 (bis), 800; S 30, 341
Seboim, S 273
Secant, E 276
Secat, B 122; M 151
Secernit, D 315; S 257
Secessio, S 310
Secessum, L 85
Secessus, F 301; S 228
Secreta, A 916; C 340; I 227; P 338
Secreti, S 232
Secretis, I 99, 410
Secretorum, S 377
Secta, H 69; S 210, 422; U 174
Sectae, T 276
Sectans, S 237
Sectare, S 236
Sectator, A 107
Sector, S 239
Secunda, Int. 83
Secundarum, I 88
Secundę, D 164
Secundi, P 810
Secundum, C 63, 81
Secundus, A 487
Secuntur, D 23; L 217
Securem, B 132
Securitas, O 290; Q 62
Securius, T 330
Secus, H 34; N 164; S 256
Sed, A 451; D 15; L 269; Q 43; S 243
Sedat, M 224
Sedebant, U 47
Sedecennalem, E 413
Sedecias, Int. 295
Sedent, Q 79
Sedes, Int. 310; E 562; T 233
Sedet, E 562, 563
Sedis, E 563
Sedit, C 181
Seditio, S 223, 244; T 343
Seducendo, I 384
Seductio, L 112
Sedulium, S 300
Sedulo, S 252
Segetibus, C 879
Segitem, C 305
Segnities, T 201
Selectus, S 274
Selinis, S 289
Sella, Int. 296; E 366; Q 79; S 229
Sem, Int. 290
Semel, P 368
Semen, O 289
Semenstrum, S 285
Semes, D 292
Semetipsum, F 155
Semianimus, S 242
Semicolumneum, C 422
Semicors, S 291, 404
Semidalim, S 275
Semigar, Int. 302
Semigelato, S 265
Seminat, S 84, 245
Seminauit, S 250
Seminis, S 62
Semis, E 169; I 39; S 285, 343
Semispatium, S 211
Semita, C 104
Semiuiuus, S 242
Semper, P 369; R 84; S 325
Sempiternis, M 283
Senator, F 268
Senatores, A 499; P 139, 163
Senatus, G 64; M 47; S 259
Sene, S 320
Seneeen, S 278
Senectus, S 290
Senente, S 294
Senex, C 19; G 145; L 282; S 301
Senior, C 786; S 302
Senodus, S 253
Senon, S 277
Sensim, S 276
Sensu, C 1; F 311
Sensum, D 135; F 340; M 70
Sensus, A 634
Senta, S 290, 295
Sentensiosus, S 279
Sententia, Int. 263; A 653; C 12
Sententias, D 383; P 300
Sentes, S 217, 263
Senticosa, H 90
Senticosis, S 225, 227
Sentina, S 216
Sentis, S 269
Sentorium, S 296
Senum, S 253
Seon, S 219
Sepafratis, S 264
Separare, D 124
Separat, D 224, 238; M 308
Separatio, Int. 94; D 223, 232
Separatis, S 264, 298
Separatum, D 243; E 371; S 251
Separatus, S 274
Separauit, D 163
Sepe, F 52; I 459; T 333
Sepeliant, S 297
Sepeliens, P 512
Sepelientes, B 215
Sepelit, O 50
Seperare, D 90
Seperat, S 257
Sepes, S 284

Sepit, S 262
Seplasium, S 218
Sepone, S 258
Seponitur, S 251
Sepositis, S 298
Sepsit, S 209
Septem, A 742
Septemtrio, B 157; C 976
Septemtrionum, A 713
Septisonium, S 281
Septus, S 211
Sepulchra, B 204; P 889
Sepulchris, P 426
Sepulchrum, T 339, 350
Sepulcrum, B 39
Sepulta, S 212, 409
Sepulto, E 251, 252
Sepultus, C 792; F 368; H 156
Sequester, O 68; S 231, 286
Sequestra, S 258
Sequuntur, R 37
Seram, P 259
Seraphin, Int. 277
Serarium, Int. 127
Serena, S 177
Sereno, D 114
Serenum, A 949; P 283
Sererent, S 240
Seres, S 230
Seria, S 254
Seriam, S 292
Seriem, S 260
Series, C 868; S 4, 249, 284
Serio, S 266
Serion, S 283
Serit, S 245
Sermo, E 359; R 180; S 299
Sermonis, L 264
Sermonum, Int. 87; A 554; G 121
Sero, C 267; S 267, 303; U 57
Serotinum, S 213
Serpens, A 590; B 31; C 315, 753; D 292; L 115; N 36; S 73
Serpentes, C 325; D 365; H 114
Serpenti, S 248
Serpentis, p. 1; B 156; D 292, 368; H 74; S 195
Serpentium, M 67
Serpere, I 300
Serpillum, S 220
Serpit, S 209, 255
Serpulum, S 287
Serta, S 247
Sertis, S 224, 288
Sertor, S 261
Seruant, C 912
Seruat, S 621
Seruientium, A 882
Seruit, O 19; S 250
Seruitium, E 346; L 174; S 222
Seruitus, I 501; S 221
Serum, S 272
Seruorum, L 205; S 222
Seruum, A 33
Seruus, Int. 14, 21; B 72; L 211
Sestertius, S 293
Seta, S 226
Setha, S 282
Seudoterum, P 207
Seueritas, A 928; C 339; S 238
Seuerus, S 241, 271
Seuientibus, F 431
Seuit, S 246
Sequitia, A 166
Seuo, S 268
Seuum, p. 95, note 3
Seuus, A 878; T 240
Sex, C 82; S 215
Sexciplum, S 270
Sexcuplum, S 215
Sexies, E 360
Sextari, M 255
Sextarii, C 629
Sextarium, C 363
Sextertius, S 280
Sexus, E 263
Si, A 461; D 15; E 310; S 315, 317, 368(bis), 427, 675
Siacte, S 679
Siatta sapodimeos, S 347
Sibba, S 319
Sibi, M 181
Sibilum, I 520
Sic, A 25; H 35; I 500; S 352 (bis)
Sica, S 354
Sicalia, S 339
Sicania, S 312
Sicarius, S 335
Siccatę, F 343
Siccauit, T 202
Siccima, S 331
Siccum, S 691
Sicera, S 350, 351
Sicilia, S 312
Siciliae, T 106
Sicini, Int. 298
Sicofantia, S 367
Sicomoros, S 333
Sicut, Int. 200; D 292; H 129; M 159; R 32; U 127
Sideralem, Z 6
Sideralia, T 157
Siderum, A 828; C 517
Sidoniorum, A 843
Sidus, A 794; S 323, 341
Sifanutunda, O 263; p. 87, note 1
Siffa, p. 87, note 1
Siffarunda, p. 87, note 1
Sigillum, S 327
Signa, A 821(bis); O 163; S 314; Z 2
Sign[a], A 905
Signat, D 227; O 16
Signatur, L 234
Signaum, S 362
Signet, N 139
Signifer, S 314
Significant, O 158
Significantia, P 510
Significarent, P 492
Significat, A 161; P 490, 536; T 177; U 232
Significatio, T 1
Significatione, M 170
Signior, S 359
Signis, S 306
Signum, P 586; S 327, 441; U 67
Silentium, C 957
Siler, S 360
Silex, p. 91, note 9
Siliqua, S 357
Siliquas, S 331
Sillogismo, Int. 309
Silua, H 7; S 36; T 95
Siluae, L 29
Siluę, Int. 299
Siluester, R 105
Siluestria, D 381
Siluis, B 192; C 232
Silurus, S 369
Simbulum, S 373
Simeon, S 330
Simila, S 275, 345
Similabator, -tur, A 320
Similaginem, S 363
Similem, C 711; E 187
Similes, L 29; S 174
Simili, L 29; T 23
Similis, B 209; C 903; D 13; F 117; H 166; I 374, 508; M 18; P 132, 144
Similiter, A 297
Similitudine, H 104; L 3; P 481; S 449
Similitudinem, B 214; P 463; S 722
Similitudines, C 642
Similitudinis, C 226; T 165
Similitudo, E 205; F 177; P 88, 626, 685; S 441
Simisti, S 377

Simmallis, S 353
Simon, Int. 292
Simpla, S 348
Simplex, M 129
Simplici, M 188
Simplicitate, A 847
Simul, A 464; C 849; O 16
Simulacra, Int. 43
Simulacrum, P 87
Simulantes, C 834
Simulatio, H 92; S 244
Simulator, Int. 155; S 313
Simultas, S 364
Simultatis, S 321
Sin, S 727
Sina, S 332
Sinagoga, Int. 300
Sinai, Int. 304
Sinapian, S 338
Sinceritas, M 188
Sincerum, M 141
Sinciput, S 343
Sine, A 56, 140, 167, 501, 591, 675; C 79, 337; E 71, 188, 196, 210, 432; F 424; G 165; H 23; I 37, 182, 271, 332, 343, 383, 390, 433, 435; N 129; P 162, 362, 450, 863; R 165; S 121, 307, 320, 374(bis); T 305
Sinfoniaca, S 361
Singillatim, S 304; T 191; U 193
Singrafa, S 342
Singraphae, S 328
Singula, S 304
Singularis, C 465; M 250, 272, 273
Singulariter, M 109
Singulos, E 245
Singultat, S 324
Singultus, S 355
Sinifonium, S 346
Sinistra, S 139
Sinnaticum, S 344
Sinnum, S 356
Sinodus, Int. 288
Sinopede, S 365
Sint, B 161
Sinuosa, S 340
Sinus, G 166; S 310, 375, 376
Sion, Int. 303
Sipius, S 329
Siriam, I 1
Siricum, B 113, 233
Siriem, C 888
Sirina, S 349
Sirius, S 323
Sirtes, S 316
Sirtim, I 111
Sirtis, S 318
Sisca, S 358
Siser, S 336
Sistit, S 305, 371
Sistitor, S 308
Sisto, S 369
Sit, A 29, 78; H 64; P 144
Sitarcium, S 322
Siti, D 292
Siticulosus, S 325
Sitio, D 292
Sitit, S 325
Sitosus, H 123
Situla, S 337
Situlo, S 311
Situm, S 326
Situs, S 366, 370
Siue, Int. 286; A 151; C 964; L 264; M 65
Siue (for sue), S 681
Siuit, S 372
Smaragdus, S 378
Smus (for sinus), S 379
Sobat, S 431
Soboles, S 392
Sobrinus, S 390
Sobrius, A 35; S 391
Soccus, S 394
Socer, S 386
Sociatrices, S 395
Societas, S 503
Socii, P 125; S 31, 383
Socius, C 695
Socorde, S 291(bis)
Socordia, S 393
Socors, S 404
Socrus, S 385
Sodales, S 383
Sodatus, S 432
Sodes, S 427
Sodolus, S 413
Sodum, S 429
Sofar, S 402
Soffa, S 380
Soffisticis, S 388
Soffonias, Int. 293
Sofisma, S 397, 416
Sol, Int. 291; E 298; P 147, 388, 485; S 52, 417, 439, 654; T 178
Sola, U 313
Solabor, S 412
Solacia, C 604
Solacium, S 406
Solamen, S 406
Solaris, D 350
Sole, F 343
Solemnes, E 223, 227
Solemnitas, C 289; S 119
Solentia, S 382
Solere, S 431
Soleris, S 424
Solers, S 387, 389
Solet, R 84
Solida, A 865; S 410
Solidatum, F 430
Solidauit, S 411
Solido, G 126
Solidos, P 387
Solidum, N 175; S 403
Solis, A 875; E 14; F 130; H 66
Solisequia, S 396
Sollemnis, Int. 9, 16
Sollicita, E 361
Sollicitare, S 437
Sollicitat, A 638; E 552; S 401
Sollicitator, S 157
Sollicititi, S 703
Sollicitioris, S 608
Sollicito, S 252, 435
Sollicitudo, C 937; S 169
Sollicitum, E 382
Sollicitus, P 308
Solstitium, S 417
Soluat, S 436
Soluere, I 251
Solui, E 221; I 450
Soluit, P 293
Soluitur, F 225
Solum, C 217; E 496; N 148; S 398
Solutio, C 374
Somnicolosi, S 730
Sonae, S 281
Sonans, T 163
Sonant, C 497
Sonipes, S 405
Sonisactas, S 395
Sonitu, S 418
Sonitus, C 456; R 248
Sono, A 56
Sonograues, S 407
Sonores, S 407
Sonorum, S 418
Sons, S 415
Sonum, B 60; P 479
Sonus, B 155, 225; C 468, 908; M 173; T 251
Sophismatum, S 420
Sophista, S 422
Sophistica, S 421
Sopio, S 399
Sopit, S 384, 414
Sopita, A 65; S 409
Sopitis, S 400
Sopor, S 440
Sorbens, U 263
Sorde, L 260
Sordes, I 232; O 256; P 353; p. 91, note 2

Sordida, S 118, 295
Sordidatio, C 726
Sordidus, G 24; O 15
Sordis, I 165
Sordiscum, S 419
Soricarius, S 438
Sorix, S 423
Soror, A 513; M 73; T 139
Sorore, I 273; S 390
Sororis, S 430
Sororius, S 430
Sors, Int. 61; C 440
Sortem, S 428, 433
Sortilegos, S 434
Sortilegus, S 428
Sortiunt, S 425
Sospis, S 381
Sospitate, S 408
Soue, S 426
Spadi, S 449; p. 109, note 5
Spalagius, S 452
Spalagma, S 469
Spara-tites, S 467
Spargona, S 465
Sparsim, C 45, 188
Spartum, S 483
Sparulus, S 480
Spatha, p. 109, note 5
Spatia, I 406
Spatiaretur, S 444, 453
Spatiatur, S 443
Spatium, A 542, 728; C 183; I 407; P 496, 880; U 227
Spatula, S 475
Spatulas, S 449
Specie, R 27
Species, A 349, 622; F 85; L 152, 195; N 37; P 466; S 623
Specimen, S 441
Speciosa, N 118
Speciosus, E 105
Spectat, A 470; S 455
Spectatus, S 460
Specto, O 198
Specula, Int. 303; I 476; S 462
Speculam, S 402
Specular, P 409
Speculator, E 254
Speculatus, S 456
Speculum, S 461
Specus, S 477
Speleum, S 485
Spelunca, C 881; S 477
Spendescit, E 218
Spendidum, R 219
Spendor, A 20
Spendoris, R 131
Sper, S 466
Spera, S 458
Sperans, Int. 174
Sperciuş, S 482
Speriae, S 442
Spernit, D 199
Spes, I 272
Spiato, S 487
Spicae, N 37
Spicarum, M 167
Spicas, P 481; S 39, 450
Spicatum, N 37
Spiciones, S 478
Spiculis, S 454
Spiculum, S 481
Spidis, S 484
Spillos, S 459
Spina, p. 1; A 421; N 119; S 445, 473, 474
Spinarum, C 192
Spinę, R 21
Spinis, D 374; S 225
Spinosae, S 263
Spinosis, S 227
Spinosum, R 253, 255
Spiramentum, S 486
Spirat, F 241
Spiritus, p. 1; Int. 252, 271; E 181
Spisauit, C 893
Spissum, D 43
Splendentes, S 489
Splendet, A 484; B 97; N 105
Splendidum, L 182; S 429, 602
Splendidus, N 127
Splendor, E 230; S 441
Splendore, C 333
Splene, S 451
Splenis, S 472
Spolia, E 525; M 74; O 219; S 479; T 273
Spoliarium, S 479
Spoliat, C 632; U 53
Spolium, A 829
Spoma, S 476
Sponda, S 470, 471
Spondit, A 275
Spongio, P 230
Sponsio, U 2
Sponsus, P 676
Spontane, D 70
Sponte, S 448, 672; U 48
Sporta, C 379
Spospondit, S 457
Spretus, S 447
Spumatores, D 312
Spurcia, S 446
Spurius, S 463, 464
Sputaculum, S 468
Sputum, S 468
Squalor, I 165
Squalores, S 488
Stabula, B 160; S 498, 499
Stabulum, S 512, 549
Stacten, S 546
Stacfad brum, p. 92, note 5
Stagilla, S 560
Stagneus, E 209
Stagnum, S 550
Stamen, S 563
Stando, S 499, 537
Stangulat, S 558
Stare, S 417, 510
Statim, A 213, 842; E 345, 429; Q 51
Statio, S 497
Statione, D 60
Statuae, D 237
Statuit, D 195
Statuitur, S 305
Statum, C 954
Status, C 612; I 256
Steba, P 357; p. 92, note 3
Stebadiorum, p. 92, note 3
Stefad brun, p. 92, note 3
Stefadiorum, p. 92, note 3
Stefanus, Int. 294
Stella, C 932; F 298; U 131
Stellae, H 77; S 537
Stellantes, S 489
Stellares, C 932
Stellas, C 886, 977; S 341
Stellatus, S 570
Stellis, A 849
Stemma, S 517, 518, 555
Stenax, S 575
Stercor, R 218
Stercora, Q 59
Stercus, R 257
Sternit, S 568
Sternuntur, G 50; T 282
Sternutatio, S 521
Stertens, S 553
Stes, O 104
Stiba, S 501
Stibadium, p. 92, note 5
Stibium, S 529
Stic, S 564
Stiga, S 576
Stigma, S 519
Stigmata, S 195, 505, 545, 572
Stilio, S 554
Stilium, S 552
Stillatio, S 546
Stilum, S 509
Stilus, C 68
Stimatorum, C 389
Stimulat, A 638; S 508
Stimulatores, I 70
Stimulatrix, I 71
Stinc, S 551

Stipant, S 494
Stipatoribus, S 533
Stipem, S 511
Stipendi, C 756, 793
Stipendia, S 491
Stipendis, O 207
Stipes, H 97; S 541
Stipis, S 542
Stipite, L 290
Stipito, S 531
Stipula, S 567
Stipulator, S 368, 493
Stipulis, A 777
Stiria, S 548
Stirillum, S 523
Stirps, S 496, 506
Stola, P 224
Stolidus, S 500
Stolones, S 561
Stomachatur, A 141
Stomacho, B 209
Stomachum, S 573
Storax, S 539
Stornus, S 530
Strabus, P 143, 291; S 578
Strages, S 490
Stragua, S 514
Stragulat, S 565
Stramen, C 960
Stramete, S 544
Strata, C 104; O 264
Stratege, S 557
Strenas, S 524, 569
Strenua, S 502
Strenue, N 43; S 535
Strenuissimus, S 532
Strenuus, N 7
Strepitat, S 501
Strepitu, S 534
Strepunt, R 134
Strica, S 543
Stricta, S 562
Strictis, A 793; S 536
Stridentes, R 221
Stridet, F 332
Striga, S 528
Strigillum, S 513
Strigillus, S 574
Strinici, S 538
Strofanus, S 507
Stroffa, S 520
Stroflia, S 540
Strofosus, U 130
Stroma, S 522
Stromatum, S 516
Structionum, Y 4
Struentem, M 78
Struerer, S 525
Strues, S 492, 527
Strumentum, P 794
Strutio, S 571
Studio, O 197
Studiose, N 1; R 194
Studiosius, I 171
Stulta, B 30; E 81
Stultatus, S 566
Stulte, B 219
Stultissimus, S 291
Stultitia, C 442; I 419; S 393
Stultorum, P 472
Stultus, B 42; H 55; S 500
Stupefactus, S 559
Stuperatus, S 559
Stupet, T 188
Stupor, I 270
Stupore, A 276
Stuppa, S 515
Stuppe, F 426
Stupram, U 30
Stuprum, S 503, 517
Sturfus, S 577
Sturnus, S 526
Sus, D 23; R 37; S 672(bis), 679; U 199
Suadeo, C 294
Suaeder, S 701
Sualdam, S 641
Suarum, F 303
Suasor, G 73
Suasores, L 98
Suauiat, S 670
Suauitas, F 65
Suauitatis, T 175
Sub, Int. 333; L 7; S 593 (bis), 673(bis), 678(bis), 690; T 272
Subacti, S 590
Subactum, S 609
Subactus, S 611
Subarrata, S 635
Subarratus, O 89
Subarrauit, S 658
Subauditur, A 177; B 60
Subcentia, S 612, 677
Subcenturatis, S 653
Subcumbat, S 694
Subdidit, M 4
Subdistinctio, Int. 334
Subdit, S 603
Subdolus, S 626
Suber, S 639
Subergem, S 638
Subfocat, S 667
Subfragator, S 644
Subfragatus, S 680
Subicceris, S 588
Subigerunt, S 597
Subigo, S 689
Subiit, S 616
Subit, S 615, 682
Subitans, R 141
Subito, C 462; O 3
Subitus, F 258
Subiugati, S 590
Subiugatis, S 699
Sublatorium, Int. 308
Sublatus, E 281
Sublegit, S 707
Sublimis, Int. 275; E 530
Sublimitas, E 532
Sublustris, S 647
Subministrare, S 598
Subministrat, S 618, 664, 687
Submouit, A 819
Subnigrum, A 714
Subnixus, S 693
Subpeditat, S 664
Subplaudans, S 581
Subplosa, S 584
Subponit, S 603
Subpositoria, F 400
Subpuratis, S 583
Subrecta, S 610
Subregeres, S 588
Subreptores, E 486
Subrigens, S 613
Subrogare, S 598
Subrogat, S 600
Subrogatus, S 657
Subruat, S 694
Subsaunanis, N 16
Subsannat, S 697
Subsciuum, N 147; S 645
Subscriptiones, S 328
Subsellia, S 643
Subselliorum, E 415
Subseparatio, Int. 332
Subsequens, S 659
Subseruat, S 624
Subsicium, S 659
Subsiciuum, S 628
Subsidit, D 76
Subsidium, S 594
Substantia, U 296
Substantiae, P 717
Substratum, F 398
Subtalaris, S 708
Subtilem, C 759
Subtilis, A 205; C 645, 757; S 345, 626
Subtiliter, C 646
Subtrahere, A 225
Subtriuum, S 623
Subulcus, S 655
Suburbanum, S 628
Succens, S 663
Successus, S 646
Succisum, R 128
Succuba, P 355
Succubuit, S 596
Succurrit, S 682
Suciata, E 536
Sucini, S 688

Sucinus, S 633
Sucus, O 213; S 350
Sudestitiones, S 668
Sudum, P 283; S 602, 691
Suellium, S 706
Sues, F 303
Suesta, S 662
Suffecit, S 687
Suffecti, S 630
Suffectus, S 657
Sufficiant, E 181
Sufficit, S 618
Suffocacium, S 698
Suffragator, S 579
Suffragatur, S 625
Suffragines, P 552
Suffragium, S 580
Suffundit, S 585
Sugere, p. 55, note 3
Suggerit, S 704
Suggit, F 141
Sugillat, S 667
Sugillatio, S 599
Sugillatum, S 586
Sugillanit, S 661
Sugit, p. 55, note 3
Sugmentum, S 637
Sui, C 804
Suides, S 675
Suis, S 700
Sulcatum, B 130
Sulcis, S 193
Sulcus, E 119
Sulforia, S 683
Suliunt, S 674
Sullus, S 634
Sum, I 294; N 6
Summa, A 685, 801; C 822, 940; S 601; U 58
Summae, I 502
Summam, S 642
Summata, S 671
Summatim, S 617, 627
Summitas, C 102, 163
Summitatem, A 776
Summum, C 231
Summus, Int. 3; E 103
Sumtos, S 660
Sumtuarius, S 660
Sumtus, U 307
Sumuel, Int. 281
Sunio, S 669
Sunt, Int. 51, 301; A 25, 311, 332, 499, 518; B 32, 67, 73, 74, 83; C 195, 310, 331, 372, 672, 723, 804; D 63(bis); E 62, 557; F 20(bis), 98; G 101; H 2, 119; L 9; M 145, 313; N 76, 155; P 149, 495, 689, 801; S 218, 281, 681, 705; T 104, 225, 272; U 3, 42
Suntote, S 666
Suntuosus, P 834
Suo, B 31; O 180; S 631
Suotim, S 631
Suonetaurilia, S 681
Super, B 102; E 162; F 304; I 168; P 298, 835; U 132
Supera, S 640
Superagumentum, E 168
Superaut, S 695
Superat, E 383; S 656
Superbia, C 565; F 16; S 649
Superbiae, E 304
Superbientibus, I 112
Superbis, E 540
Superbum, C 714
Superbus, I 92, 480; M 254
Supercilium, S 649
Supereminet, I 317
Superfluit, E 498
Superhabundans, S 629
Superior, A 634; B 18; M 261
Superiores, A 339
Superius, A 907
Supero, S 686
Superpositio, A 694; E 248
Superrelegiosissimus, S 622
Superruere, I 277
Superscripta, P 835
Superspector, Int. 111
Superstes, S 620
Superstiti, S 614
Superstitiosus, S 622
Superuino, S 686
Superum, U 150
Suppa, S 556
Supparant, S 650
Suppetium, S 651
Supplantator, Int. 158
Suppleant, S 650
Supplici, C 51
Supplicis, M 283
Supplicium, N 81
Suppremit, S 654
Supra, D 325; L 64; M 207
Suprema, S 654
Supremi, S 595
Suprimit, S 619
Suptile, E 520
Supuratio, S 709
Sura U 97
Surculus, Q 71; S 587, 591
Surgit, S 676
Surices, S 2, 98
Surum, S 632
Sus, F 274
Suscensere, S 621, 652
Suscenset, S 665
Suscepti, C 164
Susceptio, E 519; N 2
Susceptionibus, S 728
Susceptor, S 286
Suscetur, S 607
Suscitans, E 528
Suspectioris, S 608
Suspectus, S 592
Suspendentis, p. 1; Int. 41
Suspenderat, S 685
Suspeusi, S 606, 703
Suspensum, S 702
Suspensus, S 636
Suspexit, S 648
Suspicabantur, N 98
Suspicatur, E 521
Suspicio, S 589
Suspicor, C 607
Suspirat, S 692
Sustentatio, S 582
Sustentatur, D 162
Sustentatura, S 582
Sustiuent, S 684
Sustulit, T 217
Susum, S 648
Susurio, S 605
Susurrat, S 604
Sutrinator, S 696
Suum, C 217, 784; E 496
Syllaba, Int. 74, 128, 253, 319, 320, 333
Syllabae, E 18
Syllabarum, E 203
Syllabas, E 203
Syllogismus, S 713
Symbulae, S 731
Symbulum, S 721
Symbulus, Int. 287
Symeon, Int. 289
Symphonia, S 720
Symphosia, S 716
Sympsalma, S 715
Symtagmatescon, S 726
Synaxeos, S 729
Syndetus, S 717
Synefactas, S 710
Synesactas, S 711
Synfosion, S 722
Syngraffe, S 718
Synisastas, S 730
Synodicus, S 728
Synodus, S 727
Synonima, S 712
Syntasma, S 723
Syntasmata, S 724
Synthcta, S 719
Sypyegen, S 725
Syrinc, S 732
Syrtes, S 714

Tabe, T 12
Taberna, A 872; C 176, 185; G 5, 176; L 43; T 29
Tabernacula, C 175
Tabernaculorum, I 81; S 119, 124
Tabernarius, C 185; G 8; P 508
Tabernarum, G 187
Tabernum, T 18
Tabescit, T 6
Tabetum, T 22
Tabicon, T 13
Tabida, T 30
Tabo, T 7, 39
Tabuisset, T 26
Tabula, A 199; C 879
Tabulae, L 7; P 818
Tabulamen, T 45
Tabulata, T 43
Tabum, S 30
Tabunus, T 20
Taceant, C 94
Tacit, N 125
Tactilus, p. 82, note 2
Tacuerunt, C 830
Tacuit, C 97; O 76; R 130
Taculus, T 17
Taddeus, Int. 223
Taenis, T 46
Tagax, T 2, 3
Tait, T 35
Tala, T 14
Talaria, T 37
Talatrus, T 38
Talentum, T 8
Talerem, P 499
Talibus, H 158
Talio, T 23, 33, 38
Talionem, T 32
Talpa, T 16, 19
Talumbus, T 24
Talus, T 42
Tam, T 130
Tamen, P 857; Q 43
Tandem, A 412; T 10
Tandundem, T 9, 31
Tangere, A 869
Tangi, T 300
Tangit, T 4
Tanta, T 11
Tantalus, Int. 325
Tantane, T 11
Tantas, T 195
Tantidem, T 9
Tantisper, T 27, 28
Tantum, A 251; L 202; M 11
Tantummodo, D 370
Tapetsa, T 21
Tarda, L 107
Tardantibus, C 961
Tarde, D 231
Tardentium, S 213
Tardior, S 359
Tardus, I 31; S 306
Tarnca, T 36
Taureus, F 246
Tauri, H 101
Tauro, S 681
Taurorum, T 226
Taurus, I 505; T 40
Tautalogia, T 11
Tautones, T 34
Taxare, I 319
Taxat, T 5
Taxatio, C 171; T 1
Taxatione, T 25
Taxauerat, T 41
Taxit, T 4
Taxo, I 508
Taxus, T 15
Te, C 884; P 652
Teatris, E 417
Tecta, S 22, 247; T 167
Tecto, T 114
Tectoriatus, T 114
Tectorum, F 389
Teda, F 2
Tedae, T 110, 113
Tediasus, A 637
Tedis, T 48
Tedium, A 165
Tegendo, T 101, 322
Teges, T 101
Tegit, T 126
Tegitur, C 939
Tegorium, T 322
Tegula, T 47
Teguntur, U 110
Tehis, T 128
Tela, A 154; C 60; D 351
Teli, P 156
Telia, Int. 321
Tellus, S 105; T 70
Teloniaris, T 129
Telorum, H 8
Telum, I 8; T 89
Temerare, T 67
Temerari, T 96
Temerarius, P 326, 819; T 66
Temere, T 64, 130
Temeritas, T 63
Temetum, T 118
Temonibus, T 97
Tempe, T 79, 95
Temperamentum, S 720
Temperantiam, F 315
Temperat, M 224; O 14
Temperatus, A 678
Temperiem, T 121
Tempestas, F 253; T 346; U 136
Tempestiuum, T 65
Templa, A 236, 309; D 201
Templi, A 270; E 27; F 78
Templis, P 426
Templo, F 78
Templum, A 846; F 74, 76; L 295; N 11; P 8, 48, 851; p. 87, note 3
Tempora, F 244; H 94
Temporale, C 885
Temporalis, A 624; C 883
Temporalium, C 867
Temporamento, I 383
Tempore, E 219, 511; L 269
Temporis, D 302; I 437; Q 67
Temporum, C 868; M 137, 242
Tempus, Int. 73, 139; A 303, 326; C 962; E 219; I 128, 164; L 269; M 149; N 194; U 63
Temtat, A 202, 286
Temtatio, Int. 140, 144, 284
Temulentus, T 58, 80
Tenarum, T 105
Tenax, T 52
Tendamus, T 55
Tendit, T 108, 127
Tenebrae, Int. 61; C 367
Tenebras, C 904; L 280
Tenebrosa, G 187
Tenebrosi, T 109, 187
Tenclis, T 112
Tenens, P 34
Tenera, P 857
Tenere, L 162
Teneri, T 112
Tenet, A 585; C 205; D 257
Tenor, I 256; T 107
Tenore, T 99
Tenticum, T 88
Tentigo, T 71
Tentoria, M 63
Tentorium, T 76, 123
Tenuem, E 365
Tenuere, T 54
Tenues, P 168
Tenuis, C 386; E 159
Tenuissimi, A 875
Tenus, T 53, 83
Teoricas, P 196
Teotoni, B 83
Terebellus, T 87
Teres, T 74, 100
Teretes, T 61
Teretrum, T 116
Terga, T 50
Tergant, P 573
Tergiuersator, T 51
Tergora, T 60

Tergum, T 62
Tergus, T 60
Teri, T 279
Terido, T 120
Terimentum, T 121
Teris, T 86
Teristrum, T 77
Termae, G 71
Terminat, S 384
Terminate, T 115
Terminet, T 91
Terminis, C 595
Terminos, M 126
Terminus, L 201; T 103
Termodum, T 106
Termofilas, T 91
Terpore, T 92
Terra, A 426, 728, 766; E 132; F 417; H 59; I 86, 138; L 59; O 204; S 77, 105, 398; T 70
Terrae, A 372; G 1; U 236
Terram, C 855; H 160; O 125
Terraneum, M 135
Terrę, G 39
Terrena, I 24
Terrenus, Int. 4, 102
Terribula, T 117
Terrigena, G 90
Terrigenae, T 93
Terris, R 225
Territ, T 132
Territantur, C 879
Territoria, T 72
Territorium, F 412; T 57, 82
Terte, Int. 320
Tertia, N 176; T 282
Tertiana, T 85
Tertius, A 25; P 671
Teruus, T 133
Tes, P 196, 198
Teseroix, T 78
Tesmaforia, T 73
Tessera, T 81
Tesserarius, T 111
Testa, T 102
Testamento, L 141
Testamentum, D 254; E 129; I 317
Testatus, A 631
Testi, P 695
Testiculi, O 239
Testificatus, T 68
Testimoni, D 111
Testimonia, M 241
Testimonium, Int. 321; E 113; M 101
Testis, A 223; C 306; G 12; I 120; M 25
Testium, I 271
Testor, T 131
Testu, T 102
Testudo, T 56, 59, 81
Tetaustus, T 122
Teter, T 49
Teterani, T 109
Teterrimus, T 69
Tetragrammaton, P 240
Tetrametron, Int. 318
Tetricus, T 119, 125
Tetrum, T 98
Teutonicum, B 83
Texit, A 537; C 132
Textrinum, T 90
Texunt, B 151; S 230
Texus, T 107
Thadalus, T 155
Theatri, H 22; L 288; P 673
Theatris, E 104, 487
Theatro, C 8; D 54
Theca, F 66
Theda, T 136
Thedis, T 75
Thema, T 146
Theman, T 149
Theo, P 121
Theodranius, T 145
Theologia, T 137
Theologica, T 143
Theorica, H 67; T 142
Theos, T 134
Thermas, T 140
Thersicorem, T 154
Thesaliae, S 482
Thesaurum, A 354
Thesis, Int. 314
Thessera, T 156
Theus, Int. 152
Thia, T 139
Thiaras, T 147
Thiriacae, T 141
Thitis, T 135
Thola, Int. 312
Tholus, T 153
Thomas, Int. 311
Thorat, Int. 323
Thorax, T 138, 144
Thoroeiclas, T 148
Thronus, Int. 310
Thus, T 141
Thya, T 151
Thyesteas, T 150
Thymus, T 152
Tiara, T 162
Tiberis, T 351
Tibero, T 351
Tibia, T 176
Tibialis, T 173
Tibias, C 947
Tibicen, T 176
Tigillum, T 184
Tiguarius, T 166
Tignum, T 171
Tilares, T 179
Tilia, T 161
Tilio, T 170
Timens, I 18
Timetur, U 65
Timiamate, T 175
Timore, F 355; M 309
Timoris, R 226
Timpana, T 167
Tincti, T 169
Tinctum, C 520
Tinniendo, T 185
Tinniens, T 163
Tinnulus, T 185
Tipo, T 182
Tippula, T 181
Tipsiua, T 186
Tipum, T 165
Tiro, T 164
Tirocinia, R 217; T 183
Tironibus, T 180
Tisifone, T 159
Titania, T 157
Titerani, T 174, 187
Titica, T 158
Titio, T 160
Titon, T 178
Titubat, U 44
Titubo, L 83
Titulat, T 177
Titule, T 172
Titulum, E 242
Titurus, T 168
Tocoria, T 200
Toereumata, T 104
Toetriymyteo, T 207
Toffus, T 198
Toga, E 183; L 139; P 116; T 192, 219, 220, 221, 228, 297
Togatus, T 219
Togipurium, T 220
Tolentorum, E 331
Toles, T 225
Tollens, Int. 28, 36
Tolleramus, P 323
Tollerata, P 296, 818
Tollere, A 90; D 88; E 126
Tollet, A 85
Tollimus, E 100
Tollit, A 33, 219; E 324; T 199, 217
Tolluntur, U 298
Tolor, T 211
Tomum, T 208
Tongillatim, T 191
Tonica, T 204
Tonicam, P 199
Tonsa, T 206

Tonsi, T 193
Tonus, Int. 315
Topadiorum, T 259
Toparca, T 203
Topazion, T 210
Topus, T 194
Torax, T 196, 215
Torcular, G 51
Toreuma, T 214
Tori, T 223, 226
Tormentorum, F 181
Tormentum, L 218
Tornauere, T 285
Torno, T 101
Torosa, T 227
Torpet, T 188, 197
Torpor, T 201
Torpuit, T 189
Torquent, T 229
Torquentes, N 82
Torquet, T 213
Torquetur, B 161
Torrens, T 224
Torrentibus, T 216
Torrere, T 190
Torreuit, T 202
Torta, T 205
Torto, U 76
Tortum, B 233; T 212
Tortuosum, A 657
Torua, T 218
Toruus, T 222
Tos, T 209
Tosta, U 204
Tot, T 195
Tota, Int. 263; H 139
Totius, A 824
Totum, A 351(bis); C 166; H 138; L 29; U 274
Toxica, L 170
Toy, P 198
Trabca, T 297
Trabibus, L 7
Trabis, T 301
Trabs, T 301
Tractare, S 352
Tractat, E 136
Tractata, T 300
Tractibus, T 311
Tractum, L 269
Tradat, D 15
Traditio, D 70
Traducere, T 269
Traductus, T 261
Tradunt, D 117
Tragelaphus, T 295
Tragicus, T 243
Tragoedia, T 263
Tragoediae, T 312
Trahemur, R 7
Trahit, E 352; P 696; S 633
Trahunt, U 132
Traiecit, T 299
Traiectis, T 307
Traiectus, T 280
Traigis, T 315
Trames, H 107
Tramitum, T 277
Tranant, T 308
Trans, T 242, 293
Transactis, P 270, 637
Transeunt, S 695
Transfert, T 304
Transilitor, I 23
Transitoria, F 415
Transitum, T 234
Transitus, Int. 241
Translata, M 170
Translaticius, T 270
Translatio, M 139
Translatores, Int. 101
Translatum, L 269
Transmigrationem, I 196
Transmisit, T 299
Transmutatum, T 234
Transmutetur, T 270
Transnominatio, M 169
Transtrum, T 289
Transuersae, T 277
Transuersus, O 5
Trapizeta, T 275
Trapizetae, C 697
Trapetae, T 238
Trapetis, T 260
Trax, T 246
Tremet, H 49
Tremor, B 60
Tremulet, U 11
Tremulus, T 287
Trenis, T 274
Trepidaret, N 201
Trepitat, B 7
Treraesy, T 254
Tres, T 248
Tria, T 282, 310
Triauus, A 25
Tribuant, D 376
Tribui, S 8
Tribuit, D 377; S 90
Tribulatio, Int. 10
Tribuli, T 306
Tribunales, C 173
Tribunalia, T 245
Tribunus, C 377
Tribus, I 145; S 681; T 103, 253, 259
Tributa, P 294; R 82
Tributorum, F 401
Tribunut, S 425
Tricent, T 317
Triclinium, T 259, 282
Tridens, T 286
Tridentes, C 878
Triennia, T 316
Trieris, T 253
Trietherica, T 316
Trige, T 272
Trilex, Int. 322
Trimetron, Int. 317
Tripes, T 309
Triplia, T 267
Triplici, T 296
Triplum, Int. 324
Tripodia, T 302
Tripudiantes, T 262
Tripudiare, T 241, 265
Tripudium, T 257
Triquadrum, T 292
Trissisma, Int. 316
Tristatur, M 192
Triste, A 322; F 405
Tristes, T 119
Tristi, A 322
Tristis, U 314
Tristitia, A 586, 632; F 141; M 196
Trita, T 313
Tritici, S 363
Triticum, C 282; F 86
Tritili, T 279
Tritonia, T 278
Tritor, T 237
Triturigine, D 78
Tritus, Int. 319; T 237
Triuere, T 285
Triuerunt, T 291
Triuis, I 145
Trium, Int. 317
Triumur, T 294
Triuudali, T 296
Trocheus, Int. 319
Trochus, T 249
Trocleis, T 266
Troclinus, T 276
Trofon, T 256
Troia, I 47
Troiae, S 162; T 231 (bis)
Troianis, I 51
Troianus, I 53
Tronus, T 233
Tropea, T 264, 273
Tropeum, T 271
Tropicon, T 255
Tropologia, T 244
Tropum, M 274
Tropus, T 230, 251
Trorsus, T 250
Trossulae, T 252
Trubidus, T 232
Trucis, T 239
Truculentus, T 240
Trudes, T 303
Trudit, T 235, 283

Truditur, T 268, 284
Trufulus, T 288
Truitius, T 311
Trulla, T 290, 298
Truncatus, T 281
Truncus, T 305
Trnrsus, T 236
Trutina, T 258
Trutinatum, L 188
Trux, T 217
Tns, P 168
Tuba, A 331; C 493; L 183, 311; T 327
Tubae, C 456, 468
Tubarum, S 42
Tuber, T 326, 332
Tubera, T 318
Tubicen, T 327
Tubicinator, S 100
Tubicines, A 302, 347, 349*; C 298
Tubis, C 497
Tubo, T 320
Tubolo, T 321
Tudicla, T 328
Tuere, T 341
Tuetur, T 335
Tugurinm, T 319, 322
Tulit, D 193; P 798, 799
Tumba, C 403; T 350
Tumescit, F 270
Tumida, T 345
Tumidus, B 155
Tumor, T 326
Tumultuat, S 501
Tumultus, T 343
Tumulum, T 339
Tumulus, F 424
Tundendo, E 544
Tundentes, T 333
Tundere, P 393
Tundit, P 133
Tunditantes, T 333
Tunditur, P 412; S 56
Tundo, P 395
Tunica, D 10; S 513
Turba, A 62, 101; C 460
Turbati, I 312
Turbatus, C 816
Turbinae, T 337
Turbo, T 312, 316
Turbor, T 340
Turbulentus, T 317
Turdella, T 323
Turdus, T 324
Turgentes, P 884
Turget, T 338
Turificaturus, T 349
Turis, A 97
Turma, T 334
Turmalis, T 341
Turpe, T 336
Turpia, G 187; P 645
Turpis, C 643; S 503
Turpisculum, T 336
Turpiter, C 689
Turpitudinis, A 209
Turris, P 581, 888; T 348
Tus, T 331
Tuscia, L 194
Tuta, T 325
Tutellam, T 329
Tutius, T 330
Tuum, O 277
Ty, P 198
Tyberinus, T 355
Tybris, T 354
Tylae, T 351
Typsonas, T 357
Tyri, T 352
Tyrsis, T 353
Tyrsus, T 356
Tyrus, Int. 313

Ua, Int. 327
Uacca, B 218; U 49
Uaccanalia, U 30
Uaccatur, U 35
Uacellat, N 197
Uacillauis, C 49
Uacillat, U 44
Uacillet, U 11
Uacua, E 480
Uacuans, E 479
Uacuatus, O 290
Uacuos, H 60
Uacuum, C 50, 160
Uada, U 50
Uadatur, U 18, 31, 40, 48
Uades, U 17
Uadi, p. 118, note 2
Uadimonia, U 3
Uadimonium, U 2, 14, 29; p. 118, note 3
Uadis, P 717
Uadit, O 5
Uagat, U 25
Uagatur, U 45
Uagius, U 32
Uaglebat, U 37
Uagurrit, U 25
Uagus, U 45
Ualba, U 5
Ualbas, U 6
Ualde, A 213, 214, 244, 253, 547, 597; B 110; D 35, 41, 145; E 179, 380; F 429; I 168, 184, 331; L 282; N 130; O 185; P 290, 350, 373, 582, 605, 799
Ualedicunt, U 52
Ualensdo, U 23
Ualent, A 306; U 72, 106
Ualetant, U 42
Ualidae, A 157
Ualido, P 579
Ualitudinarius, U 24
Uallauit, U 28, 31
Uallem, Int. 145
Ualles, Int. 145; A 570
Uallos, U 22
Uallum, U 9
Uana, C 275; N 80
Uanas, I 155
Uane, E 76
Uangas, U 13
Uani, M 245
Uaniloquium, E 71
Uanitates, I 457
Uanna, U 39
Uanum, F 404
Uanus, U 36
Uaporat, U 10
Uapore, U 38
Uaregatam, U 27
Uaria, S 712
Uariat, S 565
Uariatam, U 27
Uaricat, U 12, 19
Uarie, S 516
Uarietatis, S 544
Uarios, C 200, 323
Uarium, M 83
Uarix, U 8
Uarruce, U 26
Uarruces, U 26
Uas, A 158, 442(bis), 768, 782; C 133, 153, 926; L 23, 270; P 668; U 41
Uasa, A 530; C 18, 915; F 322, 363; L 13, 41; O 140; U 16, 51
Uasculum, F 118; L 124
Uaser, U 20
Uasis, A 752; C 86
Uasorum, M 58
Uastat, U 53
Uastauit, I 114
Uastitas, M 237; U 4, 33
Uastus, U 43
Uates, Int. 254; F 58; U 46, 47
Uaticano, I 468
Uaticanus, U 47
Uaticinatio, U 1
Uatilla, U 7, 15
Uauer, U 21
Uba, L 51
Uber, U 54
Uberrima, U 54
Ubi, Int. 51, 74, 75, 333; A 311, 330, 499, 591(ter), 669, 704, 734, 741, 816,

856; B 115, 201, 231; C 11, 165, 181, 195, 978; E 162, 276, 338, 562, 563; F 191, 303, 312; G 47, 187, 192; H 91; I 118, 231; L 72, 225, 283; M 58; N 155; O 256; P 149, 518, 804; Q 77; R 211; S 65, 111, 218, 281, 479, 623; T 18, 272, 282; U 17, 289, 298
Ubique, P 551
Uecors, U 122
Uecta, U 69
Uectandi, U 91
Uectigal, L 306
Uectigalea, P 850
Uectis, P 259; U 90
Uector, U 55
Uegent, U 72, 106
Uegetus, U 80
Uegros, U 101
Uehemens, A 100; U 137
Uehementia, A 871
Uehemoth, U 102
Uehiculi, P 547
Uehiculorum, T 167
Uehiculum, C 96; E 312; P 360
Uehit, U 75
Uehor, U 73
Uel, Int. 182, 263; A 11, 36, 37, 40, 51(bis), 78, 90, 91, 109, 117, 121(bis), 133, 142, 149, 160, 165, 166, 169, 171, 203, 213, 231, 250, 256, 272, 286(bis), 287, 314, 315, 344, 362(bis), 371, 398(bis), 402, 440, 479, 533, 554, 555(bis), 586, 591, 596, 604, 605, 624, 628, 633, 638, 657, 660, 662, 685, 696, 714, 719, 728, 753, 754, 756, 776, 811, 820, 821(bis), 825, 842, 844, 850, 870, 936, 949; B 18, 178; C 12 (ter), 21 (wrongly for inter), 68, 71, 116, 146, 161, 164 (wrongly for inter), 171, 217, 227, 233, 278, 306, 377, 386, 401, 404, 412, 415, 460, 467, 516, 519, 571, 661, 685, 695, 696, 705, 760, 766, 768, 849, 850, 854(bis), 857, 891, 902, 904, 922; D 6, 61, 71, 111, 126, 146, 257, 335, 347, 366; E 15, 222, 237, 357, 381, 415, 471, 505, 526; F 88, 160, 360, 382; G 48; H 95; I 103, 260, 273, 293(bis), 371, 443; L 15, 97, 285; M 12, 43, 111, 159, 182, 190(bis), 379; N 39, 58 (bis), 114, 171; O 80; P 30, 134, 253, 385, 426, 476, 575, 666, 772(bis); R 198, 201, 209, 227; S 31, 61, 85, 125, 208, 273, 321, 441 (quater), 545, 558, 622 (bis), 682, 725; T 182, 282, 350; U 3, 225, 226
Uel, Int. 326
Uelamina, N 179
Uelantur, U 110
Uelle, M 72
Uellere, U 117
Uellim, M 90
Uellosae, M 86
Ueloces, A 489; B 87; U 118, 275
Uelocissimi, C 932
Uelocissimo, R 3
Uelociter, A 404; E 88; M 80; P 227; R 5; S 93
Uelocius, Q 25
Uelorum, R 232
Uelox, C 273; E 561; P 216; R 1
Uelum, O 220
Ueluti, U 132
Uemiculus, U 148
Uemis (for Uermis), T 120
Uena (for Uerna), U 138
Uenabula, U 79
Uenae, M 143
Uenalia, P 804
Uenaliciarius, U 125
Uenalicium, U 114
Uenas, F 175
Uenator, B 84
Uendebantur, F 303
Uendebat, A 946
Uendent, A 856
Uendere, L 225
Uenderis, U 111
Uendi, U 114
Uendidit, D 274
Uendit, B 120; D 14; U 125
Uenditio, A 913, 959
Uenditor, F 296; P 165
Uenditur, L 223; U 112
Uenditus est, U 113
Uendor, U 119
Uenenata, D 292
Uenenatae, A 104
Uenenato, A 22
Ueneui, U 152
Uenenosa, C 149; S 452
Uenenose, E 74
Uenenosi, L 98
Uenenosus, U 151
Uenenum, O 215
Ueneo, U 103, 119
Ueneratricia, A 471
Ueneratur, U 68
Ueneria, U 98
Uenero, S 589
Uenetum, U 87
Ueniam, I 30
Ueniculum, U 143
Ueniens, C 750
Ueniit, U 113
Uenis, L 88; U 111
Uenit, D 238; S 682; U 66, 112
Ueniunt, U 60
Uenter, A 455; U 81
Uenti, A 850; E 335; T 342
Uentilat, S 147
Uentis, F 253, 431
Uento, A 675
Uentorum, A 344(bis); F 231; T 337
Uentrem, F 302
Uentriculum, U 81
Uentriculus, U 82
Uentris, C 374, 634
Uentus, A 486, 713; I 9; U 284
Uenum, D 14
Uenundabor, U 103
Uenustus, U 124
Uer, U 63
Uerba, A 457; S 189, 208
Uerbenaca, U 97
Uerber, U 104
Uerbera, L 25
Uerberat, R 159
Uerberatorum, U 93
Uerberatrum, U 94
Uerbere, U 76
Uerbi, F 160; U 71, 149
Uerbicis, U 104
Uerbis, D 311; E 138; I 477; P 660, 793
Uerbo, Y 5
Uerbonutus, U 127
Uerborum, A 566; F 65
Uerbosus, P 724
Uerbotenus, U 71
Uerbum, A 411; L 264, 326; Y 5
Uere, Int. 22; U 1
Uereatur, U 129
Uerecundiae, p. 118, note 2
Uerecundię, p. 118, note 2
Ueredari, U 118
Ueretrum, U 78
Uergentia, U 56
Uergit, U 115
Ueritur, U 65

Uermes, B 151; S 230
Uermiculus, Int. 312
Uermis, B 209; T 181; U 147
Ue[r]mis, T 120
Uerna, R 107
Ue[r]na, U 138
Uernacula, O 250; U 123
Uernaculi, O 258
Uernaculus, U 120
Uernans, U 121, 128
Uernus, U 64
Uero, A 412; C 932; H 135, 152, 155
Ueronis, U 70
Ueror, U 84
Uerrit, U 61, 126
Uerruca, U 77
Uerrunt, U 132
Uersant, U 107
Uersator, T 51
Uersiculis, A 505
Uersis, E 167
Uersum, Int. 90, 125; S 208
Uersus, Int. 74, 75, 217, 218; A 169; E 203
Uersutia, S 520
Uersutus, U 20, 116
Uersuum, E 125; P 509
Uertant, U 107
Uertebatur, A 162, 791
Uertelium, Int. 328
Uerteudo, U 136
Uertex, U 58
Uerticeta, U 290
Uerticosum, C 7
Uertiges, U 100
Uertiginem, U 144
Uertigio, U 136
Uertigo, A 776; U 89
Uertil, U 142
Uertix, U 134
Uerum, A 842
Uesanus, U 59
Uescada, U 83
Uescitur, U 108
Uesica, U 95
Uespas, U 92
Uespelliones, U 88
Uesper, U 145
Uespere, N 39
Uesperescit, U 57
Uesperi, U 131
Uespertilio, U 105
Uesperugo, U 131
Uesta, U 62, 96
Ueste, L 342; P 882
Uesteplicia, U 141
Uestes, E 524; U 141
Uestiarium, U 140
Uestiarius, U 139
Uestibulo, I 454
Uestibulum, U 86
Uestibus, A 921; U 139
Uestimenti, A 541; P 7; R 259
Uestimento, Int. 110; C 413
Uestimentum, A 538; L 129; P 116
Uestis, B 110; C 209, 979; E 233; F 287; L 139; R 83; T 36, 297; U 140
Uestit, A 537
Uestum, H 17
Uetanda, C 706
Uetat, A 767
Uetellus, U 133
Ueterana, O 143
Ueterator, U 130
Ueterauit, U 109
Ueteres, L 201; P 309
Ueterno, U 146
Uetuli, U 74
Uetus, C 55; I 347
Uetusta, A 915; U 99
Uetustas, U 313
Uetustate, E 538; R 126
Uetustum, C 194
Uexat, M 320; Q 23
Uexatio, C 894
Uexilla, U 85
Uexillatio, U 135
Uexillum, U 67
Uexit, U 75
Ui, D 383; M 318; U 150, 199
Uia, p. 1; D 37; O 126; S 727(bis); U 174
Uiae, B 117; C 232, 465; S 263; T 277
Uiarum, C 71
Uiatici, U 307
Uiaticum, E 320; S 322
Uibex, U 173
Uibice, U 205
Uiblę, U 211
Uibrat, U 161, 190, 226
Uiburna, U 187
Uicatim, U 201
Uicatum, U 175
Uicem, C 912; R 132
Uicibus, A 477
Uicinis, E 272
Uicinus, A 171, 872
Uicisitur, U 153
Uicissim, U 165
Uicissitudo, T 33
Uicit, C 811
Uicium, U 182
Uicos, U 201
Uictilia, F 322, 363
Uictima, U 178
Uictis, U 178
Uictor, U 166
Uictoriae, T 257
Uictrix, U 166
Uictualia, E 330
Uictum, S 609
Uictus, C 528
Uicus, Int. 306; S 218
Uidens, Int. 164, 270
Uideo, H 32; Q 56
Uidet, H 39; S 455
Uidetur, S 417
Uidi (for uiri), L 246
Uidit, A 633; C 286, 871; N 39; U 274
Uiduatus, C 335
Uigebat, U 37
Uigilans, E 282
Uigilantes, L 286
Uigilibant, E 555
Uigor, U 170
Uigorem, U 169
Uihabundans, U 192
Uilicat, U 202
Uilicos, U 198
Uilicus, U 223
Uilis, U 195, 309
Uilla, P 744; U 186
Uillam, U 225
Uillicat, U 225
Uillis, U 179
Uillosa, U 184
Uillosum, A 544
Uillus, U 213
Uim, A 106; G 38
Uimen, C 22; L 138; U 212
Uimentibus, U 196
Uinaria, C 153, 915
Uinarium, A 782
Uincere, O 78; T 265
Uinciri, U 156
Uincitur, B 32
Uinco, U 206
Uinctorium, p. 99, note 2
Uinctus, M 116
Uinculis, C 659
Uindex, U 231
Uindicamus, U 172
Uindicator, P 454
Uindicatus, I 161
Uindictio, C 453
Uindunt, U 160
Uineis, S 35
Uini, A 687; U 164
Uiniarum, A 626
Uino, S 351
Uinolentia, U 164
Uinolentus, T 80
Uinum, B 22; C 20; D 79; L 340; N 58; S 102; T 18, 118; U 155
Uinxit, M 300

Uiocorus, U 203
Uiolare, T 67
Uiolat, P 679
Uiolatio, P 403
Uiolenter, U 167
Uiolentia, T 63; U 150, 152, 216
Uiolentius, P 286
Uiperina, U 183
Uir, Int. 164; C 79, 337; H 42, 64
Uirago, U 154
Uirecta, U 163, 188
Uirens, U 121
Uirent, U 163
Uires, E 324; R 210
Uiresceret, U 207
Uirga, A 641; C 168; S 152, 153, 478; U 158, 199
Uirgae, A 298; S 138
Uirgę, U 173
Uirginalis, D 313
Uirginitas, F 237
Uirginitatis, S 547
Uirginum, T 147
Uirgis, C 132; O 33
Uirgo, N 111; U 157, 215
Uirgula, U 158
Uirgultum, H 111; U 197
Uirguncula, U 157
Uiri, P 800; U 194
Uiridem, C 977; S 378
Uiridi, H 163
Uiridis, C 233
Uiridus, P 666; U 220
Uirilia, C 127; P 351, 876; U 78
Uirilis, Int. 17
Uiriliter, E 75; U 200
Uirisat, U 200
Uiritim, U 193, 221
Uiriuola, U 162
Uiro, H 115; I 498
Uirorum, Int. 151
Uiros, D 172
Uirtus, Int. 276; A 99, 635; R 207; U 170
Uirtute, E 210; M 318; N 112
Uirtutibus, E 211
Uirtutis, I 272
Uirulentus, U 151
Uirus, L 120; U 152
Uis, I 145; U 216, 305
Uiscellum, U 208
Uiscera, A 712; I 45; U 204, 209, 210
Uisceribus, I 48
Uiscum, U 159
Uiscus, U 185
Uisendi, U 214
Uisibus, U 219
Uisio, Int. 148
Uisione, P 225
Uisionem, S 725
Uisionis, S 347
Uisitandi, U 214
Uisitare, I 254
Uiso, U 171
Uispellones, P 229
Uistula, U 222
Uisus, A 117; I 415; O 262
Uita, D 98, 221; E 357; H 67; P 196, 237
Uitalia, U 209
Uitam, Q 42
Uitare, I 302
Uitearum, C 642
Uiteas, C 642
Uitelli, U 177
Uites, N 155
Uitiato, U 191
Uitiatum, U 189
Uitiginem, U 168
Uitiligo, U 180
Uitiosa, B 59
Uitiose, P 238
Uitis, P 135; R 111
Uitreum, H 163
Uitricius, U 181
Uitrolum, p. 26, n. 5
Uitta, I 117; U 224
Uittae, I 425
Uittas, U 176
Uitula, U 218
Uitulus, U 217
Uituperatio, L 175
Uiuens, Int. 25; S 47, 73
Uiui, S 614
Uiuit, D 159; Q 38
Ulcanus, M 326
Ulciscitur, U 230
Uli (for ubi), A 354
Ulignosum, U 235
Ulignosus, U 234
Uligo, U 236
Ullo, E 188
Ulmus, U 237
Ulna, U 227
Ulnum, U 233
Ultatus, U 228
Ulterior, U 239
Ulterius, C 415
Ultionem, T 32
Ultra, C 380, 418
Ultro, U 231, 240
Ultroniam, U 241
Ultroque, U 229
Ultus, U 232
Ulula, N 138; U 238
Umbilicus, U 213
Umbo, U 245
Umbonem, U 242
Umbra, L 69
Umbraculum, O 150
Umecta, U 246
Umor, M 133
Umores, C 360, 619
Umquam, U 244
Una, Int. 74; E 41
Unam, A 527; P 510
Uncat, U 256
Unci, U 253
Uncialibus, U 254
Uncis, H 26, 157; U 248
Unco, G 27
Uncus, U 250
Unexio, M 380
Unda, E 305; F 212; T 296
Unde, C 979; D 292, 312; E 44, 215; P 135, 699, 866; S 727; T 144; U 259
Undecumque, U 258
Undique, A 503; C 385; O 220
Ungentorum, I 142; M 138
Unguana, U 260
Unguenta, E 485
Unguentari, S 218
Unguentaria, M 132
Unguenti, M 171
Unguento, M 51
Unguentum, S 529; U 257
Ungula, U 255
Ungulas, H 121
Ungulis, P 704
Uni, I 293
Unibrellas, U 252
Unice, U 249
Unicornus, R 181
Uniones, U 251
Unitas, M 248
Uniuersa, B 31
Uniuersalis, C 67, 78
Unius, Int. 217, 218, 256; A 577, 591, 822; C 806, 851; D 300; F 106; M 149; R 191; U 227
Uno, A 527; C 523; M 129; O 158; R 190; S 215, 417
Unorum, U 247
Unum, Int. 301; A 332, 939; B 32, 74; C 310, 363, 496, 629, 774; H 149; I 528; L 168; M 232, 321; S 731
Unus, A 463; Q 39
Unxit, D 39
Uocabatur, A 110
Uocant, F 359
Uocat, A 34
Uocatiuus, Int. 72
Uocem, B 34; I 303
Uocet, C 392

Uocis, U 264
Uocitauit, C 372
Uocum, S 715
Uola, U 268
Uolando, A 418
Uola[utiu]m, A 905
Uolat, B 190; U 273
Uolcat, U 273
Uolitat, B 162
Uolo, M 87, 92
Uolubilis, Int. 141; U 274
Uolucres, O 156; U 275
Uolucre, S 352; U 265
Uoluit, D 287
Uoluitas, U 272
Uoluma, U 280
Uolumen, G 105
Uolunt, T 357
Uoluntariam, U 241
Uoluntarium, L 126
Uoluntas, L 67
Uoluntate, E 496; I 324; M 180; S 448
Uoluntatis, A 595
Uoluola, U 269
Uoluptas, A 237; C 326, 783
Uolutat, U 266
Uoluter, U 277
Uomer, Int. 329
Uoragine, U 271
Uorago, H 19; T 342; U 261, 270
Uorarium, M 66
Uorax, H 47; U 263
Uordalium, U 281
Uorri, U 276
Uortex, U 261, 279
Uos, A 64(bis), 698(bis)
Uoti, U 267
Uotium, U 278
Uotinum, U 262
Uoto, U 267
Uotum, A 901
Uouendo, H 5
Uox, A 151; C 456; U 282
Urbana, A 309; P 448
Urbane, E 143
Urbanus, A 825; L 99
Urbe, A 353, 831; F 239
Urbem, M 114
Urbibus, C 495
Urbs, U 288
Urcenos, A 575
Urciolum, U 283
Urenis, U 284
Urgentes, P 649
Urgere, U 287
Urguet, U 291
Urguit, M 14, 360
Urido, U 284
Urihel, Int. 330
Uris, U 286
Urna, U 285
Ursorum, A 589
Urticae, U 289
Urticeta, U 289
Uscide, U 294
Usia, U 299
Usion, U 296
Usitatum, U 292
Usque, H 161
Usta, U 295
Ustibus, U 303
Ustrina, U 298
Usum, Int. 124
Usura, F 133
Usurpat, A 188; U 301
Usurpator, S 239
Usurpauit, U 297
Usus, P 642; T 259; U 293
Ut, A 415, 477, 489; B 97; C 77, 430, 867; E 181, 213; F 61; G 40, 61; H 64, 93, 94; L 152, 195; N 8; P 33, 116, 379; Q 66; T 210 (bis), 243(bis), 355; U 64, 300(bis), 302
Utebatur, P 560
Utensile, U 306
Utensilia, U 303, 307
Uter, A 476
Uterem, C 84
Utero, P 862
Uterque, U 305
Utiles, C 852
Utilis, F 114; S 424
Utilitate, A 701
Utimur, P 487
Utiofesion, U 304
Utique, F 282
Utitur, P 222, 812
Utraquae, utraque, A 349
Utraque, C 764; D 375; R 229
Utrimque, A 410, 544
Utrum, U 305
Utrumque, B 130
Utuntur, C 274; I 117; R 190
Uua, B 214; P 135; U 312
Uui, P 54
Uuilla, R 227
[U]nis, R 4
[U]ulcanus, M 326
Uulcerosi, U 315
Uuldac, U 313
Uulgatum, U 311
Uulgo, U 310
Uulgus, U 309
Uulnerare, I 360
Uulnerata, L 1
Uulneratio, O 46, 88
Uulneratus, C 785; S 67
Uulnus, S 3; U 308
Uult, A 266; M 111
Uultuosus, U 314
Uultus, U 316
Uxor, F 357; N 125
Uxore, C 79, 337; E 493
Uxorius, U 317
Uxorum, P 806

Xenodochia, X 2
Xenodociorum, X 1

Ydra, Int. 331
Ymnus, Y 8
Ypallage, Y 5
Ypercatalecticus, Int. 333
Ypesticen, Int. 334
Ypotescon, Y 1
Ypotonyan, Y 2
Ypudiastole, Int. 332
Yryseon, Y 6
Ytiafesion, Y 4
Ytiocseon, Y 9
Ytitopytioacaen, Y 3
Ytresyposeon, Y 7

Zabahoth, Int. 335
Zabarras, Z 3
Zabulon, Int. 336
Zacharia, Int. 338
Zacheus, Int. 339
Zebedeus, Int. 337
Zezabel, Int. 341
Zezania, Int. 340
Zitis, Z 7
Zizania, Z 5
Zodiacus, Z 2
Zoes, P 196
Zotiacum, Z 6
Zotiacus, Z 1
Zyphei, Z 4

GREEK INDEX.

ΑΛΩΡΗΤΟΝ, A 593

WORDS EXPRESSED BY FIGURES.

II, Int. 253
III, Int. 128; A 813; E 353; T 272
IIII, Int. 318; A 585; C 629
U, Int. 262, 320; D 257; L 310
UI, L 131; M 131
UII, Int. 319; E 522; P 549; S 281
UII.trionum (Septemt-), A 713
X, B 99; D 170; P 385; T 248
XII, C 363; E 203; Z 2
UX, I 524
XUIIII, N 49
XXX, C 364

ANGLO-SAXON INDEX.

N.B. In this index þ, ð, đ take their place as =*th*; ƿ=*w*; *uu*=*w*, wherever the two combined have the value of *w*; a single *u*, though=*w*, has been treated as *u*: compare, for instance, *uaelle* (*ed*-), and *uuaelle* (*ed*-).

aac, C 648; R 206
aal-geƿere, I 35
aam, C 16
aar (groeni), A 957
a-blendeð, S 585
a-breetat, C 350
a-bundęn, E 364
a-crummen, F 102
ae đus, Int. 298
a-docnre (from-), R 71
aee-ðon, Q 44
aeg-gimong, O 139, 149
æg-mang, A 397
aegnan, P 185; Q 45
æg-tęro, F 67. See *aet-gaere*
aehtað, P 356
ael-bitu, Int. 325; O 152
aelden, T 317
aelding, D 265
aeldra, S 302
aeldra faeder, A 892
aeldrum (bitun), I 218
aenge þinga, Q 75
aenid (dopp-), F 382
aeppel (good), C 439
aeppel (hunig-), P 137
aera, aeren screop, S 574
aern (ƿin-), T 29
aesc, C 281; F 327; P 366
aesc-ðrote, F 138
aespe, A 735; T 287. See also *etspe*
aet-gaere, A 603; æt-gaeru, F 344. See also *ægtęro*
aeðile, G 42
aeðilsa (un-), G 157
aethm, A 448
aethme, U 38
aetrinan (ða ƿonnan), L 170
aet-taelg, R 122
aet-ƿeosendre, I 101
aex, A 964
aex-faru, A 696
a-facl, P 630
a-feride (on-peg), A 908
a-figaen, F 325
a-foedde, C 829
a-forht, I 195
a-froebirdun, L 155
a-fyred olbenda, D 361
a-fyrhte, A 876
agnette, U 297
a-gnidine, D 78
a-graben, C 249
a-haefd, S 636
a-hlocadum, E 65
ald, S 301
ald (lenctin-), T 85
aldaht, A 439
aldur, D 256
ald uuif, A 646
aler, A 428
aler-holt, A 433
a-lieset, E 368
a-maelte smeoruue (un-), P 400
ambaect, R 15
amber, U 283
ambras, C 9
ampre, C 866; U 8
and-mitta, E 416
and-ƿisnis, E 375
an-ege, L 272
an-fald, S 348
an-tindo, D 109
an-hendi, M 8
an-mood, C 597
anoða, F 277
an-sceat, E 411
an-scungendi, A 666
an-suaep, A 359
an-uualda, M 253
an-uuillice, P 212
apa, P 386
apuldur, M 21
apuldur (mire-), M 142
a-qualdun, N 101
aqueorna, S 170
a-raeddun, E 393
a-raefnde, E 373
a-raefndun, E 503
a-rasad, I 131
a-recio, E 523
a-reete, C 601
a-rehtun, E 550
a-rydid, E 548
a-rytrid, E 400
a-saecgan, E 36
a-saedde (un-), I 212
a-scaeltte, D 336
a-sclacade, H 58
a-sclaecadun, D 329
a-screpan, E 95
a-screpen, E 98
a-scuñð, P 629
a-scussum (?), C 882
a-seodenne (to), E 542
a-siopid, P 421
a-socdan, S 104
a-solcen, I 197
a-springendi, D 65
a-staenid, S 570
a-styntid, H 56
a-suab, E 475
a-sualt, D 249
a-suand, H 57
a-sundun, D 275
a-suolleu, T 326
a-suond, E 66, 192; T 26
ate, L 255
atę, A 917; B 85
a-thed, E 328
a-ðegen, D 340
a-ðexe, L 45
a-þoht, C 779
a-ðręsti, E 389
a-ðroten is, P 191
a-þryid, E 400
a-ðytið, E 142
atr, B 108
atur-lade, B 93
a-tynið, E 414
a-uuægde, E 111
auuel, T 286
aƿel, A 756; F 370
a-ƿenide, S 685
a-uucol, E 374
a-uucoll, I 411
a-ƿerded, U 189
a-uunden, P 165; T 205
a-ƿundere suiopan, U 76

baan (elpend-), E 3
baan-geberg, O 110
baan-rist, T 173
baar, B 70
baat, L 235
baec-þearm, E 465
baecun (here-), S 721
baedde, E 559
baedendre, I 210
baeg, M 315
baeg(rond-), B 208
baelg (blaes-), F 305
baelg (bloest-), Int. 308
baest, T 170
ba halfe (on), A 435
bald, F 347, 358
band (ge-), D 81
bariee, B 196
barriggae, B 55
beam (eiser-), C 309
beam (eisten-), C 115
beam (enie-), C 106
beam (hnut-), N 184
beam (panan-), F 381
bean, C 106; F 104
bean (fugles), U 182
bearn (fostor-), A 450
bearug, M 38
beaten (ge-), B 17
beber, C 126
bebr, F 157
bęce (in), I 465
been (sige-), T 264
bed, C 938; S 475
beeme, T 156
beer, B 9
begdum (ge-), A 199
beger, B 19
belone, S 361
beme, C 799
bene (here-), S 373
bene-selma, S 170
beod-bollę, C 971
beorende, E 214; P 841 (be-recorn beorende)
beorg (lic-), S 45
beost, C 658; O 34
beosu, F 173
beosu (bruun-), O 279
beopes (hondful), M 32
bere, B 66, 111
berene, L 90
bere, P 417
bere-corn beorende, P 841 (see also beorende)
berg (ge-), R 56
berg (baange-), O 110
bergan, C 560
berge (heorot-), M 292
berge (hind-), E 271
berge (poede-), E 120
berge (poidi-), H 86
berine (hind-), A 132
bero (ge-), E 372; G 41
beru (ge-), H 14
besma, S 123
biad þreade, A 671
bi-bitne, M 251
bidan, M 91
bi-gaet, O 37
bi-gangum, E 387
bi-geonan, T 293
bi-heonan, C 428
bil (pudu-), F 32, 48
billeru, B 141
bi-myldan, H 159
binde (uudu-), I 236
binde (uuidu-), Int. 199
bi-numine, A 15; p. 11 (note 7)
bi-numini (ge-), A 206
biorg (briost-), P 825
bio-pyrt, A 672; M 43
biree, P 507
bi-rednae, P 702
bi-seerede (diseerede), p. 9 note 1
biseop-uuyrt, H 101
bi-siudi perci, O 212
bi-smiride, I 204
bi-sparrade, O 221
bi-suic-falle, D 33
bi-suuicend, I 217
bið slaegen, P 287
bitne (bi-), M 251
bitrum, R 10
bitu (ael-), Int. 325; O 152
bi-tuihn, M 198
bitulum, B 143
bitun aeldrum, I 218
blaco, P 887
blaec teoru, N 17
blaec thrust-fel, B 103
blaes-baelg, F 305
blauuere (horn-), C 353
bleci, U 168
blectha, U 180
blęd, F 228
bledre, U 95
bleudeð (a-), S 585
bleremina mees (?), C 250
blesum, T 48
blete (haebre-), B 96
bletid, B 57
blind (staer-), S 134
blod-saex, F 255
bloest-baelg, Int. 308
blonden (ge-), I 422
blondu, I 417
bodan, Int. 136
bodan (spel-), O 240
bodeg, S 445
boece, A 304; E 307; F 14
boga, A 610; C 225; P 504
boga (sadul-), C 130
bogan, F 273
bogo, F 304
bogo (geoc-), Int. 185
boht (ge-), E 149
bolcan, F 293
bolla, S 190
bolla (Srot-), G 180
bolle, A 158
bollę (beod-), C 971
bonan (seolf-), B 118
boog, A 765
bool, M 302
boor, Int. 89
bor, S 143
bora (eaec-), A 659
bora (mund-), S 644
bora (strel-), A 810
boran (red-), I 512
borda, C 449; L 150
bord-Seaca, T 81
bore, S 136
borettið, U 226
borg, F 129; U 14; p. 118, note 2
borone (ge-), E 390
bosm (segl-), C 229
box, B 198
braad-last-ęcus, D 346
braad-ponne, C 199
brade (peg-), A 763
brade (uueg-), P 462
brade-laec, S 220
braeceę, S 96
braechtme, S 534
braer, M 378
braere, T 306
brand-rod, A 562
bree (ge-), P 398; R 58
bree (gi-), U 246
breean, P 654
breetat (a-), C 350
bred, T 22
bred (rihte-), N 172
brede (lende-), L 335
breded flaese (ge-), U 204
bredi-ponne, S 18
bred-isern, S 115
breer, A 576
brers, L 297
brid, P 886
bridels, B 4
bridelsum, L 293
briig, P 867
briosa, A 832; T 20
briost-biorg, P 825
broce, T 17
broce, L 287
broedeth, F 264

brogden (Sorh-), T 280
brogdetende, C 227; P 5
brogdetteð, U 190
broht, U 208
brohte, D 20
brom, G 52
brond [for brord], P 875
brond [for brand], T 160
brond-oom, R 236
brooc, T 155
broðor sunu, F 320
brucende, A 954
bruun, B 211; F 374
bruun-beosu, O 279
bryce (un-), I 89
brycg, P 563
bryd-guma, P 817
buiris, Int. 137
bunan, C 266
bunden (a-), E 364
burg (lic-), C 433
burg-liod, M 294
burg-rune, P 21
burne, L 56
butan toðum, S 701
buter-flege, P 129
buuc, B 223
buur (ge-), C 513
byden, Int. 88; B 228; C 944
byge, S 375
byrd (mis-), A 12
byrd (mund-), P 10
byrded (ge-), C 489
byre, M 46, 81
byrga, P 668; S 231
byrgen, M 355
byrgeras (Sorh), P 229
byrs, S 125
byrst, S 226
bythne, C 134

caebestr, C 117
caebr-tuun, U 86
caec-bora, A 659
caefli, C 260
caeg-hiorde, C 498
caelf, U 217
caelf(cu-), U 218
caelf (hind-), I 464
caeli (scipes-), R 204
caerin, D 369
calc, C 5
calpa (?), A 459
caluuer, G 18
calper, G 33
caluuer (liim-), G 22
caluuer-clim, C 257
camb, P 319
camb (pulfes), C 27
candel-tuist, E 166
carcre, N 58
catte, F 148
cauuel, C 580
ceap-cneht, E 151
ceap-ston, C 564
cearricgge, S 277
ceber, A 764
cebise, P 209
cecil, S 698
cefer, B 187
celi-pearte, O 230
cellae, Int. 197
cellendre, C 782
cempau, G 120
ceodas, M 36
ceol, C 293
ceolbor-lomb, E 216
ceoldre, M 314
ceorl, U 317
ceosol, G 181, and also U 82, but here with sign of contraction over the first o
cerfelle, C 358
cese, F 307
cese-lyb, C 775
cest, C 100
ceste, C 860
cetan, G 182
cetil, C 6, 197; E 193
challes (?), A 483
chroa, C 382
cian, B 189
cilda-trog, C 508
cild-claðas, C 966
cilma (e-), P 117
cilmehti (e-), P 182
cimbing, C 745
cinendi, H 96
ciuit (to-), D 76
cionecti, R 175
cipe, C 317; S 112
cirm, F 348; S 356
cirnel, G 118
cirnlas, N 191
ciser-beam, C 309
cisil-stan, G 111
cisten-beam, C 115
clader-sticca, A 625
claemde (for-), O 186
claemende, O 135
claemid (fol-), O 100
clafre (huite), C 118
clafre (reade), C 118
clate, B 142; T 318
clað (flyeti-), C 507
claðas (cild-), C 966
clape, S 234
clauuo, A 756
cleadur, C 879
cleot, P 411
cleppetende, C 227
clibe, L 54
clibecti, C 443
clife, G 114
clif-hlep, P 307
clim (caluuer-), C 257
cliugendu (for-), R 192
clouae, M 264
clouue, G 115
clungni (half-), S 265
clustor-loc, C 466
clut, P 411
clyne, M 45
clystri, B 176
cneht (ceap-), E 151
cneo-ribt, Int. 220
cnio-holen, R 245
cniorisse, S 63
cniorisse (ob), P 667
cnol, I 522
cnop, B 51
cocas, C 953
cocunung, Q 16
coecil, T 212
coerin, D 19
cofa, P 408
cofincel, P 415
colae (haet-), C 783
col-ðred, P 232
condel, F 377
condel (paex-), F 419
cop, E 289, E 262 (cóp)
corn (bere-), P 841
corn (lyb-), C 265, 371
cornoch, G 162
cornuc, G 164
corn-nurma, U 148
corthr, U 93
cosobricases (?), C 256
cosp, P 865; p. 99, note 2
cottuc, M 42
craet, C 101
crauue, C 178, 652; G 14
crape, C 653
creft (uuynde-), A 772
cressa, B 195; S 338
cressa (tuun-), N 14
crigge (pal-), H 87
criid, S 150
criopunge, O 32
crog, L 21
croha, C 382
crohha, L 315
crong (ge-), O 112
crop (hromsan), A 130
crous, P 69
cruce, T 290
cruce (fyr-), C 963
cruce (paeter-), U 283
crummen (a-), F 102
crump, O 39
cryc, L 200

cualm (meg-), P 179
cualm(ut-), I 461
cualm-stou, Int. 57
cu-caelf, U 218
cudu (huit), M 41
cuic-beam . uuice, C 106
cuide (eð-), R 117
cumeure (un-ober-), I 206
cunelle, C 311
cunnen(on-), N 163
cuom (for-), O 37
cuom (ofer-), O 103
cuscote, P 136
cuð (frac-), D 331
cun, U 49
cyline, heorðe, F 289
cymin, C 437
cymnis, F 19
cyne-domas, F 107
cyne-doom, R 60
cyne-piððan, R 186
cyrge (pal-), E 351; (uual-), T 159
cyri, D 126
cystig, D 189
cystig (un-), F 324
cystigan, M 295
cyta, B 199
cyðenne (to), I 469

daeheni geabuli (ge-), D 69
daeg-uuini, E 488
dael, B 49
daeldum(to-), D 258
daele (ge-limpliee), C 676
daeli (sume), P 4
dal(peg-ge-), D 233
deadlieustan (ða), F 388
dead-raegelum, P 36
deape, R 213
deid, E 90
denetle(?), A 172
deor-tuun, B 185
dest(on-), S 436
dili, A 571
dilignissum, A 580
diobal (hel-), O 231
diregað (?), U 226
disc, F 118; P 74
discerede (A 11), see biscerede
dobgendi, D 46
doccana (fingir-), D 294
docma, C 284
docn(on-), I 110
doenre (from-a-), R 71
domas (cyne-), F 107
doom (cyne-), R 60
dopp-aenid, F 382
dora, A 873
dorsos, A 889
dostle (duerge-), P 877

draca, T 182
draegtre (pesan), E 551
drene (pyrt-), A 602
drop-faag, S 530
dryht-guma, P 11, 150
dryne, H 31
duere, T 49
duerg, N 38
duerge-dostle, P 877
duolma, C 361
dur-here, S 641
dur-heri, U 5
dyrstig (ge-), A 900
dytte (for-), O 64

ear, S 450
earbeðe (naenge), N 198
earbetlicust, M 252
earendel, I 521
earfedlice, E 94
earn-geat, A 862
earn-geot, A 759
ear-piega, A 891
eastan-norþan, A 92
eastan-sudan, A 46
east-nord-pind, B 152
east-suth, A 47
eblicadun (ge-), Q 27
ebn-pege, A 352
ebor-ðrote, S 178
ebur-ðring, O 255
ecambe, S 556
ecg, A 117
e-cilma, P 117
e-cilmehti, P 182
ęcus (braadlast-), D 346
edisc, B 185
edisc-hen, O 236
edisc-ueard, B 186
ed-melu, S 107
edric, R 234
ed-scaeft, P 71
ed-ńaelle, A 490
ed-uuaelle, T 214
ed-uuelle, S 129; U 89
ed-pelle, F 300
efnum, A 295
egan (un-ðyhtge), U 191
ege (au-), L 272
ege (seel-), S 578
eges-grima, M 358
egide, O 123
egis-grima, L 11
egiðe, R 9
egle, G 104
egðe, E 293
egðere, E 294
egur, D 343
e-gylt, E 500
eil, M 288
el, A 651

elch, T 295
elh, C 301
ellaern, S 55
el-lende, A 357
elm, U 237
elotr, E 116
elpend-baan, E 3
embrin, B 146
emetta (un-), N 64
emil, C 943; G 184
e-mod, A 532
end, D 64; end suelce, A 204
endi-staeb, E 394
enid, A 569
eobor, A 670
eobor-spreot, U 79
eobotum (flitere in), R 12
eobur-throte, C 749
eode (ge-), C 352
eoduu (ge-), A 217
eofor-þrote, Int. 307
eola, D 12
eolene, I 111
eolone, O 225
eord-reste, C 59
eorisc, P 123; S 186
eornisti, S 267
eorod-mon (se), D 362
eor-scripel, A 706
eorð-mata, U 147
eost-norð-pind, C 375
eounistras, M 26
eran, T 185
erdling, B 137
erende (gi-), T 41
e-suind, I 197
eð-cuide, R 117
eðung, O 1
et-sith, R 164
etspe, A 5; see *aespe*
ettad (on-), A 401
ette (on-), O 109
eupa Int. 327

faag, A 732; F 99
faag (drop-), S 530
faag (hring-), P 515; T 204
faag (spec-), Int. 221
faam, F 25
faeni, A 844
faenum, F 203
faecenlice, F 356
faeeni (un-), N 147
faecnum, U 146
faeder (aeldra), A 892
faeder (foster-), A 493
faeder (steop-), B 135; U 181
faedra, P 94
faedran suuu, P 95
faedun, P 124
faegen, C 665

fægen, U 267
faehit, P 407
fael (a-), P 630
faelge, C 135
faelging, N 146; O 111
faerd, E 401
faerh, P 537
faer-red, P 606
faer-tyhted, C 471
faestae (ge-uuet-), S 635
faested (ge-), M 85
faesten, T 91
faestin, A 740
faestinnum, A 808
faet (leht-), L 95
faet (piu-), A 710
faethm, G 149
faeðm, P 134; S 376
faeðmendi, S 340
faexnis, C 99
fahame, P 562, 874
fala, T 321
falaed, S 549
fald (an-), S 348
falle (bisuic-), D 33
falle (muus-), M 324
falthing, M 284
falu, G 94
falud, B 148
faru (aex-), A 696
fear, T 40
fearn, F 165
fearu (pægn-), F 201
feht (þorh-ge-), P 205
fel, P 371
fel (blaec thrust-), B 103
feld, S 126
feld -uop, B 183
felge (sadul-), P 315
feltha, S 128
felu-sprecі, T 288
fenge, P 598
feolu-fer, O 175; P 517
feolu-ferð, T 215
feormat, F 264
feormuisse (or-), S 488
feorpit-geornis, C 929
feoðor (ðri-), T 292
feotod, A 807
feotodne (ge-), A 136
feotor (iseru-), B 38
feotur, P 253
fer, C 243
fer (feolu-), O 175; P 517
ferdun, E 504
fere-scaet, N 47
ferh (mid-), I 526
ferht, P 611
feride (on-peg a-), A 908
feringa, I 96
feringe, I 187
ferð (feolu-), T 215
fedr-homan, T 37
fiffalde, P 64
figaen (a-), F 325
fil, L 251
filti (on-), I 137
fina, M 35; P 424; S 577
fine, F 331
fine (reagu-), B 58
findo (an-), D 109
fingir-doccana, D 294
finulae, F 186
firgen-gaet, I 12
first, T 184
firste, L 87
first-hrof, L 35
first-maerc, I 219
fisc, P 439
flaan, C 23
flach, I 129
flaese, U 204
flanum, S 454
flean, D 83
flege, M 376
flege (buter-), P 129
flęh, P 871
fleotas, A 319
flete, C 911; U 94
flete (ge-þuorne), L 133
flicci, P 250
flint, P 313
flio, A 417
flit (ge-), C 241
flitat, D 271
flitere in eobotum, R 12
flod (nep-), Int. 196
flode, L 37
flooc, P 464
flood, Int. 34; B 229; (fyll-ed), Int. 216
flota, C 482
flyeti-clað, C 507
fnora, S 521
fodrum, T 128
foedde (a-), C 829
foedils, A 467
foeging, I 523
foegnisse (ge-), S 22
foerde (ober-), E 173
foere (un-ofer-), I 456
foernisse (in), I 196
foeða, F 91
foeðan (of), E 398
folc-geroebum, A 114
fol-claemid, O 100
folgend (sun-), S 396
fon, U 39
fona (piud-), S 113
foor, P 520
foot (hraefnes), Q 49
foot (huit-), A 436
foot (scaf-), P 145
for-claemde, O 186
for-clingendu, R 192
for-cuom. bi-gaet, O 37
for-dytte, O 64
fore-nyme, P 822
fore-uuallum, R 209
fore-pyrde, A 579
for-grindet, C 776
for-hergend, G 153
for-hogd, I 489
forht (a-), I 195
for-lor, A 504
forneted eli (?), C 974
for-noom, I 174
forse, L 331
for-scrifen, A 193
for-slaegen, P 706
for-slaegenum, P 609
for-sliet, I 413
for-sooc, D 71
forst, G 69
for-suor, D 84
for-uuened, I 221
fostor-bearn, A 450; — fae-der, A 493
fot, P 334
fothr, E 160
fothur, A 491
fraecni, S 645
frae-cnð, D 331
fraefeleo, C 261
fraefeli, A 844
frae-hraeðe, P 603
fraet-gengian, A 676
freceo, L 274
free-mase, L 91
frecnis, G 116
fremid, P 686
fremid (ge-), P 617
fremið (ge-), P 597
fremmendum, P 636
freomo, B 68
freos (ge-), O 28
frigno, C 581
frihtrung, A 721
frio-leta, L 233; U 120
frio-letan, L 177
frodre, P 616
froebirdun (a-), L 155
from, A 133; E 89
from-adoenre, R 71
fromlice, E 88; P 189; S 535
fromlice (suið-), N 48
fromra, P 632
frysca, B 227
fugles bean, U 182
fuglum (stalu to), U 252
fugul-treo, A 533
ful (hyht-), I 260
ful (man-), I 131

ful (oest-), U 278
fulae treo, A 430
ful beopes (hond-), M 32
fule, H 146
fulle (sin-), E 84, 253; P 130
fultemend, F 365
fultemendum, A 201
fultum, E 154
furh-pudu, P 420
furum, S 117
fylled flood, Int. 216
fyr-cruce, C 963
fyred olbenda (a-), D 361
fyrhte (a-), A 876
fyri (þuerh-), S 16
fyr-þonne, A 751
fyrðro (ge-), D 266
fyrðru, P 826

gaad, S 576
gaar (nabo-), T 87
gaar-leec, A 419
gabul-roud, C 416; R 31
gaec, C 948
gaedradon (ge-), C 577
gaelen (ge-), I 367
gaere, gaeru (act-), A 603; F 344
gaerpendne (ge-), C 590
gaet (bi-), O 37
gaet (firgen-), I 12
gæt (ðorh lud-), P 207
gagul-suille, G 3
galdriggan, I 368
gale (naecte-), L 330; R 201
gale (nehtę-), A 121
gale (sin-), O 155
gallue, G 7
gaud (hand-), D 70
gandende (ge-), C 290
gangendo (ge-), C 691
gangum (bi-), E 387
gar (nabo-), R 216
gast(hali-), p. 1
gata loc, T 172
gauutan, P 27
geabules monung, E 518
geabuli, A 321; (gedaebeni), D 69
geac, G 87
geaduling, F 318; P 104
geapum, P 85
geardas (secadu-), T 79
geardes (oemsetinne piin-), A 534
gearn-uuinde, R 168
gearpan leaf, M 42
gearpe, M 204
gearuum, E 425
geat (earn-), A 862
ge-baud, D 81
ge-beaten, B 17
ge-begdum, A 199
geben paes, I 188
ge-berg, R 56
ge-berg (baan-), O 110
ge-bero, E 372; G 41
ge-beru, H 14
ge-bi-uumini, A 206
ge-blonden, I 422
ge-boht, E 149
ge-borone, E 390
ge-brec, P 398; R 58
ge-breded flaese, U 204
gebsias [is Latin], M 121
ge-buur, C 513
ge-byrded, C 489
gęces sure, A 131
gecilae, S 548
ge-crong, O 112
ge-daebeni geabuli, D 69
ge-dal (peg-), D 233
geddi, E 109
gederung (ge-), C 686
ge-dyrstig, A 900
ge-eblicadun, Q 27
ge-eode, C 352
ge-eodun, A 217
ge-faested, M 85
ge-feht (þorh-), P 205
gefeu (of-), D 339
ge-feotodne, A 136
ge-flit, C 241
ge-foegnisse, S 22
ge-fremid, P 617
ge-fremið, P 597
ge-freos, O 28
ge-fyrðro, D 266
ge-gaedradon, C 577
ge-gaelen, I 367
ge-gaerpendne, C 590
ge-gandende, C 290
ge-gangendo, C 691
ge-gederung, C 686
ge-geruuid, P 600
ge-giscte, O 206
ge-gremid, I 139; L 32
ge-haeplice, C 603; O 252
ge-heende, E 399
ge-heres thu, H 51
ge-hnægith, S 568
ge-huaeh [for ge-hnaeh?], A 232
ge-hpelei pega, Q 74
ge-hyddum, A 87
ge-hydnis, O 210
ge-hyrsti, F 113
ge-laechtrad, H 141
ge-ladade, A 287
ge-lestunne (to), C 812
ge-lice, P 175
ge-limed, C 655
ge-limplice daele, C 676
gelo, C 876
ge-lod-pyrt, E 85, 236
ge-loed, C 98
ge-loma, U 306
ge-lostr, S 709
gelpende, S 581
ge-maad, U 122
ge-maeded, U 36
ge-maereode, I 352
ge-mah, I 148
ge-męđid, I 412
ge-męngan, C 671
ge-mengde, I 214
ge-menged, I 106
ge-mengetlic, P 211
ge-mengiunge, C 599
ge-mode, C 594
ge-moot, C 841
ge-naeot, I 245
ge-neorð, C 666
genge, L 30
genge(nacet-), H 130
gengel (o-), O 117
gengiau (fract-), A 676
gen-sette (on-), O 95
genung, B 23
ge-nyclede, O 36
ge-nycthlice, A 39
ge-nyhtfullum, P 595
geoc-boga, Int. 185
geoc-steeca, O 108
geolu, F 219; G 88; U 87
geonan (bi-), T 293
geonath, B 24
geond-smead, E 212
geongendi, O 272
geornis, I 191
geornis (feorpit-), C 929
geornlice, E 471; O 38
ge-or-uuyrde, T 261
geot (earn-), A 759
ge-raedit, D 186
gerd, U 197
gerd (hebel-), L 178
gerd (sund-), B 178
gęrd (segl-), A 588
gęrd (toh-), L 138
gere (þys), H 137, 142
ge-rec, L 164
ge-regnade, M 125
ge-rested, F 125
ge-ris, R 16
gerlice, A 618
ge-rodes (peb-), T 44
ge-roebum (folc-), A 114
ge-roebum (uuic-), T 129
ge-roefa, C 637
ge-roefan, C 283; P 827
ge-roedro, A 667
ge-roscade, P 118

ge-runnen, C 862
geruuid (ge-), P 600
gesca, S 355; T 71
ge-scad-pyrt, T 21
gesca slaet, S 324
ge-scincio, E 513
ge-scolan, C 826
ge-scota, C 695
ge-scroepnis, C 781
ge-sene peard (un-), D 273
ge-seotu (sac-), P 599
ge-settan (da, þa), I 213; O 232
ge-sette, C 540
ge-sioped, C 557
ge-siouuid, S 19
ge-siopid, S 53
ge-siðas, O 35
ge-siupid, N 74
ge-siupide, A 177
ge-smirpid, D 264
ge-sniden, D 342
ge-spon, M 296
ge-staefneudre, R 68
ge-stalum, O 105
ge-stinccum, E 421
ge-stoepid, I 466
ge-strion, C 564; P 2
ge-suedrade, C 605
ge-sueðradun, E 395
ge-suigran, C 616
ge-suirbet, E 144
ge-tael, R 179
ge-teld, T 76
ge-ðedum, S 699
ge-ðingadon, P 180
ge-thingio, A 708
ge-þindde, A 288
ge-þofta, Int. 69; C 535
ge-ðoht, D 187
ge-ðraune, R 118
ge-þrec, A 709
ge-þuorne flete, L 133
ge-ðyre (un-), D 283
ge-tiunge, A 684
ge-togenum, S 536
ge-togone sucorde, S 562
ge-treunade, F 271
ge-triopad, F 134
ge-tuin, Int. 142
ge-tyhtan (ðare), E 553
ge-tyhtid, I 201
ge-uaerpte, C 809
ge-pald-leðrum, H 37
ge-parht, C 780
ge-uuatu, C 820
ge-uueada, U 50
ge-pearp (in sond-), I 414
ge-uuemmid (un-), I 211
ge-uuendit, T 304
ge-pere (aal-), I 35
ge-uueted, M 98
ge-uuet-faestae, S 635
ge-pitendi, D 66
ge-prit, C 230
gibeht (ob-), D 24
gi-brec, U 246
gidsung, A 683
gi-erende, T 41
gig, G 142
gi-lebdae, p. 118, note 3
gi-lefde, U 14
gi-lepdae, p. 118, note 2
gi-mong (aeg-), O 139, 149
gimro, D 364; gimrodor, p. 41, note 4
ginnendi (on-), O 253
ginnisse, I 373
gionat, G 4
giscte (ge-), O 206
gislas, O 23
gisl-hada, O 99
giululing, Q 70
glaedine, S 176
glaeres, S 688
gleaunisse, A 736
gleu, S 41
glio, C 26; F 3
glioda, M 201
gliope (in), I 228
glitinat, F 252
gliu, G 6
gloed, C 143
gloede, P 688
gloed-scofl, U 7
glof, M 16
gnidil, P 440
gnidine (a-), D 78
god-uueb, F 11
god-uuebbe, T 228
god-uureci, S 203
gold (smaete), O 24
gong (on-), I 378, 409
gonot, F 382
good aeppel, C 439
goor, F 202
goos, A 627
goos (pilde), C 311; G 53, 68
gors, A 328
gorst, U 280
graben (a-), C 249
graes, F 150
graes-groeni C 138
grauae, M 335
gredge, A 519
gredig, I 78
gręf, G 169
grei, G 91
grei (heauui ,), G 117
grei (isern-), F 153
greig, F 115
gremid (ge-), I 139; L 32
gremið, L 19
gremman, L 96
grennung, R 174
greoune, U 207
grestu (?), O 91
grima, M 33, 34
grima (eges-), M 358; (egis-), L 11
grindet (for-), C 776
gristle (naes-), C 14
groeni aar, A 957
groeni (græs-), C 138
groepe, L 30
groepum, S 181
groeto, M 162
groetu (ie), C 608
gron-uise, A 160
gruiit, P 540
grund-sopa, C 186
grundus, F 375
grunuettan, G 173
grytt, P 541
guma (bryd-), P 817
guma (dryht-), P 11, 150
gunde-suilge, S 278
gycenis, P 692
gylt (e-), E 500
gyrdels, B 181
gyrdils.broec, L 287
gyrdils-hringe, L 122, 237
gyrno, G 99
gyte, I 376

haal-staan, C 903
haam, C 109
habae, M 256
habuc (mus-), S 438; (spaer-), A 432; (palch-), H 83; (palh-), F 10
hada (gisl-), O 99
haeb, S 59
haebern, N 61
haebre-blete, B 96
haebrn, C 120
haeca, P 311
haeced, M 332
haecid, L 292
haecile, L 15; P 7
haefd (a-), S 636
haegtis, E 283; S 528
haegu-ðorn, S 473
haeh-sedlum, P 711
haehnisse (under), S 690
haehtis, F 434
haehtisse, E 354
hael, O 170
hældi (o-), P 358
haelsadon, A 948
haelsent, E 484
haelsere, A 953
haeplice (ge-), C 603; O 252
haerg, L 325

haerga, S 46
haesel-hnutu, A 2
haesl, A 895; C 651
hae-sualpe, A 864
haet [heath], C 121; T 152
haet [hat], M 227
haet-colae, C 783
hald, C 357
hald (scyte-), O 29
hald (to-), A 203
halde (snae), R 69
haldi, P 210
half, C 494
half-clungni, S 265
halfe (on ba), A 435
hali-gast, p. 1
halt (lemp-), L 296
hama [cricket], G 143
hama [covering], I 88
haman, C 404
ham-scire, E 35
hand-gand, D 70
handle, S 504
hara, L 135
hara (heard-), C 314; M 339
hatende, C 30
heaga-spen, G 63
heago-dorn, A 421
hea lecas, A 773
heamul, F 321
heap, S 527
heard-hara, C 314; M 339
heard-heau, C 408
hearduisse, R 185
hearma, M 166; N 60
heau (heard-), C 408
heapas (on-), C 515
heapi, C 303
heauni, grei, G 117
hebeld, L 249
hebeld-ðred, L 250
hebel-gerd, L 178
heben-hus, L 40
heber, C 156
heden, C 224; G 185
heende (ge-), E 399
hegas, C 920
hel-diobul, O 231
helm, C 246
helma, Int. 70
helmes, C 242
helt, C 47, 236
hęmedo, H 164
hen (edisc-), O 236
hendi (an-), M 8
heolor, L 36; T 258
heolore (tui-), B 140
heolstr, S 228
heolstras, R 70
heonan (bi-), C 428
heopan, S 333
heor, C 247
heordan, S 515
heorot-berge, M 292
heorðe, F 289
heorð-suaepe, P 701
her, P 437
herbid, B 138
here, F 306
here (dur-), S 641
here-bæcun, S 721
here-bene, S 373
herenis, F 1
heres thu (ge-), H 51
hergend (for-), G 153
hergiung, E 554
heri (dur-), U 5
heringas, S 64
heta (scult-), E 453
heðir, R 121
henuendlice, C 532
hieae, P 176
hider, I 496; hider ond hider, U 229
higrae, B 77; C 438; T 315
higre, P 424
himming, P 306
hind-berge, E 271
hind-beriae, A 132
hind-caelf, I 461
hio, A 707
hiordas (hors-), P 186
hiorde (caeg-), C 498; (hrid-), B 164
hiorde (un-), T 247
hlaegulendi, B 171
hlaest-scip, H 147
hleor, F 345
hleoþrendi, I 127
hlep (clif-), P 307
hlibendri, M 223
hlingende (piðer-), I 207
hlingo (on-), I 416
hlior rouuit (on), A 267
hliuða, S 235
hlocadum (a-), E 65
hlodun, A 909
hlond, L 256
hlotum (huon-), P 152
hlutan, S 434
hlutre, L 171
hlysnende, A 228, 876
hlysnendi, A 805
hlyte, P 506
hnaeggiung, H 126
hnægith (ge-), S 568
hnitu, L 127
hnut-beam, N 184
hnutu (haesel-), A 2
hnyglan, P 843
hoc (uncod-), S 20
hocc, M 42
hofer, T 332
hofr, G 93
hogd (for-), I 189
hol, S 186
hold, F 120
hold (ni-), P 700
holegn, A 123
holen (enio-), R 245
holo-ponne, P 73
holor (?), L 16
holt (aler-), A 433
holt-hona, A 125
holu, C 264
holu (uulf-), L 334
holum, C 240
holunga, N 67
hom, C 514
homan (fedr-), T 37
hona (holt-), A 125; (por-), F 22; (uudu-), P 183
hond-ful beopes, M 32
hond-nyrm, B 179; (-pyrm), L 93
hood, C 107
hool, U 270
horh, F 216
horn, B 21
horn (suegl-), S 58
horn-blauuere, C 353
horn, naap, Int. 92
horse-lice, N 9
hors-hiordas, P 186
hors-ðegn, M 338
horpeg stig, D 72
hosa (pisan), S 357
hosp (ðorh), P 239
hospetęt, S 697
hraed, P 208, 371
hræde, p. 1
hraefn, C 735
hraefn (naeht-), N 145
hraefnes foot, Q 49
hraeðe, P 829
hraeðe (frae-), P 603
hraeðe-muus, S 554; U 105
hragra, A 729
hran, P 184
hreeca, O 113
hręgli, A 546
hreod, Int. 135; C 129; H 20
hrider, Int. 147
hridir (mid-), I 41
hrim, P 669
hringe (gyrdils-), L 122, 237
hringendum (ymb-), S 533
hringe, sigl, F 170
hring-faag, P 515; T 204
hrioseð (on-), I 149
hrisl, R 11
hrisle, E 10
hrid-hiorde, B 164

hrof, T 153
hrof (first-), L 35
hrof-uuyrhta, T 166
hromsa, A 129
hromsan crop, A 130
hrooc, G 154
hrutende, S 553
hryste, F 111
huach (ge-), [for ge-hnach?] A 232
huæt, L 210
hualf, C 525
huegu (huonan-), U 258
hueol-râd, O 233
huer, L 101
huer (oeg-), U 310
huerb, U 142
huerbende, E 300
huete-stan, C 746
huicc, T 310
huit cudu, M 41
huite clafre, C 118
huit-foot, A 436
hulas (scald-), P 76
huma, S 206
hund (roð-), M 285
hune, M 43
huuig-aeppel, P 137
hunig-suge, L 169
hun-sporan, D 356
huonan-huegu, U 258
huon-hlotum, P 152
huruitu, C 902
huru is (ne), N 199
hus (heben-), L 40
huses, D 352
huurful (siun-), T 100
hpæg, S 272
huuæl, P 571
hpelce ðinga (oe-g-), O 162
hpelei pega, (ge-), Q 74
hyddum (ge-), A 87
hydnis (ge-), O 210
hyfi, A 461
hyflas (scald-), A 440
hyht-ful, I 260
hyllas (sond-), A 410
hymlice, C 391
hype, I 41
hyrdel, p. 38, note 4
hyrsti (ge-), F 113
hyrþil, C 891
hyðae, D 60

ic groetu, C 608
ic ðrouuio, P 337
idle, C 245
icces surae, C 121
iesen, E 439
ifegn, E 33
iil, E 303; H 108
ill, C 161
in, B 178; I 167; R 12
in bęce, I 465
in foernisse, I 196
in gliope, I 228
in macðle, I 223
innifli, I 115
in sond-gepearp, I 414
intinga (unordes), U 149
iringes ueeg, U 174
is, P 191
is (ne huru), N 199
isern, A 422
isern (bred-), S 115; (merc-), C 95
isern-feotor, B 38; -grei, F 153; -scerurn, F 279; -scobl, U 15
iþi (?) p. 1
iuu, T 15

kaelid, I 268
kylle, A 852

laac, E 139, 451
laam, A 730; L 239
lab (un-), P 559
laec, A 545
laec (brade-), S 220
laec (on-), R 72
laec (yune-), A 841; (yuni-), C 317
laecan (lyb-), C 223
laecan (scin-), N 65
laechtrad (ge-), H 141
laeg, L 33
laendino, R 178
laeppan (libr-), F 169
laergae, A 502
laesti, U 281
laex, E 315; I 190
laga (lund-), R 33
laude (on), E 329
laser (?), Z 5
last, O 267
laste (on), E 329
last-ęeus (braud-), D 346
lad, I 136
lath, I 229
laðade (ge-), A 287
lade, (atur-), B 93
lauricae, A 497; T 179
laurice, L 31
laurici, C 148
leac-trogas, C 656
leaf (gearpan), M 42
lean, E 154
leas (recci-), P 631
leasnis (treu-), P 202
leasung, F 25
lebdae (gi-), p. 118, note 3
lebel, A 716
leber, S 186
lebil, M 17
lebl, T 267
lebr, S 141
lecas (hea), A 773
leccas, P 383
leci-pyrt, Q 50
lectendra (o-), P 177
lectha, S 216
leec (gaar-), A 419
lefde (gi-), U 14
leht-fact, L 95
lelan, U 205
lelodrae, L 44
lelothrae, R 202
lemp-halt, L 296
lenetin-ald, T 85
lende (el-), A 357
lende-brede, L 335
lendis lieg (?), B 167
leoma, G 106; I 531
lepdae (gi-), p. 118, note 2
lepe-uuince, C 951
lestunne (to ge-), C 812
leta (frio-), L 233; U 120
letan (frio-), L 177
leder-uyrhta, B 232
ledrum (ge-pald-) H 37
leu (mund-), C 770; U 83
libr, U 175
libr-laeppan, F 169
lic-beorg, S 45; -burg, C 433
lice (ge-), P 175
lieg (lendis), B 167
lieset (a-), E 368
ligenre (on-), I 205
liim, B 100; C 320
liim-caluuer, G 22
limed (ge-), C 655
limplice dacle (ge-), C 676
lin, M 19
liud, T 161
linc-tuige, C 147; -tuigle, F 314
linin ryce, U 186
liod (burg-), M 291
lioðu-pac, H 38
lioþu-pac (un-), I 151
lioþu-pacnis (un-), I 97
lisit, L 118
listan, L 121
liste, L 243
liðercade, P 591
liðre, F 385
lidre (staef-), B 8
liþrinc tryusas, A 836
loan (scaept-), H 8
loc (clustor-), C 466
loc (gata), T 172
loca, F 235

loccas, A 572; N 46
loccas (pinde-), C 431
locer. secaba, R 231
lod-pyrt (ge-), E 85, 236
locd (ge-), C 98
logđor, C 123
loma, C 815
loma (ge-), U 306
lomb (ceolbor-) E 216
lond, T 57
loob, Y 8
lopostum, S 174
lopust, L 262
lor (for-), A 501
lose (?), F 342
lostr (ge-), S 700
loða, L 15, 261; S 57, 60
loum (scept-), A 548
lud-gaet (Norh), P 207
lund-laga, R 33
luus, P 312
lyb, O 43
lyb (cese-), C 775
lyb-corn, C 265, 371
lybesne, S 569
lyb-laecan, C 223
lybsn, O 43
lybt, S 691
lynis, A 963
lynisas, A 962
lytes-na, C 592
lytle sneglas, C 630

maad (ge-), U 122
maeded (ge-), U 36
maclo (un-), U 215
maelte smeoruuc (un-a-), P 400
maenoc, C 887
maere (first-), I 219
maercode (ge-), I 352
maere, F 135; I 225
mærh, L 294
maestun, S 68
maeðle (in), I 223
maffa, O 166
maga, S 573
mah (ge-), I 148
malscrung, F 55
malt, B 182
mand, C 573, 635; Q 12
man-ful, I 134
mang (æg-), A 397
mapuldur, A 120
mase, P 128
mase (free-), L 91
mata (corð-), U 147
mađalade, C 854
matte, S 487
meadrobordan (?), M 155
mearb, A 536
mearð, F 383
meau, A 478; G 29; L 50
mece, M 327
meder-pyrhta, M 200
mędid (ge-), I 412
meeli, A 437
mees (bleremina), C 250
meg-eualm, P 179
meg-sibbe, A 371
meig, C 516
meldadun, D 74
meli, A 935
melu (ed-), S 107
melum (styeci-), P 6, 187
melum (pearu-), G 158
melum (þreat-), M 1
menen, U 123
mene-scillingas, L 277
męngan (ge-), C 674
mengde (ge-), I 214
menged (ge-), I 106
menget, C 778
mengetlic (ge-), P 211
mengio, M 39
menginnge (ge-), C 599
menin (mere-), S 349
meniu, D 290
meodomlice, D 333
meottoc, T 286
meottucas, L 161
mer (pudu-), E 12
mere-isern, C 95
mere, S 550
mere-menin, S 349
mere-suin, B 166
mere pearð, P 204
merg, M 195
merice, A 673
merse, C 140
mertze, M 161
met-rap, B 178
mettocas, R 19
metum (or-), M 262
micel (suiðe), D 327
mid-ferh, I 526
mid-hridir, nioðan-peard hype, I 44
miil, M 202
mileit, M 257, 341
milte, L 172; S 472
minte, Int. 222
mire-apuldur, M 142
mis-byrd, A 12
mistel, U 185
mis-thageh, D 179
mið nethle a-siopid, P 421
midið, D 272
miðlum, S 44
mitta (aud-), E 416
miyniteri, N 173
mod (e-), A 532
mod (pulf-), C 752
mode (ge-), C 594
moder (steop-), N 167
moderge, C 857
moette, O 133
molde, S 10
molegn-styeci, G 21
moling, G 20
momna, S 440
mon (se corod-), D 362
mong (aeg-gi-), O 139, 149
monung (geabules), E 518
mood (an-), C 597
moot (ge-), C 841
more (palh-), P 122
morgen-lic, P 203
muha, A 108
mund-bora, S 644
mund-byrd, P 10
mund-leu, C 770; U 83
mús, S 423
muscian seel, C 863
mus-habuc, S 438
muus, M 343
muus (hraeðe-), S 554; U 105
muus-falle, M 324
mygg, C 947; S 175
myldan (bi-), H 159
mynd (uncorð-), I 98
myndum (to peorđ-), A 229
mynit, N 144
myrgnis, M 368

na (lytes-), C 592
naap (horn,), Int. 92
nabo-gaar, T 87
nabo-gar, R 216
nabula, U 243
naecad tunge, E 499
naecte-gale, L 330; R 201
naect-genge, H 130
naegl, P 107
naegl-speru, U 260
nacht-hraefn, N 145
naenge carbeðe, N 198
naeot (ge-), I 245
naep, N 40
naesc (reod-), P 188
naescum, T 311
naes-gristle, C 14
naetendne, P 613
neb, P 438; R 204
ned, C 244
nefa, P 675
negl (seoh-), C 480
nehtę-gale, A 121
ne huru is, N 199
neorð (ge-), C 666
neoþo-nard, Int. 71
nep-flod, Int. 196

nest, E 259
nethle, P 421
netl, A 160
netlan, U 290
nettae, O 147
nift, P 604
ni-hold, P 700
ni-ol, I 122
nioðan-peard, I 41
nit (suer-), U 299
nomun, A 909
noom (for-), I 174
norþan (eastan-), A 92
norðan-pestan, A 113
nordpind (east-), B 152
norðpind (eost-), C 375
nordpind (pest-), C 419
numine (bi-), A 15; p 11 (note 7)
nyclede (ge-), O 36
nycthlice (ge-), A 39
nyhtfullum (ge-), P 595
nyme (fore-), P 822
nytnis (un-), N 187
nyttum (to), A 200

ob cniorisse, P 667
ober-cumcure (un-), I 206
ober-foerde, E 173
ober-segl, A 753
ober-staeled, C 585; -staelende, C 543; -staelid, C 858; -suiðo, U 206; -uuenide, I 209; -uurecan, O 97
obet, F 326
ob-gibeht, D 24
obr, M 20
obst (ðorh), P 217
ob-ðaenit, M 94
ocusta, A 837
oefsung, C 436
oe-g-huer, U 310
oe-g-hpelce ðinga, O 162
oembecht, C 533
oem-setinuc piin-geardes, A 534
oest-ful, U 278
of ðreote; of foeðan, E 398
ofer-cuom, O 103
ofer-foere (un-), I 456
of-gefen, D 339
og (scept-), A 517
o-gengel, O 107
o-hældi, P 358
ol (ni-), I 122
o-lectendra, P 177
olbenda (afyred), D 361
oman, I 27
omber, S 337
omei, F 154
omer, S 166
on ba halfe, A 435
oneg-seta, P 868
oncleoune, T 42
on-cunucu, N 163
ond, U 229
on-dest, S 436
on-doen, I 110
on-ettad, A 401
on-ette, O 109
on-filti, I 137
onga, A 715
on-gen-sette, O 95
on-ginnendi, O 253
on-gong, I 378, 409
on-heapas, C 545
on-hlinge, I 416
on hlior rouuit, A 267
on-hrioseð, I 149
on-laec, R 72
on lande, E 329
on laste, E 329
on-ligeure, I 205
on-reod, I 401
on-saelid, D 29
on-seacan, D 148
on-steuum, A 712
on-suapen, I 442
on-suebbað, S 297
on-suebdum, S 400
on-sueop, A 868
on suilce, A 881
on-tudri, E 73
on-pald, S 131
on-peg a-feride, A 908
on-picum, C 277
oom (brond-), R 236
ore, O 228
orceas, I 152
or-feormnisse, S 488
or-metum, M 262
or-sorg, C 810; T 325
or-ðone, M 112
or-pige, I 460
or-uuyrde (ge-), T 261
oslę, M 165
osperi (?), P 411
ost (prasan), N 152
oð ðaet, E 2
otr, L 291
ottor, S 634
o-uuaestm (tuig), S 587
o-pef, C 467
oxstaelde, I 25

paad, P 670, 832
paat, C 259
palstr, C 640, 965
pauua, P 131
pea (?), G 125
pearue, C 488
pic, P 125
picung, S 572
piic, A 115
piosan, P 414
piose, L 147
pirge, P 418
pisan bosa, S 357
plaega, P 12
plagan (staef-), L 289
plumae, P 456
plumę, P 708
plum-treu, P 419
ponne, T 298; (braad-), C 199; (bredi-), S 18; (fyr-), A 751; (holo-), P 73
popæg, C 941; P 542
popei, P 166
pund, P 739
pundur, P 261
pung, C 136

qualdun (a-), N 101
quatern, Q 19
quedol, D 318
quedole, D 319
quicae, U 188
quice, G 151
quiða, M 44

raad (stream-), A 447
rabisca [Latin?], R 258
rád (hueol-), O 233
radre, B 165
racce, Int. 273
raeced-lic, P 14
raedda rabisca (?), R 258
raeddun (a-), E 393
raedenne, C 611
raedgasram, H 162
raedinne, B 3; T 25
raedit (ge-), D 186
raednisse, C 828
raefnde (a-), E 373
raefndun (a-), E 503
raefsit, I 190
raefsit paes, I 186
raegelum (dead-), P 36
rægu, S 300
raepsung, I 132
raesde, I 299
ragu, M 258, 289
raha, C 189
rap (met-), B 178
rasad (a-), I 131
read, F 214; R 240
read (pioloc-), C 520
reade clafre, C 116
raef (pael-), M 30
reagu-fine, B 58
rec (ge-), L 161
receeo, A 492

reeci-leas, P 631
recio (a-), E 523
recte (a-), C 601
red (faer-), P 606
red-boran, I 512
rede-stan, S 365
rednae (bi-), P 702
ręfsle, I 173
reftras, A 533
regnade (ge-), M 125
regn-pyrm, L 304
rehtun (a-), E 550
reod (on-), I 401
reod-naese, P 188
reost (sules), D 80
resigan, O 208
reste (eord-), C 59
rested (ge-), F 125
resung, C 536
resunge, R 170
rib, C 845
ribbe, C 28, 411
ribt (cneo-), Int. 220
ridan (tot-), O 268
ridusende, P 314
rift, L 80; P 126
riftras (siðe), F 32
rihte-bred, N 172
rimo, C 898
ris (ge-), R 16
rise, I 530
rise-ðyfel, I 510
rist (baan-), T 173
risel, A 796
risende, F 178
rod (brand-), A 562
rodes (peb-ge-), T 44
roebum (fole-ge-), A 114
roebum (nuie-ge-), T 129
roefa (ge-), C 637
roefan (ge-), C 283; P 827
roeðe, F 117
roeðe-lice, U 167
roeðra, R 73
roedro (ge-), A 667
romei, C 89
rond (gabul-), C 416; R 31
rond-baeg, B 208
rood (paerg-), F 371
roopnis, L 244
roseade (ge-), P 118
roð-hund, M 285
roðor (steor-), P 178
roðr, T 206
rouuit (on hlior), A 267
rune (burg-), P 21
runnen (ge-), C 862
rust, E 297
rydid (a-), E 548
ryc, T 21; U 184
ryce (linin), U 186
ryft (pag-), C 967
ryge, S 339
rysel, A 961
rytrid (a-), E 400

saa, Int. 198
sadol, S 229
sadul-boga, C 130
sadul-felge, P 315
saerg, G 113
saeegan (a-), E 36
saedde (un-a-), I 212
sae-ge-scotu, P 599
saelid (on-), D 29
saeltna, R 256
saes, T 289
saex, C 969
saex (blod-), F 255; (beoh-), S 214
salde, I 194
sale, R 80
salf, M 21
salh, S 40
sarpo, A 281
scaan, A 801
scadu, S 133
scad-pyrt (ge-), T 24
scaebe, P 539
scaed, S 173
scaeft (ed-), P 71
scaeltte (a-), D 336
scaept-loan, H 8
scaer, Int. 329
scaet, B 150
scaet (fere-), N 47
scaf-foot, P 145
scala, G 112
scald-hulas, P 76
scald-hyflas, A 440
scalfur, M 160
sccaba, R 231
sccabas, A 726; G 15
sccadu (suina), S 662
sccadu-geardas, T 79
sccarpnis, A 117
sccat (an-), E 411
sccaðan (ricine-), P 391
sccl, E 15
sccl (musclan), C 863; (piloc-), C 530; (riolue-), P 70
sccl-cge, S 578
sccllc, C 777
scellum, C 758
scept-lonm, A 548
scept-og, A 517
scere (seegge-), C 404
scerede (bi-), p. 9 note 1
scerero, F 263
sceruru (isern-), F 279
scete, S 57
scia, C 901
scieging, C 112
scidum, S 179
sciir, P 592
scildenne, T 329
scillingas (mene-), L 277
scin, P 513
scincio (ge-), E 543
scin-laecan, N 65
scinneras, E 170; S 185
scinnum, S 205
scip, S 188; (hlaest-), H 147; (ðeof-), M 208
scipe, B 178
scipes caeli, R 204
scir, D 328 [dispensatio]; S 617 [adj., clear]
scirde, A 134
scire (ham-), E 35
sclacade (a-), H 58
sclaecadun (a-), D 329
sclat, C 263
scoble, P 42; (isern-), U 15
scocre, S 696
scofl, T 290
scofl (gloed-), U 7
scoh, C 141; (slebe-), S 394; (steppe-), S 708
scoh-negl, C 480
scolan (ge-), C 826
scomo, P 844
scond, S 165
scota (ge-), C 695
scracb, M 199
screauua, M 336
screop (acren), S 574
screope, S 513
screpan (a-), E 95
screpen (a-), E 98
scriben, D 82
scribun, P 596
scric, T 324
scrid, B 25
scrifen (for-), A 193
scriopu, S 194
scripel (cor-), A 706
scripid, S 142
scroepnis (ge-), C 781
scufið (a-), P 629
sculdur, S 187
scult-heta, E 453
scungendi (an-), A 666
scussum (a-) [?], C 882
scyend, M 40
scylla, M 9
scyldig, O 106
scyrft, S 130
scyte-hald, O 29
scytel, M 259
sčacan (on-), D 148
sceg, C 110

secgge-secre, C 404
sedlum (bach-), P 741
seeg, S 85
segl (ober-), A 753
segl-bosm, C 229
segl-gerd, A 588
segn, B 53; L 4; S 362
segnas, A 717
seign, U 85
seld (peard-), E 527
selma (benc-), S 470
sene peard (un-ge-), D 273
seng, U 90
se corod-mon, D 362
seobgendum, D 64
seodenne (to a-), E 542
seolf-bonan, B 118
seorpum, C 667
seotol, E 332
seotu, B 226
seotn (sae-ge-), P 599
serce, A 755
seruuende, C 831
seta (onceg-), P 868
setin, P 467
setinne piingeardes (oem-), A 531
setnis (nuit-), O 96
seto, S 498
settan, P 13
settan (da, þa ge-), I 213; O 232
sette (ge-), C 510
sette (on-gen-), O 95
setunge, A 898
seuuin (?), P 572
sib (un-), S 223, 364
sibaed, A 769
sibbade (un-), D 18
sibbe (meg-), A 371
sibi, C 873
sibun-sterri, P 451
sicetit, S 324
side, L 328
sifiðan, F 386
siftið, C 872
sige-been, T 264
sigl, B 197; F 170; S 319
siid, E 461
sinder, S 163
sin-fulle, E 84, 253; P 130
sin-gale, O 155
sint, S 705
sionu, N 97
sion-nualt, T 227
siouu, S 51
sioped (ge-), C 557
siopid (a-), P 421
siouuid (ge-), S 19
siopid (ge-), S 53
siras, L 275
sith (et-), R 164
siðas (ge-), O 35
siðe, riftras, F 32
siudi (bi-), O 212
siun-huurful, T 100
siupid (ge-), N 74
siupide (ge-), A 177
slaec, R 59
slaece, E 101
slaege, C 832
slaegen, P 329; (bið), P 287
slaegen (for-), P 706
slaegenum (for-), P 609
slaegu, L 247
slaet (gesca), S 324
slag, B 75
slagh-ðorn, N 119
slahae, P 376
slah-ðorn, S 474
sli, T 169
sliden, I 408
sliet (for-), I 413
slit smeoro (un-), S 33
sliten (un-to-), I 80
slog (to-), C 586
smaete gold, O 24
smat, I 352
smead (geond-), E 212
smęl, G 155
smeltas, S 72
smeodoma, P 497
smeoro (un-slit), S 33
smeoru, S 268; U 257
smeoru-pyrt, U 98
smeoruue (un-smaelte), P 400
smicre, E 141
smiride (bi-), I 204
smirpid (ge-), D 264
smið-lice, F 110
smiton, F 387
smoeði (un-), S 201
smoeðum, P 511
smorað, S 558
smoþi (un-), A 859
smyglas, C 927
snaedil-þearm, E 419
snan (for suan), S 655
snegl, L 180; M 37
sneglas (lytle), C 630
sncl, A 445; E 561
sniden (ge-), D 342
snite, A 138
snite (nudu-), C 258
snith-streo, Int. 146
snið-streo, S 358
sniupið, N 117
snod, C 137
snoro, N 182
socc, slebe-scoh, S 394
sochtha, I 474
socdan (a-), S 104
softe, S 276
sohte, P 215
solcen (a-), I 197
sondę, C 531
sond-ge-pearp, I 414
sond-hyllas, A 440
sooc (for-), D 71
sooth, F 428
sopa (grund-), C 186
sorg, A 165
sorg (or-), C 810; T 325
sorgendi, A 617
spadan, U 13
sparca, S 192
spaeren, G 92
spaer-habue, A 432
spaldur, A 839
sparrade (bi-), O 221
spearua, F 128; S 632
speecan, N 160
spec-faag, Int. 221
sped, P 375
spel-bodan, O 240
spelli, R 65
spen (heaga-), G 63
speoru, C 610
sperta (?), B 89
speru (uaegl-), U 260
spilth, P 213
spinel, F 378; S 552
spinil, N 108
spitel (prolt-), S 605
spoed, P 634, 707; S 646
spon, G 100
spon (ge-), M 296
spora, C 93
sporan (hun-), D 356
spraec, S 43
spręc, S 299
spreci (feln-), T 288
spreot (eobor-), U 79
spreotum, C 609
sprinclum, F 171
sprindel, T 88
springendi (a-), D 65
spryng, C 15; P 82
spunnum, R 148
staan (haal-), C 903
staeb, O 157
staeb (endi-), E 394
staef-lidre, B 8
staefnendra, A 444
staefnemdre (ge-), R 68
staef-plagan, L 289
staegilre, P 610
staeled (ober-), C 585
staelende (ober-), C 543
staeli, O 121
staelid (ober-), C 858
staenid (a-), S 570

staer, S 526
staer-blind, S 134
staeð-suualpe, R 195
stal, S 512
stal (piðer), O 41
stalum (ge-), O 105
stalu to fuglum, U 252
stan (eisil-), G 111; (huete-), C 746; (rede-), S 365; (tebl-), C 12
stearn, B 61; F 163
stebn, U 282
stecca (geoc-), O 108
steli, A 127
steng, C 450
steola, C 31, 262
steop-faeder, B 135; U 181; -moder, N 167; -sunu, F 210
steor, L 298
steor (ðri-uuintra), P 672
steorra (suan-), U 145
sterri (sibun-), P 451
steor-roðor, P 178
steort, C 196
steppe-scoh, S 708
stert, B 91
steuum (on-), A 712
sticca (elader-), A 625
stic-tencl, F 166
stig (horpeg), D 72
stigu, A 893
stilith, C 859
stilnis (un-), A 399
stincendi, F 254
stinccum (ge-), E 421
stoepid (ge-), I 466
stofa, B 56
stom, B 144; stom, plisp, B 52
stone, E 391
stool, T 309
stoppa, B 147
store, C 405
storm, N 113
stou(ecap-), C 564; (cualm-), Int. 57
stouuigan, R 34
strengl, A 932
stream, R 51
stream-raad, A 447
streamum, T 216
streide, S 525
strel, S 514
strel-bora, A 810
streo (smith-), Int. 146; (smið-) S 358
stricilum, T 266
stridi (tuegen), P 134
stridit, U 12
strimendi, I 410; O 30
strion(ge-), C 564; P 2
stryndere, P 821
stryta, S 571
styeci (molegn-), G 21
styeci-melum, P 6, 187
stylde (pið-), D 115
styntid, H 89
styntid (a-), H 56
styrga, P 519
styria, C 921
styrið, M 270
suab (a-), E 475
suacen-lic, P 203
suae halde, R 69
suaep (an-), A 359
suaepe (heorð-), P 701
suaepe (ymb-), A 522
suae suiðe, Q 17, 18
suaeðila, F 26
sualt (a-), D 249
sualuue, H 106
sualpe (hae-), A 864
suan, F 218; H 134; see also S 655
suand (a-), H 57
suan-steorra, U 145
suapen(on-), I 442
sudan (eastan-), A 46
suearm, E 506
suceart (sucfl-), S 683
suearth, C 198
suebbað (on-), S 297
suebbo, S 399
suebdum(on-), S 400
suedrade(ge-), C 605
sucfl-suceart, S 683
sueg, H 136
sueger, S 385
suegl-horn, S 58
suelce (end), A 204
suelgendi, U 271
sueneeth, D 52
sueop (on-), A 868
sueor, C 717; U 133
sueoras, U 177
sueorde (getogone), S 562
suer-nit, U 299
sueðelas, I 119
sueðradun (ge-), E 395
sueðrað, F 100
suge (huuig-), L 169
suge speard, U 222
sugga, F 176
sugu, S 172
suhterga, F 319
suicade, S 453
suice, O 276
suicfalle (bi-), D 33
suift, A 446
suigran (ge-), C 616
suilce (on), A 881
suilge (gunde-), S 278
suille (gagul-), G 3
suimmað (ðorh-), T 308
suin, S 700
suin (mere-), B 166
suina sceadu, S 662
suind (e-), I 197
suinglunge, U 144
suinin, S 706
suinsung, A 720; M 150
suiopan, M 29; (apundere). U 76
suiopum, F 222
suirbet (ge-), E 144
suiðe (suae), Q 17, 18
suiðe (ðus), T 27
suiðe micel, D 327
suið-fromlice, N 48
suiðigað, F 208
suiðo (ober-), U 206
sules reost, D 80
sume dacli, P 4
sund-gerd, B 178
sun-folgend, S 396
sundun (a-), D 275
sunu (faedran) P 95
sunu (broðor), F 320; (steop-), F 210
suoeg, cirm, F 348
suoesendo, A 405
suoetnis, A 524
suol, C 368
suole, C 237
suollen (a-), T 326
suom, F 384
suon, O 141
suond (a-), E 66, 192; T 26
suor (for-), D 84
suornadun, C 591
sur, S 386
surae (ieces), C 121
sure, S 78, 86
sure (geces), A 131
suth (east-), A 47
sudan-pestan, A 89
suþan-pestan, A 360
suð-uuind, A 951
sud, suð-pind (pest-), A 364; F 49
suto, L 34
suualuue, P 710
suualpe (staeð-), R 195
speard (suge), U 222
suuer, D 26
suungen, E 477
suuicend (bi-), I 217
syl, B 51

tacne, D 330
taenendi, I 216
tacur, L 130

taeg, Int. 215; M 118; S 183
taeg (paeb-), L 248
tael (ge-), R 179
taelg, F 379
taelg (aet-), R 122
taenil, F 162
tahae, A 494
tasul, T 84
tebl, A 411
teblere, A 416
tebleth, C 522
tebl-stan, C 12
tegum, T 128
teld (ge-), T 76
teldat, C 861
tel-treo, C 492
tenel (stic-), F 166
teoru, C 946; G 133; R 57
teoru (blaec), N 17
tęro (æg-), F 67
teru (treu-), B 54
teter, B 6; I 79; P 244
tetridit, D 77
ða deadlicustan, F 388
þaec-tigilum, I 57
ðaenit (ob-), M 94
ðaet (oð), E 2
ðaet (ymb), P 474
thageh (mis-), D 179
ða ge-settan, I 213
þa ge-settan, O 232
þanan, I 50
ðare ge-tyhtan, E 553
tharme, U 210
ðatur (?), L 76
ða ponuan aetrinan, L 170
ðeaca (bord-), T 81
þearm, F 164; I 113
þearm (baec-), E 465
þearm (suaedil-), E 419
thed (a-), E 328
ðedum (ge-), S 699
ðegen (a-), D 340
thegh, C 747
þegn, A 209
ðegn (hors-), M 338
ðegnunge, I 167
ðeode (per-), N 131
ðeofe-ðorn, R 22
ðeof-scip, M 208
þeoh-saex, S 214
þeotum, F 206
þerende, I 150
ðexe (a-), L 45
dhuehl, D 56
ðiendi, I 260
ðignen, P 190
ðille, T 43, 45
þinga (aenge), Q 75
ðinga (oe-g-hpelce), O 162
ðingadon (ge-), P 180
þingere, A 283
thiugio (ge-), A 708
þingunge, I 199
þistel, p. 1; C 125
ðistel (þu-), L 39
þistel-tuige, C 122
þiudde (ge-), A 288
þiustra, A 535
þixl (paegne-), A 743
þixlum, T 97
thoac, A 748
þoden, A 482
þofta (ge-), Int. 69; C 535
þoht (a-), C 779
doht (ge-), D 187
thol, S 182
ðou (acc), Q 44
ðone (or-), M 112
ðorh-brogden, T 280
ðorh byrgeras, P 229
þorh-ge-feht, P 205
ðorh hosp, P 239
ðorh lud-gæt, P 207
ðorh obst, P 217
ðorh-suimmað, T 308
ðoru (baegu-), S 473
dorn (heago-), A 421
ðorn (slagh-), N 119; (slah-), S 474; (ðeofe-), R 22
ðornas, S 217
thotbr, P 410
ðraesce, T 314
þrage, I 126
ðraune (ge-), R 118
thrauuo, A 731
þreade (biad), A 671
threatade, U 291
þreatende, M 27
þreat-melum, M 1
þrec (ge-), A 709
ðred, F 172
ðred (col-), P 232; (hebeld-), L 250
ðreote, E 398
ðreote (of), E 398
ðres, L 243; O 229
ðresi, L 339
ðręsti (a-), E 389
ðri-feoðor, T 292
drili, Int. 322
ðring (ebur-), O 255
ðriodung (ymb-), D 62
ðri-uuintra steor, P 672
ðrochtig, P 305
þrop, C 748
ðrostle, T 313, 323
ðrot-bolla, G 180
ðrote (aesc-), F 138; (ebor-), S 178
throte (eobur-), C 719
þrote (eofor-), Int. 307
ðroteu (a-), P 191
ðrounio (ic), P 337
ðropode, E 392
ðruh, T 320
þruh (uuęter-), C 103
þrungun, T 229
thrust-fel (blaec), B 103
druum (paeter-), C 111
þryid (a-), E 400
thu (ge-heres), H 51
ðuaelum, T 46
thuaere, T 328
þuarm, S 125
thuelan, U 176
þuerh-fyri, S 16
ðuma, P 538
thumle, U 210
þuner, I 479
þung, E 120
þungas, A 102
þuorne flete (ge-), L 133
dus (ae), Int. 298
ðus suiðe, T 27
þu-ðistel, L 39
ðyfel (risc-), I 510
ðyhtge egan (un-), U 191
dyre (un-ge-), D 283
þyrne, D 373
ðyrs, O 231
þys gere, H 137, 142
ðytið (a-), E 142
tigilum (þaec-), I 57
tigule, T 47
Tüg, M 49
tilgendum, A 220
tin, T 171
tindas, R 214
tindecte, R 208
tindum, R 209
tioludun, P 336
tionan, I 369
tiorade, D 184
tiunge (ge-), A 684
to a-seodenne, E 542
to-einit, D 76
to eyðenne, I 469
to-daeldum, D 258
to fuglum (stalu), U 252
to ge-lestunne, C 812
togenum (ge-), S 536
togone sueorde (ge-), S 562
toh, L 110
to-hald, A 203
toh gęrd, L 138
tohlice, U 294
tolice, H 154
tong, F 286
to nyttum, A 200
tonpinto (?), A 218
toretendi, I 216
torhtnis, L 284

to-sliten (un-), I 80
to-slog, C 586
tot, A 744
toðum (butan), S 701
tot-ridan, O 268
to peord-myndum, A 229
to-porpne, D 31
to-puorpon, D 30
tredun, P 612
treo (fugul-), A 533; (fulae), A 430; (tel-), C 492
treu (plum-), P 449
treu-leasnis, P 202
treu-teru, B 54
trenuade (ge-), F 271
triopad (ge-), F 134
trog, C 252
trog (cilda), C 508
trogas (leac-), C 656
trob, R 17
trondendi, P 805
trymide, C 824
trymsas (liþrine), A 836
tudri (on-), E 73
tuegen stridi, P 134
tuige (line-), C 147; (þistel-), C 122
tuigendi, A 656
tuigle (line-), F 314
tuig o-uuaestm, S 587
tui-heolore, B 140
tuihn (bi-), M 198
tuin, B 230
tuin (ge-), Int. 142
tuist (candel-), E 166
tunge (naecad), E 499
tunne, C 945
turl, T 290
tusc, G 62
tuun, C 670, 748
tuun (caebr-), U 86
tuun (deor-), B 185
tuun-cressa, N 14
tychtingum, I 135
tyetende, A 198
tyetendi, I 124
tyhtan, S 437
tyhtan (ðare ge-), E 553
tyhted (faer-), C 471
tyhten, L 117
tyhtend, I 363
tyhteð, S 401
tyhtid (ge-), I 201
tynið (a-), E 414
tyhtinne, I 141
tyhto, S 435
tyhton, I 487
tylg, P 607
tynder, N 33
tyndre, N 55
tyndrin, I 491
tyrb, C 351

uaelle (ed-), A 490
uaerpte (ge-), C 809
uard (neoþo-), Int. 71
ueard (edise-), B 186
uearte, B 71
uerua, Int. 328
uisc (gron-), A 160
ulac, C 119; U 238
ule, N 138
un-aeðilsa, G 157
un-amaelte smeorune, P 400
un-asaedde, I 212
un-bryce, I 89
un-cystig. heamul, F 324
under haehnisse, S 690
un-emetta, N 64
un-faeeni, N 147
un-ge-sene peard, D 273
un-ge-dyre, D 283
un-ge-uuemmid, I 211
un-biorde, T 247
un-lab, P 559
un-lioþu-pac, I 151
un-lioþu-paenis, I 97
un-maelo, U 215
un-nytnis, N 187
un-ober-cumenre, I 206
un-ofer-focre, I 456
un-sib, S 223, 364
un-sibbade, D 48
un-slit smeoro, S 33
un-smoeði, S 204
un-smoþi, A 859
un-stilnis, A 399
un-ðyhtge egan, U 191
un-to-sliten, I 80
un-pis, G 119
uop (feld-), B 183
urum, U 286
ut-cualm, I 461
uð-uuta, P 380
utlines (?), A 391
uyrhta (leder-), B 232
uyrm (hond-), B 179
uyrðo, I 420
paar, A 434 [alga]; C 255 [callus]
pac (lioðu-), H 38
pac (un-lioþu-), I 151
paenis (un-lioþu-), I 97
paeb-taeg, L 248
paecg, C 970
paede, A 587
paefs, C 902; F 136
uuaefsas, U 92
uuaegde (a-), E 111
pægn, U 143
paegne-þixl, A 743
pægn-fearu, F 201
uuaelle (ed-), T 214
pael-reaf, M 30
paerg-rood, F 371
paes (geben), I 188; (raefsit), I 186
uuaestm (tuig o-), S 587
paeter-cruce, U 283
paeter-ðruum, C 111
paex-condel, F 419
paexit, S 676
pag, G 174; p. 38, note 4
pag-ryft, C 967
palch-habuc, H 83
pal-crigge, H 87
uual-cyrge, T 159
pal-cyrge, E 351
pald (on-), S 131
uualda (an-), M 253
pald-leðrum (ge-), H 37
palh-habuc, F 10
palh-more, P 122
uualh-pyrt, I 147
palh-pyrt, E 11
uuallum (fore-), R 209
uualt (sion-), T 227
uuam, L 165
panan-beam, F 381
papul, F 37
parht (ge-), C 780
pase, C 128
uuatu (ge-), C 820
uudu-binde, I 236
uudu-hona, P 183
uudu-snite, C 258
uudu-uuinde, U 187, 269
uudu-pinde, E 26
uueada (ge-), U 50
peagat, L 81
uueard, S 70
peard (nioðan-), I 44
peard (un-ge-sene), D 273
peard-seld, E 527
pearn-melum, G 158
pearn-pis-lice, D 291
pearp, S 563; U 202
pearp (in sond-ge-), I 414
pearte, P 67; U 77
pearte (celi-), O 230
pearð (mere), P 204
peb, T 89
uueb (god-), F 11
pebb, T 90
uuebbe (god-), T 228
peb-gerodes, T 44
uuebung, S 180
uueder, T 121
pef (o-), C 467
pefl, C 467
uuefl, P 113; T 158
pefta, D 57
uueg (iringes), U 174

ƿega (ge-hƿelci), Q 74
ƿeg a-feride (on-), A 908
uueg-brade, P 462
ƿeg-brade, A 763
ƿege (ebn-), A 352
ƿeg-gedal, D 233
uuegið, F 137
ƿelga, H 73
uuelle (ed-), S 129; U 89
ƿelle (ed-), F 300
ƿellyrgae, S 379
uuemmid (un-ge-), I 211
uuendit (ge-), T 304
uuened (for-), I 221
ƿenide (a-), S 685
uuenide (ober-), I 209
uueod-hoc, S 20
uueol (a-), E 374
uueoll (a-), I 411
ƿeorod, A 407
uueorpe (ƿonde-), T 19
ƿeorras, C 161
uueorð-mynd, I 98
ƿeord-myndum (to), A 229
ƿeosend, B 213
ƿeosendre (act), I 101
uueosule, M 337
ƿerc (aal-ge-), I 35
ƿerci, O 212
ƿerded (a-), U 189
ƿerdit, O 136
ƿereth, A 45
ƿergendi, D 25
ƿermod, A 9
ƿerna (?), B 136
ƿer-ðeode, N 131
ƿesan draegtre, E 551
ƿestau (norðan-), A 113
ƿestan (sudan-), A 89; (suþan-), A 360
ƿest-nord-ƿind, C 419
ƿest-sud-ƿind, A 364
ƿest-suð-ƿind, F 49
uueted (ge-), M 98
uueter-þruh, C 103
uuet-faestae (ge-), S 635
ƿeðel, F 23
uueðer, I 493
ƿeðl, P 285
uuetma, D 347
uuf, B 206
ƿibil, C 151
ƿibl, P 110
uuice, C 106
ƿiega (ear-), A 891
uuic-ge-roebum, T 129
ƿicinc-sceaðan, P 391
ƿicum (on-), C 277
uuidu-binde, Int. 199
uuif (ald), A 646
ƿige (or-), I 460
ƿiin-geardes (oemsetinne), A 534
ƿilde, A 396; I 427
ƿilde goos, C 341; G 53, 68
uuil-lice (an-), P 212
ƿiloc-scel, C 530
ƿin-aern, T 29
uuince (lepe-), C 951
uuind, S 233
ƿind (eastnord-), B 152
ƿind (eostnorð-), C 375
uuind (suð-), A 951
ƿind (ƿest-nord-), C 419
ƿind (est-sud, ƿsuð-), A 364; F 49
uuinde (gearn-), R 168; (undu-), U 187, 269
ƿinde (undu-), E 26
ƿinde-loccas, C 434
ƿind-fona, S 113
ƿindil, C 10
ƿin-faet, A 710
uuini (daeg-), E 488
uuintra steor (ðri-), P 672
ƿioloc, C 865
uuiolocas, C 660
ƿioloc-read, C 520
ƿioluc-scel, P 70
uuir, M 381
ƿis (un-), G 119
ƿislice (ƿearn-), D 291
ƿisnis (and-), E 375
ƿistle (ƿode-), C 397
ƿitendi (ge-), D 66
uuitgan, D 337
ƿiðer-hlingende, I 207
ƿiðer-stal, O 41
uuitnath, M 344
ƿið-stylde, D 115
ƿiððan (cyne-), R 186
ƿitro, U 84
uuit-setnis, O 96
ƿituma, D 347
uul, L 84
uulatunc, N 5
uulencu, F 108
uulf-holu, L 334
uulisp, B 35
ƿlisp, B 52
ƿlisp (stom,), B 52
uullue, I 235
uuloh, U 213
ƿlonclice, A 235
uuloum, U 179
uunden (a-), P 465; T 205
ƿoda, E 219
ƿodan, I 74
ƿoden, M 197
ƿode-ƿistle, C 397
ƿodhae, C 840
ƿoede-berge, E 120
uuoedende, B 48
ƿoedendi, L 198, 337
uuoende, A 280
ƿoidi-berge, H 86
ƿom, D 270
ƿond, T 16
ƿonde-uueorpe, T 19
ƿounan aetriuan (ða), L 170
ƿonung, D 177
ƿooð, L 100
uuordes intinga, U 149
ƿor-hona, F 22
uuorm, P 869
ƿorpne (to-), D 31
uuraec, T 213
ƿraec, A 135 [subst.], 316 [v.]
ƿraeccan, E 515
ƿraene, A 227; P 341
ƿraestende, I 77
ƿrasan ost, N 152
ƿrast, D 22
ƿrastum, D 64
uurecan (ober-), O 97
uureci (god-), S 203
ƿrit (ge-), C 230
uurixlende, R 169
ƿrixlindum, R 116
uurma (corn-), U 148
ƿroegde, D 122
ƿroegdun, D 74
ƿroht-spitel, S 605
ƿrot, B 188
ƿrotu, S 689
uuta (uð-), P 380
ƿudu (furh-), P 420
ƿudu-bil, F 32, 48
ƿudu-mer, E 12
ƿulf, L 332
ƿulfes camb, C 27
ƿulf-mod, C 752
ƿunat, I 421
ƿundere suiopan (a-), U 76
ƿundun, I 122
ƿuorpon (to-), D 30
ƿurman, M 375
ƿurmille, O 224
ƿurpul, S 575
ƿylf, L 333
uuynde-creft, A 772
ƿyrd, F 256, 285; S 433
ƿyrde, P 16
ƿyrde (fore-), A 579
uuyrde (ge-or-), T 261
ƿyrgeð, S 558
uuyrhta (hrof-), T 166
ƿyrhta (meder-), M 200
ƿyrm (hond-), L 93; (regn-), L 304

ƿyrt (bio-), A 672; M 43; (gelod-), E 85, 236; (ge-scad-), T 24; (leci-), Q 50; (smeoru-), U 98; (uualh-), I 147; ƿalh-), E 11
uuyrt (biscop-), H 101
ƿyrt-drenc, A 602
ƿyrð, C 942
ymb-hringendum, S 533
ymb-suaeƿe, A 522
ymb ðaet, P 474
ymb-ðriodung, D 62
ynne-lacc, A 841
ynni-lacc. cipe, C 317
yƿƿe, I 234

CORRECTIONS AND ADDITIONS.

p. 26 (C 21) for "*uel* ruptis" read *inter*ruptis = interruptio

p. 28 (C 164) for "*uel* cognatos" read *inter* cognatos

p. 116 (T 263) delete star before *bebbi* (see Introduction, p. xliii).

p. 132, third column, add: bebbi, T 263; and see Introduction, p. xliii

p. 134, first column, line 42, delete (?) after 51

p. 158, first column, add: gebsias, M 121; and see Introduction, p. xlii

On p. 2 it should be added that the Corpus MS. is already mentioned in 1600 in Dr Thom. James' Catalogue, published in that year under the title: *Ecloga Oxonio-Cantabrigiensis, tributa in libros duos; quorum Prior continet Catalogum confusum Librorum Mss. in Bibliothecis, duarum Academiarum, Oxoniae et Cantabrigiae*... Opera & studio T[homæ] I[amesii]. London, 1600. 4°. Our MS. is mentioned on p. 89 under No. 279. It is moreover mentioned in the 2nd volume of [Bernard's] *Catalogi librorum MSS. Angliæ et Hiberniæ in unum collecti, Oxoniae*, 1697, among the "Codd. MSS. Collegii S. Benedicti (= Corpus Christi College)," on p. 141 (1545—278) as "Lexicon Saxonicum, cum interpretatione nominum Hebraicorum & Graecorum in Bibliis." This entry was made "juxta editionem D. Tho. Jamesii."

CAMBRIDGE: PRINTED BY C. J. CLAY, M.A. AND SONS AT THE UNIVERSITY PRESS.

. cliuinus, acd acnis,
es , Gebenu.
iucundus ,
ennuum. hacbrai. uestai.
es. nepentones. alquacai.
uonacgo: profundit.
. Cannac. hneod
fonqaido ,
paumentai. theacai.
sinecincita;
diurqace,

Gregarium. ducem militum / de
gremen. praedam. greg. multitudinem
Gramen. quice. gramina.
Grassator. forhergend / herbae.
Gracilis. hnoec, gracilis. smel.
Gressus. ambulatio.
Gargarionum. uuaedilsa.
Gregatim. fearnmelum.
Gregalis. medhocus.
Graditur. ambulat. gros.
Grus. grues. cornoch. / onbris.
Gramina. Anida. Gradus.
Gratis. sine causa. / commer
Gremius. sinus.
Gracitaton. graculator.
Graciat. graculat. graciatur.
Gragis. cellae apium. / greg.
Gressit. incessit.
Grassare. pene.
Grammare. grammatica.
Gracitum. perplecta.
Gracilonum. greconum.

Gurgusquum. taberna humilis.
Gurgustium. domus paup.
Gurges. altus. locus plurimi.
Gymnasicle. lauacrum balnei.
Gurgulio. drotbolla.
Gurgustium. Ceofol.
Gurgustione. Cetaen.
Gurgustium. domus piscatoria.
Gurgulio. emil. gumma. heclen.
Gutur. poculatum. plur.

Gurgustia. tabernacula. loca tenebrosa. ubi iuncta / campia. fit.

Gymnasia. balneis. gymnasium / neacnum
Gymnasica. gripina. bel / mdos.
Gallus. colon. fennugneus.
Gymnicus. agon locus ubi
(ad)gunctum diuersae artes.
Gymnasia. grenciqua. palestra.

Harundo. calamus.
haec. egloga. et haec eclogae.
cantationes. / incantamentum fine.
haut procul. non longe.
haut sanus. non sanus.
haec pomes. nutrimentum.
Iginis. admonendo. habia dpta.
haec nemus. quasi exite silua.
basilia. telonium. sceptloan.
haeiolat plorat lamentatur.
hausissent. euacuissent.
habiloes. aptos. haue salutatio.
harneolus. clinumis ab amis.
habitudines. geberu.
harneolus. iucundus.
halibs. ferrum habitatur uel terr.
hinnuli. hepentones. aquam
haribdis. uorago profundi.
harundo. canna. hreod.
habitudo. forma uido.
harenae. pauimentum. theatri.
hause. sine cincto.
hausae. duntae.

www.ingramcontent.com/pod-product-compliance
Lightning Source LLC
Chambersburg PA
CBHW031942230426
43672CB00010B/2017
9783337103798